凯里学院贵州省民族学区域内一流建设学科（民族学）
凯里学院贵州省民族学重点学科（民族学）
贵州原生态民族文化研究中心
贵州省苗族侗族文化传承与发展协同创新中心
资助出版

民族学与原生态文化丛书

主　　编：李　斌

常务副主编：吴才茂

副 主 编：王小波　谢景连

教育人类学视阈下的苗族贾理传承研究

龚　露　著

民族出版社

《民族学与原生态文化丛书》总序

在贵州省黔东南苗族侗族自治州这块原生态文化沃土上，居住着苗、侗、汉、布依、水、瑶、壮、土家等47个民族，2017年末常住人口352.37万人，户籍人口475.99万人，少数民族人口占总户籍人口的81.1%，其中苗族人口占43.0%，侗族人口占30.4%，是全国苗族侗族最大的聚居区。黔东南独特的自然生态和文化环境，孕育了苗侗等民族丰富多彩、弥足珍贵的文化遗产，生成、保留和传承着独有的原生态民族文化。千百年来，黔东南的少数民族以歌舞传承文化、以服饰记载历史、以芦笙渲染生命、以木鼓张扬豪情，将“原始的自然生态、原生的民族文化、原貌的历史遗存”巧妙地融合成绚丽多姿、神秘独特的原生态民族文化圈，成为世界乡土文化保护基金会授予的全球18个生态文化保护圈之一，是“世界苗侗原生态文化遗产保留核心地”，拥有国家级非物质文化遗产名录54项72个保护点、中国传统村落409个（根据前五批公示所统计），数量之多为全国市州之最。2006年，雷公山麓苗族村寨和六洞九洞地区侗族村寨被列为世界文化遗产预备名录；2012年，文化部正式批准设立“黔东南民族文化生态保护实验区”，为贵州省首个国家级文化生态保护实验区。这无疑是民族学与原生态民族文化研究最难得的田野基地和实验空间。

凯里学院依托黔东南丰富多彩的民族民间文化资源，以挖掘、传承和弘扬原生态民族文化为己任，以黔东南为“教学大课堂、科研大基地、实践大舞台”，从推动民族民间文化进课堂起步，逐步实施了民族民间文化传承人才培养工程、非物质文化遗产传承人群培训研修工程和“民族做特”工程，致力于原生态民族文化的系统研究，着力构建原生态民族文化教学、科研和人才培养体系。2007年以来，先后建成贵州省高等学校人文社会科学研究基地“贵州原生态民族文化研究中心”、贵州省2011协同创新中心“苗族侗族文化传承与发展协同创新中心"、贵州省民族古籍研究基地、贵州省民汉双语服务基地、贵州省人文社科普及基地（苗侗文化博物馆）等平台；2009 年以来，创办《原生态民族文化学刊》，编辑出版《原生态民族文化特色课程丛书》《人类学与原生态丛书》《黔东南历史文化丛书》和《黔东南少数民族文化典籍丛书》，倡议举办"原生态民族文化高峰论坛"等；开办民族学本科专业和民族民间文化传承班（专科），作为文化部、教育部等的"中国非物质文化遗产传承人群研修研习计划"培训学校，持续开展了银饰、刺绣、蜡染等方面的培训。实现了平台、载体、团队及人才培养的深度融合，一批原生态民族文化研究项目和成果得以及时推出，相关国家社科基金项目已有 30 余项，仅由民族出版社出版发行的《人类学与原生态丛书》已陆续出版《苗侗数学文化与数学情境教学》《锦屏乡土社会的法与民间纠纷解决》《黔东南苗族侗族斗牛文化研究》《数学人类学——苗族数理文化》《生物均衡利用与民族自治地方和谐发展》《原生态背景下西部民族地区县域经济发展研究》《保持与创新：以传统应对现代的黎平黄岗侗寨》和《清水江流域文化研究》等 8 部学术专著。

为了进一步提高学术创新能力，充分发挥我校民族学研究、区域史研究、民族经济与旅游研究、民族艺术研究等创新团队的引领示范作用，推出更多更高水平的学术成果，打造原生态民族文化研究品牌。随着 2017 年 6 月贵州省教育厅批准我校省级重点学科人类学（二级学科）调整为民族学（一级学科），并于 2018 年入选贵州省区域内一流建设培育学科，根据省级重点学科和区域一流学科建设需要，结合规范和优化成果载体要求，拟集中出版一套丛书，将《人类学与原生态丛书》更名为《民族学与原生态文化丛书》。

编辑出版《民族学与原生态文化丛书》，将认真学习贯彻习近平总书记在党的十九大报告中提出的"深入挖掘中华优秀传统文化蕴含的思想观念、人文精神、道德规范，结合时代要求继承创新，让中华文化展现出永久魅力和时代风采"新要求，紧紧围绕中共贵州省委关于"黔东南州要牢牢守住发展和生态两条底线，用好民族文化和生态环境两个宝贝，打造国内外知名民族文化旅游目的地，带动经济社会更好更快发展"总体部署，按照《贵州省高等学校人文社会科学研究基地管理办法》的有关规定，重点资助民族学、原生态民族文化相关的学术著作，尤其突出原生态民族文化的基础研究、应用研究及产业发展政策研究成果。

编辑出版《民族学与原生态文化丛书》的预期目标，一是逐步将在田野调查中零星获取的第一手原生态民族文化资料系统化、规范化，从而为原生态民族文化的系统研究提供更多的学术素材，促进人文社科知识的推广、普及，提高广大人民群众的人文社科素养和文明素养；二是对各少数民族的传统文化进行充分的挖掘整理，对各民族优秀文化遗产的传承和保护提供可行的对策，对原生态民族文化的有序开发和利用提供借鉴和启迪；三是深化原生态民族文化的基础研究、应用研究和对策研究，形成我校在该领域的重点研究方向、特色和成果支撑。从地域和民族文化资源优势出发，在国家和地方政策的支持下，培育并做强民族文化相关学科专业，培养大批具有民族文化理论与民族文化传统知识的应用型人才，是适应民族文化传承与发展的需要，是促进民族团结和多民族文化繁荣发展的要求。同时，凯里学院作为民族地区本科高校理当为本地生态文明建设贡献智慧和力量。

在推介《民族学与原生态文化丛书》的同时，我们也不得不清醒地注意到，对“原生态”这一术语的理解在学术界还存在着不容忽视的诸多分歧。虽说学界同仁在此前做了大量工作，但迟至今日依然颇感理论探讨的深度有待提高，因而对原生态民族文化的研究，存在不足和疏漏也就在所难免。丛书中个别结论还可能失之偏颇、某些出处查检有欠周备、论证逻辑也不免有欠周严。但瑕不掩瑜，愿我们的读者看到精华的同时，能谅解该丛书客观存在的不足，并在这一基础上共同推动对原生态民族文化的深度理解与研究。

张雪梅

2018 年 10 月 31 日于凯里学院

序

大约在一百年以前，也就是1929年，英国科学史学者威廉·塞西尔·丹皮尔发表了他著名的《科学史及其与哲学和宗教的关系》一书。在此书中，丹皮尔说到，科学过去是躲在经验技术的隐蔽角落里辛勤劳作，一旦当它走到前台传递而且高举火炬之际，那么科学时代便已开始。毫无疑问我们现在已经是科学时代了，但在人类历史上经历了科学还躲在“隐蔽角落里”、跟宗教甚至巫术等密不可分的时候，这种掺杂着哲理、科学元素的文化，几乎各个民族都曾经有过。

“贾理”是苗话音译，有哲理、真理、道理、事理之意。苗族文化实际上是以贾理作为核心，把多元苗族文化整合在一起，可以说没有贾理起到的中轴作用，便没有苗族文化传承至今。贾理文化从哪里来？如何传承？又将向何处去？它的传承功能是什么？今天有什么教育价值？这些问题是绕不开的，任何民族文化要同世界文化接轨，融入发展的主流，都必须正面回答这些问题。于是，龚露博士将调查这一问题、了解贾理传承作为其博士论文的写作。通过几年时间的田野考察、走访贾师，她获得大量的一手资料，进而在此基础上完成了博士学位论文。在答辩之际，她的研究得到专家的高度肯定，被评为优。之后又在吸取答辩专家意见基础上对博士论文进行深度修改。现在即将出书，也算是辛勤劳作，水到渠成。

龚露的研究对苗族贾理的发生系统作了全面梳理，她到苗族贾理流传的核心地区丹寨考察其历史沿革、自然环境、社会环境，以及现在融合了新文化的文化环境，对传承贾理的“鼓社—议榔—贾师”社会结构进行分析，在结构功能基础上进一步探讨了贾理数千年来能够传承的原因。贾理引导苗族人与自然和谐相处，可以说这种共生思想深刻融合在苗族的贾理文化中，而贾师则是苗族贾理传承的关键人物。贾理传承通过苗族传统社会的教育来完成，可以说贾理是苗族传统社会的“官学”。其传承方式多种多样，绝大部分是通过口头传承，形式有神话传说、史诗，内容有各种各样的哲理法理，特别是如何处理人与自然、人与人、自身文化与他文化之间的关系等，很多至今都是仍有价值、有意义的东西。贾理传承的机制特点在作为非物质文化保存的形式中至今在丹寨一带还完整地保留着，对现代苗族和全国人民一道迈向现代化、步入新时代极有价值，并非可有可无，国家将其列为非物质文化遗产便是充分认识到它的现代价值。但必须看到，贾理毕竟是生长在苗族传统社会中的文化，一方面它的百科全书性质为我们提供了很多苗族文化的精华之处，另一方面它仍有现代传承之忧，有传承人贾师身份之忧，有贾理传承时的仪式之忧。更重要的是，苗族社会正在加速融入现代化体系，整个传承土壤远不是以前的土壤，所以仍然有忧。因此，如何利用现代化、多媒体、网络等新技术去传承贾理，挖掘其整合苗族文化、治理苗族社会的功能非常有必要。

如同任何非物质文化一样，贾理也存在如何向现代文化过渡的问题，龚露的研究为我们提供了一个很好的案例。虽然研究的是苗族的贾理，但每个民族都面临如何从传统迈向现代，既保持非物质文化的长处，又能去掉一些保守性、封闭性，继而融入现代社会与全国人民共同进步的问题。这项使命既是贾理的，也是各个民族的。多年的辛勤耕作、田野考察需保持下去，这种对学术执着的追求，对非物质文化传承转化的追求，既是龚露博士的，又是我们大家的。

是为序。

张诗亚

甲辰惊蛰于无名堂

前　言

笔者通过长期深入清水江流域的田野考察发现，贾理是包含文学、史学、哲学、法学、自然科学、民俗学等地方性知识的“百科全书”“法典”，在苗族传统文化系统中处于核心地位，是其精神和物质、形而上与形而下相互转化贯通的节点，活态呈现了人类文化发展早期各要素整合一体的现象特征。任何民族的发展都离不开对自身文化的传承，文化在传承过程中又实现其对族群的教育功能。本书的核心是通过贾理为典型案例探索文化传承中人的发展问题。

历史上很多西南地区少数民族没有在本民族传统文化基础上创生相应的制度化教育，原生形态的教育是维护族群发展的重要途径，苗族同样如此。由于没有原生文字，主要依靠口头方式传承本民族文化，创生了具有文化“混融一体”性的苗族贾理。贾理从传承形式到内容两个维度补充儒学教化而成为苗族传统社会内部的“官学”，尤其是贾师办班授贾形式因其正式性、目的性，可视作苗族特色“私塾”雏形。本书以苗族贾理流传核心区丹寨县为田野考察点，运用人类学研究范式，以结构功能主义为分析框架，经过两个多农业周期系统全面的考察，全程跟踪了 24 场与贾理有关的仪式和情境，在翔实的田野考察基础上对贾理传承进行研究。本书旨在解决如下问题：是什么样的自然人文生态系统创生出贾理？为何今天还在传承贾理？贾理传承的现状与机制如何？贾理作为苗族传统文化中轴在各种场域发生、传承时如何作用于人与族群的发展？面对当下遇到的传承困境我们如何应对？

基于以上问题，本书在对清水江流域苗族文化溯源基础上，梳理了贾理流传核心区丹寨县的历史沿革、自然环境、社会环境以及精神环境，并结合当地苗族文化阐释创生贾理的传统社会结构“鼓社—议榔—贾师”。另外，论证当代传承贾理的必要性。田野考察发现，贾理处于苗族传统文化生态系统中的核心地位，整合了苗族文化，贾师是苗族传统社会运转的核心人物。贾理作为苗族口头文化的代表，传承贾理也是保护口头文化多样性的必然选择。从时代价值来说，贾理是中华优秀传统文化的内容组成部分，其活态传承对铸牢中华民族共同体意识具有实践价值。在明确贾理传承必要性的基础上，呈现本书的田野考察，分析贾理传承的特点、机制与教育要素。截至 2021 年底，丹寨县共有 23 名各级别苗族贾理传承人，其中 1 名国家级、2 名省级、3 名州级和 17 名县级；主要聚集在兴仁、龙泉、扬武、排调 4 个地区。根据苗族支系可将县境内的贾理划分为“八寨苗”“短裙苗”两个流派。目前贾理有仪式、贾师开班（包括拜师学贾）、家庭、学校和旅游展演 5 种传承途径，贾师开班授贾、拜师都有流传至今的固定仪式要求。贾理口耳相传的表现形式背后蕴藏着整个苗族文化系统的传承机制。传承贾理满足了苗族人的文化需求，驱动力主要来源于苗族的精神信仰体系。贾理关照着苗族人的精神世界与世俗生活，人们通过文化濡化获得伦理道德观念、信仰知识结构等，这些精神层面的因素反过来又影响了人的实践活动。较完整地系统持有贾理的贾师用仪式勾勒苗族的民俗文化图式，通过习惯法协调治理大家的现实生活。贾师在苗族传统的现实生活中成为苗族社会运转的核心人物，从精神信仰到物质世界，再到“入仕”式社会管理的自我实现，形成了贾理传承机制的驱动环，最终以贾师社会职能为核心推动贾理形成了自在与自觉的两种贾理传承模式。与此同时，自从贾理 2008 年入选国家级非物质文化遗产后还注入了以当地政府主导的非物质文化遗产传承机制。

由于贾理中习惯法部分随着我国法制体系的健全而逐渐弱化，当下贾理主要通过贾师在仪式中的诵唱呈现，本书以扫寨、葬礼、保家和祭尤 4 个贾理仪式为代表，对仪式过程、组织形式以及仪式中人与人、人与神之间关系进行深描呈现，同时将田野中的贾理诵词进行全文汉语翻译，直接揭示贾理的本质内涵。在此基础上运用结构功能理论深入分析贾理在传承过程中立体多维的教育功能。从个人层面促进了个体发展，贾理对个人的性别角色形成、学习能力提升以及社会化都发挥了重要作用；从群体或社会的角度来看，贾理的传承也是一种伦理道德教育，教授做人的道理，引导人们正确处理人与人、人与自然之间的关系，其中有大量的伦理道德规范与儒家思想有相通之处，这是基层官学体系尚未健全时，贾理可以作为苗族社会教育补充的重要基础；贾理还传承了地方性知识，比如万物起源、天文历法、族源迁徙、农事生产知识、习惯法等；从文化传承的宏观层面分析，我国西南与中原属于一个文化共同体，贾理作为苗族传统文化的“集大成者”融通转化了儒家思想，活态传承历史上中原与苗族文化交流的结晶。因此，当代贾理传承对于新时代中华文化认同教育、铸牢中华民族共同体意识具有重要的实践意义。

田野考察证明，作为苗族文化核心的贾理在传承中发挥的教育功能补充了当地学校教育的某些不足。然而，在传统与现代交织的社会背景下，贾理也面临着贾师身份、作贾仪式等方面的传承之忧。究其原因，根本因素是苗族社会变迁削弱了贾师的地位，而与其他艺术类、手工类“非遗”相比，贾理缺少舞台表演和商品交换价值，无法为当地人带来直接的经济收入。同时，在“民族文化进校园”中因对贾理定位不当又导致“进校难”。从社会层面来说，人们缺乏辩证眼光看待苗族传统文化与现代化之间的关系，将其视为消极的事物，影响了贾理在当代社会的传承。基于此分析，本书提出相应的优化策略，最急迫的是建立苗族贾理数据库，运用多种技术手段保护、传承贾理；从习惯法角度可重新激发贾理的乡村治理功能，提高贾师地位；开发贾理的多样化呈现形式，推动贾理的创造性转化。总的来说，我们需要处理好传统与现代的关系，正确认识传统文化。

本书从理论和实践意义层面试图作以下几方面的创新。首先，研究视角创新。已有研究多从各自学科，尤其好从法学视角展开探索，割裂了贾理存在的原生样态。本书以人类学视野考察贾理传承，整体还原贾理本来面貌，呈现贾理传承过程中对人和社会发展的影响，为理解整个苗族文化、反思少数民族原生形态教育提供一个新视角。其次，研究内容方面。运用结构功能理论对贾理这一文化现象传承过程中蕴藏的教育价值进行深入分析，丰富了文化传承即为教育过程的活态现实案例。同时立足新时代语境论述传承贾理对于铸牢中华民族共同体意识的现实意义，提升了贾理的传承定位。最后，研究材料的创新。以往的贾理研究文献主要是对他人整理出版的内容进行“二次加工”。本书则主要以笔者全程亲历的仪式与田野搜集、翻译、整理的第一手贾理为研究内容。

现代化步伐仍在继续，研究民族文化传承及其蕴含的教育价值，挖掘广泛存在于民族社会中的生存智慧，可以促进传统文化立足本土合理有效的传承、增进我们对教育本质的认识。在此过程中还能汲取民族地区优秀传统文化的传承能量来提升文化自觉、增强文化认同，以切实可行的文化传承实践铸牢中华民族共同体意识。

目 录

绪 论

一、选题缘由

“汉族不离书，苗家不离贾。”①“贾理”苗语称为 Jax Lil，指“贾”所阐述之理。在苗语语境中，Jax 具有讲、说、论、辩等含义。“贾”是对苗族可诵可歌的口头诗体作品样式的总称，由若干相对独立完整、互有内在联系的部分组成。其内容广博精深，包含苗族文学、史学、哲学、法学、民俗学、自然科学等地方性知识，是苗族口传式经典“百科全书”“法典”。② 2008 年 6 月 7 日，由贵州省黔东南苗族侗族自治州申报，经国务院批准，苗族贾理被列入第二批国家级非物质文化遗产名录。根据田野考察发现，大量结构完整的贾理流传于贵州省黔东南州雷公山西麓、清水江上游的丹寨县境内以及毗邻的凯里市舟溪地区。贾理在苗族传统文化系统中处于核心枢纽地位，是精神和物质、形而上与形而下相互转化贯通的节点，“活态”呈现了人类文化发展早期科学、神话、原生宗教等要素混融为一体的现象特征。

本书的核心问题是以贾理为典型个案探索文化传承中人的发展问题，具体表现为贾理作为苗族传统文化核心在各种场域发生、传承时如何作用于人与族群的发展，挖掘该文化现象背后的教育价值为当下所用。任何民族的发展都离不开对自身文化的传承，文化在传承过程中又实现其对族群的教育功能。研究贾理可以加深我们对人类教育本质的认知。历史上，我国西南地区很多少数民族都没有在本民族传统文化基础上创生相应的制度化教育，原生形态的教育是维护族群发展的重要途径，苗族同样如此。我国为统一的多民族国家，在五千

① 王凤刚：《苗族贾理》，18 页，贵阳，贵州人民出版社，2015。

② 王凤刚：《苗族贾理》，1 页，贵阳，贵州人民出版社，2015。

多年文明发展历程中逐渐形成了多元一体的中华民族，共同创造了灿烂的中华文化。苗族是中华民族共同体的组成部分，通过历史上西南与中原的互动交往，贾理积淀着丰富的优秀传统文化。然而随着现代化步伐加快，民族文化赖以生存的传统社会结构正发生变迁，贾理传承与其他民族口头文化同样面临着前所未有的挑战。我们可以通过人类学视角对贾理及其教育功能进行研究从而关照整个苗族文化的传承机制，挖掘民族文化活态传承的时代价值。

（一）基于传承中华优秀传统文化的时代需求

文化是民族的血脉，是人民的精神家园。[①] 在漫漫历史长河中，各民族交往交流交融，共同缔造出源远流长的中华文化，为中华民族的发展壮大提供了不竭精神动力。党的十七届六中全会提出构建优秀传统文化传承体系，优秀传统文化是建设中华民族共有精神家园的重要支撑，需要加强对优秀传统文化思想价值的深度挖掘，落实好非物质文化遗产的保护传承。[②] 党的十八大也明确指出建设优秀传统文化传承体系，大力弘扬中华优秀传统文化。[③] 2017 年 1 月国务院印发《关于实施中华优秀传统文化传承发展工程的意见》，明确工程的重要意义和总体要求、传承主要内容、重点任务等方面，其中第十条为保护传承文化遗产，实施非物质文化遗产传承发展工程，进一步完善非物质文化遗产保护制度。[④] 习近平总书记在党的十九大报告中指出："坚定文化自信，推动社会主义文化繁荣兴盛。文化是一个国家、一个民族的灵魂。文化兴国运兴，文化强民族强。没有高度的文化自信，没有文化的繁荣兴盛，就没有中华民族伟大复兴。要坚持中国特色社会主义文化发展道路，激发全民族文化创新创造活力，建设社会主义文化强国。中国特色社会主义文化，源自于中华民族五千多年文

---

① 中华人民共和国教育部：《中共中央关于深化文化体制改革，推动社会主义文化大发展大繁荣若干重大问题的决定》，http://www.moe.gov.cn/jyb_xxgk/moe_1777/moe_1778/201110/t20111026_125877.html，访问时间：2023 年 3 月 1 日。

② 中国共产党第十七届中央委员会：《中共中央关于深化文化体制改革，推动社会主义文化大发展大繁荣若干重大问题的决定》，中央政府门户网站：http://www.gov.cn/jrzg/2011-10/25/content_1978202.htm，访问时间：2023 年 3 月 1 日。

③ 胡锦涛：《十八大报告》，新华网：http://www.wenming.cn/djw/gcsy/zywj/201305/t20130524 1248116.shtml，访问时间：2021 年 12 月 10 日。

④ 中共中央办公厅、国务院办公厅：《关于实施中华优秀传统文化传承发展工程的意见》，载《人民日报》，2017-01-26。

明历史所孕育的中华优秀传统文化。”[①] 传承弘扬优秀传统文化，首先须树立文化自信意识，这一理念也于 2017 年 10 月写入新修订的《中国共产党章程》。坚定文化自信，有利于增强各民族对中华文化的认同，有助于铸牢中华民族共同体意识，有利于保护世界文化的多样性。[②]

在传承中华优秀传统文化的时代背景下，切实可行的实践路径之一是增强对非物质文化遗产的保护、传承与开发。非物质文化遗产活态存在民族特殊的生活生产方式中，饱含中华民族特有的思想观念、人文精神和道德规范。加强“非遗”保护不但是国家和民族发展的现实需要，也是尊重人类文化多样性的必然要求。2003 年联合国教科文组织通过《保护非物质文化遗产公约》，2005 年国务院发布《关于加强文化遗产保护的通知》，指出我国文化遗产蕴含着中华民族特有的精神价值、思维方式，体现着中华民族的生命力和创造力，是各民族智慧的结晶，也是全人类文明的瑰宝。保护文化遗产，保持民族文化的传承，是连结民族情感纽带、增进民族团结及社会稳定的重要文化基础，也是维护世界文化多样性和创造性，促进人类共同发展的前提。[③] 为了更好地弘扬中华民族优秀传统文化，促进社会主义精神文明建设，2011 年 6 月我国正式实施《中华人民共和国非物质文化遗产法》，从此保护传承中华优秀传统文化变得有法可依。“文化是一个国家、一个民族的灵魂。文化兴国运兴，文化强民族强。”[④] 立足新时代语境下，我们应通过切实行动传承优秀传统文化，贾理是苗族文化的中轴，凝结了深厚的优秀传统伦理道德等精神财富，是多民族文化互动交融的结晶，值得对其进行与时俱进的挖掘和阐发，以此提升人们对优秀传统文化的认同。

---

① 习近平：《决胜全面建成小康社会　夺取新时代中国特色社会主义伟大胜利——在中国共产党第十九次全国代表大会上的报告》，载《人民日报》，2017-10-28。

② 何星亮：《“文化自信”理念的形成及其意义——学习十九届五中全会精神的体会》，载《民族研究》，2021（2）。

③ 国务院：《国务院关于加强文化遗产保护的通知》，http://www.gov.cn/gongbao/content/2006/content_185117.htm，访问时间：2023 年 3 月 1 日。

④ 习近平：《决胜全面建成小康社会　夺取新时代中国特色社会主义伟大胜利——在中国共产党第十九次全国代表大会上的报告》，载《人民日报》，2017-10-28。

（二）贾理作为少数民族口头文化具有积极的研究价值

首先，从内容和表现形式分析，贾理内涵丰富，包含了苗族文学、史学、哲学、法学、自然科学、民俗学等地方性知识。我国很多少数民族都没有创制出通用的、规范的、属于本民族的原生文字，于是通过口传心授的方式将本民族的历史、文化、哲学、伦理等内容传承给后代，苗族贾理便是无原生文字民族口头文化的代表。民族文化之间具有共通的传承机制，但对于无原生文字的民族来说，其文化传承既与有文字的民族有相通的部分，又有自己的特殊之处。无原生文字的民族没有文字作为文化记载的媒介，服饰、音乐、舞蹈、口头传诵等成为其文化传承的主要途径，尤其是通过声音媒介口口相传、凭心记忆文化经典的方式超越器物有形限制且内容广博精深，在众多文化传承途径中处于重要地位，这也促成无文字的民族口头艺术形式多样且发达，例如苗族贾理、侗族大歌及款词、布依族古歌、壮族山歌等。贾理作为苗族的"百科全书"，在苗族传统文化系统中处于核心地位，涵盖苗族的物质文化和精神文化，反映了苗族社会的历史变迁和文化发展。同时，苗族贾理传承的历史悠久，其具体产生的时间已难确定，根据王凤刚等人考证的当下流行的贾理版本产生于至少距今约三百年前，主要依据一是在贾理《迁徙篇》中叙述的最后一个迁徙定居地，距今已有 20 代约 600 年，二是《村落篇》中据若干谱牒资料可以确证建寨最晚者也有 11 代约 310 年历史。[①] 从本质上来讲，研究无文字的民族的各种文化形式是在厘清传统民族文化与现代文化之间的关系，探索在新历史时期背景下民族文化的传承意义与优化发展路径。我们可以通过对一个贾理的研究"窥斑见豹"，发现以口头形式为载体的优秀传统文化葆有的时代价值。

其次，从口头文化面临的时代困境来看，探索贾理的当代传承具有普遍意义。随着经济全球化趋势和日益加快的现代化步伐，我国文化生态正在发生前所未有的变化。众所周知，少数民族聚居区的文化遗存相对丰富，但由于当下生存方式的变迁导致民族或区域文化特色消失正在加快。在此情况下贾理面临的问题是其他少数民族同样面临的问题，回答贾理也是回答其他民族共性的问题。

再次，从保持人类文化多样性角度来看，研究贾理仍然具有研究价值。文化在不同的时代和不同的地方具有不同的表现形式，文化多样性是人类的共同

① 王凤刚：《苗族贾理》，663 页，贵阳，贵州人民出版社，2015。

遗产。2001 年，联合国教科文组织第三十一届大会在巴黎总部通过了《世界文化多样性宣言》，重申此信念：缓解各文化和文明间冲突的最有效方式，是文化间的平等沟通与对话。① 全球水平上的统一性不需要削弱民族、亚民族和地区水平上的多样性。相反，民族、地方和地区的多样性是在全球水平上整合的一个持久的先决条件。② 现代化进程不是对文化的“一刀切”，不是外来的生活方式对传统的简单取代，而是文化的融合与创新，让人人都能享受现代文明的成果。在保留自身文化特色的同时拥有更多的选择和可能性。所以，保护传承民族文化，可以维护文化多样性的基础。

（三）从贾理在苗族传统社会中发挥的重要作用出发

笔者历经两个农业周期的田野考察发现，贾理在苗族社区中仍然发挥着重要作用。

1. 贾理在家庭教育中的作用不可忽视

历史上苗族传统社会没有在本民族传统文化基础上创生相应的制度化教育，所以苗族原生形态的教育是维护本民族发展的重要途径。在清朝“改土归流”之后，苗族呈现了传统社会鼓社—议榔—理老 / 贾师“自治”与官方治理交织并存的状态。贵州官学教育发展起步较晚，此地各少数民族文化教育补充官学教育的不足而发挥了重要的“自我教育”功能，贾理传承就相当于苗族传统社会内部的“官学”教育，学习贾理是“通识教育”，人们通过学习贾理通晓苗族历史文化知识、获得社会地位，然后成为贾师、寨老、理老、巫师等核心社会管理成员。这意味着学贾具有双重目的：学习苗族传统文化；成为德高望重的贾师。田野考察中访谈的 6 位贾理传承人共同表示，“教十几个人、花五到六年时间才能出一个贾师”，还有一位八零后在学贾理的男子说：“学贾理不是想成为贾师，就是想学贾理教人做人的思想道理。”当下学校教育传授的现代知识体系已然完全取代贾理相对应的教育功能，不过学龄前儿童基本还生活在浓郁的民族文化氛围中，家庭生活不可避免地接触到贾理。例如，在祖父辈的神话故事、民间歌谣中，父母教育子女时无意识调动的“贾理记忆”；又如，许

① 邹广文：《坚守文化的多样性》，载《光明日报》，2014-03-25。

② 欧文·拉兹洛：《多种文化的星球》，戴侃、辛未译，3 页，北京，社会科学文献出版社，2004。

多家长仍然会用贾理中的经典句子教育子女（如“不听父训锄伤脚，不听母话针扎手”）；等等。笔者在丹寨岩英小学田野调查时就发现，低年级儿童在学前就已知十二生肖，很多小朋友都听过“蝴蝶妈妈”的故事。贾理作为苗族文化的基础底色，通过器物、制度等不同维度散播着特殊场域意蕴，在这个场域成长的儿童难以避免地受到贾理影响。

2. 贾理包含的习惯法可助益于乡村社会治理

贾理不但蕴含天地万物的形成、人类社会的诞生、苗族族源等内容，苗族社会中的道德规范和行为准则也通过各种典型案例得到反映，并就违反族群社会规范的判定原则进行了追根溯源的叙述，好比习惯法典籍，对维护苗族传统社会秩序发挥了积极作用。[①] 贾师诵述贾理为他人说理断案、解决纠纷，在实践中有法典性质。丹寨扬颂贾师李会堂[②] 当过五届村干部，苗族传统社会的管理角色与现代化国家乡村自治者身份合二为一。连任五届村干部的特殊经历说明他在当地德高望重的社会地位，得到大家的尊重信服与他本人精通贾理密不可分。据李会堂贾师叙述，自己在村里任职期间通过说贾讲道理为村民邻里解决内部纠纷。龙泉镇马寨村贾理传承人陈炳才目前也是该村村干部之一，他同样表示懂得贾理非常有助于开展村里工作，“贾可以理解别个、帮别个，对个人也可以提高。现在我当组长，村里面有什么事我都可以用贾去解决”。贾理触及苗族社会的各个方面，更多的是伦理道德层面的约束规范，苗族聚居区特殊自然人文生态孕育贾理，至今仍然在苗族村落起着行为道德规范作用。国家法律是社会“共同利益要求的反应和表达，它作为人们追求发展和完善的价值期望，具有超越个体的普遍性。但普遍总是寓于特殊之中，这个特殊物就是组成一定社会的各个个体的道德和法律意识。苗族理词的社会教育功能主要目标在于内化控制，从而达到社会和谐”。[③] 在人和人交往的过程中存在法律直接涉及范围之外的诸多情况，一般“闹到法庭”在当地人话语中属于无法内部解决的重大

① 徐晓光：《黔湘桂边区山地民族习惯法的民间文学表达》，20—54 页，桂林，广西师范大学出版社，2016。

② 李会堂，苗族贾理国家级代表性传承人。本书涉及的苗族贾理各级别代表性传承人名单对外公布，所以沿用真名。

③ 杨长泉：《论民族法中的道德与强制力元素的平衡关系——以黔东南苗族理词为研究途径》，载《原生态民族文化学刊》，2009（4），57—62 页。

事件，且人们不太情愿将纠纷放在地区公共事物层面解决，所以很多邻里之间“鸡毛蒜皮”的纠纷更偏向地方贾师出面调解，当事态超过贾师或村干部解决的能力范围时才会诉诸国家法律。因此，贾理在国家法律与苗族人之间形成一道天然的调节缓冲地带。

3. 有关贾理仪式的教育不可取代

仪式包含民族文化传承的重要社会意义与丰富的教育内涵，其本身即是一种情境的、生动的教育施行过程，传统文化对个体的濡化不需要特别训练，仪式中个体依据个人的生活经验，在耳濡目染的过程中迅速而又直观地理解掌握本民族的传统文化，通过观察、模仿与身临其境来唤起与参与者相似的内部情感而实现。[①] 伴有仪式的做贾主要在祭祀、授贾、葬礼、祈禳等神圣活动场合，在结婚嫁娶与调解纠纷等“辩贾”场合则由贾师述唱。贾理对于苗族族源及分布有明确描述，据扬颂贾师龙永超讲述，他们苗族的首领、祖先——“尤”[②] 战败被杀，子孙被迫逃离故土，蚩尤有九兄弟，他的部落向西南迁徙到现居地。丹寨扬武乡的腊尧、扬颂苗族是蚩尤的嫡系后裔。祭尤就是祭奠蚩尤，以农历十月第二个丑日为祭日，传说尤公（蚩尤）在这一天遇害。祭尤仪式上，一般用 9 碗酒、9 个糯米粑、9 条鲤鱼、9 片构树叶、9 张青菜叶作为祭礼，祭师分别念 9 段相应的祭词（贾理），每段供上 9 碗酒，以示祭奠 9 个远祖。外界向来将蚩尤当成神话人物，但在丹寨扬武一代苗族人本位的文化表达里蚩尤是作为有血有肉的祖先、部落统领身份。祭尤的时间起点已不可考证，但我们能从祭祀礼仪、世代传诵的贾理祭词中寻找到历史的蛛丝马迹。对于无文字、依靠口传历史的苗族人来说，祭“尤”仪式内容更承载了传承本民族文化的使命，通过年复一年述诵苗族祖先与迁徙等事件使族群成员获得对本民族的文化认同，不断构建和强化集体记忆，增强族群凝聚力。同时，仪式蕴含的规范、禁忌、信仰等文化因子也潜移默化地传递给了后人。

综上所述，贾理内容贯穿了整个苗族历史的纵向发展脉络，从神话式的人类起源到可以考据的迁徙路线、古地名，涉及苗族传统社会生活形而上与形而

① 吴晓蓉：《仪式中的教育：摩梭人成年礼的教育人类学研究》，31 页，北京，人民出版社，2018。

② 尤：即蚩尤。别名：兵主。传说中制造兵器的人，又传为主兵之神，与黄帝、炎帝并称“中华三祖”。一说为东方九黎部落首领，有兄弟八十一人，后与黄帝战于涿鹿，失败被杀。

下的方方面面，沉淀了历史上丰富的中华传统美德、核心思想道德规范等，并在日常生活中保持了“活态”表达。例如，我国传统生肖文化在贾理有完整留存，还表现在苗族生肖场的鲜活案例中。自古以来以贾师为中心组织的集体授贾活动也是苗族特色，可以解读为苗族本土“官学”和“私塾教育雏形”。田野考察中贾师和贾理学员都认为“贾理可以教人正直，多做好事”“学贾以后就不能反贾，反贾就像反对法律”等诸如此类肯定贾理教育价值的言论，这用事实证明了教育实践活动不能局限于校园围墙之内，围墙之外的社区同样存在丰富的、个性化的教育资源。现代化发展绝对不意味着要以牺牲民族文化为交换，不能用简单二元对立、“取代”的方法论对待，而应从作为文化补充的多元共生视角解决传统与现代冲突。雅思贝尔斯认为教育是“人对人的主体间灵肉交流活动，包括知识内容的传授、生命内涵的领悟、意志行为的规范，并通过文化传递功能，将文化遗产交给年轻一代，使他们自由地生长，并启迪其自由天性”。[①] 贾理传承的随境性、符号性、丰富性，抑或神圣性等特点也反映了雅思贝尔斯的教育真谛。在现代化浪潮席卷每一个角落的当代，苗族贾理值得我们进行系统研究。

二、基本概念界定

（一）苗族贾理

苗语 Jax（音“贾”）含义为“贾理”，或称“苗族贾理”。过去学术界采用“贾”“佳”“迦”“嘉”“加”等音译。自 2009 年王凤刚[②]收集整理《苗族贾理》[③]出版后逐渐形成用“贾理”或“苗族贾理”的表达习惯。“贾”具有讲、说、论、辩等含义，是对苗族可歌可诵的口头诗体作品样式的总称，也是对这种形态的单篇作品的通称，由若干相对独立完整、互有内在联系的部分组成。

① ［德］雅思贝尔斯：《什么是教育》，邹进译，3 页，上海，生活·读书·新知三联书店，1991。

② 王凤刚（1945—），丹寨县高排村人，1967 年毕业于中央民族学院中国少数民族语言文学系苗族语言文学专业。1983 年患上肌萎缩侧索硬化症，身体逐渐失去行动能力，只好请贾师们到他家念贾，先用录音机录下来，之后便用唯一能活动的右手逐句将这些贾词用苗文记录并译成汉语。他花了近 30 年的时间整理译注了 80 余万字的《苗族贾理》。

③ 该书内容包括序贾篇、创世篇、洪水篇（上、下）、迁徙篇（上、下）、村落篇、婚姻篇、案件篇、祭鼓篇、巫事篇、结语。

其内容庞杂精深，包含苗族哲学、史学、文学、民俗学、法学、自然科学等地方性知识，是苗族口头经典的“百科全书”“法典”。贾理多方位呈现了苗族的哲学思想、历史渊源、民族关系、社会结构、习惯法、风俗习惯、伦理道德、原生宗教、古代科学等方面，展示了苗族传统文化和苗族农耕社会的本来面貌。结合苗族历史发展与贾理内容分析，贾理最早可能产生于苗族原始社会父系氏族时期，经过数千年的传承发展、丰富变迁，大约在清代之前便形成了流传至今的经典内容。贾理传承方式为口传心授，据清水江流域长期田野考察发现，大量结构完整的贾理重点流传于丹寨县及毗邻的凯里市舟溪地区，其中丹寨的师承系统相对健全，传承形式主要有集体授贾、拜师学贾和家庭传承三种。传统的集体授贾时间地点有限制，传授过程有固定仪轨，开班仪式庄严神圣。贾理作为苗族口传经典，有固定的传统篇章框架，分为“支”“串”或“朵”，由于传承过程中的变异性，不同师承与地区的冠名及篇章节划分存在差异。贾理是苗族历史生活和文化内容的“库藏”，具有多方面的价值和功能，是苗族传统文化的核心。

由于贾理与苗族古歌都有开天辟地、人类产生、洪水滔天、大迁徙的情节，容易将二者混同。贾理除了有创世、迁徙内容外还有大量关于理词、祭词、巫词等方面的内容，二者在功能、表演及艺术表现手法方面也有区别。① 古歌流传在清水江中游的黄平、台江、剑河一带，发生情境主要在酒席场上，方式是问答式的对唱。“理得了什么？理得大平坝。歌得了什么？歌得酒席堂。”② 贾理流行核心区域在丹寨，有专门的授贾仪式，演述在授贾、祭祀、判案的场合，属于叙述的表达方式。也有研究者将巫师、贾师和歌手单独演唱的叙事古歌“佳”归为苗族古歌范畴。③ 客观来说，苗族贾理和苗族古歌是属于思想内核相通、内容交叉重叠，但流行地区和表现方式及功能有一定区别的苗族口传经典。

（二）文化传承

“文化传承就其本质而言不仅是一个文化过程，而且更是一个教育过程。”④

① 王凤刚：《苗族贾理》，4 页，贵阳，贵州人民出版社，2015。

② 文远荣：《雷公山苗族巫词贾理嘱别福》，219 页，北京，中央民族大学出版社，2010。

③ 潘定智：《苗族古歌三议》，载《思想战线》，1987（6），48—53 页。

④ 冯增俊：《教育人类学教程》，191 页，北京，人民教育出版社，2005。

关于文化的定义不计其数，兹不再赘。本书主要借鉴泰勒对“文化”的经典定义：“从广义的人种论的意义上说，文化或文明是一个复杂的整体，它包括知识、信仰、艺术、道德、法律、风俗以及作为社会成员的人所具有的其他一切能力和习惯。”① 从内容上分包括物质文化、精神文化、语言和社会组织。②“传承”在古汉语中实为两个单音节词，“传”“承”二字分开使用。《论语·学而》：“传不习乎？”“传”多指传授知识。《诗经·小雅》：“吹笙鼓簧，承筐是将。”《说文》：“承，奉也；受也。”③ 文化传承是指文化在共同体社会成员之间纵向移交的过程，通过符号传递和认同实现的文化再生产，因受生存环境和文化背景制约，这一过程具有模式化与强制性要求，使人类文化在历史发展中具有稳定性、完整性、延续性等特质。④ 人创造文化，文化反过来又孕育了人，主体与文化之间通过“传承”相结合，因此文化传承也是人的再教育过程。文化传承不是停留在两代人之间的“文化传递”，而是遵循文化发展的规律和要求进行有机组合。存在“源头”才能“传”，有“活水”才达成创新，实现永续发展。在苗族贾理传承的过程中，贾理学员们通过贾师“一领众随”的授贾活动，如“固如肉中刺、牢如身上瘤”一般将贾理铭记于心，完成“传”的环节。当学员成为贾师后，在做贾或诵贾时根据实际情况和自己的认知加工水平又会进行适当改编以顺应场景变化，达到“承”的目的。在整个过程中，除了贾师和学员作为贾理传承主要受教育影响的群体外，还有仪式场合其他族群成员，因贾理周而复始在场性教育成为被濡化的重要对象。每个民族都有自己个性化的文化传承方式与内容，文化传承不仅是特定民族或社会的群体行为，也是该民族或社会的个体行为，其民族文化通过这种群体或个体行为实现代际传承。

（三）非物质文化遗产

1989 年联合国教科文组织通过《关于对传统文化和民间传说保护的倡议》（Recommendation on the Safeguarding of Traditional Culture and Folklore），这代表在无形文化遗产保护领域迈出标志性第一步。1997 年教科文组织通过关于建

① ［英］泰勒：《原始文化》，蔡江浓译，1 页，杭州，浙江人民出版社，1988。

② ［英］马林诺夫斯基：《文化论》，费孝通译，4—9 页，北京，中国民间文艺出版社，1987。

③ （汉）许慎：《说文解字》，253 页，北京，中华书局，2013。

④ 赵世林：《论民族文化传承的本质》，载《北京大学学报》（哲学社会科学版），2002（3），10—16 页。

立国际鉴别制度的决议。与此相应，联合国教科文组织执委会于第一百五十四次会议指出，由于“口头遗产”和“非物质遗产”不可分割，因此在之后的鉴别中，“口头遗产”需添加“非物质”的限定。[①] 2000 年，联合国教科文组织正式设立“口头和非物质文化遗产杰作名录”项目，于 2001 年公布了首批入选名单。2003 年联合国教科文组织通过《保护非物质文化遗产公约》，公约明确规定了“非物质文化遗产”的定义：指被各社区、群体，有时是个人，视为其文化遗产组成部分的各种社会实践、观念表述、表现形式、知识、技能以及相关的工具、实物、手工艺品和文化场所。这种非物质文化遗产世代相传，在各社区和群体适应周围环境以及与自然和历史的互动中，被不断地再创造，为这些社区和群体提供认同感和持续感，从而增强对文化多样性和人类创造力的尊重。在本公约中，只考虑符合现有的国际人权文件，各社区、群体和个人之间相互尊重的需要和顺应可持续发展的非物质文化遗产。[②] 2011 年我国通过《中华人民共和国非物质文化遗产法》，标志着我国非物质文化遗产保护传承步入法制进程。此法立足我国具体情况，界定了非物质文化遗产的范畴：是指各族人民世代相传并视为其文化遗产组成部分的各种传统文化表现形式及与传统文化表现形式相关的实物和场所。其内容包括：①传统口头文学以及作为其载体的语言；②传统美术、书法、音乐、舞蹈、戏剧、曲艺和杂技；③传统技艺、医药和历法；④传统礼仪、节庆等民俗；⑤传统体育和游艺；⑥其他非物质文化遗产。[③]“传承”是非物质文化遗产保护的核心概念，指明“保护”的根本目的就是让有价值的人类非物质文化遗产持久地延续下去。[④] 我国文化遗产保护工作指导方针是“保护为主、抢救第一、合理利用、传承发展”。

（四）教育功能

首先，教育的本质是培育人、促进人的发展，包括领悟生命内涵、传授知

---

① 杨怡：《非物质文化遗产概念的缘起、现状及相关问题》，载《文物世界》，2003（2），27—31 页。

② 联合国教科文组织第 32 届大会：《保护非物质文化遗产公约（2003）》，中国非物质文化遗产网：http://www.ihchina.cn/zhengce_details/11668，访问时间：2021 年 12 月 1 日。

③ 中华人民共和国第 11 届全国人民代表大会常务委员会：《中华人民共和国非物质文化遗产法》，中国人大网：http://www.npc.gov.cn/npc/c12488/201102/ec8c85a83d9e45a18bcea0ea7d81f0ce.shtml，访问时间：2021 年 12 月 1 日。

④ 祁庆富：《论非物质文化遗产保护中的传承及传承人》，载《西北民族研究》，2006（3），114—123 页。

识内容、规范意志行为等，并通过文化传承功能将文化遗产传递给后代，促其自由地生成。因此教育的原则是通过现存世界的全部文化导向人的灵魂觉醒之本源和根基，教育的过程是让受教育者在实践中自我练习、自我学习和成长。①

其次，“功能”一词主要源自西方结构功能理论（structural functionalism）。马林诺夫斯基认为，功能观点的正式宣布是在1926年《大英百科全书》所写“人类学”：“此种学说的目的在以功能眼光来解释一切在发展的水准上的人类学事实，看这些事实在完整文化体系内占什么位置；在这体系内，各部分怎样的互相联系；而这体系又以何种方式与周围的物质环境互相联系。总之，此学说的目的，乃在了解文化的本质，而不在进化的臆测，或以往历史事件的重造。”② 从科学和哲学视角考察，功能指事物系统作用于周围事物的能力或基本属性。③ 虽然功能为事物固有，但是它必须在与其他事物发生联系、相互作用时才得到反映。所以，功能及其相互作用是事物存在的重要表现形式。简括地说，教育功能是人与自然、人与人之间相互作用过程中所表现出的教育价值，它回答了教育在人类社会发展中的作用。④ 人的实践领域都属于教育功能发挥的范畴。该理念体现在一般意义教育学学科中，教育的功能主要被划分为教育与人的发展和教育与社会发展两大范畴。⑤

再次，《教育大辞典》为“教育功能”下的定义为：教育功能亦称“教育作用”，指教育对整个社会系统的维持和发展所产生的作用和影响，主要涵盖人的发展和社会发展两个方面。其一，教育通过传授、训练、陶冶、评价等方式对个体和群体方面的发展发挥激发、导向、奠基、重构、提高、矫正、完善、增值和选择等功能。其二，教育所培养的具有一定素质的人走进社会，成为一定社会的公民，担任一定社会的角色，对社会的维持和发展发挥适应、改革和改造的功能。教育的育人功能是根本功能，教育的社会功能是教育的育人功能的延伸和转化。⑥

① ［德］雅斯贝尔斯：《什么是教育》，邹进译，3—4页，上海，生活·读书·新知三联书店，1991。
② 转引自黄淑娉、龚佩华：《文化人类学理论方法研究》，106页，广州，广东高等教育出版社，1996。
③ 胡德海：《论教育的功能问题》，载《西北师大学报》（社会科学版），1999（2），4—10页。
④ 傅维利：《教育功能论》，1页，沈阳，辽宁教育出版社，1990。
⑤ 王道俊、郭文安：《教育学》，北京，人民教育出版社，2016。
⑥ 顾明远：《教育大辞典》，747页，上海，上海教育出版社，1998。

总之，从人类学视域解读，文化传承过程就是教育的过程，教育是人类社会进行文化传承的手段。贾理作为苗族传统文化中轴，在满足苗族人生存发展需求的过程中体现其功能价值。结合前文教育功能的两个方面，我们也可以将贾理的教育功能概括为在其传承过程中发挥的对文化和人（包括个体发展与社会发展）产生的作用。

三、文献综述

（一）国内相关研究

1. 关于苗族贾理的研究

在苗族原生语境中，“贾理”由于语言习惯差异也被称为贾、理词或理辞，其中“贾”早期又音译为佳、迦、加、嘉、佳里等，有“拿……讲道理”“评说”“评论”的意思，直到 2008 年入选国家级非物质文化遗产名录，学界对此形成“贾理”的统一称谓。因此，关于贾理的已有研究应当包括早期的同名文献。根据现有文献显示，从 1959 年开始出现贾理搜集、翻译与整理，已公开出版整理文本文献有 27 种。[①] 王永伦在 2018 年整理过苗族贾理的研究文献，展现了贾理研究的大致情况。[②] 有关贾理的学理研究始于 20 世纪 80 年代中期，纵观近 40 年积累的研究成果，以学术论文为主要成果形式，重点基于前人整理发表的文献出发、从各个学科领域展开阐释，集中于文学、哲学、法学、社会学等领域。

（1）从文学视角研究贾理

2008 年苗族贾理入选第二批“民间文学”类国家级非物质文化遗产名录，20 世纪 50 年代也是以“民间文学资料”或“民间歌谣”形式被搜集翻译整理。从表现形式看，贾理是一种口头诵唱的韵文，加上学界最初将其视为“民间文学”，所以有许多学者从文学角度对此进行研究。较早从文学角度研究贾理的学者有陈立浩，他将理词归入“苗族的古代文学艺术”，分析了理词的句式、修辞和表达方式，认为拟人化的特点更加突出，形成了具体生动的艺术形象，

① 王永伦：《苗族贾理文献搜集与整理概述》，载《四川戏剧》，2017（12），182—186 页。

② 王永伦：《苗族〈贾理〉研究综述》，载《贵州民族研究》，2018（6），62—66 页。

使叙事明理更富有形象性和哲理性。[①] 杨维文认为理词是一种独具特色的口头韵文，还与“赋”从表现手法和形式进行了对比研究。[②] 王凤刚作为苗族贾理最权威的搜集整理者之一，他则认为贾理汇集了苗族民间文学的艺术手法，尤其是运用了拟人、对仗、想象、对偶、夸张等修辞手法。[③] 徐晓光在其论著《黔湘桂边区山地民族习惯法的民间文学表达》中具体呈现了贾理的对偶、比喻、排比等表现手法。[④] 侯天庆等人从民间文学角度，从叙事结构、叙事主题、叙事语言切入探究贾理独特的文学魅力，他觉得苗族贾理的语体风格更倾向于“对话体式”与“文学体式”，通过说唱形式讲述蕴藏民间文学作品中的古法古理。[⑤] 王永伦比较了各地流行的典型贾理文本，对其内容情节的不同、篇章结构的差异、细节描写的简繁等方面展开分析，探讨苗族不同贾理文本中情节异文内容的生成过程。[⑥] 此外还有部分研究者从语言文学角度展开研究，例如胥奇从语音、词汇、语法、修辞 4 个方面探讨苗族理辞体现出的特征。[⑦] 根据尤金·奈达的功能等值翻译理论，胡朝君将部分苗族理辞翻译成英语，并从句法等值、词汇等值、文体等值和篇章等值对此进行了分析。[⑧] 贾理的文学研究中还有一部分虽不多但视角独特，苏晓红等人从女性主义视角展开研究，发现婚姻理辞塑造了许多性格不同、主体意识苏醒、个性独特的女性形象，主要包括自我解放型、人格独立型、情感和谐型三类女性，这生动体现了苗族社会尊重女性并赋予其平等地位的文化观念。[⑨] 女性主义视角为贾理研究提供了一种新思路，丰富了少数民族女性形象，具有时代意义。

---

① 陈立浩:《苗族理词试论》，载《贵州民族研究》，1988（1），102—108 页。

② 杨维文:《苗族理词浅谈》，载《中央民族大学学报》（哲学社会科学版），1992（6），77—80 页。

③ 王凤刚:《苗族贾师的故事》，268 页，台北，台北甯文创事业有限公司，2012。

④ 徐晓光:《黔湘桂边区山地民族习惯法的民间文学表达》，45—53 页，南宁，广西师范大学出版社，2016。

⑤ 侯天庆、田穗:《民间文学视角下的苗族贾理》，载《中国民族博览》，2018（7），7—9 页。

⑥ 王永伦:《苗族贾理篇章结构和故事情节差异比较》，载《名家名作》，2021（4），115—117 页。

⑦ 胥奇:《苗族理辞语体特征研究——以吴德坤、吴德杰〈苗族理辞〉为研究文本》，5 页，贵阳，贵州民族大学硕士学位论文，2013。

⑧ 胡朝君:《功能等值理论下“苗族理辞”的英译研究》，17 页，贵阳，贵州民族大学硕士学位论文，2019。

⑨ 苏晓红、胡晓东:《苗族婚姻理辞女性形象社会地位探析》，载《贵州师范大学学报》（社会科学版），2012（3）。

（2）从哲学视角研究贾理

对贾理的哲学观研究主要体现在自然观、伦理观等方面的剖析。杨维文认为苗族理词蕴藏了不同历史时期广阔的生活内容，从多方面呈现了苗族人的道德伦理。同时还体现了苗族人对自然、社会认识理解的哲学思想，并举例说明了苗族“理在物中”、万物相存相依的朴素唯物观。① 龙文勇认为苗族理词具有丰富的生态伦理法治思想，体现在代际公平、心存敬畏和相克相生三方面。② 吴大华在《民族法律文化散论》中阐释了苗族习惯法中的婚姻家庭制度，通过贾理呈现了苗族人的婚姻观，认为重婚属于缺德的事，推崇忠诚专一的婚姻观。③ 郭凤鸣提到苗族理词中有大量规范伦理道德的内容，要求社会须成“体统”。④ 曾雪飞把贾理视为苗族古歌范畴，认为其不但反映清水江苗族的族群历史、集体记忆，还是苗族的家与家族、人与自然的生态伦理和人与人的社会伦理、社会规约等方面规范着苗族的日常生活和行为准则。⑤ 自然观方面，曾祥慧等认为贾理反映出来的自然观是苗族先民对自然最原始的神化意识和敬畏之情，倡导尊重自然、善待生命、天人合一的原始情感，表现了以兄弟之情面对自然的生态自然观。⑥ 近来还有学者从逻辑学广义论证视阈阐释了贾理保家仪式场景构造了一个苗族社会人与神共享的交流空间，二者通过“唱诵”表达方式和卦象等象征性符号进行交流。⑦ 从某种程度上也反映了苗族人的世界观。

（3）贾理的习惯法研究

习惯法是组成苗族贾理的重要部分，流传至今的贾理中仍保存丰富的案件，贾师在解决纠纷时针对性地引用、参照这些判例化解双方矛盾。关于贾理的习惯法研究成果比较丰富，可主要概括为属性、功能与实践研究3个方面：

① 杨维文：《苗族理词浅谈》，载《中央民族大学学报》（哲学社会科学版），1992（6），77—80页。

② 龙文勇：《苗族理词生态伦理法治思想之管窥》，载《怀化学院学报》，2015（7），60—63页。

③ 吴大华：《民族法律文化散论》，121页，北京，民族出版社，2004。

④ 郭凤鸣：《秩序中的生长——少数民族习惯法的教育人类学解读》，130页，成都，四川大学出版社，2011。

⑤ 曾雪飞：《清水江流域苗族古歌的伦理观与社会规约》，载《贵州大学学报》（社会科学版），2013（4），54—61页。

⑥ 曾祥慧、曾婧、雷秀武：《以兄弟之情面对自然：从苗族〈贾〉透析苗族自然观》，载《原生态民族文化学刊》，2014（4），112—116页。

⑦ 吴小花、麦劲恒、鞠实儿：《贵州丹寨“八寨苗”祭祀中的说理研究——以“请神”环节为例》，载《逻辑学研究》，2020（1），28—52页。

首先是贾理属于习惯法的定性研究。目前可检索的、明确将理词定为习惯法的是 1991 年杨德在《黄平苗族理词刍论》开篇指出："苗族理词的内容十分丰富，有季节理词、民事纠纷理词等，它是古代社会苗族的生产经验的总结和约束人的行为的共同'法典'。"[①] 1993 年周勇将贾理译为"佳"歌，认为它是苗族社会为了自身生存和发展而逐渐形成的、具有社会强制力的调解纷争法则，具有原始法特质。[②] 王凤刚也认为贾理是苗族习惯法的"法典"。[③] 徐晓光对少数民族习惯法进行相对集中的探讨，其中也包括研究贾理。在其专著《苗族习惯法的遗留、传承及其现代转型研究》中把表现神灵作用与习惯法这一部分规范称"佳"理词，它在苗族习惯法中享有最高权威。[④] 胡晓东、胡廷夺也认为苗族理辞是苗族古代社会的"判例"与"法典"集成。[⑤] 可见贾理的习惯法属性已得到学界的普遍认可。其次，关于贾理作为习惯法的特征、功能等分析。有学者认为理词具有明确的社会规范作用和广泛的社会调节功能，作为习惯法的主要呈现形式具有普遍性、简练性、生动性等特点。[⑥] 缪锌等人则将苗族理词的魅力总结为民族凝聚力、内容生动形象以及普遍可知的特点。[⑦] 黄金兰等人重申了苗族理词精简性和生动性特点，补充说明其调节功能、裁判功能和教育功能。[⑧] 最后是关于理词作为习惯法解决纠纷的具体实践研究。理老作为理词的直接持有人，是苗族中的领袖、习惯法的执行者。[⑨] 注重"以和为贵"的纠纷调解原则。徐晓光通过案例生动展示了纠纷解决过程中理老的调解和裁定，以及当事人双方的自我辩护，这表明苗族社会存在着原生的、相对较为完整的诉讼与审

① 杨德：《黄平苗族理词刍论》，载《苗侗文坛》，1991（2），57—63 页。

② 周勇：《初民社会纷争调处的法则——黔东南苗族"佳"歌的法律分析》，载《比较法研究》，1993（2），145—163 页。

③ 王凤刚：《苗族古籍经典〈贾〉散论》，213—220 页，见《苗侗文坛》，贵阳，贵州人民出版社，2004。

④ 徐晓光：《苗族习惯法的遗留、传承及其现代转型研究》，134 页，贵阳，贵州人民出版社，2005。

⑤ 胡晓东、胡廷夺：《"理辞"与"苗例"》，载《贵州社会科学》，2011（10），89—93 页。

⑥ 徐晓光：《苗族习惯法的遗留、传承及其现代转型研究》，160—169 页，贵阳，贵州人民出版社，2005。

⑦ 缪锌、敖惠：《贵州苗族理词的习惯法效力探析》，载《四川理工学院学报》（社会科学版），2008（6），27—30 页。

⑧ 黄金兰、黄文霞：《苗族习惯法的典型存在样态及其功能》，载《原生态民族文化学刊》，2010（3），89—94 页。

⑨ 李廷贵：《试述苗族氏族制度的遗留与影响》，426—454 页，见《苗学研究（四）》，贵阳，贵州民族出版社，2007。

判程序，并有效调整着苗族村落社会秩序。[1]

（4）从社会学视角研究贾理

贾理在维护苗族传统社会秩序方面发挥了重要功能，学者们也从社会学视角开展了相应研究。较早的有1989年吴晓萍等人发表《浅谈〈议榔词〉〈理词〉的社会思想》，文中指出议榔词、理词的社会思想主要表现在强调规约治理，维护社会正常秩序的集体观念和原生法制思想及伦理道德与反对剥削等观念。这些思想观念对于维护苗族的独立生存和苗族社会内部的治安团结，树立苗族高尚的道德情操起了不可估量的作用。[2]李建军也认为理词的社会控制功能使得苗族社会秩序得以维系。[3]杨茂锐和唐皓重点关注苗族贾理的社会管理思想，认为其包含教育第一、预防为主的管理思想以及违反社会公德与惩治“犯罪”的管理思想。[4]他们同时还提出探索苗族贾理的社会管理思想有利于开发民族文化，培养文化自信和文化自觉，增强民族创造力与凝聚力，助益全面建设小康社会。[5]尤其是杨茂锐将贾理与社会主义核心价值观联系起来进行研究，挖掘贾理的时代价值与蕴含其中的传统文化资源，为少数民族地区社会主义核心价值观的培育和实践服务。[6]另有学者从社会控制维度探究贾理，张斌将贾理概括为“以神话传说为载体勾画和彰显了苗族支系社会的习惯法规范与秩序图景”，在正式法律产生之前，贾理作为一种实践理性和规范知识，于苗族地方社会秩序的建构中发挥了社会控制功能。贾理内含的神话传说为苗族社会有序运行提供规范：日常生活基本制度、无国家社会的秩序安排、血缘与地缘结合的民主

① 徐晓光：《歌唱与纠纷的解决——黔东南苗族口承习惯法中的诉讼与裁定》，载《贵州民族研究》，2006（2），36—43页。

② 吴晓萍、何彪：《浅谈〈议榔词〉〈理词〉的社会思想》，载《贵州民族学院学报》（社会科学版），1989（4），29—35页。

③ 李建军：《苗族理词文化与功能》，载《中央民族大学学报》（哲学社会科学版），2007（6），82—87页。

④ 杨茂锐、唐皓：《“苗族贾理”的社会管理思想试论》，载《贵州民族学院学报》（哲学社会科学版），2012（5），16—20页。

⑤ 唐皓、杨茂锐：《重视苗族贾理社会管理思想，弘扬民族传统文化》，载《中共贵州省委党校学报》，2012（5），126—128页。

⑥ 杨茂锐、宋汉瑞：《苗族“贾理”与社会主义核心价值观建设研究》，载《贵州师范学院学报》，2016（4），2—5页。

社会治理结构、纠纷解决和社会控制。[①] 宋汉瑞也提出贾理反映鼓社制对苗族社会的控制，体现在经济手段、民间信仰和教育手段等方面，并阐释了贾理蕴含的社会价值观，即个人品德观、家庭伦理观和社会和谐观。[②]

（5）关于贾理传承的记录与研究

随着城镇化、现代化步伐的加快，贾理赖以生存的苗族传统社会结构也受到影响，贾理的保护传承面临前所未有的挑战。于是有部分研究者以叙事方式记录了贾理传承，最有代表性的两本著作为王凤刚《苗族贾师的故事》[③] 和吴佺新、肖其凤主编《贾师传》[④]。前者记录了作者熟悉的部分贾师的故事及贾理的传承过程，并且结合个人田野经历讲述了贾理在苗族社会中发挥的功能。书中穿插了作者搜集整理贾理的艰辛历程，文字饱含着对民族文化的深厚情感。《贾师传》以传略、评传和自述形式记录了 17 位著名贾师的生平传记，也可视为他们学贾、授贾的口述史。王凤刚将传授贾理的途径分为办班传授、家庭传承、拜师学习三种，还详细记录了传授贾理时间、地点以及整个授贾仪式的具体过程。[⑤] 余未人在《苗族贾理传承小记》中叙述了当年拜师的具体习俗，以及丹寨排调镇杨永珍贾师诵贾时遵循的古规。[⑥] 除了记录贾理传承情况，也不乏学者从非遗传承视角探索贾理保护策略，如提高人们对非遗保护与传承重要性的认知，科学把握非遗保护与开发、传承和创新的关系；多渠道筹集和确保非遗保护资金来源渠道；加快有关非遗保护的立法工作；等等。[⑦] 杨茂锐具体阐述保护传承非遗要把贯彻实施《中华人民共和国非物质文化遗产法》和《贵州省非物质文化遗产保护条例》结合起来，结合苗族特点，在民族文化丰富的地方建立保护区，加大对非遗保护传承资金的投入，为传承民族优秀文化提供经济

---

① 张斌：《诗性智慧、民族记忆与共同体秩序：作为社会控制工程的苗族贾理》，载《甘肃政法学院学报》，2016（6），32—41 页。

② 宋汉瑞、黑洁锋：《苗族“贾理”的社会思想及其现代意义》，载《贵州师范学院学报》，2017（1），10—14 页。

③ 王凤刚：《苗族贾师的故事》，43—81 页，台北，台北甯文创事业有限公司，2012。

④ 吴佺新、肖其凤：《贾师传》，贵阳，贵州民族出版社，2013。

⑤ 王凤刚：《苗族贾理 · 前言》，82—99 页，贵阳，贵州人民出版社，2012。

⑥ 余未人：《苗族贾理传承小记》，载《当代贵州》，2010（6），58 页。

⑦ 罗丹阳：《非物质文化遗产保护工作中面临的问题及对策：以苗族贾理的保护和传承为例》，载《内蒙古艺术》，2010（2），107—109 页。

支持，加大人才特别是地方人才的培养力度，为保护传承非遗提供智力资源。[①]此外还有学者提出从学科理论出发深化贾理研究和传承。[②]

（6）贾理的教育思想研究

目前贾理教育思想研究成果相较文学、法学视角的研究少得多，主要是根据搜集整理的贾理文本揭示其教育或教化意义。李建军认为理词具有重要的社会教育功能，苗族对“古理”教育的重视在于将社会秩序观念根植于人们的内心，使其自觉遵守“古法”。苗族理词的这种教育功能起着文化的内化控制作用。[③]申茂平将贾理归入民间文学范畴，在《贵州非物质文化遗产研究》中提到贾理阐述生命的基本原理与自然观，确立评判是非的依据和规则，具有对民族成员进行行为规范和道德教育的教化功能。[④]杨茂锐与陈芳进一步拓展了贾理的教育功能，认为贾理包括民族精神教育、伦理道德教育、知识技能教育和方式方法教育，论述了在遵循苗族传统文化、符合苗族心理要素的前提下，讲究教育在方式方法上的策略性和灵活性，体现苗族生活智慧。[⑤]

以上6个方面基本呈现了贾理研究的概貌：从改革开放后的搜集整理翻译到20世纪90年代的综合性研究，再到近些年基于某学科领域的探讨，已有研究成果为本书提供了坚实基础。纵观近40年的相关文献发现，首先，从学术成果的数量与质量上都还有待提升。虽然在搜集整理方面有以王凤刚《苗族贾理》为代表的经典版本，但是在贾理的学术研究成果还是以单篇论文居多，目前尚未出版有关贾理系统研究的专著。其次，在已有的研究成果中多数为对他人整理的贾理文本从某个学科视角的“二次解读”，缺乏自己切身的对苗族贾理田野考察的实际体会。最后，贾理习惯法视域研究最受学者推崇，因为贾理蕴含的习惯法至今仍在苗族传统社会发挥作用、“活态”可察，且具有社会实践意义。因此，开始

---

① 杨茂锐：《论非物质文化遗产的保护与传承——以苗族贾理为例》，200—210页，见《“构筑‘自觉自信自强、创先创新创优’精神高地”理论研讨会论文集》，2012。

② 余学军：《文化遗产与创意产业·苗族贾理文化的传承与变迁》，184—213页，北京，民族出版社，2012。

③ 李建军：《苗族理词文化与功能》，载《中央民族大学学报》（哲学社会科学版），2007（6），82—87页。

④ 申茂平：《贵州非物质文化遗产研究》，55页，北京，知识产权出版社，2009。

⑤ 陈芳、杨茂锐：《田野视角下“苗族贾理”的教育思想试论》，载《贵州社会科学》，2016（2），140—144页。

呈现出以某位学者为中心的系统研究，例如徐晓光的苗族习惯法研究。

2. 关于苗族的研究

首先是关于苗族族源的研究。综合已有文献，关于苗族的族源主要有这几种观点。“争论较多的是‘三苗说’，……其次如蚩尤九黎说、蛮说、髳人说。多数学者依据历史文献和苗族民间传说，认为苗族来源于南蛮集团的‘五溪蛮’或‘武陵蛮’”。[①] 张永国认为苗族来源于“五溪蛮”，即来源于“槃瓠蛮”。[②] 翁家烈通过以《山海经》为基础文献分析得出“神农、黄帝时的九黎乃尧舜禹时三苗（或有苗、苗民）的先民，蚩尤是九黎部落联盟的首领，驩兜为三苗的首领”，蚩尤、驩兜、三苗是苗族先民。[③] 伍新福也认同蚩尤为首的部落集团就是远古以九黎见称的部落联盟，这就是后来苗族的最初先民。[④] 除了以上九黎说、三苗说、南蛮说等论点外，还有一类持中立态度观点的学者，认为一个民族并不是从来就有的，而是随着国家的产生以及社会的发展，相应地、历史地形成的，各族群在长期历史过程中相互接触、分裂、融合。所以苗族的先民一部分融合于汉族或其他民族之中，一部分又融合了其他民族的先民，形成了现代的苗族。[⑤]

其次是对苗族社会组织的研究。苗族在其长期形成和发展的过程中，创生了一套苗族特有的社会结构和组织，即鼓社、议榔、理老三位一体制。[⑥] 早在 1981 年廷贵等人就将鼓社、议榔和理老喻为苗族古代社会结构的“三根支柱”。[⑦] 鼓社祭是苗族鼓社组织祭祀共同祖先的重大节庆，一般十三年举行一次。蒋立松通过田野考察发现“鼓社祭”承载了“血缘”与“地缘”双重身份认同功能，通过一系列固定的仪式行为，实现了以“血缘”关系为主导、“地缘”关

① 王慧琴：《关于苗族的族源问题》，载《思想战线》，1982（6），62—68 页。

② 张永国：《试论苗族的来源和形成》，载《思想战线》，1980（6），41—46 页。

③ 翁家烈：《从〈山海经〉窥索苗族族源》，载《贵州民族研究》，1985（3），83—90 页。

④ 伍新福、龙伯亚：《苗族史》，8 页，成都，四川民族出版社，1992。

⑤ 王慧琴：《关于苗族的族源问题》，载《思想战线》，1982（6），62—68 页。

⑥ 石朝江：《苗族传统社会组织及功能》，载《中南民族学院学报》（哲学社会科学版），1993（3），23—27 页。

⑦ 廷贵、酒素：《略论苗族古代社会结构的“三根支柱”——鼓社、议榔、理老》，载《贵州民族研究》，1981（4），42—47 页。

系为辅的族群认同整合，形成了家族、家园、民族的三角整合结构。[①] 为了适应生产需要产生的议事组织来制定氏族成员共同遵守的规则，苗族议榔在氏族社会时期就已形成。[②] 随着时代发展，苗族社会传统的封闭性乡村结构被迅速改变，民间议榔组织生成的自发秩序已弱化。

最后是关于苗族传统文化教育的研究。文化传承的过程也是人接受教育的过程。民族教育包括学校教育与学校外一个民族的一切教育实践活动两部分，包括民族家庭教育、民族习俗教育、民族科技教育、民族宗教教育等。[③] 关于苗族传统文化对人的教育影响主要表现为用教育人类学的方法探究苗族文化，主要集中在重要仪式和服饰等方面。比如李姗泽对苗族生育文化各层面进行教育人类学解读，呈现其生命成长历程中独特的生育文化符号系统及有效的传承方式。[④] 陈雪英对西江苗族"换装"礼仪进行研究，发现"换装"礼仪借助服饰符号和礼仪空间实现了苗族精神文化的有效传承，有助于个体通过自我角色认同、族群认同和文化认同而最终实现社会化，具有重要的教育内涵。[⑤] 还有学者认为苗族服饰对儿童具有审美教育意义，还能激发民族自我认同感，发挥尊重自然并与自然和谐相处的生态理论教育。[⑥] 王微等人以施洞苗族服饰为研究对象，探索蝴蝶纹样符号的教育人类学意义，认为它不仅促使女性角色从个体到社会化"母亲"的转变，而且增强了族群认同意识。[⑦] 有关族群集体活动的教育价值方面，杨俊聚焦滇北花苗社区，对"唱诗文化"活动所具有的伦理道德教化功能进行深入剖析。[⑧] 还有部分学者聚焦了苗族最重要的鼓社祭祖仪式，

---

① 蒋立松：《苗族"鼓社祭"中的族群认同整合——以黔东南J村为例》，载《原生态民族文化学刊》，2015（2），102—106页。

② 韦启光：《也谈苗族鼓社、议榔的起源问题》，载《贵州民族研究》，1983（2），179—184页。

③ 张诗亚：《祭坛与讲坛——西南民族宗教教育比较研究》，3页，昆明，云南教育出版社，1992。

④ 李姗泽：《生育文化的田野调查与教育内涵分析——对炎方苗族生育文化的教育人类学解读》，2页，重庆，西南大学博士学位论文，2003。

⑤ 陈雪英：《西江苗族"换装"礼仪的教育诠释》，3页，重庆，西南大学博士学位论文，2009。

⑥ 张卫民、陈秀丽、叫思成：《论湘西苗族服饰纹样之教育意蕴》，载《湖南师范大学教育科学学报》，2012（1），47—49页。

⑦ 王微、刘锋、叶亚军：《教育人类学视角下的施洞苗族服饰图腾研究》，载《民族艺术研究》，2016（5），129—137页。

⑧ 杨俊：《滇北花苗社区"唱诗文化"伦理教育研究——以富民小水井苗村为例》，256页，重庆，西南大学博士学位论文，2015。

指出鼓社祭具有社区团结教育、伦理道德教育和历史文化教育的功能。① 同时该仪式蕴含着丰富的苗族传统文化，生动展现了苗族人的心理状态和生活方式，体现了鼓藏仪式的个体社会化功能。②

3. 关于民族文化传承的相关研究

梳理民族文化传承的相关研究可以更好地从时代语境中定位贾理作为苗族传统文化核心的传承背景价值，为本研究提供重要的理论与实践借鉴。当下传承民族文化的相关探索主要呈现为对非物质文化遗产的研究。“非遗”体现了文化的丰富性，是中华民族优秀传统文化的重要组成部分，生动“活态”体现了各民族生产生活方式。20 世纪下半叶随着文化多样性理论蓬勃发展，“非遗”逐渐得到高度重视。1972 年联合国教科文组织大会通过了《保护世界文化和自然遗产公约》，1985 年我国加入《保护世界文化和自然遗产公约》，2003 年联合国教科文组织通过了《保护非物质文化遗产公约》，次年我国加入此公约。2011 年《中华人民共和国非物质文化遗产法》颁布，标志着我国走上依法保护非遗的新阶段。

（1）“非遗”视角下的传承

首先，关于保护“非遗”的相关研究。刘魁立提出“非遗”保护的整体性原则，保护文化事象本身的同时也要保护它的生命之源，重视文化的“过去时”与“现时”形态和发展，尊重文化共享者的价值认同与文化认同。③ 贺学军在整体性原则基础上增加了人本原则、生命原则、教育原则和创新原则。④ 对“非遗”进行数字化保护是研究者们提得最多的保护措施，采用数字采集、数字储存、数字处理等技术，将非物质文化遗产转换、再现、复原成可共享、可再生的数字形式，以新的方式加以保存和利用。⑤ 除了非遗数字化保护措施，还有人在田野实证基础上探索非遗的法律保护路径，在明确“非遗”权利主体基础

① 覃东平、吴一文：《蝴蝶妈妈的祭仪：苗族鼓社文化研究》，196—200 页，贵阳，贵州人民出版社，2006。

② 贾雪玲：《月亮山苗族鼓藏仪式的个体社会化功能研究》，1 页，重庆，西南大学博士学位论文，2013。

③ 刘魁立：《物质文化遗产及其保护的整体性原则》，载《广西师范学院学报》，2004（4），1—8 页。

④ 贺学君：《关于非物质文化遗产保护的理论思考》，载《江西社会科学》，2005（2），103—109 页。

⑤ 王耀希：《民族文化遗产数字化》，8 页，北京，人民出版社，2009。

上设立特殊保护机制。[①]也有不少学者基于建设文化生态保护区背景下展开“非遗”传承探讨，高丙中等认为文化生态保护区“留住文化”的理念可以为新型城镇化建设提供文化支撑，从而为“非遗”有效传承注入活力。[②]同时，民族文化生态保护区是我国少数民族“非遗”实践整体保护的重大创新，其建设实践为世界少数民族“非遗”保护提供了“中国模式”。[③]

其次，关于“非遗”传承人的研究。传承人是非物质文化遗产的直接持有者，更是文化传承的主体与关键，他们决定着“活态”非遗能否得到延续发展。祁庆富在参考大量官方文件与文献资料后给出了“传承人”的概念。[④]在各地“文化搭台，经济唱戏”热潮下，不乏有理性思考，强调扎根民间社会的文化遗产传承人才是“非遗”的真正主人，如果政府、商界等以自身强势地位代替民间文化传承人地位，“非遗”很可能会因外界过度干预而变色。[⑤]在面对传承人在“非遗”保护实践中遇到的各种问题，有学者站在乡村振兴背景下探索传承人与新乡贤的互构机制，认为二者是不同语境中连接官方与民间、国家与社会以及大传统与小传统的地方社会精英。[⑥]

第三，关于“非遗”开发的研究。“保护为主、抢救第一、合理利用、传承发展”是我国非遗保护的指导方针，只有激发“非遗”活力、适当合理开发利用，融入现代化生活方式中才能获得源源不断发展动力。当前围绕“非遗”的旅游开发是主要路径，但在此开发过程中需厘清三个基本问题，即“非遗”能不能开发、由谁来开发、如何开发。[⑦]各地“非遗”旅游开发较为成功的案例

---

① 李依霖：《少数民族非物质文化遗产的法律保护研究》，25 页，北京，中央民族大学博士学位论文，2013。

② 高丙中、宋红娟：《文化生态保护区建设与城镇化进程中的非遗保护：机制梳理与政策思考》，载《西北民族研究》，2016（2），198—204 页。

③ 王伟杰、肖远平：《民族文化生态保护区：少数民族非遗整体性保护的“中国模式”》，载《深圳大学学报》（人文社会科学版），2020（5），28—37 页。

④ 祁庆富：《论非物质文化遗产保护中的传承及传承人》，载《西北民族研究》，2006（3），114—123 页。

⑤ 苑利：《非物质文化遗产传承人保护之忧》，载《探索与争鸣》，2007（7），66—68 页。

⑥ 谭志满：《乡村振兴背景下非遗传承人与新乡贤的互构机制——以“撒叶儿嗬”传承现状为中心的考察》，载《中央民族大学学报》（哲学社会科学版），2021（4），123—132 页。

⑦ 赵悦、石美玉：《非物质文化遗产旅游开发中的三大矛盾探析》，载《旅游学刊》，2013（9），84—93 页。

不乏相关研究，如武陵山片区民族特色生态文化旅游[①]、景宁畲族自治县非物质文化遗产旅游开发[②]以及西江千户苗寨非遗旅游模式[③]等，这些成功的“非遗”旅游案例中包含了一些共同经验：科学合理地发展民族节庆旅游，把民族文化优势转化为产业优势，创新非物质文化遗产保护模式。[④]还有学者针对“非遗”旅游开发设计了价值评价体系，由资源禀赋条件、可展示与体验性、遗产地旅游发展条件3个维度与28个指标点构成，该体系为旅游地进行非物质文化遗产资源筛选和旅游开发提供了科学依据。[⑤]

（2）学校传承民族文化

民族地区多样性的文化在家庭教育、社区活动中的传承外，很多学者建议在学校的教育也应该承担起传承民族文化的功能，指出要从建构学校传承民族文化理论、实施差异性评价、打造课程体系等方面入手，构建“种子式”传承系统。[⑥]有论者站在经济全球化、农耕文化及其相关环境变迁的角度分析学校教育传承少数民族文化机制的建构，建议学校教育作为文化传承重要渠道，应承担起传承民族文化的功能，以贵州民族地区为个案，构建学校教育传承民族文化的教学机制、活动机制和保障机制，促进学校传承少数民族文化制度化。[⑦]有学者从职业技术教育维度剖析民族文化传承机制，认为有必要明确文化传承目的、拓展学科教学的文化空间、提升教师多元文化素养、构建研—发—教一体化的教育传承体系来完善民族文化传承机制。[⑧]还有学者从确立教育目标、构

① 徐克勤、田代武、张建永等：《打造武陵山片区民族特色生态文化旅游支柱产业研究》，载《民族论坛》，2016（1），37—51页。

② 董鸿安、丁镭：《基于产业融合视角的少数民族农村非物质文化遗产旅游开发与保护研究——以景宁畲族县为例》，载《中国农业资源与区划》，2019（2），197—204页。

③ 肖远平、王伟杰：《非物质文化遗产助力乡村振兴的“西江模式”研究》，载《文化遗产》，2019（3），23—28页。

④ 余丹：《民族节庆旅游开发与非物质文化遗产保护互动模式研究》，载《西南民族大学学报》（人文社科版），2009（9），5—8页。

⑤ 张希月、虞虎、陈田等：《非物质文化遗产资源旅游开发价值评价体系与应用——以苏州市为例》，载《地理科学进展》，2016（8），997—1007页。

⑥ 井祥贵：《疏离与融合：学校教育视野下的民族文化传承研究》，载《民族教育研究》，2011（5），104—107页。

⑦ 薛丽娥：《论学校教育传承少数民族文化机制的建构》，载《贵州民族学院学报》（哲学社会科学版），2010（5），173—176页。

⑧ 冉红芳：《教育传承场域下少数民族文化传承机制探究——基于鄂西南职业技术学校的调查分析》，载《湖北民族学院学报》（哲学社会科学版），2015（3），184—188页。

建课程体系、形成学科群落、培养师资队伍、实施教育的多元渠道5个方面系统阐述民族文化的学校教育传承思路。[①] 如何在众多影响因素中找到解决问题的关键？在教育过程中应秉承以学生为本理念，教学活动主动适应学生的认知发展与文化背景，促进学生学习能力提升，同时实现民族文化在学校的传承。苗族的蜡染、芦笙、舞蹈都已经在学校少年宫“落地”，拓宽了学生课程资源且提高了民族自我认同。相关部门已经将王凤刚搜集整理的《苗族贾理》改编为供小学生使用的蒙学教材，即将落实到学校层面，这也是开辟了一种全新的苗族贾理传承途径，丰富了学校传承民族文化实践，对我们思考精神层面口传经典的学校教育传承路径提供新视角。

（二）国外相关研究

1. 国外苗族研究概述

国外苗族研究主要集中在日本和美国。日本人类学家鸟居龙藏20世纪初在云贵川等地为了探讨苗族及中国南方各民族与高山族的渊源关系以及探索日本民族的来源而进行田野考察，他将对苗族的调查情况整理成书，于1907年出版了《苗族调查报告》，书中对苗族的语言、习俗、文化、体质等方面都有详细的记叙和讨论，[②] 首次提出中国南部的横穴式坟墓与日本古代的横穴式坟墓极相类似。经过考察，他提出了日本民族多源论，此论点给日本学界带来很大影响。如20世纪30年代冈正雄首倡的日本“文化复合说”也基本集成了鸟居龙藏的观点。换句话说，日本早期苗族研究事实上也成为后来日本民族起源研究的开端。战后在日本人类学研究和比较文化上影响最大，并与中国西南民族地区研究密切相关的理论背景应是20世纪70年代由中尾佐助等学者所提出的“照叶树林文化圈”学说。[③] 同时期还有苗族神话传说研究，代表学者有白鸟芳郎、伊藤清司等。这些学者主要基于文献资料研究苗族民间故事传说和习俗，运用比较法从神话的视角探讨中日两国的渊源，如伊藤清司的《日本神话与中国神

① 普丽春：《少数民族非物质文化遗产的教育传承研究——以云南省为例》，174—195页，北京，民族出版社，2010。

② ［日］鸟居龙藏：《苗族调查报告》，267页，贵阳，贵州人民出版社，2019。

③ 转引自杨志强、安芮：《日本苗学研究的历史与现状》，载《中央民族大学学报》（哲学社会科学版），2016（6），51—58页。

话》，将纳西族、苗族的创世神话与日本古代的神话结构进行比较。[①] 改革开放以来大量日本学者进入中国进行田野考察，这时期焦点在中国西南地区的苗族，主要以贵州为中心向四周扩散，研究内容涉及苗族历史、民俗习惯、祭祀崇拜、宗教信仰、传统节日、音乐舞蹈、刺绣服饰等方面。[②]

当代美国苗学研究始于20世纪70年代老挝苗族因社会动荡经由泰国迁居美国后开始的。东南亚部分苗族被迫迁居到新的国家后，便成为这些国家的新移民，首先是他们的生活遇到的系列社会问题，诸如语言交流、文化适应、文化教育、就业安排、信仰冲突、婚姻丧葬、健康状况等。当代国外苗学对这部分迁居苗族的研究最显著特点就是注重研究的针对性、实用性，以理论成果指导苗族实践，解决苗族离开东南亚后在全新生存环境中面临的种种问题。*The Hmong in the West: Observations and Reports* [③] 是1981年10月在美国明尼苏达大学召开的第一届西方苗族研讨会的文集，主要内容大致包括：苗族离开老挝的原因、苗族文化与调试、出生礼仪、婚俗，以及移居西方诸国所碰到的一系列社会问题。*The Hmong in Transition* [④] 以1983年11月明尼苏达大学召开的第二届西方苗族研讨会提供的背景材料为依据，研究苗族社会结构、文化特性，分析其目前在东南亚和美国的处境，提供在特定领域如语言与文字、健康与福利以及心理健康的研究成果。还有一部 *Hmong: History of a People* [⑤] 引起国内关注，因为作者将苗族追溯到7000年前欧亚大陆的高加索人种，认为苗族的祖先就是5000多年前生活在西伯利亚高加索的一个亚族，至公元前3000至公元前1200年才离开西伯利亚到中国定居下来。

还有学者考察了散居在外的苗族主要关注的两个基本问题：他们的历史和地理起源；苗族是中国苗族的一部分，他们是否应该接受“苗族”的称呼？不

① 转引自杨志强、安芮：《日本苗学研究的历史与现状》，载《中央民族大学学报》（哲学社会科学版），2016（6），51—58页。

② 转引自杨志强、安芮：《日本苗学研究的历史与现状》，载《中央民族大学学报》（哲学社会科学版），2016（6），51—58页。

③ Downing B, Olney D. The Hmong in the West: Observations and Reports, Papers of the Hmong Research Conference (Minneapolis, Minnesota, October 2–3, 1981). Center for Urban and Regional Affairs, University of Minnesota, 1985.

④ Hendricks, Glenn L., Ed.,etc.. The Hmong in transition, Southeast Asian Refugee Studies, Center for Migration Studies, 1986.

⑤ Keith Quincy. Hmong: history of a people, University of Washington Press, 1997.

过随着社会发展，迁居苗族逐渐融入当地生活，近几年国外苗族研究呈现更加多元化趋势，例如关于生育文化，研究者通过对刚分娩的8名苗族妇女的民族志研究，探索苗族文化中独特的精神和物质世界以及与生育有关的仪式习俗。[①]苗族社会结构研究方面，有论者发现4个苗族重要的社会网络——血统、血缘关系、宗族关系和苗族自我认同之间的关系正在影响苗族小规模橡胶种植者所采用的任期和财务安排，但同时也表明苗族社会结构在不同族群之间存在差异。[②]还有研究者探究了父母对苗族美国青少年族群认同的影响。[③]

2. 国外口头文学研究概述

口头文学（oral literature）伴随着人类语言的产生而诞生，是人类非物质文化的重要组成部分，因为它主要依靠人们口耳相传，所以通俗易懂。口头文学也被称为“口头传统”“口承文艺”“口头艺术”“民间文学”等。西方口头文学的学术自觉可以追溯到18世纪和19世纪一批人文学者对口头文学与民族文化关系问题的思考。他们认为民族性格、民族精神与民间诗歌（民间口述）之间有密不可分的关联，由于上层阶级放弃了民族文化和民族事物，构成民族文化底色的民族精神就只能到民间社会中去寻找。[④]1960年Albert Bates Lord出版*The Singer of Tales*[⑤]回答“荷马问题”：在欧洲文学传统历史的初期，《伊利亚特》和《奥德赛》的诗人或诗人们是如何创作这两部伟大史诗的？通过观察南斯拉夫诗歌的演唱流传揭示和证明口头诗歌是一种创作和表演相互结合的过程。此书出版后引发了关于人类心智的大辩论。这几部书是传播学家麦克鲁汉的《古腾堡星系》，社会人类学家杰克·古迪和小说理论家伊恩·瓦特合写的论文《书写的逻辑成果》，结构主义人类学家列维–斯特劳斯的《野性的思维》，以及古典学者埃瑞克·哈夫洛克的专论《柏拉图导言》。哈夫洛克和古

① Corbett, Cheryl, A., Callister, Clark, L., Gettys, & Peterson, J., et al.. The meaning of giving birth: voices of Hmong women living in Vietnam. J Perinat Neonatal Nurs, 2017(3): 207.

② Baird, I. G., & Vue, P. The ties that bind: the role of Hmong social networks in developing small-scale rubber cultivation in Laos. Mobilities, 2017(1): 136–154.

③ Supple, A. J., Dunbar, A. S., Kiang, L., & Stein, G. L. Parental influences on Hmong American adolescents' ethnic-racial identity. Asian American Journal of Psychology, 2018(3): 217–226.

④ 朝戈金：《民俗学视角下的口头传统》，载《广西民族学院学报》（哲学社会科学版），2003（3），10—12页。

⑤ Lord, A. B.. The Singer of Tales, Cambridge, Harvard University Press, 1960.

迪是史称“书写论”的代表。他们两人不约而同地认为，人类认知的发展是古希腊字母文字的发明和传播的逻辑结果。以列维－斯特劳斯等人为代表的史称“连续论”的观点，与之形成对立，质疑人类认知的发展与现代理性是“字母书写”的“逻辑成果”，宣称过分夸大书写的作用是不对的，主张口承与书写在本质上都负载着相似的功能。① Ruth Finnegan 对非洲口头文学进行了田野考察，追溯非洲大陆讲故事的历史，收录非洲诗歌、散文和戏剧的原始章节，还包括了非洲口头文学的社会、语言和历史背景的概况。②

国际口头文学研究的核心学术刊物《口头传统》(*Oral Tradition*) 1986 年在美国密苏里大学口头传统研究中心（Center for Studies in Oral Tradition）约翰·迈尔斯·弗里（John Miles Foley）的主持下创刊，③ 随即成为该领域最主要的论坛，此刊对理论探讨和田野考察都很重视，出版若干关于阿拉伯、南太平洋、亚洲等地的口头传统特辑。理查德•鲍曼（Richard Bauman）认为“口头艺术”(verbal art）和“口头文学”能够提供更好的参照框架。西方学者大多从功能的角度来阐释“口头性”，指“通过口头或言语交流”。研究者进一步将其定义为“通过口头或言语表演”。④“表演”指一种特殊的交流，这为后来口头文学的研究从以“文本”为中心转向以“表演”为中心打下了基础。“文学性”方面，M.H.Abrams 将口头文学划分为“叙事形式”和“抒情形式”，并从表演的角度描述了其主要特征框架结构和“新生性”，即因表演语境的不同而使表演产生变异性，口头创作没有固定版本，这种诗歌却典型地包含有程式——套语、模式和重复，这些都有助于表演者就既定的主题即兴创作一个故事或一首歌，也有助于他们回忆和重复从别人那里学来的诗，尽管经常有变化。⑤

关于口头文学与教育的关系，有研究者从宗教角度对非洲马拉维北部湖畔汤加的口头文学与道德教育展开了调研。还有论者从德育和美学角度发现口头文学的价值，认为口述文学是历史的知识库，在某种意义上已经成为传播社会

① 朝戈金：《口头传统：人文学术新领地》，载《光明日报》，2006-05-29。

② Finnegan R.. Oral Literature in Africa，Oxford，Oxford University Press, 1976.

③ ［美］理查德·鲍曼：《作为表演的口头艺术》，杨利慧、安德明译，5 页，桂林，广西师范大学出版社，2008。

④ Katz J. T.. Oral Tradition in linguistics, Oral Tradition, 2003(2): 261–262.

⑤ M. H. Abrams. A Glossary of Literary terms, Beijing, Foreign Language Teaching and Research Press, 2004: 200.

道德准则、信仰和习俗以及它对审美现象看法的工具，一系列引人注目的动物形象、谚语、歌曲和视觉形象通过间接攻击社会的恶劣习俗引诱当代人汲取蕴含在其美好价值观中的丰富智慧。[①] 总之，研究口头文学不但有方法论和认识论意义，而且对民族文化遗产的整理保护具有现实指导意义。口头文学与书面文学共同构成了人类世代传承的文化。随着社会的快速发展，大量口头文学开始式微甚至濒临灭绝，其承载的丰厚民族精神文化也随着老一辈传承人的逝去而消散。关注国外口头文学研究对同样作为口传经典作品的苗族贾理研究具有借鉴意义。对传统文化或口头文化的保护传承策略重点体现在立法方面，Sabine 在 1999 年介绍了通过《民间文学艺术表现形式保护法律》（Legal Protection of Expressions of Folklore）为土著提供特定的权力以有效补充知识产权。[②] 还有学者呼吁保护土著知识产权，指出档案管理人员在倡议保护非物质性土著文化遗产的法律方面发挥了突出作用。但现有的知识产权法律不足，应该转变档案存放式的知识产权保护举措，激活土著文化活力。总的来说，立法保护策略主要侧重人权与知识产权两个方面。[③] 这些法律保护意识对完善中国非物质文化遗产保护体系有重要借鉴价值。

（三）对已有研究的思考

通过梳理已有文献，发现研究者们从文学、哲学、法学、社会学等学科视角对苗族贾理展开了研究，有关苗族社会的相关研究非常丰富，对少数民族文化传承论题也有很多深入探讨。已有研究给本研究提供了参考视角，为本书奠定了研究基础。但从研究现状分析，关于苗族贾理研究还存在局限，仍有需要拓展的研究领域。

一是关于苗族贾理的研究成果质量还有提升空间。现有的贾理研究虽然视角多样化，但是呈现形式基本都是期刊论文。从贾理纵向研究发展来看，研究

---

① Mapindani A.. Oral literature as carrier of education and aesthetics: examples from diop's tales of amadou koumba and knappert's myths and legends of the congo, Imbizo International Journal of African Literary & Comparative Studies, 2015(1): 51.

② Sabine. Sui generis laws for the protection of indigenous expressions of culture and traditional knowledge, University of Queensland Law Journal, 1999(2): 188–198.

③ Oguamanam C.. Indigenous peoples' rights at the intersection of human rights and intellectual property rights, Marquette Intellectual Property Law Review, 2014(18).

时长30余年，还属于起步不久的课题，研究时间过短是研究成果“产量”偏低的重要影响因素。横向比较来看，尤其是与具有丰富研究成果的侗族大歌相较，我们不难发现关于贾理当下还有很多基础工作要做，例如对民间现有贾理的记录整理。关于苗族贾理整理的代表文献主要有这几本，即《苗族祭鼓词、贾理词》①、《苗族古歌古词下集·理词》②、《苗族理辞》③、《雷公山苗族巫词贾理嘱别福》④、《贾》⑤、《贾词选译》⑥和王凤刚搜集整理的《苗族贾理》，还有大量散落在民间的贾理没有得到尽可能全面的搜集整理，基础资料收集不够完善也是导致贾理研究整体较为薄弱的重要原因。

二是研究视角上，缺乏人类学的整体视野观。已有研究偏好从法学，即习惯法角度对贾理乡村治理功能进行研究，有关贾理传承中对促进人的发展的教育价值缺乏深入研究。外界对贾理的刻板印象是贾师或理老为人们解决纠纷，更多关注聚焦在贾理的现实功能上而忽略其在仪式上、在授贾等过程中对人潜移默化的教化影响。教育是培养人的社会活动，是传承社会文化、传递生活经验的基本途径。通过田野考察也发现苗族贾理远远不止于“习惯法”角色，它是苗族社会的“百科全书”，是苗族文化的核心、中轴，“治理”只是它的部分功能，还有更重要的深层次教育价值需要研究，我们应该通过人类学视角，站在贾理发生的原生语境中系统还原其存在状态。同时因传统苗族社会结构急剧变化引起的贾理传承忧患问题也还缺乏系统研究。

三是从研究方法来看，已有关于苗族贾理的研究多是根据基础文献资料进行不同视角的“二次分析”，少数通过田野考察法的研究大多局限在通过贾理解决纠纷的案例中，对于苗族贾理其他存在形态还缺乏系统深入的田野考察。

① 贵州省民族事务委员会:《民间文学资料·第61集·苗族祭鼓词、贾理词》，1983。
② 贵州省黄平县民族事务委员会:《苗族古歌古词下集·理词》(内部报刊)，1988。
③ 吴德坤、吴德杰:《苗族理辞》，贵阳，贵州民族出版社，2002。
④ 文远荣:《雷公山苗族巫词贾理嘱别福》，北京，中央民族大学出版社，2010。
⑤ 杨文瑞:《贾》，贵阳，贵州民族出版社，2012。
⑥ 杨远松、吴佺新:《贾词选译》，北京，群言出版社，2015。

四、研究的基本设计

（一）主要内容

一是创生苗族贾理的自然人文生态系统分析。包括贾理核心流传地的历史沿革、自然环境、社会环境和精神环境梳理及孕育贾理的苗族传统社会结构。

二是立足新时代背景语境下，从三方面论述贾理传承的必要性：贾理在苗族文化生态系统中的核心地位；作为典型的无文字口头文化，传承贾理对保护文化多样性的意义；贾理属于中华优秀传统文化的一部分，保护、传承发扬贾理中优秀的部分有助于增强中华文化认同，铸牢中华民族共同体意识。

三是关于苗族贾理传承的田野考察。首先，对文化传承活动过程中的核心要素——传承人的分析，呈现了代表性传承人习贾、授贾概况。按照当地苗族支系划分，贾理可主要划分为“八寨苗之贾”与“短裙苗之贾”两个派系。其次，概述当下贾理传承现状，主要有仪式中的传承、贾师开班授贾、家庭传承、贾理进校园和旅游展演 5 种传承途径。在总结传承现状的基础上分析贾理传承的特点与传承机制。再次，选取贾理仪式中具有代表性的扫寨、葬礼、保家与祭尤仪式进行深描，通过民族志的表现方法再现仪式场域中“活态”的贾理。最后，站在贾理传承的整体视角，分析其传承过程中的教育要素，即教育者与受教育者、教育内容和教育活动方式。

四是结合田野考察与个案研究，深度分析贾理传承的教育功能。从个人层面促进了个体发展，贾理对个人的性别角色形成、学习能力提升以及社会化都发挥了重要作用。从群体或社会的角度贾理的传承也是一种伦理道德教育，教人如何做“君子”，如何处理人与人、人与自然之间的关系。贾理还传承了地方性知识，比如万物起源、天文历法、族源迁徙、农事生产知识、习惯法等。站在新时期的历史语境挖掘贾理传承的当代价值，传承贾理的同时也是传承我国优秀传统文化，所以具有文化认同教育的功能。

五是结合苗族社会结构变迁，呈现当下苗族贾理传承困境，分析其原因并有针对性地提出解决策略：运用多种技术手段保护、传承贾理；挖掘贾理的乡村治理功能，提高贾师地位；开发贾理的呈现形式，推动贾理的创造性转化与创新性发展。文化传承最终还是要落到人的原点，需要人们正确看待传统文化，处理好传统与现代的关系。

研究框架图如下：

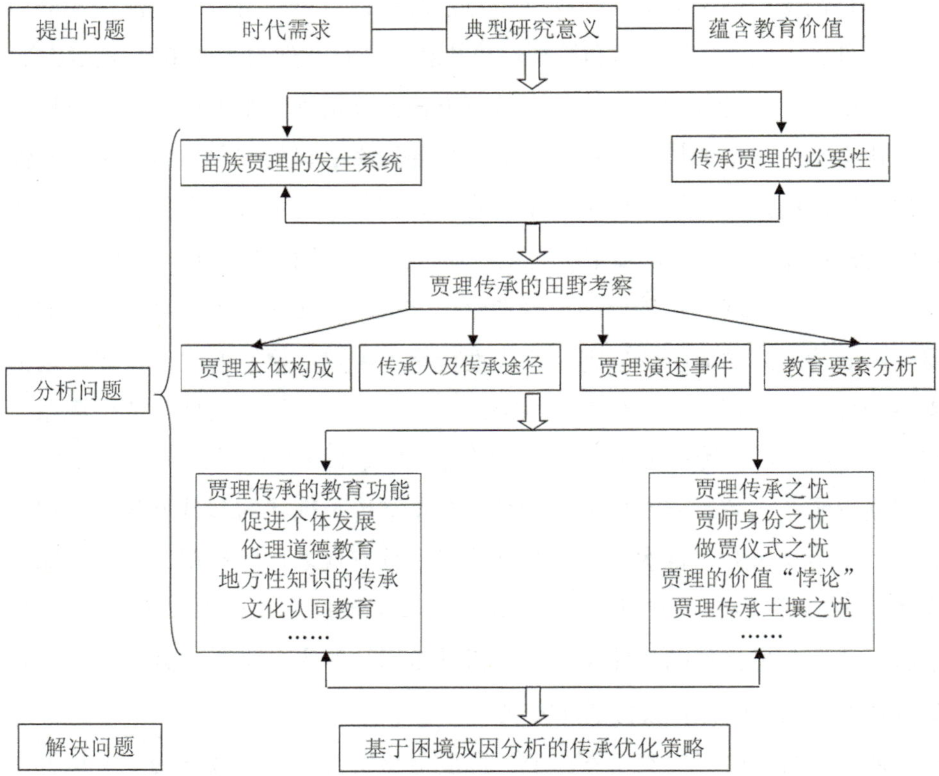

绪论图 1 研究框架图

（二）理论基础

本书主要涉及教育学、文化学、民族学、人类学等有关基础理论，采用人类学田野考察和文献分析相结合的研究方法，基于研究内容与方法，在采用教育基本理论基础上主要使用人类学的结构功能主义对苗族贾理的教育功能展开分析。结构功能主义理论是 20 世纪 20 年代至 60 年代在人类学、社会学领域占主导地位的理论，经历了英国人类学派和美国社会学派的发展，最终形成完整的社会研究理论系统。其早期发端于英国殖民管理的政治需求，1922 年英国学术界同时出版了马林诺夫斯基（Bronislaw Malinowski）的《西太平洋上的航海者》和布朗（A.R.Radcliffe-Brown）的《安达曼岛人》。这两本书被誉为新人类学或功能主义学派的“出生证”，学界习惯于把马林诺夫斯基和布朗视为功能学派的奠基人，[①]但二人的研究侧重点有所不同，前者较强调对人类文化的功能分析，强调文化与人的需要密不可分，文化的存在是为了满足个体基本的生理、心理和社会需求，“每个文化的完整性（completeness）和自足性（selfsufficiency）都归因于一个事实：即满足基本的、实用的及整合化的全部需求”[②]。好比用来直接满足人体需要的“手拐”“锄头”。[③]后者同样强调社会文化整体性、功能分析，认为文化是一个整合的系统，在这个特定的共同体中文化的每个因素都扮演特定的角色，“习俗和信仰在社区的社会生活中都起到某种特定的作用，就像活体的每一个器官，在这个有机体的整体生活中都起着某种作用一样”[④]。不过由于受涂尔干影响还主张对人类社会进行社会结构分析，“对社会结构延续性的分析就像我们分析人体一样，作为人体来说其结构性是一直延续的，但组成人体的分子却是在一刻不停地发展变化的。……社会关系中不断延续的网络构成了社会结构”[⑤]。他强调社会结构、宗教仪式和亲属家族组织都是为社会整合而存在。“一个地方文化的所有部分在所有其他部分的运行中都起到作用，并且还认为每个地方文化都构成一个完整的、复杂的机制。”[⑥]

结构功能主义的提出具有时代意义，其主要贡献在于批评了古典进化论、传播论，指出与以欧洲为中心的文明不同的文化形态，强调不同文化之间的平等性，研究“异文化”获得的实证知识有利于自我反省。[⑦]结构功能主义强调的

① 方旭东：《费孝通第一次学术思想的转变：从功能主义到结构功能主义》，载《江南大学学报》（人文社会科学版），2009（6），58—63 页。

② ［英］马林诺斯基：《科学的文化理论》，黄建波等译，56 页，北京，中央民族大学出版社，1999。

③ ［英］马林诺夫斯基：《文化论》，费孝通译，21 页，北京，中国民间文艺出版社，1987。

④ ［英］拉德克利夫・布朗：《安达曼岛人》，梁粤译，173 页，桂林，广西师范大学出版社，2005。

⑤ ［英］拉德克利夫・布朗：《原始社会结构与功能》，丁国勇译，9—10 页，南昌，江西教育出版社，2014。

⑥ ［挪威］弗雷德里克・巴特、［奥］安德烈・金格里希、［英］罗伯特・帕金等：《人类学的四大传统——英国、德国、法国和美国的人类学》，高丙中等译，29 页，北京，商务印书馆，2008。

⑦ 王铭铭：《功能主义人类学的重新评估》，载《北京大学学报》（哲学社会科学版），1996（2），44—50 页。

从整体视角理解文化，采用实地田野考察的方法，强调文化内部结构及其功能等观点仍然影响着当代人类学家的文化价值判断。美国社会学家塔尔科特·帕森斯（Talcott Parsons）继承了结构功能主义并将其扩展为一般社会系统理论，在早期理论体系基础上试图建立适用于解释一切社会生活、包罗万象的社会行动体系，《社会行动的结构》将马歇尔、涂尔干、韦伯等社会思想进行大综合，尝试构造一个独一无二的社会理论体系。[①] 1953 年帕森斯与贝尔斯等人合著《行动理论文稿》，提出“四功能范式”（或称“AGIL”模型）的结构功能模型，用于检验特定社会结构如何做出调整从而更好地发挥社会功能。每个子系统承担不同的功能：行为有机系统承担“适应”（adaptation–A）功能，人格系统承担“目标达成”（goal attainment–G）功能，社会系统承担“整合”（integration–I）功能，文化系统承担“潜在的模式维持”（latent pattern maintenance–L）功能。[②] 该理论模型的提出也反映了二战后人们对和谐、没有冲突的理想世界的强烈愿望。继帕森斯之后开创新的理论发展方向的代表人物是默顿（Robert King Merton），他的中观理论仍然强调要求对社会进行系统观察和阐释，提出负功能、替代功能的概念，区分了潜功能和显功能，把结构功能主义解释为“分析模式”，并且对帕森斯包罗万象的统一理论表示怀疑，主张建立多元化的社会学理论。默顿在修正原有结构功能主义理论基础上提出新理论，使传统的功能分析方法从一团模糊的取向变成可指导经验研究的精确的概念范畴体系。[③]

以马林诺夫斯基和布朗为代表的结构功能主义理论随着 20 世纪 60 年代后期美国社会各种动荡因素影响而被诸如强调冲突取向的思想批判，所以本书重在借鉴结构功能主义中的整体论观点与实地田野考察方法，从人类学视角整体呈现苗族贾理活态存在样貌，揭示贾理在苗族社会结构中存在的位置，再结合符号学、阐释学等相关理论探究贾理于个人、于社会的教育功能及作为中华优秀传统文化的时代传承意义。

① ［美］塔尔科特·帕森斯：《社会行动的结构》，张明德等译，16 页，南京，译林出版社，2012。
② 窦金波：《帕森斯的“结构——功能主义”之探析》，载《济宁学院学报》，2010（4），43—48 页。
③ 王翔林：《结构功能主义的历史追溯》，载《四川大学学报》（哲学社会科学版），1993（1），37—42 页。

（三）基本思路

本书的基本问题定位在：通过对贾理传承的核心区进行整体上的苗族社会文化系统观察，用人类学的方法分析苗族贾理是什么及其传承现状，揭示贾理传承过程中是如何促进人与社会的发展及探索化解新形势下贾理传承之忧的可能途径。基于上述研究问题定位，本书的研究思路是：首先，通过两个农业周期田野考察全面了解苗族贾理所处的自然人文生态系统，再结合文献研究分析贾理可能的历史起源及立足新时代背景分析当下贾理传承的必要性，这是本研究的基础。其次，关于贾理本体、传承研究。通过长期田野考察，试图揭示贾理在苗族人生活中显性与隐性的"在场"，对贾理的性质、表现形式、内容及其与生活的关系等方面进行梳理，通过再现4个常见的、经典的贾理演述情境呈现苗族原生语境下的贾理传承。再次，分析贾理传承过程中产生的教育功能。最后，就贾理传承过程中遇到的问题提出解决方案。本书关注民族地区存在的"活态"文化传承的典型案例，试图挖掘民族地区传统文化的教育价值。

（四）研究方法

研究对象和研究内容决定了研究的方法。考虑到贾理作为苗族原生的文化样式，伴随着苗族社会的发展而延续至今，是蕴含民族文化精髓的生命载体。对它的解读必须置于整个苗族社会文化结构之中来进行，探讨其存在的原因、价值及功能。本书采用结构功能主义的研究范式。结构功能主义强调一个群体各部分都在协同合作的基础上，有秩序地为实现共同体的需要发挥作用。强调从整体性的角度理解文化，重视在特定文化区域进行田野考察，关注"功能"和"结构"的作用，在对文化整体性描述中不能忽视它的内部结构。综上，具体研究方法如下：

1. 文献法

根据研究主题需要参考民族学、教育学、文化学、人类学、文学等学科文献，具体查阅以下几类：首先，与苗族、苗族贾理有关的史书典籍及相关研究成果，了解苗族的文化历史与研究现状。其次，贾理得到外界关注和其入选国家级非遗息息相关，而且在后来的官方保护传承过程中都在非遗框架下进行，因此还需关注非遗保护背景对贾理的影响，借鉴其他类似非遗保护传承的成功经验为我所用。再其次，通过阅读大量国内外人类学、教育基本理论等的著作，为本书提供理论基础和研究参照。还有在将《苗族贾理》进行学校教育资源转化过程中需要教育学、心理学的文献作为参考。总之，不论是通过已有文献梳理把握相关研究的成就与不足，还是在田野考察过程中都需要不断查阅文献实现“实践—理论”之间的循环提升。

2. 田野考察法

田野考察法是本书贯穿始终的重要研究方法。从发现研究问题、经历两次在清水江和都柳江流域田野考察逐渐聚焦到第三次考察的“苗族贾理传承”论题，围绕苗族贾理的田野考察已经超过两个农业周期，第二个农业周期主要用于补充第一年考察遗漏的内容，且至今仍在持续关注着贾理的传承主题。“民族志田野工作的首要理想，在于清晰而明确地勾画一个社会的构造，并从纠缠不清的事物中把所有文化现象的法则和规律梳理出来。……同时，对整个部落文化的所有方面都给予研究。从每一方面中取得的一致性、法则和秩序，也能够对之加以结合，成为一个清晰的整体。”[①] 对苗族贾理流行的核心区丹寨的文化、社会结构特点，以及人们的生产生活方式、精神信仰系统等通过长期接触进行整体分析，廓清创生贾理的创生系统。在田野考察中获得贾理演述、传承的第一手鲜活资料，对他人已整理的贾理基础资料进行补充，并以民族志的表达形式阐释这一过程。

通过参与式观察、正式与非正式访谈等途径对贾师和贾理受众展开跟踪调研切实了解、切身领会贾理对人的影响。尤其是通过著名贾师成长个案口述史研究、典型贾理仪式的深描，体现贾理的教与学、传与承、对个体与群体的影响。由于长期与当地人相处成为熟人，因此既可以因“局内人”身份得到苗族社区、贾理、苗族人之间关系互动的亲身体验，又可以跳出苗族贾理以“局外人”角色研究苗族文化整体与现代文化之间的交融；“苗族贾理”成为学校地方课程后，通过田野考察收集“教”与“学”的情况，为民族文化的学校教学转化提供事实基础。总之笔者将对传承贾理各种场域进田野考察，呈现贾理教育功能。

① ［英］马凌诺斯基：《西太平洋的航海者》，梁永佳、李绍明译，8 页，北京，华夏出版社，2001。

（五）研究意义

第一，实践意义。一是给苗族贾理去“标签”。外界对贾理常误解为“搞鬼”等“封建迷信”活动。客观上来说，贾理包含小部分巫事，但如果仅仅以“巫师”代替“贾师”、以“搞鬼”代替贾理仪式就从根本上误判、窄化了贾理本身。本书力图通过人类学整体关照，以全息视角客观呈现集苗族文学、史学、哲学、法学、民俗学、自然科学、巫学等地方性知识为一体的贾理。二是为解决当下贾理传承的困境提供一定的参考意见，同时对其他民族文化传承也具有借鉴意义。贾理孕育于“鼓社—议榔—理老”结构的苗族社会，随着现代经济发展、外来文化的涵化，传统社会结构随之变迁，贾理生长的土壤正在逐渐消融。本书通过对贾理在当代传承价值的思考，从意识上激发人们重视传统文化对人培养的重要性；通过对贾理传承的田野考察，分析其“传承之忧”背后深层次原因，再针对此提出可能性解决策略。三是为民族文化的学校教育资源转化提供实践经验。已有“民族文化进校园”活动主要涉及音体美学科，因为这些文化资源可以直接引入即用。而苗族贾理属于精神层面、无形的文化，基于其内涵的丰富性、文本的特殊性而必须进行根据儿童身心发展规律的教育转化。通过“双创”开发其多样化的呈现样态，这既为贾理传承尝试打开一条新路径，也为特色民族文化的学校教育资源转化提供新的实践经验。

第二，理论意义。一是从人类学角度进一步厘清了苗族贾理的内涵构成及其传承的教育价值。二是结合新时代背景，本书对“土生土长”的苗族贾理进行教育人类学考察，并结合所处原生语境诠释其在文化传承和促进人的发展方面具有的教育功能，尤其是从文化认同、铸牢中华民族共同体意识等维度丰富了民族文化传承的意义。三是苗族贾理是以“民间文学”类别被收录进 2008 年国家级非物质文化遗产名录，所以也可以说本书从人类学角度也丰富了无文字民族的文学研究。

第一章　苗族贾理的发生系统

苗族历史上多次迁徙，历史悠久却无原生文字，又缺乏关于其族源的确切史料记载，苗族名称在史籍上呈多样化。因此，从清末至当代，关于苗族族源探讨的论述众说纷纭，主要有6种：江淮土著说、环太湖文化说（东来说）、帕米尔高原说（西来说）、马来西亚说（南来说）、蒙古利亚说（北来说）、九黎三苗说。

结合古代文献与人类学研究，国内学界目前比较认可“九黎三苗说”，即苗族源于我国黄河流域及长江流域部分地区的九黎部落联盟，其首领蚩尤与炎、黄二帝同时。在部落战争中，“蚩尤作乱，不用帝命，于是黄帝乃征师诸侯，与蚩尤战于涿鹿之野，遂禽杀蚩尤”①。之后九黎部落开始了漫长的迁徙历程：首先是向西南进入长江中下游区域，形成“三苗”部落，与尧舜禹为首的华夏集团再次发生冲突，最终大禹灭三苗，余下部落再南迁入江西、湖南一带山区，称为“南蛮”“荆蛮”或“荆楚”，并发展成为楚国居民之一。至秦灭楚，“南蛮”大量向西、南避战，进入五溪流域，又被冠以“武陵蛮”“五溪蛮”。东汉时期为避兵祸再往西迁至黔、滇、川等地，形成当下苗族分布的基本雏形。元、明、清时期因开疆垦殖、战乱等原因又有大量苗族继续迁入西南地区。

根据《中国统计年鉴（2021）》显示，我国苗族人口为11067929人，② 主要分布在湖南西部，贵州东南部、西部以及云南东北部。黔东南苗族侗族自治州苗族人口为213.45万人，③ 是我国最大的苗族聚居区。此区域在清代被划为“生

① （汉）司马迁：《史记·五帝本纪》，1页，北京，线装书局，2006。

② 国家统计局：《中国统计年鉴（2021）》，https: // www.stats.gov.cn/ sj/ ndsj/ 2021/ indexch.htm，访问时间：2024年1月20日。

③ 黔东南苗族侗族自治州人民政府：《州情概况》，http://www.qdn.gov.cn/zjqdn/zqgk/，访问时间：2024年1月20日。

苗区”，根据服饰颜色特点统称为“黑苗”。雍正年间（1723—1735）“开辟苗族聚居区”设置“新疆六厅”[①]就位于清水江流域和都柳江流域。由于历史上不断迁徙又无原生文字，因此苗族各大区域支系皆内生出发达的、有机统一的口头文化传承系统，位于清水江上游、雷公山西麓的苗族靠心口相传的贾理就是极具代表的口承文化经典。

第一节　丹寨：苗族贾理流传的核心区

苗族贾理流传的核心区域主要位于今丹寨县境内，并以此为焦点往东雷山县与往北凯里舟溪等地也有流传。

为什么该区域能孕育出苗族经典口传文化贾理？如果说某一文化就是某一部分人类与其生存环境相互作用的适应形势，那么不同的生存环境就将导致不同的适应方式，即不同的文化形态。[②]丹寨特殊的自然人文生态系统创生出贾理，贾理作为苗族传统文化的核心，从精神到物质参与苗族人生产生活的全环节，它也反过来影响了苗族人的存在方式。存续的文化都是一个整合的统一体，在这个复杂的系统中，通常包含三个部分：第一是自然环境。即群体赖以生存和发展的各种自然条件总和。第二是社会环境。即与群体生活相关联的各种社会条件总和，它包括该群体所构成的社会内部结构诸方面和该群体与其他群体的交往、关系等外部环境诸方面关系。第三是精神环境。即该群体所共有的道德观念、价值体系、风俗习惯、宗教形态等诸多方面的总和。[③]研究时，应采取一种整体论的视角以描绘社会群体全面而广阔的图景，尽可能详细地描述这种文化或社会群体，包括群体的历史、宗教以及环境等。[④]本节将分析贾理流传核心区的历史沿革、自然环境、社会环境和精神环境，以整体观视角探索贾理产生的深层次原因。

---

① “新疆六厅”：台拱厅、清江厅、八寨厅、丹江厅、古州厅、都江厅。

② 张诗亚：《西南民族教育文化溯源》，2 页，上海，上海教育出版，1994。

③ 张诗亚：《西南民族教育文化溯源》，5 页，上海，上海教育出版，1994。

④ ［美］大卫·费特曼：《民族志：步步深入》，龚建华译，21 页，重庆，重庆大学出版社，2013。

一、历史沿革

丹寨，古名为“八寨”，苗语古称“方尤”（苗语 Fangb Yub）、“押昂”（苗语 Yax Vangb）。[①]“方尤”直译为蚩尤部落后裔居住的地方，至今丹寨境内仍保留众多“尤”发音的地名：龙泉山苗名为“波告尤”，扬武乡所在地称“翁尤”（苗语 Ongd Yub），今腊尧实为“腊尤”（苗语 Las Yub），排中屯上称“锡尤”（苗语 Xees Yub）；龙泉镇巫尤村称“榜尤”（苗语 Beex Yub）；兴仁镇一碗井村称“者格尤”（苗语 Zeex Geeb Yub）；排调镇双尧村称“兄尤”（苗语 Hxongb Yub）等。“押昂”意为 8 个寨子，改土归流前属老八寨村，其周围有羊乌、羊望、羊浪、羊党、羊甲、羊烈、羊先、羊尧 8 个寨环绕，故称“八寨”，部分地名保留使用至今。改土归流后雍正七年（1729）在老八寨村所在地设八寨厅，乾隆年间（1736—1795）迁至今县城所在地。由于“邑人士生居斯土，素号荒服，数千年蛮夷自相雄长，分合不常、文学未兴、史乘莫备，欲求其沿革之迹盖亦难矣”。[②]但由境内苗族宗谱和《苗族贾理》可知，一千多年前就居住着“尤”“嘎斗”“卡”人群，今扬武、兴仁、龙泉等村寨的一些苗族为其后裔。

丹寨县现居苗族大部分为从榕江方向经今雷山、三都或凯里曲折转入定居。据谱牒与口碑资料，今县境苗族的主体“噶闹”（苗语 Ghab Nes）支系：一支从今榕江经三都、雷山接壤地区迁入境内原党早乡一带定居，后再迁居今扬武兴仁等地；另一支从榕江经雷山进入排调镇的羊巫、加配、也改等地定居。苗族民间一直称境内西部地区为“方尤”，意为“尤”人居住的地方。至今扬颂一带保留传承了“祭尤”仪式，这一带的龙姓自称为蚩尤后裔，他们称蚩尤为“苗族的祖先、首领尤公”。尤支系苗族到达丹寨最早，但被后来到来的另一个苗族支系“噶闹”驱逐，有一部分又在麻江等地定居。“五十年代他们还包饭走路回来看自己祖先曾经居住的地方，那时候还没通公路，现在我们台辰的议榔柱就是以前住在这里的尤人立的，时间大概在五百多年前。扬颂腊尧一带的

① 贵州省丹寨县地方志编纂委员会：《丹寨县志（1991—2015）》，2 页，北京，方志出版社，2016。
② （民国）郭辅相等纂：《八寨县志稿卷二 · 沿革》，27 页，台北，成文出版社，民国二十年（1931）刊本。

尤人比较老实，还会做农具就没有被赶跑。”[①]据龙泉镇高寨潘氏水族宗谱，该族迁入境内定居已有33代人，大概700多年历史。开辟“新疆”极大促进各地民族间的交流融合，使境内逐渐形成多民族聚居地。2015年，丹寨境内有苗族、汉族、水族、侗族、布依族等22个民族，其中世居民族有6个：苗族、汉族、水族、侗族、布依族、彝族。少数民族人口占全县总人口（17.74万人）的88.31%，其中苗族占78.52%。[②]

丹寨，夏商周时期属禹贡梁州东南荒芜边地，春秋时期属楚国黔中地，战国时期属夜郎黔中地，秦汉时期属象郡地。“八寨县治地隋以前同都匀，唐为黔中道应州地，宋隶夔州路绍庆府，然皆苗酉分据不过羁縻而已，故有羁縻州之置时八寨地亦在羁縻州之中。”[③]此处的“酉”与今“尤”应是同音异字，即指苗族支系自称。元属湖广行省，处都匀安抚司和定云府间地。至元年间（1264—1294）属湖广行省新添葛蛮安抚司领地，至正十三年（1353），在境内坝干地设夭坝长官司。明朝属夭坝长官司领地，洪武七年（1374），夭坝长官司归顺朝廷；十三年（1380），改称夭坝苗夷长官司；十八年（1385），升为蒙囊直隶夭坝安抚司。“康熙十二年群苗杀夭霸土司夭应禄，于是流土俱不受制”[④]。清雍正七年十二月（1729年1月）末置八寨厅，治所在今老八寨，隶都匀府，辖夭坝、扬武、排调、永安（今卓佐）。从其历史发展来看，此区域长期属于“化外生苗”，文化孤岛效应突出，版图虽属统一国家，但从行政管辖上在清“改土归流”后才正式纳入国家政权管理体系，这段较时间相对封闭的“真空期”也是形成当下完整独特的苗族文化重要原因之一。

民国三年（1914）改八寨厅为八寨县，隶独山专署，民国三十年（1941），撤销丹江县建置，以丹江河为界，河以西划入八寨县，“丹江”“八寨”各取一字更名为丹寨县，仍隶独山专署。[⑤]解放后丹寨县曾隶属过独山专署、都匀专区、镇远专区，1956年7月黔东南苗族侗族自治州成立后隶属该州。至今县级建置隶属黔东南苗族侗族自治州，下辖龙泉、排调、兴仁、扬武4个镇，南皋、

① 苗族贾理省级代表性传承人潘玉祥口述。
② 贵州省丹寨县地方志编纂委员会：《丹寨县志（1991—2015）》，2页，北京，方志出版社，2016。
③ （民国）郭辅相等纂：《八寨县志稿卷二·沿革》，27页，台北，成文出版社，民国二十年（1931）刊本。
④ （清）爱必达：《黔南识略·卷九　八寨同知》，72页，乾隆十四年（1749）修刊本。
⑤ 贵州省丹寨县地方志编纂委员会：《丹寨县志（1991—2015）》，2页，北京，方志出版社，2016。

雅灰 2 个乡。

二、自然环境

文化形成基于特定的自然环境空间，自然环境特点决定人类的生产方式，而生产方式反过来又孕育了文化的类型。“如果把人类社会生活方式看做一个适应体系，首先存在着社会生活受制于自然环境的方式。我们可以称此为生态适应。”[①] 根据民国二十年（1931）《八寨县志稿》记载：“八邑万山丛胜、千涧分歧，要皆蚕丛鸟道不通舟车，何载守之足？云居民不过耕山而食、限水而饮。”[②] 可知山势险峻、河溪密布，人们依此形成山地农耕的生活方式。丹寨处在苗岭山系东段雷公山西南麓、贵州高原向广西丘陵过渡的斜坡地段，为长江、珠江两大流域的清水江、都柳江水系上游分水岭，地势东高西低，依分水岭向西北、东南倾斜，河流顺地势由分水岭向西北、东南分流，地壳运动与水流侵蚀，形成峰高谷低、沟谷交错、相对高差较大的低中山地貌。最高点为东部的排调镇加配村牛角山主峰，海拔 1693 米，最低点为东南部的雅灰乡叮咚村境与三都水族自治县交界河口处，海拔 370 米。[③] 县内地表崎岖，东有牛角山，西有龙泉山，南有龙塘山，北有四方山，中有泡木山绵延至东北、北及南部。连绵起伏的山岭中广布着山地、谷地，间有丘陵、坝地，山地性地貌显著。在“地无三里平”的自然环境下，坝区及河谷平地成为珍贵耕地，更多当地人依山势开垦出大量梯田以满足生存需要，例如南部的高要梯田，在东部山区排调、雅灰一带大山基本上以“村落 + 梯田”形式存在。多山也导致历史上交通不便，与外界相对缺乏交流沟通，这也是苗族口传文化在此区域逐渐发育成为与黄平剑河一带苗族古歌内核相通但又具备独有特点的苗族贾理的重要原因。田野考察中了解到但凡大树都不能随意砍伐，在狩猎活动中皆需对猎物进行卜算，满足条件才会捕杀，因此苗族传统自然崇拜思想和多山地垂直的自然环境共同孕育了丰富的生物资源，有近五十种国家重点保护树种和大量野生动物资源。

① ［英］拉德克利夫·布朗：《原始社会的结构与功能》，潘蛟等译，9 页，北京，中央民族大学出版社，1999。

② （民国）郭辅相等：《八寨县志稿卷二·沿革》，77 页，台湾，成文出版社，民国二十年 (1931) 刊本。

③ 贵州省丹寨县地方志编纂委员会：《丹寨县志（1991—2015）》，3 页，北京，方志出版社，2016。

三、社会环境

社会环境是“与群体生活相关联的各种社会条件的总和。它包括该群体所构成的社会内部结构诸方面和该群体与其他群体的交往、关系等外部环境诸方面的关系”[①]。在地势多山、气候温暖湿润的自然环境中，苗族先民通过长期生产劳动、因地制宜，在与自然和谐共处的基础上加工改造已有资源，创造出丰富的、有特色的物质文化体系，构成苗族的生活环境，是苗族精神文明和物质文明发展标志。丹寨苗族生活所处的社会环境主要体现在服饰、饮食、居住以及红白喜事礼仪礼俗四个方面。

（一）服饰

丹寨苗族在明清文献里因服饰尚黑故统称为“黑苗”，其下亦有细分短裙苗、长裙苗、白领苗等等。当下关于苗族服饰最直观文献是后人根据清嘉庆年间（1796—1820）任八寨理苗同知陈浩所著《八十二种苗图并说》临摹的“百苗图”，其中关于丹寨苗族的配图文例如：“短裙苗都匀八寨有之，男子穿短衣宽裤，夫人穿短衣无襟袖，前不护肚后不遮腰，不穿裤，其裙只长五寸许，极厚而细摺，聊以蔽羞已。”“八寨黑苗在都匀府，属性犷悍，女子以色布镶衣袖，胸前绣锦一方护之谓曰遮肚。”贵州建立行省后官修的第一部省志《贵州图经新志》中如此描述：“曰黑苗，囚首赤脚……服短花衣。”王阳明诗：“烟际卉衣窥绝栈，峰头戍角隐孤城。华夷节制严冠履，谩说殊方列省卿。”[②]《黔南识略》记载：“苗人服色男效汉装，女则椎髻，短裙露胸，跣足、长簪、大环项圈，锦□装束大略相同，惟黑苗衣裙尚黑。”《黔南职方纪略》也提到黑苗：“衣短尚黑，妇人绾长簪，耳垂大环，挂银圈于项，以五色锦缘袖。”[③]关于民国时期丹寨苗族服饰《八寨县志稿》描述：“黑苗一曰团裙苗，衣黑及腰，褶布为

① 张诗亚：《西南民族教育文化溯源》，5 页，上海，上海教育出版社，1994。

② （明）谢东山、张道：《嘉靖贵州通志下册 · 卷之十一　艺文清平卫》，695 页，成都，西南交通大学出版社，2018。

③ （清）罗绕典：《黔南职方纪略 · 卷九　苗蛮》，344 页，清道光二十七年 (1847) 刊本，台北，成文出版社，1974。

裙，黑布裹足自膝及胫，蓄发椎髻，蒙以黑布巾如万字然。女子头插长簪、耳带长环，项约以大环皆银质多者以十数两计。男女均蹑草履。”①

历经清代至民国时期苗族改装运动以及现代化的影响，当下丹寨保留了8种主要传统苗族服饰类型，按照地域和艺术特色主要分为八寨型、城江型、排莫型、刘家寨型、南皋型、雅灰型、麻鸟型、岔河型，②形成“隔山不同服”现象。各分为盛装和便装，盛装在红白喜事和节庆时穿。其中八寨型服饰主要流行于龙泉、扬武、兴仁一带，是丹寨境内最普遍的苗族服饰。排莫型服饰是八个支系中唯一左衽的服饰，衣肩、领、襟边用挑花装饰，衣袖上段靠近袖龙处用蓝白、橘黄等彩色蜡染螺旋圆形图案“八涡纹”装饰。雅灰型“百鸟衣”银角呈山字形，顶端饰白色羽毛为古代苗族“头插白翎”遗迹，盛装满身绣饰鸟纹的盛装，衣脚嵌有大量白色羽毛。麻鸟型的“锦鸡服”上身是靛青色紧身对襟土布短衣，下身为靛青色百褶短裙，前后身各拴一张靛青色护裙片，前片长及膝彩绣，后片长及踝并佩吊宽幅挑花彩带模仿锦鸡的长尾。

丹寨县境内为何高密度地存在如此多特征鲜明的苗族服饰？通过田野考察与文献分析，可以从神话传说、迁徙历史和自然环境角度解释。

流传在雷公山麓的苗族古歌讲述了在跋山涉水的迁徙中因服装相近导致两个宗族为争夺一个女孩而打架，后来通过议榔规定每个氏族各制一种服饰打扮以避免发生类似事件的故事。所以，后来不同苗族支系遵从远古议榔形成纷繁复杂的苗族服饰文化。由于不同支系拥有不同服饰，当地人传说人死后只有穿着自己的民族服装祖先才会认得、接纳他们，祖先信仰因素也使得苗族支系文化得以保存。受自然环境影响，丹寨地处雷公山西麓，山高坡大，在历史上交通极其不便，321国道也仅有29千米过境且位于县城附近，丹寨第一条羊甲高速2014年底才通车。苗族主要以聚居形式散落在大山中，过去是相对封闭的自给自足的生产方式，限于地理环境影响导致大区域内各群落之间交流较少，年长日久则发展出基于不同审美、信仰需求的苗族服饰。当下在雅灰一带仍存在隔山可见的村落为水族，虽然当下有通村公路，但两个村寨文化迥异、交流少、仍不通婚，这是受地理环境制约人族群之间交流的典型。呈现多样化服饰文化

① （民国）郭辅相等:《八寨县志稿卷二·沿革》，375页，台湾，成文出版社，民国二十年(1931)刊本。
② 贵州省丹寨县地方志编纂委员会:《丹寨县志（1991—2015）》，134页，北京，方志出版社，2016。

的另一个重要原因是现居境内的某些苗族支系本身早期就是从不同地方迁居而来，在到达现居地之前就已形成自己独特的服饰文化。在排调田野考察中就有明确自称祖辈是从铜仁、雷山等地搬来的苗族。

总之，丰富的服饰作为穿在身上“物的表象”，其背后各支系之间作为一个统一的民族共同体的语言、风俗、信仰等精神层面文化在这些服饰里皆有体现。例如：在头饰银饰盛装中常有类似牛角造型，这与蚩尤“牛首人身”形象有相似之处；在服饰刺绣中鱼、蝴蝶与鸟的意象出现最多，生动再现贾理传诵的造人神话；各支系女性发型挽髻时皆好用假发续发以挽出大而黑亮的发髻，有时也用黑线代替，就算年老以青布包头不再露出头发也同样使用假发，这是苗族传统蓄发椎髻的“三苗髽首”遗风。①

（二）饮食

苗族饮食习惯是经过大迁徙、从平原移居西南山区后又经过漫长历史发展形成，它在适应特殊自然环境基础上结合苗族传统文化发展成具有民族特色、嗜酸辣的山地农耕饮食文化。由于贵州处于高原地区，没有盐井和盐湖，历史上多处于“化外”羁縻状态或土司统治，与外界物质交流较缺乏，因此形成“贵州盐价，斗米斤盐”境地，因缺盐食用蕨灰，明代谢东山诗云“岁俭家家采蕨烟”，盐成为少数人享用的贵族食品。加上此地气候温暖潮湿食物容易变质变酸，因此苗族先民探索到一条顺应环境、缺咸则以酸开胃又能延长食物保存时间的生存智慧，同时辣椒不仅可以提味促食欲，还具有祛湿的药用价值。

关于清代苗族饮食风俗，《贵州通志》记录八寨、丹江、清江、古州等地黑苗“艰于盐，用蕨灰浸水，所得死犊、羔豕、鸡、犬、鸱鸦等类，连毛藏置之瓮中，层层按纳，其螂蛆臭腐，始告缸成，名曰醅菜，珍为异味”②。其中所谓“连毛藏置之瓮中”“螂蛆臭腐”未免言过其实，因为苗族当下仍然传承部分古法腌菜制作，如取时稍沾油污则会导致表面生出白色霉毛而全坛皆坏。之所以会出现失实的记录可能源于对异文化缺乏深度了解和先入为主的偏见。直至一个世纪之后罗绕典《黔南职方纪略》仍然基本保留《贵州通志》对黑苗饮食

① 伍新福：《苗族文化史》，454页，成都，四川民族出版社，2000。
② （清）靖道谟等撰：《贵州通志》，125页，台北，京华书局，1968。

的描述："得羊豚鸡犬鹅鸭连毛置之瓮中，俟其腐臭生蛆而后食，名曰醅菜，珍为异味。"① 这也说明当时客籍文人视野中对苗夷社会的刻板化。苗族发展至今，主食、口味偏好、蔬菜与肉类的加工方式在基本沿袭传统的基础上又有所变迁。

1. 主食

据文献记载，明清时期苗族地区主食为糯米。"食惟糯米，舂之甚白，炊熟成圈以手掬食。"② 至民国时期初糯米外增加了穇谷和白米："自集亲友送之奁用穇谷及白米、糯米饭，多者数十挑，间以腌过之鱼、牛皮、鸡鸭酒脯等类。"③ 当下黏米④ 逐渐替代糯米成为苗族主食，辅之以旱地作物玉米、土豆、红苕、豆子、花生等，其中前三者主要用于饲养畜禽，人体所需的油脂从猪油、油菜与茶油中获取。田野考察发现月亮山区苗族更喜食糯米饭：人流较大的街道从早到晚都有摊位售卖糯米饭，佐以烧烤腌肉、凉拌酸菜或野菜，直接捏压成团"掬"食。有些村寨还能常见手握糯米团的人们聚在一起歇凉聊天，所以月亮山区还将吃糯米长大的孩子称为"糯娃"。相比之下雷公山苗族日常生活对糯米的执着不及月亮山区苗族，但在重大节庆、仪式的场合都离不开糯米。而且收割糯稻的方式也格外谨慎：用摘禾刀将糯稻连穗带秆一根根割下来捆成束，挂于房屋阴凉处晾干。在丹寨一个农业周期内的所有仪式中都会用到这种成把的摘糯，祭祀祖先、鬼神也用去壳的糯米，人们之间的礼物交往常为糯米或糯米粑，所以大家每年或多或少都会自己种植糯稻、保存谷种。糯米从一种传统主食逐渐过渡到具有象征意义和神性的祭品，糯米更有嚼劲、回味香甜又抵饿等特点既满足了人的生理需求，从历史发展来说还暗示了苗族对糯食远古集体记忆的追求与认同，也满足了人的文化心理需求。大米除了作为主食外还有另一个重要用途：酿酒。用蒸馏方式烤出来的酒香性烈，糯米发酵成甜酒后再加冰糖继续酿制成的浊酒，性温和但后劲足。酒在苗族社会里的社交、仪式等场合都扮演着必不可少的角色。

① （清）罗绕典：《黔南职方纪略·卷九　苗蛮》，344 页，清道光二十七年（1847）刊本，台北，成文出版社，1974。

② （清）罗绕典：《黔南职方纪略·卷九　苗蛮》，344 页，清道光二十七年（1847）刊本，台北，成文出版社，1974。

③ （民国）郭辅相等：《八寨县志稿卷二·沿革》，375 页，台北，成文出版社，民国二十年（1931）刊本。

④ 黏米：是苗族对杂交水稻煮出来的米饭的统称。

2. 酸汤系列

“三天不吃酸，走路打闹窜。”酸汤是苗族饭桌上一年四季最常见的菜肴，由它衍生出来的“酸汤鱼”也成为苗族代表菜。酸汤分为白酸、红酸、毛辣果[①]酸。其中白酸做法最简单：第一次做将米汤静置在干净的坛子里三天左右自然变酸，然后每次续加第二道淘米水即可，要常换常加酸汤才新鲜不变质。苗家人习惯在夏季早晨煮上够吃一天、瓜豆混煮的酸汤菜，既可以当菜清爽解腻，还可以喝酸汤作饮料解渴。其次是制作辣味红酸，把秋天成熟的红辣椒和毛辣果加大蒜生姜用粉碎机打烂成酱，装进干净密封的瓶子静置一个月变酸，吃时按需添加进汤中。红酸只要不沾油污可以保存两年不变质。第三种酸是毛辣果酸。洗净的毛辣果沥干水分放进坛中，倒入少许米酒，密封放置两个月左右毛辣果变软析出水分即可，吃的时候按照对酸味程度的需求添加进菜肴里。以上三种酸都离不开野生木姜子作佐料，木姜子也被当做治疗消化不良的中药。红酸白酸可以烹煮所有蔬菜、肉类，是苗族饮食习惯中“酸味中轴”的重要来源。

3. 坛子菜系列

酸和辣仍然是坛子菜系列的基本味道。温暖潮湿的气候导致新鲜食材极易变质，所以保存食物就成了苗族在日常生活中必不可少的环节。利用当地烧制土坛为容器，将富余的蔬菜、肉类进行特殊处理再放进去，至少可以保存一年，其中以腌汤青菜可保存较长时间，有些人家存了 10 年以上的腌汤青菜最后变成珍贵的“药膳”，可健胃消食。腌制坛子菜系列的方法主要分蔬菜和肉类，二者在制作过程上具有结构上的相似性。例如，干盐菜：初春，将菜园吃不完的青菜洗净晾晒至半干，掺以大蒜生姜辣椒切细，拌上花椒、盐，放入坛中密封，两至三个月发酵变酸，可炒可煮。红辣椒、萝卜、大蒜头、葱头等蔬菜也可以大致用相同的步骤制作。腌肉：将新鲜剖净的田鱼或五花猪肉裹上辣椒、花椒、少许糯米、盐等佐料，放入坛中 3 个月左右变酸。腌肉以烧烤和爆炒味道最佳。酸汤鱼：水稻田插完秧放入鱼苗，秋天收割稻谷放水干田时顺便捡捞长至一斤左右的田鱼。田鱼主要做法为煮酸汤，吃不完的鱼做成腌鱼可常年取食。酸汤鱼这道菜 2021 年入选国家级非物质文化遗产名录，它不仅体现了苗族偏酸辣的饮食特点，更是苗族人在漫长农耕生活中总结出来、顺应自然、最大限度利用

① 毛辣果：一种当地的小西红柿品种，味偏酸。

环境的生态智慧。

4. 火炕烟熏系列

制作坛子菜在温暖的春秋季，火炕烟熏系列食品则在冬天，有腊肉、香肠、血豆腐、干豆腐等，这两种做法都是为了贮存多余食物。苗族聚居区所在的清水江流域雷公山麓气候潮湿，因此制作腊肉需借助火炕。“炕”不同于北方人取暖的炕，而是一个悬挂在火塘上方3米左右的四边形木架。肉切成大小合适的条块状，用热盐、花椒腌制三天后排挂在木架上，下方的火塘终日用于做饭或取暖，等到春天来临不需生火取暖时新鲜猪肉也炕成了墨色油亮的腊肉。因水分已炕干，可以在干燥通风的地方保存至少一年不坏。香肠、新鲜豆腐、豆腐加猪血肥肉丁捏抟成球的血豆腐也可以放在炕上慢慢熏制。除了放在坛子里的酸辣味，苗族一年四季还可以获得不同的腊味体验。

在世俗饮食文化中，米酒、糯米饭、糯米粑和用酸汤煮熟的整鱼成为所有仪式中具有“神性”的祭品。例如每年农历十月第二个丑日在长青扬颂一带举行的“祭尤”仪式（Nongx Yul）上共九份祭品分别敬献9位祖公，每份祭品由这几种食品组成：土碗装酒，一张构树叶和青菜叶重叠放置鲤鱼，一个牯子粑①在丹寨其他由贾师主持的各种仪式中以酸汤煮熟的鲤鱼是通用祭品。这种对敬献祖先、神灵祭品的集体无意识选择从某种程度上来讲暗合了贾理对于祖先居住在茫茫“纽河黑水”的描述：“贾完贾又续，月终月复始。续贾阐道理，续理断纠纷。贾续于纽河，理续于黑水。冥冥在纽河，神灵在黑水。白水拿洗脸，黑水拿浴头。有嘎达爸爸，有嘎拉妈妈，起自构树下，生宝育妈妈。”②

（三）居住

苗族吊脚楼属于干栏式建筑，干栏式建筑源于我国南方史前“巢居”建筑基本形式。最早的巢居形式可以推测为在大树上建巢：将树枝茎叶铺在分枝开阔的树杈上构造出居住面，上面再用枝干相交建成屋顶。③在贾理中也有类似修筑巢居的描述：“公鼠才教向奶：‘你捡十二根水竹枝，十二根寿竹枝，掺狮

① 牯子粑：直径约40厘米的糯米粑。
② 王凤刚：《苗族贾理·创世篇》，17页，贵阳，贵州人民出版，2009。
③ 沈福煦：《中国古代建筑文化史》，22页，上海，上海古籍出版社，2001。

子草为巢，掺狼箕蕨做穴，筑在巨杉椏上，建在高松枝间，好生佳儿，好产佳蛋。'" [①] 从居住习惯来说，"苗人聚种而居，窟宅之地皆呼为寨，或二三百家为一寨，或百数十家为一寨，依山傍涧，火种刀耕地" [②]。苗寨主要以宗族聚居的形式散落在群山之间，传统木质吊脚楼建筑根据所处自然环境分斜坡和平地两种。整个雷公山地区包括丹寨在内的苗族传统建筑形制基本上一致。由于山多地少、用以种植主食稻谷的水田显得更加珍贵，因此雷公山区苗族传统建筑多数是伫立在斜坡上的吊脚楼。顺山势建房，先在斜坡挖出"厂"字形平台、外沿修筑堡坎，上面的平地作为房屋后部地基，然后用穿斗式木构架在前部做吊层的吊脚楼，形成底层的前部地面上升为楼层而与后部的地面齐平，这就形成半楼半地的吊脚楼。我们可以将吊脚楼想象成一个坐在山坡上的人，"厂"形地基相当于椅子，楼房利用杠杆原理稳固地"坐"在椅子上，一楼的立柱就像人搭下来的两条腿，支撑二楼伸出来的空间，整个建筑"占天不占地"。[③] 吊脚楼有三层，最大限度利用地势空间，每层功能分明。底层喂养家畜以及放置农具，二层为人居住活动空间，火塘、堂屋、卧室、"美人靠"皆在此，三楼储存粮食或加装为卧室。单体吊脚楼由三列组成，二层中央的堂屋是整幢房屋结构中心与神圣空间。堂屋是庆典、宴客和祭祀的中心场所，受汉文化影响有些人家在堂屋正壁装"天地国君亲师"牌匾，相对传统家庭则设简易的香火神龛，取吃鼓藏时椎牛祭祖的牛角用枫香木桩挂在堂屋东边中柱，还有的苗族支系设木凳在堂屋角供奉祖神。但也有一些人家的神龛与火塘在同一房间，扬武一带有些苗家火塘屋内壁还供奉孔子之位。堂屋两边的房间分别又被隔成两个大小不一的空间，靠里窄的用作卧室，外面宽的作为客厅或火塘屋。堂屋前廊外檐出枋悬挑安装"美人靠"，靠上柔美弯曲的靠背曲木是整个建筑温婉优美的点缀。兴仁等地区喜把堂屋门壁内缩一柱，形成"吞口"。有的在正房两头搭建偏厦或厢房，整体形成"凹"形外观。

田野考察发现近些年新修的吊脚楼在功能性方面比传统吊脚楼更优更适宜居住：由于底层较潮湿，而木质容易受潮虫蛀，所以现新修房子一楼全部用水

① 王凤刚：《苗族贾理·祭鼓篇》，616页，贵阳，贵州人民出版，2009。
② （清）徐家干：《苗族聚居区闻见录》，162页，贵阳，贵州人民出版社，1997。
③ 麻勇斌：《贵州苗族建筑文化活体解析》，31页，贵阳，贵州人民出版社，2005。

泥墙代替传统的木围壁，牢固防潮；二、三层容易受飘雨侵蚀，很多人家在二、三楼外围重新加装了一圈强化玻璃围墙，既保证透光通风，又隔绝飘雨，延长了木楼使用寿命；传统的苗族吊脚楼由于以前人们生活水平低下不存在“装修”概念，当下很多苗族富裕起来，用对待城市商品房态度装修吊脚楼，堂屋吊顶、灯带、精细的门窗压花、雕花，生活起居增添了很大艺术审美享受。

（四）红白喜事礼俗

“红白喜事”是苗族地区对立新房、结婚嫁娶、小孩满月、葬礼等一系列需要“办酒”宴请宾客的活动统称，它巩固邻里、朋友、亲缘关系，是苗族社会关系网络的直观呈现。

1. 婚姻礼俗

苗族传统缔结婚姻的方式根据地域不同称呼不同，其实描述的是同一种男女青年集会活动。西部方言区称“跳月”“跳花”，中部方言黔东南地区称“跳芦笙”“看芦笙”“看会”。从史料记载看，各地苗族“跳月”成婚习俗，早在明代已盛行并流传至今。“东苗”“西苗”，其俗，婚娶男女相聚歌舞，名为跳月。情意相悦者为婚。[①] 郭子章在《黔记》中记述“苗人”：“仲春刻木为马，祭以牛酒，老人并马箕踞，未婚男女吹芦笙以和歌，淫词谑浪，谓之跳月。中意者男负女去，论妍媸为聘赀盈缩。”[②]“跳月”风俗在清代也同样盛行：“孟春，合男女于野谓之跳月。择平壤为月场，以冬青树一本植于地上，缀以野花，名曰花树。男女皆艳服，吹芦笙，踏歌跳舞，绕树三匝，名曰跳花。跳毕，女视所欢，或巾或带与之相易，谓之换带。然后通媒妁议聘赀，以妍媸为盈缩。”[③]“改土归流”后，各地区苗族青年男女成婚，无论是通过“扎山”“跳月”之类的活动自由择配，还是由父母包办通媒求婚，都已普遍形成行聘订婚的风俗。聘资最初以牛马，至清末和民国年间改用银两。[④] 直到新中国成立前还有“还娘头”、婚以及婚后“不落夫家”习俗。“率以甥女为子媳，谓‘还娘

① 沈庠：《弘治贵州图经新志》，见《中国地方志集成：贵州府县志辑（第1册）》，10页，成都，巴蜀书社，2006。

② 郭子章：《黔记》，1162页，成都，西南交通大学出版社，2016。

③ （清）爱必达：《黔南识略》，乾隆十四年（1749）修刊本，17页，台北，成文出版社，1968。

④ 伍新福：《苗族文化史》，350页，成都，四川民族出版社，2000。

头’……姑之女定为舅媳。若舅无子，必以银献之，谓之‘外甥礼’。否则终身不得嫁。”①“南皋、大兴、岩英和复兴地区有‘不落夫家’婚俗。新娘在婚礼结束后返回娘家常住，逢年过节或农忙时才接回夫家住几天，如此直至怀孕。改革开放以后‘不落夫家’习俗已不复存在。”②这些习俗被逐渐革除，目前县境内在婚俗上基本分为说媒、订婚、结婚、回门等环节。

2. 小孩新生礼

婚礼后一段时间迎来新生命诞生，这是苗族最值得庆贺的大事之一。“满月酒”“月米酒”“祝米酒”“打三朝”都是不同地区对于小孩新生庆典的称呼。产期临近时婆婆和外婆都要用糯米酿好甜酒，是产妇坐月子期间主要小吃，“甜酒鸡蛋”是接待来客必不可少的美食。丹寨传统关于生小孩礼俗主要有报喜、坐月子、吃满月酒 3 个部分。首先是向娘家报喜。采用送鸡、送蛋等方法。有的地方生男孩，就给外婆送一只公鸡，生女孩就送仔鸡。丹寨各个苗族支系都有自己时兴的报喜方式。接下来是近一个月的“坐月子”，生女孩坐 29 天，生男孩坐 30 天。在此期间产妇受到全家人悉心照料，有一些饮食和行动上的禁忌。比如因产后身体虚弱，不能碰冷水更不能喝生水，不吃辣椒、花椒等一系列有刺激性作料。行动上禁忌不能出大门。满月当日晨，通过一个象征性的小仪式宣布告别“坐月子”：产妇双脚踩在平放的柴刀上，面对东方太阳吃下几小口开水泡饭。田野考察中苗族人对这个仪式的含义也不大清楚，只说是“古老古代传下来的”。满月当天第二件大事是去姑妈家或其他亲戚家吃饭，苗族习俗是满月饭不在自家吃，一般满月临近住得较近的亲戚会提前邀请。新手妈妈一家人带着小宝宝外出聚餐串门回家后，坐月子所有禁忌解除，恢复平常生活。“吃满月酒”是庆贺小孩出生礼俗的最后环节，择吉日在满月后举行，热闹程度不亚于婚礼。“娘家人”是这场宴席最重要的宾客，人们会对他们赠送的各种礼物展开“评论”和赞美，在酒席上尽兴深处还会形成和“婆家人”对歌的场面，是整个宴席的高潮。

① （民国）郭辅相等：《八寨县志稿卷二十一・风俗》，375—376 页，台北，成文出版社，民国二十年（1931）刊本。

② （民国）郭辅相等：《八寨县志稿卷二・沿革》，137 页，台北，成文出版社，民国二十年（1931）刊本。

3. 丧葬礼仪

从苗族丧葬形制记载的相关史料看，一般都是由崖洞葬（悬棺）、镶板葬过渡到当下棺木土葬，不过在20世纪末期月亮山区的岜沙苗族尚存树葬习俗。清代文献记载苗族葬礼："丧则屠牛，召戚远近各携酒肉以为赙，环哭尽哀，葬不用棺，敛手足而瘗之。卜地以鸡子，掷之不破者为吉。"[①]到民国时期八寨苗变迁为"镶板葬"："亲殁，女若胥各制荷包实以银一两或二两系诸腰，坐以竹床，横置庭中，不用棺。择卯未亥日以木镶土坑而葬，尸旁置牛角一对或杂置牛脚数只，稻谷一斗。不隆封，不祭，不以白布缠头，惟子女系腰用白布五寸。葬期击铜鼓，吹芦笙，宰牛马，召戚友。赙用酒米少用钱物。"[②]丹寨8个苗族支系丧葬礼俗大致趋同，某些细节之间有所区别，其程序大致有送终报丧、守灵、拢客、入殓、出殡、安葬、拜灵、送水、带亡灵"走客"或赶场。

四、精神环境

文化现象是在精神环境"沃土"上开出的"花朵"，自然环境是先于人意志的客观物质存在，社会环境基于人的主观能动性创造以及人与人之间关系形成，而精神环境则是在自然环境影响下形成、指导一切社会现象的深层次、集体享有的抽象结构系统。它包括"该群体共有的道德观念、价值体系、风俗习惯、宗教形态等诸方面的总和。宗教形态常常居于中轴的或者核心的地位"[③]。泰勒在《原始文化》中提出"万物有灵论"，认为宗教起源于原始人的万物有灵观念，是原始思维对自然界产生神秘感的集体表象。苗族"万物有灵"为核心的原生宗教信仰奠定了贾理诞生的精神基础。根据原生宗教作为历史过程发展来看，从自然崇拜、民间信仰和祖先崇拜3个方面分析苗族潜在的精神环境。

---

① （清）罗绕典：《黔南职方纪略·卷九　苗蛮》，清道光二十七年（1847）刊本，324页，台北，成文出版社，1974。

② （民国）郭辅相等：《八寨县志稿卷二十一·风俗》，376页，台北，成文出版社，民国二十年（1931）刊本。

③ 张诗亚：《祭坛与讲坛——西南民族宗教教育比较研究》，213页，昆明，云南教育出版社，1992。

（一）自然崇拜

对大自然的崇拜是人类最早的宗教意识活动，也是对自然界最初认识的反映。其产生的条件有：第一，人类经历长期实践，对自然界有了最初的抽象思维能力；第二，集团语言有了相应发展，形成一些相对稳固的群体；第三，把自然界人格化、神秘化，出现了最早的“灵”的观点和崇拜自然的活动。①“苗族先人认为万物皆生命，生命皆有灵魂。认为大自然的一切如日月山水、石树稻棉、鸟兽虫鱼，乃至传说存在于大自然中看不见摸不着的鬼神邪煞等等，都与人类一样是不同的生命形态，都能互相感知互相影响。”②每年农历二月初二的祭桥仪式最能凸显苗族万物有灵的自然崇拜。“祭桥”苗话为“Tob Jux”（音“兔鸠”），Tob 意为“循环往复地加热、再一次”，饭冷了加热再吃也叫“Tob Gax”（音“兔嘎”，Gax 意为米饭）。所以也有人称为“热桥”或“燃桥”；Jux 直译为“桥”，实际上还可以引申为“中介、媒介、媒体”的含义，Tob Jux 的思维逻辑是将新生命、平安健康等美好事物用“桥”背过来，所以它起到中介纽带桥梁作用。因为直译苗语与汉语之间存在语言差异，翻译成“祭桥”窄化了 Jux 具备的引申意义。通过田野考察发现苗族主要为了求子和祈禳“祭桥”，几乎家家参与，因为每个人都有保佑自己独特的保护神：“Jux”。结婚后“修桥”求子，小孩称为“桥背来的”，二月二小孩腰间挂着红蛋再回去祭桥；也有人为了做好事积德在溪边或田埂边修桥修路，从此修的桥和路也成了他每年祭的 Jux。祭师根据每个人的情况推测他需要的 Jux：一棵大树、一块大小不等的石头、水井、竹篓，甚至家里切菜用的砧板都可以成为具有庇佑功能的媒体。这些各式各样的“Jux”在二月二这天都要接受烧香纸、敬糯米饭和肉酒、贴纸花等“礼遇”。

Jux 须年年祭拜，后人也须延续下去。苗族有分支，Jux 也可以因人的迁徙分开继承。田野考察中胡公自述：“我家清水江边有一处‘桥’是从凯里火车站搬来，因为家族支系分流到不同地方落叶生根，当时只是搬了一堆泥土来，上面盖了一块大石，现在年年就在这儿燃桥，而且是我们胡家最老的‘桥’。”漫山遍野的“桥”每年二月二都会粘满红红绿绿的纸花，大家都明了这些“桥”，

① 蔡家麒：《论原始宗教》，25 页，昆明，云南民族出版社，1988。

② 王凤刚：《苗族贾师的故事》，214 页，台北，台北甯文创事业有限公司，2012。

也无人有意破坏，倘若是因为修路修房子占去，那下一年燃桥也仍在大概的区域粘纸花、烧香纸、敬酒食。在祭桥时有人路过，要请他喝酒并分食糯米饭。二月二燃桥属于全民对个人化、多样化庇护神的集体公祭，直观来看是对大树、石头、水源等自然物的崇拜，根本上形成了人与自然和谐共处的状态，修桥修路也便利了人们的出行，这是不求回报的奉献精神。

除了祭桥仪式中体现的自然崇拜，还有苗寨普遍存在的护寨树，贾理中叙述让枫香树“去生在寨脚，去长在村旁，去遮蔽寨子，去挡护村庄”①。不论是在苗族古歌还是贾理中，枫香树都是具有神性的大树：神话传说中枫香树诞生了“妹榜妹留”，妹榜妹留生了12个蛋，其中一个就是人类始祖“央”；相传蚩尤的桎梏是枫木做的，所以在椎牛祭祖时用枫树做成砍牛架……即使在砍伐其他大树前也要请祭师祭拜山神树神，祭词大意为“请山神同意……请大树搬家，搬到更好的地方去。”在狩猎准备射杀猎物前也需要占卜，并非“一网打尽”。苗族对于自然万物都赋予“人格化”的丰富想象，这造就人与自然平等相处的生态理念，贾师则成为协调二者关系的中间人物。

（二）民间信仰

苗族的“鬼”和“神”并没有严格区别，但有“好鬼”与“恶鬼”的区别：具有保佑世人功能的鬼是“好鬼”，也可以说是“神”；而人死后变成留在人间作乱的鬼即“恶鬼”。对于好鬼或神，人们通过祭祀礼仪表达尊重，对恶鬼则驱赶。

传统上人们相信，人或畜禽如果碰见鬼都会引起病灾，所以存在各种各样的“鬼”。据统计丹寨贾师记录他们讲述的各种鬼神邪煞就有150多种，在《苗族贾理》中提到名字的就有60多种。早在明代就有记录，黎平一带黑苗“病不服药，惟于古木、水边祭鬼，用鸡骨以卜吉凶，或结草为卦”②。至今有些苗族老人身体不适诉诸医药治疗外仍喜欢再找贾师为其米卜或蛋卜，以求心灵慰藉，谓之“神药两医”。在日常生活中如何避开这些“鬼怪”，“忌脚”是其中一种破解方法。“正月寅日夫妇异寝，不敢言，不敢出，以避鬼，谓犯之则为

① 王凤刚：《苗族贾理·制人造侣》，60页，贵阳，贵州人民出版社，2009。
② （明）沈庠：《贵州图经新志卷之七·黎平府》，122页，贵阳，贵州人民出版社，2015。

虎所伤。”[1]除了这些带来未知恐惧的鬼煞以外，苗族重要的传统经济文化活动都树立有自己的业神，如稻神、棉神、染布神、家畜神、猎神、歌神等，在从事相关活动前都要先敬神，而定拉神就是苗族一切主事之神，贾师在保家、开门大吉等仪式中都是请定拉神保佑。据扬颂龙永超贾师解释，定拉神翻译为汉语就是“孔子”，这可以解释有些苗族人神龛供奉“孔子之位”的现象。证明汉族与苗族之间自古以来就存在深刻的文化交流，而且确切时间可以最早前推到汉朝“独尊儒术”孔子“神化”时代。同时也说明了历史上苗族虽处相对封闭自然环境，但仍受到来自外界主流文化涵化影响，比如对具有社会属性的神土地神崇拜：丹寨的苗族自然寨常设一米高宽小屋、内置石头偶像，称作“土地庙”，在送水仪式中掐食祭祖同时也要祭土地神。总之，苗族因万物有灵的原生宗教观念生发出对现实世界恢诡谲怪的鬼神想象，这些想象构成了他们精神世界的运行结构。

（三）祖先崇拜

“万物有灵”观念进一步发展引申出肉体和灵魂分离概念，即认为人有可以脱离肉体而永恒存在的灵魂。苗族在这种观念的基础上产生了祖先崇拜，只要虔诚崇敬祖先，他们就会保佑子孙平安。[2]苗族祖先崇拜体现在两个方面：一是对有血缘关系的祖先崇拜，二是对苗族神话祖先或宗族祖先的崇拜。例如，祭尤仪式，吃鼓藏则综合了两种崇拜思想。

苗族认为人有三个灵魂，人死后一个灵魂守卫墓地，有一个灵魂回到家屋接受后代供奉并保佑子孙，还有一个灵魂回到东方老家和祖先们相聚在一起。所以苗族后人在有现实血缘关系的祖先崇拜方面表现为看护好先人的坟地，立墓碑、清明节挂清，节庆时日需在供奉祖灵的堂屋或火塘边祭祀先祖，定期举行宗族祖先祭祀的“吃鼓藏”，《贵州图经新志》提到镇远府境内的“生苗”“三年一祭”[3]即三年一次杀牛祭祖。雷公山月亮山一带则是隔 12 年举行一

---

① （清）罗绕典：《黔南职方纪略·卷五　都匀府》，清道光二十七年（1847）刊本，345 页，台北，成文出版社，1974。

② 吴新福：《论苗族的宗教信仰和崇拜》，载《中南民族学院学报》（哲学社会科学版），1988（2），21—25 页。

③ （明）沈庠：《贵州图经新志卷之七·黎平府》，86 页，贵阳，贵州人民出版社，2015。

次大型鼓藏祭。鼓藏祭的核心是为了祭祀宗鼓祖先，“十二月一年，十二年一届，才成十二月就过年，十二年就祭鼓，才来翻鼓吃鼓藏”[①]。之后讲述了从人类始祖央公开始，后有昌央、牟昌、养昌、催面、期催等人及其后人不断迁徙并在居住地立鼓社、吃鼓藏祭祀先祖，“生子孙于村，立鼓社于寨，各去祭鼓，各吃鼓藏”[②]。该风俗至今仍在雷公山和月亮山地区苗族中盛行，丹寨南皋一带变迁为每年举行的“翻鼓节”，其内涵和功能不变。苗族祖先崇拜中不可忽视的是对传说先祖的祭祀，例如丹寨扬武一带的祭尤仪式。丹寨苗族尊称蚩尤为尤公，苗语 Ghaot Yul，音“告尤”。“告”译为“公”，对尊者的敬语。这是我国少有的传承至今且仍在定期举行的蚩尤祭祀仪式。在其他苗族居住地也流传有祭祀蚩尤的遗迹：“苗语川、滇、黔方言称蚩尤为‘蒙蚩尤’，湘西方言称‘尤’。川南和滇东北地区苗族传说，古代苗族的首领是蚩尤，他被轩辕黄帝打败并杀死。”[③] 据云南地区苗族传说，“踩花山”最初也是为了祭祀祖先蚩尤，花山场中所立花竿挂的彩布称为“蚩尤旗”。湘西苗族也有祭祀蚩尤的行为：凤凰县腊尔山地区有石块垒成的石塔“觉凳炯”，当地苗族同胞视其为祭祖仪式中重要的文化遗存，也习惯把“炯”称为“蚩尤坛”。总的来说，祖先崇拜在苗族各个方言区都较盛行，而且体现在日常生活的方方面面。

第二节　孕育贾理的苗族传统社会结构分析

社会结构通常作为描述社会生活的组织的方式，一个特定的社会结构就是指社会中各元素之间的模式或安排。[④] 社会系统是一个有机整体，社会结构好比这个生命机体的“骨架”。每一个族群内部都有其特定的社会结构支撑该族群得以生存发展，苗族社会内部也不外乎。在古代官方文献中常记载苗民是“有族

① 王凤刚：《苗族贾理·祭鼓篇》，607 页，贵阳，贵州人民出版社，2009。
② 王凤刚：《苗族贾理·祭鼓篇》，622 页，贵阳，贵州人民出版社，2009。
③ 吕养正：《湘西苗族鬼神崇拜探幽》，249 页，北京，中国文联出版社，2001。
④ ［英］杰西·洛佩兹、约翰·斯科特：《社会结构》，允春喜译，2 页，长春，吉林人民出版社，2007。

属、无君长”，强者称雄，相互“仇杀”“世代不休”，等等，由于缺乏实地了解以及长期以来对苗族认知的污名化、标签化，在历代统治者话语体系中苗族好比任人驱逐的“一盘散沙”，族群社会内部混乱、毫无秩序可言，事实上并非如此。正因为苗族社会具有自己的组织与结构方式，才能在漫长的“拔寨”迁徙过程中保持自己的独立性和完整性。倘若苗族社会内部不存在相对稳定、有效的社会结构，在“改土归流”后就不会发生如此大规模的如咸同起义这样的苗民反抗事件了。由于苗族在历史上未能形成自己统一的相对稳定的经济、政治势力，难以在较大范围内组成独立的社会机构，但各地区支系的苗族内部均有一套在历史上形成和不断完善的社会组织结构。有研究者将鼓社、议榔、理老称为“苗族古代社会结构的‘三根支柱’”[①]，其中鼓社是以血缘为基础的基层组织，议榔则以地域为联结，贾师/理老或寨老则是苗族传统社会的管理者（见图 1–1）。从社会治理角度，世代口耳相传的贾理是推动苗族社会运转重要依据。理老或贾师通过仪式上反复念诵祭词增强了苗族自我认同，且贾理内容丰富庞杂又实现了苗族文化传承，独特的社会结构与贾理共同促进形成了苗族文化生态系统。

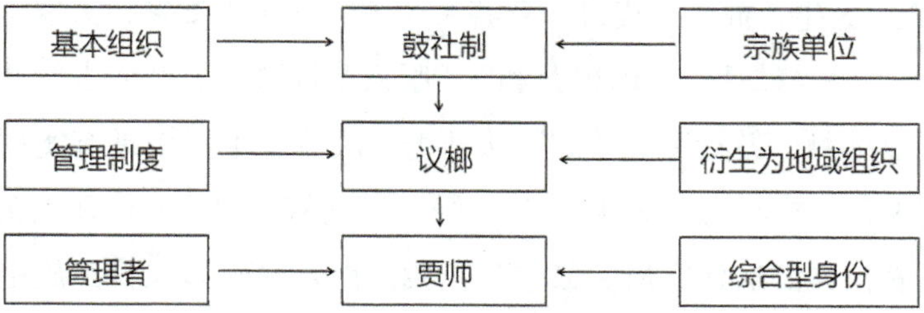

图 1–1 苗族古代社会结构图

一、鼓社

苗族先民的基本组织体制为鼓社制，“鼓社”是苗语 Jangd Niol（音译为“江略”）的意译，Jangd 意思为“一个组织单位”“一片地方”“一块土或一节木”或“一届”之意，Niol 即“鼓”，所以汉译为“鼓社”。它是苗族人同宗的

① 廷贵、酒素：《略论苗族古代社会结构的“三根支柱”——鼓社、议榔、理老》，载《贵州民族研究》，1981（4），42—47 页。

血族团体，是为实现宗教和政治目的而“立鼓为长官”的氏族集合体。[①]鼓社为氏族外婚制团体，一般由同宗的一个村或几个村组成，是苗族古代社会的基层单位。今黔东南苗族聚居区曾以“九社七理甲”泛称。

（一）鼓社溯源

鼓社主要流行于黔东南、黔南和桂北等苗族聚居区。关于鼓社制形成的具体原因在官方史料中并无记载，但可通过口碑资料进行推测。“ Jangd Niol”的关键词是“ Niol”（鼓）。在苗族传说中“鼓”处于非常重要的地位，相传苗族迁徙时是按照支系和宗族行动，每个宗族置鼓一个，敲鼓前进以声联络，在战斗时还可以发挥军事乐器功能。迁到新的居住地仍按宗支立宗立社。人口增多宗支再次分立，鼓社就有黑社和白社之分：“黑社系鼓根，白社系从黑社分出。分社的目的是为人口发展，便于互相通婚。之所以称鼓根为黑社，可能与苗族崇尚黑色有关；至于白社之称，一是于黑社对应，二是‘没有社的约束’之意。所以黑社的组织系统庞杂，祭仪严格，而白社则比较自由，可以不进行鼓社祭祀活动。”[②]在《苗族贾理》还有“破鼓分迁”的叙述。《苗族古歌》也涉及相关内容：“多孵一天生，放了一夜寡，死我一个人，死了不要紧，大家都要死，死绝全江略”“姜央兴鼓社，全疆得共和”。联系苗族贾理、苗族古歌此类口碑资料，我们可以推测“鼓社”之“鼓”从迁徙、战争、生活中具有实用功能的鼓发展到以鼓为宗支核心的象征性符号，“鼓”实现从形而下至形而上精神层面的升华，象征着祖先的居住之所。鼓本身在我国南方的众多农耕民族中都存在崇拜与神化现象，在祭祀中因鼓声引起人们精神和肉体上的反应及鼓自身的被人格化，都体现了鼓在社会生活中的重要作用。[③]随着时代变迁，当下鼓社功能主要体现在集体祭祀祖先方面。

（二）鼓社活动

鼓社祭是以鼓社为单位举行的祭祖大典，血缘家族都要参加。以鼓为祭祀

---

① 李廷贵、果酒素：《苗族鼓社研究》，载《民族学研究第五辑》，1983（9），101—116页。
② 李廷贵、果酒素：《苗族鼓社研究》，载《民族学研究第五辑》，1983（9），101—116页。
③ 汪宁生：《铜鼓与南方民族》，181—182页，长春，吉林教育出版社，1989。

的核心。在苗族祖先信仰体系中，由于不断迁徙，为了得到先人庇佑，苗族人将“鼓”视为象征祖先的居住之所，“走到也道岭，行至排雄坡。来开九冲田，来垦九片地，遇株野梨树，遇棵大楠木，拿来砍筒九庹长，制鼓七抱粗，砍筒祭央公，制鼓祀曼奶”①。鼓社在和外来势力斗争时还承担军事组织功能，时至当下鼓社主要在定期举行的鼓社祭中发挥作用。鼓社祭在清代文献中又因祭食原因成为“食牯脏”。清代《贵州通志》：“每十三年畜牯牛，祭天地祖先，名曰吃牯脏。”② 目前学界根据原苗语 Nongx Jangd Niol 以及该活动原初祭祀性质，形成“鼓社祭”的表达，也有据苗语直译为“吃鼓藏”。鼓社祭因为苗族支系不同形成各异的祭祀周期，有三、五、七、九、十三年为一次不等，其中雷山地区的苗族主要是十三年一次。一次完整的祭祀过程历时三年左右完成，仪式盛大隆重，各支系仪式细节有所区别，但大致包括醒鼓、转鼓、椎牛送鼓三大环节，由鼓藏头和祭师主持所有仪式环节。在每个仪式都有对应的祭鼓词，主要叙述开天辟地、人类起源、苗族迁徙以及“念牛”为何成为祭祖牺牲等，也属于贾理内容之一。丹寨南皋地区苗族选取其中的“醒鼓”仪式，鼓社祭演化成为每年两次的“翻鼓节”，即春、秋各过一次，农历二月第一个猪场天（初一除外）和九月第一个猪场天（初一除外）为吃鼓节，分别为春耕和秋收农耕节点，通过仪式唤醒祖先、祈禳丰收。在湘西腊尔山一带苗族历史上原本盛行椎牛祭祖，据《苗族聚居区屯仿实录》记载，清朝廷认为“且每岁秋成，必将所蓄耕牛恣行宰杀，次牛耕作则又称贷买牛。遂至穷困，流而为匪。是椎牛祭鬼，实为苗害”③，于是下令严禁椎牛祭鬼。因此，如今湘西苗族也流行杀猪祭祖。

二、议榔

鼓社是以血缘为基础的宗支单位，议榔则是以鼓社为基本单位的地缘组织。“议榔”苗语称为 Gheud Hlangb，也音译为“构榔”，Gheud 意为议定，Hlangb 为公约，所以“议榔”也可以理解为议定公约或社会契约。议榔一般是由一个

① 王凤刚：《苗族贾理·迁徙》，521—522 页，贵阳，贵州人民出版社，2009。
② （清）靖道谟等撰：《贵州通志》，125 页，台北，京华书局，1968。
③ （清）佚名氏：《苗族聚居区屯防实录》，190 页，长沙，岳麓书社，2012。

或几个寨或鼓社组成的组织，地区性的议榔在不同地区称呼有所区别，湘西苗族称“合款”“春酒会”，云南苗族称“丛会”“里社会议”，从江和广西融水一带苗族称“埋岩会议”，[①] 商议好的古规通过埋岩得以确立公认，至今在融水苗族自治县还有很多埋岩遗址。不同方言区苗族关于议榔的叫法不同，但实质都是苗族地缘性的联盟组织，它在维护地方秩序和发展方面起着重要作用。“我做埋岩稳地方，立岩规团结民众。立埋岩下地，岩桩露地面，埋岩要坚固，埋岩要稳定，埋岩不稳黄泥填，埋岩不牢碎石堵。埋岩传千年，埋岩传万代。”[②] 议榔的最高权力机构是议榔大会，由榔头或德高望重的理老主持，每户都需有人参加，商定共同遵守的乡规民约并通过相关仪式程序确定其权威性。目前在丹寨兴仁镇台辰村还有一根高约 300 厘米、直径约 30 厘米、周长约 120 厘米的“议榔柱”，这是曾经议榔会议遗存至今的“活化石”。贾师潘玉祥告诉笔者：“根据老人说，五六百年前，尤在这里的时候，榔头招来三四个寨子所有的人都集中在这里，宰牛杀马，就像乡规民约，也是种法律。据说栽好议榔柱三天三夜鸡不叫狗不叫、舂碓都舂不响。议榔柱本来有两根，高有一丈六，有一根倒了，20 世纪 60 年代抬去修水坝，这一根又遭雷劈断了一截。听老人们讲上面有雕龙画凤、奇花异草，顶上还有个四四方方的，还有圆形的珠珠。”经查阅地方志，在民国《八寨县志稿》中发现了台辰议榔柱的记录。通过地名考证，平夷堡就是现在的台辰村，修志官员并不知石柱为议榔柱而命名为“仙人坠石”，贾师口中“四四方方、圆形珠珠”与县志记载相符，但议榔柱数量上县志为三根，口碑资料是两根，有出入但已无法考据，极有可能第三根石柱倒塌的时间太早而被忽视。“在一区平夷堡距离城北二十里有石柱三矗峙如鼎，足高丈许，大数围，各另一石安其上似方而圆，以手轻弄则动摇如珠滚盘中，力推之反丝毫不动，重千钧也，又远望若三人并立，亦名姊妹岩。”[③]

通过现有的议榔词和口传资料发现，议榔最重要的职能是制定和执行习惯法来分别管理自己的鼓社，协调人与人之间的关系，实现族群发展。议榔时需

① 石朝江：《苗族传统社会组织及功能》，载《中南民族学院学报》（哲学社会科学版），1993（3），23—27 页。

② 乔朝新、李文彬、贺明辉：《融水苗族埋岩古规》，8—9 页，南宁，广西民族出版社，1994。

③（民国）郭辅相等：《八寨县志稿卷二十一·风俗》，114 页，台北，成文出版社，民国二十年（1931）刊本。

杀猪宰牛，参与者都能分到一份祭肉代表接受榔规，以示遵守。在传统的苗族社会中，议榔还有组织管理生产、反对外来侵犯等职能。当下议榔的职能淡化，但是在苗族基层社会管理中仍发挥着积极作用。

三、贾师

“苗俗有事，则用行头媒讲。行头，能言语讲断是非者。”[①]“行头”即苗族的贾师或理老，即苗族传统社会的管理者及精神领袖。苗族社会中的贾师、理老、寨老、祭师、鼓藏头、榔头、活路头乃至鬼师等一系列身份因苗族传统社会分工不太明确而存在重叠现象，同时也存在不同支系称呼不同现象。这些身份共同点都是在长期生产劳动中逐渐产生、懂得“苗族古老古代的东西”且德高望重的人，有可能一个人同时具备理老、贾师、鼓藏头、活路头等多重身份。但是从苗族社会结构中可以大致分成三个层次：一是村寨理老，主要调解村寨内部的一般矛盾纠纷；二是氏族理老，也称“鼓公”，类似于当代“律师”，纠纷双方都可以各自请这类理老申辩；三是地方理老，相当于地区议榔层面选举产生，主要裁判本地区发生的重大纠纷。[②]各层次的苗族自然领袖并没有严格的等级划分，也同样存在身份重叠情况，无论属于哪一层面的“管理者”，都必须懂得苗族世代传承的口头经典贾理。在不同地区称呼有所不同，比如雷公山苗族称懂得苗族贾理、解决纠纷的为贾师，在鼓社祭或祭尤时诵唱祭词的称为祭师，黄平台江一带擅长唱苗族古歌的称为歌师，这类人因懂得苗族传统文化、品行高尚，得到人们的认可，他们是苗族文化的主要传承者，在民族文化心理场中处理人与自然、人与人以及人生老病死等各项事务时都难以离开他们的协调、中介作用，贾理、古歌等系列苗族口传经典通过他们在苗族族群中的社会活动得以传承。

---

① （明）沈庠修，赵平略校：《弘治贵州图经新志》，93 页，成都，西南交通大学出版社，2018。

② 石朝江：《苗族传统社会组织及功能》，载《中南民族学院学报》（哲学社会科学版），1993（3），23—27 页。

第二章　传承苗族贾理何以必要

现代化思潮席卷世界每一个角落，改变了人们的生产生活与思维方式，冲击着族群传统社会的结构，传统文化在此过程中不可避免地发生变迁。随着信息技术深入发展，苗族聚居区现代化进程进入加速期。以苗族传统服饰变迁为例，“现在的一天相当于古老古代的五十年”[①]。曾需要数年一针一线缝绣的盛装，现在用机绣几小时就完工。一方面从效率上大大节省了制作时间，但从工艺的细致程度、凝结的情感期待、服饰纹样蕴藏的文化记忆传承等方面是无法与充满个性创造加工的传统手工服饰相比。因此，当下也还有部分女性坚持在隆重场合穿自己做的盛装，机绣衣服则在非正式场合穿，两种不同的制作方式也分离了神圣与世俗。

与服饰的境遇一样，贾理传承也面临着现代化带来的挑战。贾理在苗族文化生态系统中处于核心地位，它通过口头传承形式囊括苗族从精神信仰到现实世界的衣食住行各个方面，构建了族群的共同记忆，是苗族先民在特殊天地系统中创生出来的智慧结晶与文化符号，它使得苗族成为苗族。同时，贾理还是苗族经典口传文化，属于苗族的“活态史诗”，具有自己独特的口头程式，在仪式、论辩、对歌等不同场合展现诵唱、辩论或演唱的演述方式，可以发展人的表达力、思维力等智力因素。更重要的是贾理融通了丰富的传统儒家思想，表明了西南民族文化与中原地区文化同属于一个文化共同体，因此传承贾理可以促进优秀传统文化的传承、增强中华文化认同等重要功能。所以，不论从苗族贾理本体还是于文化认同等维度，传承贾理成为当下的必然选择。

① 田野考察中苗族妇女自述。

第一节　贾理处于苗族传统文化生态系统中的核心地位

文化生态是一个社会发展过程中与环境互动的结果。美国人类学家朱利安·史徒华（Julian Steward）是文化生态学的集大成者，他1972年出版《文化变迁的理论》被视为文化生态学诞生的里程碑。[①]他在人类学研究中借鉴生态学理论，用生态环境因素解释文化现象，研究环境对人和文化选择的影响，以及人类文化对环境的适应，构建了文化生态学的理论框架。其中文化核心（culture core）是该理论体系的核心概念之一，“指谓与生产及经济活动最有关联的各项特质之集合。事实证明与经济活动有密切关联的社会、政治，与宗教模式皆包括在文化核心之内”[②]。可以说文化核心是文化中最重要的部分，与生计活动息息相关。贾理贯穿苗族的物质生活到精神信仰，可以视作苗族的文化核心，无时无刻地影响着苗族与自然以及人与人之间的关系相处。卡西尔把人定义为符号的动物，人在创造符号的同时反过来也被符号所创造。[③]苗族人创生出“贾理”符号，又在贾理的规训下成为具有苗族文化底蕴的人。一个民族的文化生态系统主要由自然环境、社会环境和精神环境三大部分组成。[④]基于此，下文从这三个方面论述贾理所处的文化核心地位。

一、贾理引导人与自然和谐相处

贾理蕴含万物有灵思想，体现人与自然之间处于平等共生状态，苗族先民眼中的自然并非现代生物学框架下的自然，而是具备与人相同灵性的生命集合。这种“万物有灵”思维方式是苗族先民早期对世界感性认知的遗留，恰恰是这

① 黄育馥：《20世纪兴起的跨学科研究领域——文化生态学》，载《国外社会科学》，1999（6），19—25页。

② ［美］朱利安·史徒华：《文化变迁的理论》，张恭启译，45页，台北，远流出版公司，1989。

③ ［德］卡西尔：《人论》，甘阳译，37页，上海，上海译文出版社，2004。

④ 张诗亚：《祭坛与讲坛——西南民族宗教教育比较研究》，213页，昆明，云南教育出版社，1992。

种非理性的自然观促成了人与自然和谐相处的生态意识。生态意识是“人类以对包括自己于内在自然中的一切生物与环境之间关系的认识成果为基础而形成的特定的思维方式和行为取向”①。这种生态意识具有能动意义，反映了社会与自然的和谐关系、人类生产和活动的生态规律，提升了人们对世界的认识。在实践中，生态意识作为自然和社会最佳互动条件，发挥着制约人类行为的功能，即文化调节功能，这对于解决当代生态问题具有指导意义。②贾理贯穿苗族生老病死各个环节，于其思想观念的濡化下，促成了人与自然和谐共处的生态意识。在苗族的传统观念中，大树具有神性、灵性，如苗寨随处可见的参天枫木被奉为“护寨树”，由于枫木在贾理的传说中曾经是苗族首领蚩尤的桎梏，苗族先祖用枫木制鼓以祭祖。清水江中游一带苗族古歌传唱道：“枫木砍倒了，变作千百样。树根变什么？树根变泥鳅，住在泥水里，总是不露头。……还有枫树干，还有枫树心，树干生妹榜，树心生妹留，这个妹榜留，古时老妈妈。”③苗语“榜留”意为蝴蝶，“妹”意为母亲，“妹榜妹留”翻译为“蝴蝶妈妈”，苗族神话称之为人与万物之母，所以各个支系的苗族都格外崇拜枫木。除了枫木以外，所有大树在苗族人们的认知系统里都具有灵性。笔者田野考察途中看到一棵因刮大风卷到河中央的大树，同行的苗族同胞随即解释道：“我们都说大树是有灵性的，你看它不倒在房屋，不倒在水田，它都晓得倒在河里，不给人们造成麻烦。”④苗族极少砍伐自然生成的古树，当人们砍倒一棵古树有其他用途时，需要由德高望重的贾师占卜得到“山神”同意，再向大树念诵祭词方能砍倒。砍树祭词大意为将大树当成具有人格特性的自家兄弟，现在把“他”家搬迁到更舒适、更好“住”的地方去。然后烧香摆糯米饭酸汤鱼等供品，才开始砍树。人们认为如果不遵循这一固定仪式或违反“山神”“意愿”，则会给砍树人带去厄运。

苗族也有很浓厚的石崇拜思想：小孩出生后如果常生病会祭拜一块山间大石为“干爹”，祈求获得与磐石相当的生命力。苗族每年农历二月二除了祭桥，还有很多关于大树、石头、水井甚至是只有祭拜人才知道的一捧泥土的祭祀，

① 刘湘溶：《论生态意识》，载《求索》，1994（2），56—61页。

② 余谋昌：《生态意识及其主要特点》，载《生态学杂志》，1991（4），68—71页。

③ 田兵：《苗族古歌》，182—184页，贵阳，贵州人民出版社，1979。

④ 笔者赴丹寨县排佐村乌寿途中所遇。

这些崇拜的对象在苗族人们思维里都是具有保佑祭拜人的功能。很多常见的植物都有神性，其中最具代表的就是芭茅草。“芭茅草是拿来用鬼[①]的。”在开秧门仪式、葬礼的“送水吃”仪式等，芭茅草打结插在野外的一堆木柴上就不会有人乱动，芭茅草既可以用于信仰世界又可以作为世俗生活中所属权或禁止的标志，在2020年新型冠状病毒疫情期间，许多苗族村寨“封寨”就是用一束打结的芭茅草放在村口就能达到“禁止入内”的目的。芭茅草还是议榔和解决纠纷时贾师使用的法器，可以说苗族在无文字状态下的习惯法律生活中把它当成了一种文化符号加以使用。[②]保家仪式用到的梓木刺、花椒刺、三月泡刺等植物捆成的“法器”对可能威胁村寨的“恶鬼邪魅”都有“攻击”作用。因此，苗族对自然生态环境的爱护不仅仅处于因“靠山吃山”生存需要，而是根源信仰体系中人与万事万物皆处于平等地位，倘若侵犯大自然，由于具备灵性它们也会“反击”于人，既是一种对自然的尊重，更是敬畏之心。而这种精神信仰通过口口相承的贾理方式流传至今并不断濡化着苗族，可以说贾理蕴含的万物有灵信仰促成了人与自然和谐共处的生态观念，有效防止了传统工业时代人们对大自然征服索取的破坏，保护了人们赖以生存的绿水青山。

二、贾师是苗族传统社会运转的核心人物

贾师在苗族社会中承担着解决纠纷、主持各种重大仪式等重要职责功能，不论在世俗生活还是精神信仰领域，贾师都不可取代。贾理体现了苗族社会的神圣价值观，这是苗族任何其他样式的口头作品不能相比的。清代乾隆时期对治理“新疆六厅”提出“苗民风俗与内地百姓迥别，嗣后苗众一切自相争讼之事，俱照苗例完结，不必绳以官法”[③]，其中的“苗例”就是能够用于解决矛盾纠纷的贾理，而掌握运用贾理的人就是贾师。换句话说，贾师是执行习惯法维护苗族传统社会和谐稳定的重要人物。因此也有人将贾师与苗族古代社会基本单位“鼓社”以及苗族古代社会议定法律的会议“议榔”称为苗族古代社会结

① “鬼”：不等于平常人口中的鬼，在这里还包括灵魂、魂魄、神。

② 徐晓光：《芭茅草与草标——苗族口承习惯法中的文化符号》，载《贵州民族研究》，2008（3），41—45页。

③ （清）庆桂等：《清实录·高宗纯皇帝实录（第九册）·卷一三》，60页，北京，中华书局，1985。

构的“三根支柱”。贾师之所以成为维护苗族社会运转核心人物，主要因为他们能够掌握并运用苗族地方性知识贾理。“一切地方性知识都是特定民族文化的表露形态，相关民族文化在世代调适与积累中发育起来的生态智慧与生态技能，都完整地包容在各地区的地方性知识之中。”[①] 贾理作为具有苗族文化特质的地域性知识，贾师不仅系统地掌握贾理，而且还有因为“有阴崽”[②] 等“神授”迹象最终成为苗族社会的“自然领袖”，也是苗族人“与神沟通”的媒介。涂尔干（Emile Durkheim）将整个世界划分为两大领域：一个领域包括所有神圣的事物，另一个领域包括所有凡俗的事物。[③] 贾师不仅在苗族人的神圣和世俗两个领域中发挥重要作用，而且还是这两个领域的“联通者”。（见图 2-1）

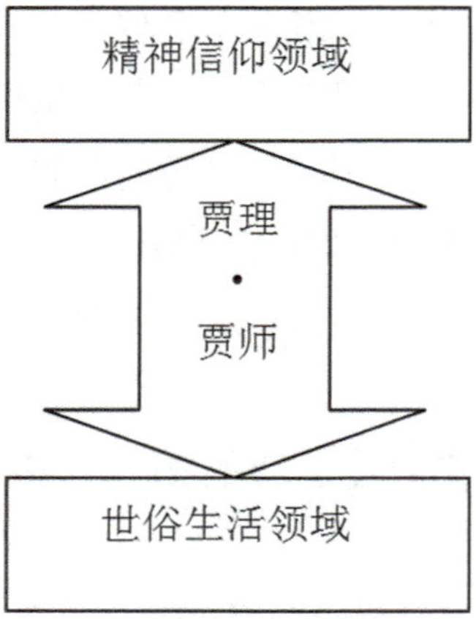

图 2-1　贾师地位图

（一）世俗领域

在世俗生活中，贾师的功能主要体现在社会治理和传授贾理。不同苗族支系与身份的职责偏向将贾师又称为“理老”“寨老”“头人”，他们治理社会处理矛盾纠纷所用的贾理话语体系又被意译为“理词”。贾理包括习惯法，但不仅限于习惯法领域，我们应该还原到苗族语境下作为一个整体的贾理研究，习

① 杨庭硕：《论地方性知识的生态价值》，载《吉首大学学报》（社会科学版），2004（3），23—29 页。
② 有阴崽：大意为“暗中帮助他人的灵魂”。
③ ［法］爱弥尔·涂尔干：《宗教生活的基本形式》，渠东、汲喆译，46 页，北京，商务印书馆，2011。

惯法可以看作贾理通过贾师在世俗领域发挥的社会治理功能。贾理口传至今保存了若干案件，是苗族古代经过历代贾师不断整理加工、警示教育后人的典型范本，也是贾师用于解决纠纷的辩论词。既有生动阐发事物之间必然联系与矛盾的“动物案件”，如“蛇与蛙”“猪和狗”“牛和虎”，还有大量关于婚姻纠纷的案件理词等涉及苗族人们日常生活各个方面，贾师在解决现实问题时对贾理“引经据典”，达到平息纠纷、教育人们的目的。例如：在遇到家庭矛盾时贾师会劝解：“气生气有消，水涨水有落。气话别计较，气语别铭心。别丢家庭破，别弃妻子孤。丢就成寡妇，弃就成孤妻。就成藤断蔓，就成树断梢。”[①]“我们劝你们要依许，高就高一点，低就低一点；多就多一点，少就少一点；当退就要退，当还就要还；当补就要补，当添就要添。亲还是你们的亲，客还是你们的客，好如从前，亲如当初。”[②]

现代法制体系在苗族地区健全之前，苗族社会治理主要通过议榔制度、习惯法与贾师三者构成管理体系，而且习惯法与现代法律在追求公平正义上高度统一，新中国成立后仍有贾师在镇上法庭协助断案的实例。这启发我们在当下建设完善的基层社会管理法制体系的同时更应该重视传统习惯法的价值发挥以节约社会治理成本。贾师的另一项功能在于传授贾理，田野考察发现贾师是将其当成一项崇高的社会事业来做，传统苗族社会属于晚辈主要向长辈学习的前喻文化。[③]“老人不摆古，后人不识谱。”“父逝不更其言传，母亡不易其身教；不依父教锄伤脚，不遵母训针扎手。”[④]前喻文化强调对传统的尊重和传承，有助于形成共同的文化认同和归属感。

调研发现很多高龄贾师都无奈于自己的徒弟为了生活外出务工而忽视贾理温习，即使每年春节回来时间又有限，由于老贾师不懂如何使用智能手机“在线教学”，所以贾理传承面临着很多现实问题。再对比老一代贾师年轻时结伴积极求教贾理的热情，当下很多贾师是想传而难传。贾理拜师传承和其他民间技艺拜师有所区别，贾理传承是公开性的，包括现在的贾师都明确表示任何人

① 王凤刚：《苗族贾理·迁徙》，226—227 页，贵阳，贵州人民出版社，2009。

② 贵州省黄平县民族事务委员会：《苗族古歌古词·理词部分》（内部报刊），244—245 页，1988。

③ ［美］玛格丽特·米德：《文化与承诺——一项有关代沟问题的研究》，周晓虹、周怡译，27 页，石家庄，河北人民出版社，1987。

④ 王凤刚：《苗族贾理·迁徙》，20 页，贵阳，贵州人民出版社，2009。

只要他愿意都可以学，授贾活动不需要隐蔽或秘密进行，反而是学的人越多贾师越有成就感。根据贾理传承人口述，20世纪七八十年代由于村里年轻人学贾热情很高，师父都是在农闲时集体开班授贾。贾师授贾理除了培养“接班人”外，还有另一重深层内隐功能：传承苗族文化。这源自贾师对自己民族文化的认同与使命感，同时田野考察发现生于民国时期的老人大多懂得贾理，却只有部分人是贾师的现象，当下的贾师通常也是出自“贾理家族”。概言之，在传统社会，当苗族民众之间发生纠纷时，贾师是公认的“法官”；在传承苗族文化的场域中贾师又是掌握苗族经典的“教育者”。

（二）神圣领域

信仰、传说与神话，不但表明了神圣事物的性质，也表达了赋予神圣事物的品格和力量。[①] 苗族没有发展形成自己的宗教系统，但是有独特的神话传说与信仰崇拜体系，通过不同场境中的仪式显现出来，具有原生宗教痕迹。贾师作为各类仪式主祭人在此神圣精神领域内处于核心地位，苗族的信仰世界不断被贾师通过口述得到描绘。仪式因其神圣性而存在，在扫寨（苗语 Seed Vangl）、吃鼓藏（苗语 Nongx Jangd Neil）、祭尤（苗语 Nongx Yul）等宗族村落集体性的祭祀或公祭仪式上，贾师通常需要从苗族话语体系中的开天辟地、族群起源与迁徙等历史时空维度勾勒其族群远古时期发展轮廓，在保家（苗语 Bod Zad）开大门（苗语 Baok Ghab Dex Lub）等家庭或个人化的仪式上，贾师往往根据祈禳目的请来相关神灵保佑，或者将引起个人不幸的鬼魅送回本该所在的地方。总之，在苗族现实生活的大事小务通常可以和信仰崇拜联系对应起来，贾师作为联通这两个领域的中间人，他需掌握本民族文化中所有神灵与鬼魅的起源及其对人的影响等知识，鬼神的界定主要根据它对在世的人是否具备庇佑功能，也是这种根植于苗族人们心中的信仰约束了人与自然或人与人之间的关系——倘若在贾师解决纠纷时面对神说谎会直接引起祸患，所以贾师能够治理苗族社会其实也源于他的“特殊功能”。苗族信仰世界的神鬼关系同源平等，如在创世的“十二个蛋”剩下的六个寡蛋由定拉神封谕为“十二种大邪”“十二种小煞”，以及在大洪水过后兄妹成亲为了加快人类繁衍在定拉神的建议下将团如

① ［法］爱弥尔·涂尔干：《宗教生活的基本形式》，渠东、汲喆译，46页，北京，商务印书馆，2011。

南瓜的圆崽砍成十二堆，但错砍成了十三堆，于是错砍的那一堆变成了小邪小煞。贾师就是在这样一种神圣领域内协调人与自然、鬼神之间的关系，使得苗族人们的精神世界与现实达到协调平衡。

三、贾理是苗族传统社会的“官学”教育

贾理蕴含苗族的宗教信仰、价值观念、哲学观念、社会思想、伦理道德、风俗习惯、思维方式等方面，是苗族精神文化的集中展现，更是历史上与其他民族文化交往、碰撞、交融的结果。每个民族的生存延续，必须凭借其自成体系的文化，在自然环境与社会环境组成的生存环境中获得生存物质和精神寄托以换取族群发展。贾理在苗族传统文化生态中处于核心地位，将贾理置入官方历史话语体系中分析发现，贵州官学教育发展起步较晚，此地各少数民族文化补充官学教育的不足而发挥了重要的“自我教育”功能，贾理就相当于苗族传统社会内部的“官学”教育，从精神信仰到衣食住行皆有体现。

据明代贵州巡抚郭子章《黔记》：“元以前，黔故夷区，人亡文字，俗本椎鲁，未有学也。黔之学自元始，元有顺元路儒学，有蔺州儒学。”[①]“有土司者为熟苗，无官者为生苗。”[②]由于明代地方官学主要设立在卫所，培养对象主要为驻军和土司子弟及极少数“熟苗”精英分子，因此得知所处“化外”生苗区的“新疆六厅”官学教育极其薄弱。“明终贵州共建有府州县卫司学约 60 所，其中：司儒学 8 所，府学 13 所，县学 11 所，州学 4 所，卫学 24 所。”[③]其中仅有清平卫学、兴隆卫学、偏桥卫学位于生苗区。与此同时，明朝继承元代的社学政策，将此作为化民成俗的重要内容。

清朝又在明朝的基础上发展了义学，“贵州的义学和一般的义学含义不同。它是清代由官府办在少数民族地区，主要招收少数民族子弟的学校”[④]。清代雍正年间（1723—1735）以前，作为官学教育的社学、义学还仅仅局限于“巨乡大堡”等行政统治所及之处，义学的教育对象还仅针对土司子弟和“熟苗”之

① （明）郭子章：《黔记》，395 页，成都，西南交通大学出版社，2016。
② （清）靖道谟、鄂尔泰：《贵州通志·卷七苗蛮》，125 页，台北，京华书局，1968。
③ 张羽琼：《贵州古代教育》，93 页，贵阳，贵州教育出版社，2003。
④ 安永新：《封建教育制度在贵州的形成和发展》，载《贵州文史丛刊》，1991（3），75—82 页。

"俊秀者"，可见此时以前社学、义学并没有深入贵州腹地，"生苗区"仍处于"自我教育"阶段。清朝设置"新疆六厅"后广建义学，地方官学教育才逐渐发展到这里的乡村生活世界，教育对象也扩展到"生苗"族群。但又由于地方起义与官方认为设立义学会"徒启奸匪之心，难取化导之效"[①]，而导致新兴教育机构时兴时废，面向苗族聚居区的义学没有实现"化其犷野，渐知礼义"目的。主要原因为设立义学目的是作为武力"剿"后的文治安抚与"训课苗人"，加上农民起义引起地方动乱，处于民族地区基层的义学时兴时废。乾隆年间温福出任贵州布政使实行民族歧视政策，认为"且苗性愚蠢，欲其通四书义理甚难，而识字以后以之习小说邪书，则甚易徒启奸匪之心，难取化导之效。应将苗族聚居区所设各社学已满三年者均以无成淘汰，未满三年者届期以无成发回，渐次裁撤。"[②]于是，在雍正年间勃兴的义学很快被裁撤甚至无形取消。乾隆末年在镇压贵州各族人民起义后，义学再次作为安抚政策重新掀起兴办热潮。但在此后不久的19世纪50年代，贵州受太平天国起义影响先后爆发了少数民族起义，其中以台拱（今台江）张秀眉等领导的"咸同苗民大起义"、清平（今凯里）岩大五领导的苗民起义以及天柱姜应芳领导的侗族农民起义声势最大，一时间出现"千里苗疆，莫不响应"局面，后经近二十年该起义才被清政府镇压。[③]"咸同兵燹"对社会秩序造成极大破坏，学校教育基本处于停滞状态，贵州义学再一次跌入低谷。

至民国时期社会动荡，国家内忧外患，民族地区基础教育发展再次处于不稳定状态。因此，换句话说从唐宋羁縻政策、明清改土归流到民国"新式教育"，苗族经历了从"自我教育"向官学教育缓慢变迁过程。但由于基础教育制度不完善、欠普及，使得历史上很长一段时间民族地区基础教育功能主要由相应的文化主体承担。换句话说，由于官学教育在基层没有实现较好普及，对苗族民众所起的教化作用有限，然而任何族群都有自己文化传承的内容与方式，贾理就是"生苗"腹地苗族文化传承的核心。

根据口碑资料得知，清末至新中国成立初期，苗族聚居区尤其是丹寨全境

① 贵州省文史研究馆：《贵州通志·学校》，116页，贵阳，贵州人民出版社，2008。

② 贵州省地方志编纂委员会：《贵州省志·教育志》，455页，贵阳，贵州人民出版社，1990。

③ 李斌：《失序与再造：咸同兵燹与清水江流域地方社会秩序的重建》，载《贵州大学学报》（社会科学版），2018（4），53—59页。

学贾、授贾、用贾的风气仍相当浓厚，人们以懂贾、遵从贾理为荣。“思娘抚养恩，念父教贾情。”田野考察也遇到许多年逾古稀的老人即使不是贾师也懂得贾理的情况。因此我们可以将贾理当做苗族传统社会一种以家庭教育为基础的“通识教育”形式。目前在出版的贾理文本中几乎看不到汉语借词，根据王凤刚等人考证贾理传承历史，当下形成的版本下限至少在距今约300年，主要依据一是在贾理《迁徙篇》中叙述的最后一个迁徙定居地，距今也已有20代约600年；二是《村落篇》中据若干谱牒资料可以确证建寨最晚者也有11代约310年历史；三是贾理有述丹寨境内一些在清雍正“改土归流”前存在而此后已消失的村寨，但改土归流后出现的卫所屯堡地名则没有。我们通过把贾理传承与官学教育在苗族聚居区推行两条线平行置于同一历史时空视角之下进行考察发现，在官学教育处于“缺位”状态时，贾理作为苗族传统教育形态承担起了民族文化教育功能，从传承形式与内容上实现补充儒学教化而成为苗族传统社会内部的“官学”体系。

第二节　传承贾理是保护口头文化多样性的必然选择

文化多样性是世界的基本特征，也是人类发展进步的动力之源。文化以多样化的形式存在不同的族群，从泰勒阐述的“文化是整个生活方式的总和”角度分析，贾理位于苗族整个生活方式的核心地位，关涉苗族人们的衣食住行、生老病死、信仰崇拜等方面，贾理作为一种文化具有不可取代的社会功能，直至当下依然是维系族群记忆、认同的重要依据。撇开持有贾理的苗族本位立场，上升到人类文化表现形式来看，贾理更是丰富庞杂的“活态”口头文化体系，传承苗族贾理是我们当下保护口头文化多样性的必然选择。

口头文化具备独特的存在价值，国际社会非常重视对口头文化的保护。“非物质文化遗产”（intangible cultural heritage）早期称作“口头与非物质文化遗产”（oral and non-material cultural heritage），20世纪下半期学术界关于口头文化与书面文化的重审反思引发“非遗”理念盛行，所以“非遗”的底层支撑物就是

“口头文化”。[①] 2003年联合国教科文组织通过了《保护非物质文化遗产公约》，保护范围包括口头传统、民间知识、仪式礼仪等一切无形文化遗产，这为弘扬传承多样性的人类文化提供了坚实的法律基础。在此背景下我国也掀起“非遗热”，在民族文化传承保护方面取得了瞩目成绩。2008年苗族贾理列入第二批国家级非物质文化遗产名录，引起外界关注的同时也激发了苗族，尤其是贾师对贾理的认同。“非遗热”的背后除了经济因素影响外更多的是人们对“活态”却无法通过书写或多媒体固化保存的文化的重视，其中包含大量的口传文化。人类文明传承主要依靠口头与书面两种途径，从这个意义上来说传承苗族贾理在保护文化多样性上具有重要意义。

一、作为口头文化的苗族贾理

从口头文化视角阐释苗族贾理可以将其传承的必要性从族群需要拓展到一般文化发展的需求层面，更好地发掘贾理价值，同时也有利于和众多其他民族优秀的口头文化进行比较研究，相互借鉴传承发展的经验。

（一）口头文化的独特价值

“口头”源于英文“oral”，oral意为“口头的，口述的；（社会）口述期的，尚无文字的……”[②]“口头”既是一种表现形态，也是传承方式，与“口头文化（oral cultural）”内涵相近的概念还有“口头传统（oral tradition）”[③]、“口传文化”[④]、“口承文化”等，核心词皆为“oral”，“口头”“口传”“口承”都是

① 朝戈金：《非物质文化遗产：从学理到实践》，载《西北民族大学学报》（哲学社会科学版），2015（2），83—87页。

② 陆谷孙：《英汉大辞典》，1373页，上海，上海译文出版社，2007。

③ 口头传统：概念主要来源于1986年弗里创始的专门刊物*Oral Tradition*《口头传统》，此刊物的创办标志着口头传统作为一个学术领域。tradition除了在通常意义上使用的“世代相传、具有特点的社会因素”意义外，它在很多情况下可以译为“传承”或“传承文化”。参见［美］约翰·迈尔斯·弗里：《过去的声音　口头诗学：帕里—洛德理论》，朝戈金译，29页，北京，社会科学文献出版社，2000。朝戈金认为，广义的口头传统是指人类用声音交流的一切形式，狭义的口头传统特指在传统社会的语言艺术，像歌谣、故事、史诗、叙事诗等。参见朝戈金：《口头传统概说》，载《民族艺术》，2013（6），17—24页。

④ 口传文化：包含口头传统（oral tradition）和口头传承文学。参见叶舒宪：《孔子〈论语〉与口传文化传统》，载《兰州大学学报》（社会科学版），2006（2），1—8页。

对“oral”的翻译。本书为了词义上更好体现“口头—书面”传承文化的区别比较，故采用“口头文化”概念。我们可以将口头文化理解为人们在长期生产生活中以口头相承形式流传于民间的神话传说、故事、史诗以及民间宗教唱词等形态的精神产品。[①] 口头文化是一种“活态”存在的生活方式，当它脱离原生态的社会文化背景时常被视为民间口头文学作品，因此相应还有“口头诗学（oral composition）”“口头文艺”等文学视角的定义。20世纪中后期以来，口头文化越来越受到人们的关注并成为研究热点，随着联合国教科文组织的人类口头文化遗产申报等各项工作开展，口头文化的独特价值日益受到重视。

1. 口头与书面构成人类文化传承的主要途径

口头文化的价值来源于与书面文化之间的关系。人与动物的根本区别在于人可以创造符号，文字就是一个符号系统。人类文化主要有口耳相传和书面记载两种传承途径，然而文字是后来才诞生的，从全球文明史视角来看有文字记载的历史约五千年，在文字出现之前人类社会至少延续了近十万年的口传文化。弗里对口传与文字的关系做了一个比喻：“假如说人类会说话的历史是一年的话，我们到十二月中旬才有文字，而口头传统则始终伴随人类的脚步。”[②] 所以说在人类文明发展过程中，口头传统的功能不可替代。“然而，长久以来，文明人的文字自大情结使他们根本不可能看得起无文字民族。”[③] 文字成为评价社会文明程度与个人“启蒙”的唯一标准，该分析方式的背后是将口头与书面划分为二元对立的思想。同时，文字脱胎于口传社会中，对书面的或文字的过度尊崇还显现出一种单线进化论的意味。从20世纪初学界开始反思口头文化价值，这也是对传统以书写为基础的知识与教育体系的重审。关于“口头—书面”的讨论在20世纪60年代尤其激烈，在不到一年的时间里欧美学者不谋而合地将口承文化作为主题，列维-施特劳斯、麦克卢汉等人主要提出了4种理论主张，反映了一种对人类交流手段及其技术革新的共享经验做出的共同的、普遍的回应。[④] 他们都倾向认为书写与口承之间存在“大分野”，书写是一种转换人类思

① 王宪昭：《论少数民族民间口传文化的功能》，载《理论学刊》，2009（2），119—122页。

② 转引自朝戈金：《口头传统概说》，载《民族艺术》，2013（6），17—24页。

③ 朝戈金：《口头传统概说》，载《民族艺术》，2013（6），17—24页。

④ 巴莫曲布嫫：《口头传统·书写文化·电子传媒——兼谈文化多样性讨论中的民俗学视界》，载《广西民族研究》，2004（2），29—36页。

维、语言关系的技术。这种脱离具体传播语境的论点很快被“连续论”学派反驳，强调口承与书写之间不存在“大分野”的二元对立，而是呈现一种连续性。弗里也认为抛弃以往对于“口头的”和“书面的”所做的过于简单化区分是至关重要的发展，在同一文化中，书写文化完全可以与口头传统并驾齐驱，真正的文化人也可以从事口头创作活动。[①] 在不断地反思过程中，口头文化的价值逐渐明晰并得到认可，“非遗”理念的流行便是其证明。作为人类文化传承的重要传统途径之一，口头方式有自己的独特之处，它与书写的形式共同促进社会文化发展，两者多样性创生出人类多样性文化，非但不是简单的二元对立关系，而是共生共荣。从历史发展角度看，书写文化取得长足进展的同时口头文化也在以自己的轨迹向前发展，并且两者在相互交融的过程中创造了大量的文化经典，许多传世书面作品从广泛的口头文化中滋养诞生，许多口头文化也因为书写原因而扩宽了它的传播面与受众人群从而得到世人认可，苗族贾理就是典型：被研究者的书面记录让贾理文本走出大山，引发更多人关注，在当下此种苗族口头文化传承的现状，反过来促进贾理当代传承。同时高度发达的多媒体技术也可以用于传承贾理过程中，因此对于某种具体文化来说，原生的口头文化与书面记录方式之间可以相互促进，当文化要素之间处于和谐共生状态时，文化才有可能得到创造性发展。人的表达方式是一个综合体，在具体语境下时往往无法割裂口头与书面在表达中发挥的功能。所以，从人类学角度分析，口头文化的独特价值在于它与书面文化相融共生成为文化表达的主要形态。

2. 口头文化对地方性知识的传承

“地方性知识”（local knowledge）是具有文化特质的地域性的知识，格尔茨（Clifford Geertz）明确提出并深入阐释了地方性知识，他认为地方知识的地方性“不仅在于空间、时间、阶级及其他许多方面，更在于它的腔调，即对所发生的事实赋予一种地方通俗的定性，并将之联结到当地关于‘可以不可以’的通俗观念”[②]。文化是人与环境交互的结果，不同地域共同体在不同生境下创生出自己的文化，因此地方性知识蕴藏着特殊的生活方式与族群特点。“如果

① ［美］约翰·迈尔斯·弗里:《口头程式理论：口头传统研究概述》，朝戈金译，载《民族文学研究》，1997（1），86—90页。

② ［美］格尔茨:《地方知识：阐释人类学论文集》，杨德睿译，250页，北京，商务印书馆，2014。

将人喻为‘置身于自己织就的意义之网中的动物’，地方性知识就是这个意义知网的通行证。”[①] 所以习得地方性知识是人社会化的第一步。口头文化囿于其传播方式，影响范围大致与区域的文化共同体重合，心口相传是无原生文字民族文化传承的主要路径，关于族群的来源及发展历史、生产生活技能、处理人与人之间的社会关系等具有本民族特性的文化知识都通过口述储存得到代际传递，掌握这些地方性知识是成为族群精英的基础。贾理便属于苗族在我国西南地区特定自然人文生态系统中，结合本民族历史发展而创生的一种地方性知识，贾师是苗族传统知识的拥有者，在具体语境下通过传统口头的方式将苗族的知识传播开来，同时也实现苗族人们在族群生活中的社会化。文字是主流社会的记录工具，在边缘化民族社会形成以文字为媒介的基础教育普及之前，口承文化是其全部文化成果的唯一理论形式，历史上世代传承下来的口承文化传统即为这个民族的整个精神文化理论符合体，同时具有多方面的文化传播及文明传承功能，包容了人类社会古老丰富的文化信息蕴涵，是各民族无文字时期的文明渊薮。[②] 即使在文字已经普及的当下，口头文化传承依然重要。一是许多地方性知识依托本民族语言得以传承，与主流文字之间存在语义上的“藩篱”，整理编译后的口头文本也脱离了原生语境被多数人视为了民间文学作品；二是口头文化囊括整个以口耳为媒介的生活方式，包含丰富的民族文化精华，在社会快速发展的当下不该“取代式”地发展，而是应站稳脚跟、挖掘吸收传统社会中的精神能量促进其现代化发展。因此，传承口头文化对延续地方性知识具有积极影响作用。

3. 口头文化的教育功能

教育的实质之一是文化的传递，教育的场所与环境并非只有学校，还有诸如各类仪式的非正式教育场合，人的各个阶段都处在教育过程之中，这就是文化传递的过程。[③]“教育是文化的一部分，又是一个特殊的高级文化体，没有教育的作用，任何文化都不会发生，它作为一种生命机制，成为文化产生发展的不可或缺的因素何部分。”[④]“文化”英文 culture，词源 cultivate，意为耕作，种

① 安富海：《论地方性知识的价值》，载《当代教育文化》，2010（2），34—41 页。
② 王亚南：《口承文化：文明的渊薮》，载《民族文学研究》，2001（1），16—20 页。
③ 庄孔韶：《教育人类学》，149 页，哈尔滨，黑龙江教育出版社，1989。
④ 冯增俊：《教育人类学》，234 页，南京，江苏教育出版社，2001。

植，培育，培养，养成。[①]从词源含义来说这是最原初的文化本意。“民间口承文化的传授活动实为一种传统村社教育的施教活动，传统口承文化最根本的功能在于教育。”[②]对于无原生文字民族来说口头文化是族群成员接受本民族文化教育的重要内容，口头文化作为原始的知识体系，包含认识宇宙万物、改造世界和民族文化共同体的发展来源等精神成果，在这些地方性知识的传承过程中潜移默化地实现了教育的濡化功能。

“口头文化”的书面版本常被视作一种民间文学，在利于保存传播的同时也窄化了口头文化传统具有的社会文化教育功能，这也是未来传承口头文化急需优化创新的出发点。具体分析，口头文化于个人和族群都具有教育功能。对个人来说除了可以获得本民族传统知识、习得伦理道德规范外，对口头文化的系统学习运用还能促进思维发展，提升记忆力。口头话语的语脉是连贯、并列和重叠的，句子通常按平行关系排列，句子之间没有逻辑主从复合关系，口语思维总是密切贴近人们的日常生活，体现切身参与的特点。叶舒宪还指出识字取代口传会减弱人的记忆力。[③]在田野考察中遇到的贾师都记忆力超群，他们常用“三天三夜都唱不完”来形容自己掌握的贾理，笔者偶然发现龙永超贾师手机不存电话号码也身无电话本——全凭头脑记忆所有亲戚朋友电话，还随意向笔者背诵了几位在场邻居的电话号码，这件事震惊笔者的同时更进一步思考：如此惊人的记忆力是否和学习记诵贾理有关？龙永超贾师的回答是肯定的。口头传承是将人本身作为一种“储存工具”，书面记载难免削弱对自身记忆的依赖，所以在关乎人自身发展问题上口头文化发挥重要作用。同时，口头文化除叙述的场合外还有辩论的情境，例如彝族的克智，苗族“辩贾”场合，在这些正式严肃的或娱乐化场景中运用口传知识展开辩论，是古老“对话教育”的活态传承，在辩驳过程中发展和提高思辨能力。

口头文化对族群的教育价值主要体现在文化认同方面。文化的认同或民族的认同其实质就是弄清自己，找准独特的民族精神，这种独特的精神就民族来说如同一个人的独特性。[④]文化认同是族群发展的基础，各民族的口传文化是

① 陆谷孙：《英汉大词典》，447页，上海，上海译文出版社，2007。

② 王亚南：《口承文化蜕变论》，载《民族文学研究》，1997（3），9—16页。

③ 叶舒宪：《孔子〈论语〉与口传文化传统》，载《兰州大学学报》（社会科学版），2006（2），1—8页。

④ 张诗亚：《强化民族认同：数码时代的文化选择》，53页，北京，现代教育出版社，2005。

其先祖们认识改造世界的精神财富，反映民族共同体历史上特有的传统文化价值体系，传承口头文化可直接促进各民族独特生活方式的存续、濡化族群成员使其增强对本民族在认知、情感、行为等方面的认同。

（二）苗族贾理是我国口头文化的重要组成部分

很多民族都有自己独特的口头传统，因族群规模、历史变迁等因素影响或卷帙浩繁、或相对简明，它们共同构成了我国丰富的口头文化体系，苗族贾理也是其中不可忽视的重要部分。我国苗族人口为 11067929 人，[①] 同时，苗族还是一个散居于亚洲、北美洲、欧洲等十多个国家的民族。从文化角度分析，不同支系的苗族神话中都有一位共同的祖先蚩尤，中原传说又将蚩尤与炎帝、黄帝并称“华夏三大始祖”，这一文化现象对于研究中华文化认同具有重要意义，苗族口头文化为此提供了活态一手资料。在每个方言区的苗族都有典型的口头文化，例如西部方言区为《亚鲁王》（苗语 Yangb Lus Qim），贾理流传在苗语中部方言区，即清水江与都柳江流域。由于历史上受地势影响交通闭塞，加上“改土归流”推行较晚，使这里苗族文化显得相对具有独立性。贾理的影响范围较广，以丹寨“八寨苗”为核心向周边辐射，传承的内容结构也较完整，至今在苗语中部方言区仍发挥社会文化功能。因此，不论从远古历史还是当下苗族文化与族群发展情况，贾理既是苗族文化的主要呈现形式，更属于我国口头文化的重要组成部分之一。

二、传承苗族贾理可为其他民族口头文化发展提供有益借鉴

苗族贾理作为苗族口头文化的结晶，不仅承载着的历史记忆、民间信仰、道德规范和生活智慧，更通过口传心授的方式传递着苗族文化的精神内核，研究贾理面临的问题能为其他民族口头文化传承所遇到的问题提供参考。

苗族贾理以口传心授为主要传承方式，这种传承方式强调了人与人之间的交流和互动，使得文化在传承中得以不断创新和发展。其他民族在口头文化的

① 国家统计局：《中国统计年鉴（2021）》，https://www.stats.gov.cn/sj/ndsj/2021/indexch.htm，访问时间：2024 年 1 月 20 日。

传承过程中，可以借鉴苗族贾理的传承方式，注重人与人之间的交流和互动，使文化在传承中焕发新的活力。

贾理流传的核心区“八寨苗”，即丹寨县还有一个值得关注的情况使研究贾理传承更有价值：某集团 2014 年 12 月与国务院扶贫办、贵州省扶贫办、丹寨县签订对口帮扶丹寨县“企业包县、整县脱贫”协议。① 通过累计投入 21 亿元，2019 年丹寨县比计划提前两年实现脱贫目标。该集团的扶贫方案核心是旅游经济，最主要的建设是投资 8 亿元在丹寨县东湖湿地公园从无到有建起了一座以该集团名字命名的小镇，以此为中心发展县域内乡村旅游。还投资 3 亿元建立了职业技术学院，并于 2017 年 9 月开始招收第一批学生。总的来说，丹寨人对该集团的建设有目共睹，“我们县成黔东南州唯一有大学的县了”②。该集团将成熟的现代化商业运营模式“空降”丹寨，在专业的互联网宣传技术下丹寨的非遗旅游经济迅猛发展，成为继西江千户苗寨之后的新兴“网红”，贾师也经常受邀参加该集团组织的展演活动，贾理传承人龙永超更是已成为小镇各项仪式的“御用”祭师。由此观之，苗族贾理除了面临普遍的传承人流失问题，还要应对急速商业化的本土传承环境，这一现状也是众多非遗传承场域面临的共性问题，在经济收入优先面前没有交换价值的苗族贾理如何实现持续发展？所以说苗族贾理遇到的“内忧外患”困境具有典型性，探索其当代传承路径可以为其他民族的口头文化传承提供有益借鉴。

概言之，传承苗族贾理是保护口头文化多样性的必然选择。从文化表现形式分析，苗族贾理作为当下“活态”传承的口头文化，具备其独特的价值。再从文化主体苗族的视角来看，贾理是我国民族口头文化的有机组成部分，研究、传承贾理对其他民族口头文化发展可提供经验借鉴。

① 姜铁英：《丹寨旅游脱贫之路》，http://www.wanda.cn/2018/2017media_0815/39056.html，访问时间：2022 年 3 月 1 日。

② 田野考察中丹寨人口述。

第三章　苗族贾理传承的田野考察

贾理在整个苗语言中部方言区都有流行，也就是今天的清水江流域、都柳江流域及其间的雷公山、月亮山苗族聚居区。该地区苗族基本源自同一个迁徙族群，语言、文化相通，即使各支系发展至今在外显文化如服饰、饮食方面有所区别，但在核心文化领域仍保持一致，贾理便是体现，只是由于后来的收集整理者翻译不同。其中最常见的是将“Jax Lil”意译成“理词”，例如文经贵在清水江上游麻江地区收集的理词：“Jex dail ghab niux jax, Jex dail ghab lot lil.(九位贾老师，九位理老长。)”[①]贾理是一种偏向诗性且用于祭祀的表达，开篇两句中的“贾老师”“理老长”都指的是同一个意思：贾师。这种表现手法和古诗常用的互文相似，同时又起到音节循环往复和强调的作用。

据黔东南州文化研究所2011年做的调研结果，黔东南州共有92位贾师分布在有苗族聚居的各个地区，[②]通过田野考察发现，其中凯里、雷山、麻江与丹寨，甚至都匀与丹寨等很多区域之间都具有师承关系，属于同一“大贾”体系。从苗族内部支系文化交流来看，丹寨无疑是贾理流传交汇的中心点，加上历史上由于地理环境影响交通受阻，在苗语中部方言区“八寨苗”所在的丹寨是保留贾理最完整、贾理传承最成体系的“集大成”区。苗族贾理在2008年入选国家级非物质文化遗产名录之前，基本上处于“自由”发展状态，成为“非遗”后掀起贾理传承小高潮。但是在田野考察中发现很多苗族民众对传承保护贾理缺乏理性认识，更多是停留在“鬼师用鬼念辞”的原始初级理解层次。由此可知，我们需要解决的不仅是保护非遗，而是更需要深入创生非遗的原生环境，在扎实的田野工作基础上挖掘苗族贾理自身的价值和功能，重现民族文化瑰宝

① 文经贵、唐才富:《苗族理词》(内部资料)，1页，1990。

② 吴佺新、肖其凤:《贾师传》，267页，贵阳，贵州民族出版社，2013。

的光彩。

然而已有的研究成果多是立足已收集整理的苗族贾理文本为主进行分析，其传承人的研究往往被忽视，造成文化持有者的缺席。“一个国家一个民族生存的根本，除物质的保证之外，文化遗产也是立命的根本。中国人之所以成为中国人，是以他所创造的文化作为标志的。如果这种文化消失，国家和民族就失去了存在的意义。保护本民族的非物质文化遗产，建立世界文化多样性体系，不止是一种口号，而且是一种行动。这体现着人们对文化多样性的向往，向往未来的生活不被单一的文化所吞噬，使生活变得丰富多彩。”① 苗族贾理与所有非遗一样具有活态传承的特点，贾师作为贾理世代相传的承载者，他们掌握“贾”的文本与“用贾”的技艺，对苗族文化传承发展作出重要贡献。为了找到最佳的田野考察点，笔者在剑河、雷山、麻江、凯里、丹寨等地进行大量前期调研，最后经过反复比较和选择将田野调查点首选为“八寨苗”所在的丹寨县，同时这里也是苗语中部方言区贾理传承的中心点，也是现存贾理最丰富的区域。田野考察至今，跟踪贾理仪式 20 余场，历经超两个农业周期，亲临苗族贾理演述、“用贾”现场，聆听当地传承人诵唱贾理，掌握第一手资料，真实呈现苗族贾理“活态”存在的传统语境，感受贾师共有的高尚道德人格品质以及贾理在苗族人们生活中的生命力与独特价值。

下文从传承人为切入点，展现苗族贾理传承的田野考察情况。

第一节　田野考察中的贾理传承人

从 2018 年 10 月 24 日起，正式开启贾理田野考察，最初通过黔东南州文化研究所和丹寨县非物质文化遗产保护中心（简称“丹寨非遗办”）提供的官方传承人等相关信息着手，对贾理传承人展开长期跟踪调研，同时还寻找到部分“编外”的传承人。在田野考察过程中，笔者在部分传承人家里生活，与他们

① 陶立璠：《非物质文化遗产的定义、评价与保护》，119—123 页，见王文章：《中国非物质文化遗产保护论坛文集》，北京，文化艺术出版社，2006。

“同吃同住”，体会苗族人们的日常生活方式。

一、贾理传承人的整体概况

2008 年 6 月，黔东南苗族侗族自治州申报的苗族贾理经国务院批准列入第二批国家级非物质文化遗产名录。为了从宏观上把握苗族贾理传承人的整体情况，首先对申报管理的黔东南州文体广电旅游局进行了访谈，试图了解整个黔东南州的贾理传承人保护工作情况，在之后田野考察过程中与部分工作人员也保持了长期联络。

（一）各级传承人的评选规则

贾理传承人的选拔是按照从低到高分为“县级—州级—省级—国家级”4 个级别，不能“跳级”评选，只能逐层向上，每上升一个层次的相关要求就会增多，评选上的传承人由相应单位颁发证书。县级传承人由丹寨非遗办选拔，州级传承人由县向州里申请批报，以此类推。其中在传承人的 4 个级别中县级传承人没有传承补助。当前黔东南国家级非遗代表性传承人开展传习活动的补助标准是每年 2 万元，省级和州级传承人都是每年 0.5 万元。

1. 县级传承人的申报

县级传承人没有确切的申报条件，由各乡镇文化站工作人员根据实际情况进行初选后报至丹寨非遗办，一般情况都能通过。丹寨县 2019 年第五批县级非物质文化遗产传承人 25 人，贾师有 2 人，分别来自龙泉镇和兴仁镇。2020 年 3 月丹寨县选出第六批县级非物质文化遗产项目代表性传承人 30 人，[①] 其中包含 3 名兴仁镇台辰村的贾师。“如果县级传承人也有补助的话可能报名的人会更多一点。”丹寨非遗办工作人员表示。六批传承人选拔下来贾理的县级传承人也有几十个了，也不断有传承人上升成为州级传承人，但有很多没有成为州级传承人的贾师逐渐被淡忘在官方视野之外。

① 丹寨县人民政府：《丹寨县非物质文化遗产代表性传承人名单》，http://www.qdndz.gov.cn/xxgk/xxgkml/zdlygk/ggwhfw/ssmljfy/201901/t20190115_25698793.html，访问时间：2022 年 12 月 10 日。

2. 州级传承人的申报

根据黔东南府办函〔2015〕220号《州人民政府办公室关于印发黔东南州州级非物质文化遗产项目代表性传承人认定与管理办法的通知》[①]，州级传承人的申报条件：（一）拥有黔东南州内常住居民户口；（二）在已公布列入州级非物质文化遗产名录项目的保护单位同意推荐下，完整掌握并承续该项州级非物质文化遗产且有传承能力；（三）在黔东南州的一定区域或领域内具有该项目公认的代表性、权威性和影响力；（四）积极开展传承活动，培养后继人才；（五）师承脉络清晰连贯，具有100年以上的项目传承经历和5代以上的师徒传承谱系；（六）申请人或被推荐人是县（市）文化行政部门已认定的县（市）级非物质文化遗产项目代表性传承人。

3. 省级传承人的申报

根据黔文旅办发〔2020〕25号《省文化和旅游厅关于开展第五批省级非物质文化遗产项目代表性传承人推荐申报工作的通知》[②]，必须符合下列条件：（一）长期从事该项非物质文化遗产传承实践，熟悉掌握其传承的国家级或省级非物质文化遗产代表性项目知识和核心技艺；（二）在特定领域内具有代表性，并在一定区域内具有较大影响；（三）在该项非物质文化遗产的传承中具有核心作用，积极开展传承活动，培养后继人才；（四）师承脉络连贯，具有较长的传承经历；（五）已列入该项目的市（州）级非物质文化遗产代表性传承人（省直项目除外）；（六）爱国敬业，遵纪守法，德艺双馨。已有省级非物质文化遗产代表性传承人的非物质文化遗产项目，原则上不再推荐申报，确因传承工作的需要，可适当增补。

4. 国家级传承人的申报

根据贵州省文化厅文件黔文发〔2015〕68号《关于开展第五批国家级非

① 黔东南州文体广电旅游局：《州人民政府办公室关于印发黔东南州州级非物质文化遗产项目代表性传承人认定与管理办法的通知》，http://wtgdlyj.qdn.gov.cn/zwgk/xxgkml/zcfg/bmwj/202101/t20210105_66031645.html，访问日期：2023年3月1日。

② 贵州省文化和旅游厅：《省文化和旅游厅关于开展第五批省级非物质文化遗产项目代表性传承人推荐申报工作的通知》，http://whhly.guizhou.gov.cn/zwgk/xxgkml/zdlyxx/fwzwhyc/202004/t20200401_55749148.html，访问日期：2023年3月1日。

物质文化遗产代表性项目代表性传承人申报工作的通知》[①]，国家级传承人申报条件有以下几个方面：一是熟练掌握其传承的国家级非物质文化遗产代表性项目（从事该项遗产25年以上），在该领域或区域内被公认具有代表性和影响力；二是在该项非物质文化遗产的传承中具有核心作用，积极开展传承活动，培养后继人才；三是已入选该项目的省级非物质文化遗产代表性传承人；四是遵纪守法，爱国敬业，德艺双馨。与此同时对申报范围也有明确要求，主要针对尚无国家级非物质文化遗产代表性传承人的项目，对“虽然已经有国家级非遗代表性传承人，确因传承工作的需要，可适当增补，但要从严掌握”。

根据以上各级别传承人的官方公布文件，县级评定条件最宽松也是最具“田野式”的，因为评价人就是当地文化站工作人员。州级传承人评定除了对非遗传承外要求是县级传承人。但省级和国家级传承人在已有条件之上格外多了一条：对已有的省级或国家级非物质文化遗产代表性传承人的非物质文化遗产项目，原则上不再推荐申报，确因传承工作的需要，可适当增补，但要从严把控。这就从数量上严格控制了省级和国家级传承人，也是这个原因主要影响了苗族贾理目前只有1位2018年才评选上的国家级非物质文化遗产代表性项目代表性传承人李会堂，省级传承人2位，而州级和县级传承人相对较多。其实从田野考察来看，传承人级别的划分与传承能力之间有时并无正相关关系，有的州级传承人对贾理的传承影响超过省级。因此，对于省级和国家级传承人申报条件应该根据实际情况进行调整，数量上过严把控从某种程度上影响了州、县级传承人的积极性。虽然实际情况往往是由上至下的选拔，传承人本身对这些名誉也看得很淡，但是作为传统文化保护的系统工作，官方应该尽可能地激发传承人的激情，充分挖掘潜在的传承人，多维度促进非物质文化遗产传承。

（二）地方文化部门工作人员视野中的苗族贾理传承人

苗族贾理最早是由丹寨县2005年申报贵州省级非物质文化遗产，当时命名为“苗族口头经典‘贾’”。由于苗族贾理在丹寨以外的月亮山苗族地区也存

① 文化和旅游部：《文化部办公厅关于开展第五批国家级非物质文化遗产代表性项目代表性传承人申报工作的通知（2015）》，http://www.ihchina.cn/Article/Index/detail?id=16008，访问日期：2023年3月1日。

在，州级相关文化部门认为仅由丹寨县开展保护工作是远远不够的。同时，《苗族贾理》的作者王凤刚已经收集整理了大量贾词且在本土民族文化研究刊物《苗侗文坛》上发表了数篇的贾理研究论文。所以，在2007年国家级非物质文化遗产申报工作中是由州文化研究所牵头，当下苗族贾理的保护单位仍然是黔东南苗族侗族自治州文化研究所，但在贾理传承具体事宜方面重点由丹寨县非物质文化遗产办公室在落实。因此，关于贾理的传承保护工作访谈了州文化研究所，被访谈者主要有主持申报国家级非物质文化遗产的黔东南州文化研究所所长WQX，[①] 访谈采取半结构式访谈，内容包含对当下贾理的保护传承、贾理及其传承人态度等相关问题。以下是访谈节选：

笔者：W所长您好！苗族贾理2008年被批为国家级非物质文化遗产是一件具有历史意义的大事，可以请您回忆一下当时的申报情况吗？

WQX：当时丹寨县在2006年已经申报得省级非物质文化遗产了，那时候还是叫做“苗族口头经典‘贾’”。他们县有个苗学专家叫王凤刚，在我们主办的《苗侗文坛》上发表了好多关于贾的文章，后来我们取得了联系，还晓得他长期在收集整理这个口头经典，书名叫《苗族贾理》。考虑到贾理在其他地方也还有，一个丹寨县保护不过来，我们后来就和他们合作以黔东南州为单位申报国家级的非遗。我们当时还申报了《仰阿莎》，这两个项目都得了。报两个，两个都得了，非常振奋人心啊！对我们民族文化保护的基层工作提供了很好的资源和平台，因为这个成为国家级非遗，对外界了解我们苗族文化有很大宣传作用。

笔者：请问现在州里有多少位贾理传承人呢？

WQX：其实准确地说这种得到官方认可的应该叫代表性传承人，因为民间还有很多没有得到认可的也是传承人，为了好讲我们也都说成是传承人了。现在我们有1个国家级传承人，丹寨扬武的李会堂；2个省级传承人，丹寨兴仁的潘玉祥和岔河的王启荣；3个州级传承人有2个也是扬武镇扬颂的龙永超和李会龙，龙永超传承项目为“祭

① 访谈时间：2020年6月4日，地点：黔东南州文化研究所。

尤节”，李会龙传承的项目是“苗族送葬习俗”。我们还有一个省级的传承人，潘正云，就是潘玉祥的大师兄，他已经在2014年去世了。剩下的都是县级的传承人，是丹寨县在管。你也去找过他们了，他们都已经上年纪了，可能最年轻的是1966年的龙永超吧。

笔者：为什么所有的传承人都在丹寨？县级传承人也是他们在管，其他县没有县级传承人吗？

WQX：这是因为受非遗管理制度的影响，有贾理的县很多，但是通过县申报得省级保护项目的只有丹寨，只有它才有资格自己申报县级传承人。加上名额限制，很难多发展传承人，一般是以哪个地方搞得好就重点发展哪个地方，丹寨在贾理传承上做得很好。不过这个不限制我们州里面对贾理的保护，我们经常去雷山、从江等地搜集贾理资料。假如其他县想通过州里申报传承人，还需要走规定的程序，先从县级申报开始，需要县里配合我们搞田野考察、录制许多传承视频等。

笔者：现在我们对贾理传承具体有哪些保护措施？

WQX：第一，给传承人传承活动经费，现在国家级传承人每年补助2万元，省级和州级传承人每年补助5000元。当然这个钱并不是评上了就直接发，每年我们都要对传承人进行考核，我们有个考核办法，达到要求确实去传承这个文化了我们才补助。第二，我们主要就是建立苗族贾理传习所招徒弟，这些地方大多你都已经去过了，目前有6个传习所，在丹寨的岔河、台辰、扬颂，从江加勉、台江反排、凯里舟溪，丹寨贾理搞得好，因为王凤刚出的那本书影响很大。第三，拍摄一些相关视频，保存也是传承的一种形式。我们还以《贾师传》这种文字形式记录著名贾师的生平，正在筹备为他们个人拍录贾理影像库。不过我们更多想拍贾理调解的情境，我们在编一本《贾理案例集》，但这些贾理调解都是突发性的，难得赶得到，也是个困难。还有就是我们和县里面合作举办一些活动用来宣传贾理，规模较大的是2014年祭尤节在扬颂搞的诵唱苗族贾理，还有2016年6月“非遗日”在丹寨锦鸡广场举行盛大的“万人诵贾大会”，那次还有很多重要领导出席，应该是我们做得最大的一次宣传活动了。

笔者：您怎么看当下贾理传承的困境？

WQX：贾理不像银饰锻造、蜡染那种具有实用性、技艺性的项目可以产生经济价值，它是苗族古典文化。现在做得多的就是文本搜集、拍视频，把诵贾过程拍下来，这些都属于保护，目前真的没有更好的办法。贾理又不能上舞台表演，有些是很神圣的，它依靠的生活方式、文化习俗变了就难以传承。作为实用价值方面的矛盾调解，现在也多用法律，少有人用贾理。贾理想活态传承，目前来说，学校可以多发挥一点作用，比如当成一种课文，像古典知识进入课文、进入苗族聚居区国民教育。但贾理体系又大，可以模仿我们学古文：小学学简单的古诗，中学又多点，大学再搞点相关研究，用这样一个分学段的体系会比较合理。如果把贾作为一种知识性的东西写进苗族乡土教材，首先介绍贾是什么、翻译经典的句子，小学给个概念，中学给点实际的贾理内容，有兴趣的，几百上千人总有人有兴趣，读完大学的还可以回来研究。不然（人们）一样都搞不清楚，（贾理）又没有实用性，所有东西都只是文本放在那里，只有研究的人才去看，那就没有价值。

通过与多位进行贾理传承保护的工作人员访谈得知，非物质文化遗产传承人由县级层层向上申报，申报表内容大致都包括个人信息、简历、传承谱系及授徒传艺情况、为该项目保护所作的其他贡献以及相关的照片与视频。我国现阶段对各阶段传承人都给予相应补助，对传承人的保护起到了一定作用。但事实上这些经费更多是一种“奖励性”肯定，还远远达不到改善传承人的传承环境的作用，他们的生活总体还是处于较拮据状态，除了基本的农事劳作外，农闲时节还要在附近做一些短暂的零工补贴家用。笔者常给龙永超贾师联系时，他总在地里干活到天快黑才回家，媳妇又常在广东搞绿化。尤其是夏天，等回到家做饭吃好都快晚上 10 点了。不是非得要忙到摸黑回家，而是土地水田都在离家较远的山间，不通公路，来回运一次肥料至少要一个小时，只好抓紧利用白天时间。笔者和龙永超贾师去搞“开秧门”仪式的那块田是他觉得“最好的”，要走半小时。还好龙永超贾师家养了一匹马，10 岁，秋收季节全靠马慢慢来回驮粮食，总的来说，龙永超贾师的状态既是当下农村人的常态，也是传承人的日常生活。如何采取有效的措施来协助解决传承人的生计问题，为传承人提供良好的传承环境，让他们有更多富余时间精力全力投入传承工作，这是当下亟待解决的问题。同时，传承补助经费来自地方财政，传承工作也受当地政府基层管理部门影响。所以，像集体授贾这种传承活动的开展就变得较难。

贾理申请国家级非物质文化遗产的成功极大地提升了其知名度，在保护传承上“搭”上了官方非遗的“快车”，借助更大平台和资源促进了贾理传承。但是，生活方式、文化习俗的变迁仍然从根本上动摇着贾理，虽然有了一批20世纪五六十年代甚至更早的传承人，但是传到今天很多贾师记诵的丰富贾词面临着无人可传困境，每到春节期间贾师都是费尽心机请大家来家中学贾，尽管如此，20世纪流行的集体授贾至今也已式微。传承人每每回忆起自己曾经孜孜不倦的学贾经历，再对比今天“一徒难求”的境况，难以掩盖他们的失落感伤。当下贾理的传承处于断层状态，20世纪有大量的贾理学徒在今天成为代表性传承人，但是由于名额限制，并不是所有优秀的传承人都得到官方认可，甚至由于他们分散在乡间，都难以被文化部门所知。当下很多传承人是曾经王凤刚收录《苗族贾理》的贾师，后来顺理成章成为传承人，而对于未被收录官方传承保护系统的贾师现在仍存在一定数量，不为人知是一方面，还有的贾师对于官方活动不太积极，所以如何尽可能将各地的贾师信息都收集起来，激发这些人的传承热情也是当下一个重要工作。但是受访者表示由于这些工作很难产生经济效益，资金和人手又都不足，所以很难去将这部分潜在的传承人纳入官方名录。受访者还表示，当下在世的贾师大多是20世纪七八十年代基础教育尚未普及时学得贾理，人数还比较乐观，但就是现在学习的徒弟突然变少，如果我们不下大力气开发这部分贾师的传承潜力，一旦再过一二十年他们离开人世后，贾理恐怕就要面临真正“无师无徒”的失传境地，因此我们当下还是“有师少徒”，应该及早扭转困境局面。

（三）苗族贾理传承人现状

根据黔东南州文化研究所和丹寨非遗办提供的苗族贾理传承人资料，整理如表3–1：

表 3–1　苗族贾理传承人信息统计表（丹寨县）[①]

序号	传承人级别	入选时间	名称	姓名	性别	民族	出生年月	住址
1	国家级第五批	2018	苗族贾理	李会堂	男	苗	1962.1	丹寨县扬武镇扬颂村
2	省级第二批	2010	苗族贾理	王启荣	男	苗	1941.11	丹寨县排调镇岔河村
3	省级第四批	2015	苗族贾理	潘玉祥	男	苗	1943.7	丹寨县兴仁镇台辰村
4	州级第一批	2009	苗族贾理	王凤刚	男	苗	1945.4	丹寨县城
5	州级第二批	2012	祭尤节	龙永超	男	苗	1966.1	丹寨县扬武镇扬颂村
6	州级第二批	2012	苗族送葬习俗	李会龙	男	苗	1958.8	丹寨县扬武镇扬颂村
7	县级第一批	2009	苗族口头经典“贾”	王文斋	男	苗	—	—
8	县级第一批	2009	苗族口头经典“贾”	王永江	男	苗	—	—
9	县级第一批	2009	苗族口头经典“贾”	熊光玉	男	苗	—	—
10	县级第一批	2009	苗族口头经典“贾”	潘光武	男	苗	—	—
11	县级第一批	2009	苗族口头经典“贾”	莫良申	男	苗	—	—
12	县级第三批	2015	苗族贾理	潘玉平	男	苗	1937.11	丹寨县兴仁镇台辰村
13	县级第三批	2015	苗族贾理	潘光来	男	苗	1975.12	丹寨县兴仁镇台辰村
14	县级第三批	2015	苗族贾理	陈炳才	男	苗	1953.4	丹寨县龙泉镇马寨村
15	县级第三批	2015	苗族贾理	王贵明	男	苗	1948.6	丹寨县龙泉镇马寨村
16	县级第三批	2015	苗族贾理	陈荣富	男	苗	1953.10	丹寨县龙泉镇马寨村
17	县级第四批	2018	苗族贾理	王仁志	男	苗	1962.5	丹寨县排调镇排结村
18	县级第五批	2019	苗族贾理	薛春鼎	男	苗	1943.5	丹寨县兴仁镇者拉村
19	县级第五批	2019	苗族贾理	韦宗奇	男	苗	1968.1	丹寨县龙泉镇金瓜洞村
20	县级第六批	2020	苗族贾理	薛光龙	男	苗	1953.12	丹寨县兴仁镇台辰村
21	县级第六批	2020	苗族贾理	杨昌荣	男	苗	1969.1	丹寨县兴仁镇台辰村
22	县级第六批	2020	苗族贾理	潘华云	男	苗	1964.1	丹寨县兴仁镇台辰村
23	县级第七批	2021	苗族贾理	余贵生	男	苗	1971.8	丹寨县排调镇麻鸟村
24	县级第八批	2022	苗族贾理	龙长胜	男	苗	1990.3	丹寨县扬武镇扬颂村
25	县级第八批	2022	苗族贾理	杨兴林	男	苗	1961.1	丹寨县排调镇岔河村

① 丹寨县文广局：《丹寨县国家级、省级、州级、县级非遗项目代表性传承人名单一览表》，https://www.qdndz.gov.cn/zwgk/zdlygk/ggwhfw/202206/t20220628_75304317.html，访问时间：2024 年 1 月 20 日。其中县级第一批王文斋等 5 人无“出生年月”“住址”，系资料遗失。

表3–1中，因2009年申报第一批时还是用传统纸质记录，非遗办整体搬迁过办公室，部分资料因此遗失。根据表3–1中内容显示，当下共有25名各级别苗族贾理传承人，其中1名国家级、2名省级、3名州级和19名县级；主要聚集在兴仁、龙泉、扬武、排调4个地区，通常在县级申报中出现“聚集性”申报的现象，即传承人都来自一个地方，可见这与当地文化站工作人员以及传承人之间相互鼓励申报有很大关系；被选拔评为县级以上的传承人与贾理收集者有直接联系，他们的贾词在王凤刚《苗族贾理》中皆有部分收录。传承人的分布情况只能说明贾理的流传保存程度，实际上是整个丹寨每个地区都有贾师存在，可能和官方接触较少而没有被列入传承人名单。传承人年龄偏高也是贾理传承难以逾越的难点，因为只有当了公才能“押得过”、做得起贾师，而且如果师父还在，为了尊敬师父，一般情况也不能代替师父去“做好事”（即做贾），有时甚至是为了尊重本地比自己年长的贾师也不会轻易出门做贾。所以，除了基本的学会贾词外，还需要等自己成为祖父，且师父年事已高才能名正言顺成为一方贾师。因此和其他文化传承人相比，贾师不仅要具备知识与技能，还有许多外在因素制约着贾师的培养。当下年轻人不爱学贾也和这个原因相关，但是若等到满足条件时再来学贾，则又已经错过了最佳学习时间，这也是贾理传承中需要突破的瓶颈。

（四）苗族贾理传承人流派

雷公山区的贾理从整体内容上来说属于同一流派，对于贾的根源有着一致认同：贾是在天神噶里噶对（Ghab Lieex Ghab Deit）家，因为老鼠咬断挂贾理的绳子而落入人间，由于竹子内部白花花如银装饰，又有多层多间，于是装下了贾，而且都信奉司万事万艺之神定拉（Dins Lax），可以说雷公山区的贾理有着一致的信仰体系。田野考察发现其内部还可以再细分，雷公山区即丹寨的贾理可以大致划分为两个流派：一个是以县城为中心的扬武—兴仁一带的贾，一个是丹寨东南部排调地区的贾。划分依据是他们授贾时所使用的不同贾签、贾棒和贾撬。同时这两个区域与苗族支系八寨苗和短裙苗一致，结合贾师的自称，因此我们也可以将这两个支系的贾分别称为“八寨苗之贾”与“短裙苗之贾”。贾签是约40厘米长的竹片，宽约1.5厘米，由竹筒破成；贾棒与贾签长度相当，使用时横放在地面作为枕木用以放贾签；贾撬是贾签中稍长的一支在与贾签同样长度处用火烤后掰弯，贾师们都认为这个勾可以“勾住贾理，让你记得更牢固”。贾签共12支，师父在传授贾理时“一领众随”，每诵唱一句就拿起一支，取完后每诵唱一句就放下一支在贾棒上，结束一则时握住所有贾签挞一次。扬武—兴仁一带的贾使用金竹做的贾签，金竹表面不必打磨光滑；用直径3—4厘米的金竹筒做贾棒，贾撬不做装饰。排调地区使用的是毛竹和杨梅树贾棒（见图3-1），贾签比金竹贾签小，而且打磨光滑，用直径约2厘米的杨梅树枝做贾棒，贾撬上还系了一缕红绿相间的丝线。“这两种颜色代表好事，红色是红喜，绿色代表‘福禄’的‘禄’嘛。”[①]据贾师口述，用竹子是因为贾理“住”在人间的竹子家，金竹不易腐烂。台辰省级传承人潘玉祥的贾签上仍写着“1982年12月10日开贾”“师父潘有富”“玉祥贾笺”，时过近40年，贾签并未作任何防虫防腐处理却依然如新（见图3-2）。

图3-1　王启荣贾师的贾签[②]（排调镇）

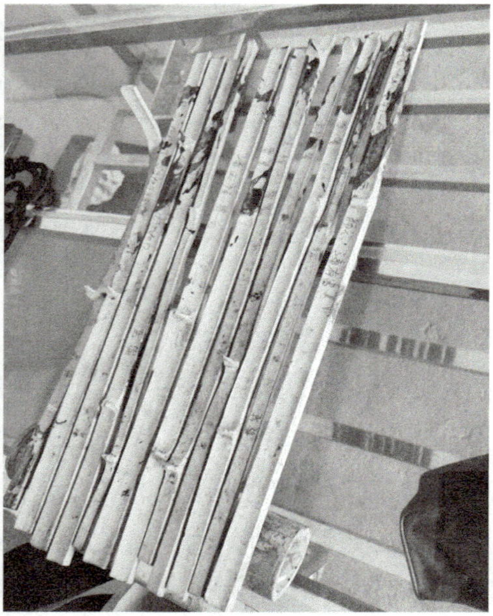

图3-2　潘玉祥贾师的贾签（兴仁镇）

排调地区用杨梅树枝当贾棒，传说洪水滔天后各种树木和人一样会说话，而且主动走来给人们当柴火。在煮饭过程中由于火苗太旺使得米汤溢出烫伤了

① 王启荣口述，方言“禄”与“绿”同音。

② 此处，将贾签、贾棒统称“贾签”。

榔树，所以今天榔树有白色树浆，烫伤了竹子，留下节节疤痕。于是引发争执，大家只好请懂贾最多的杨梅树来断案。最后，杨梅树责令树木返回山崖由人们需要便自取，留下竹子为其疗伤，竹子后来也成了杨梅树的助手。所以，在贾师诵贾时需要竹子和杨梅树，杨梅树的苗语发音也为 Daot lil，音为“道理”，意为“贾理树”，苗家忌讳随便砍伐它。也许正因为有此传说，王启荣公认为：“我们这个贾理及格多了，我们是短裙苗高坡苗，我拿这个（杨梅树枝）去，他们都说还是王启荣公懂得多。”

如果再根据贾签的数量来细分，除一般情况的 12 支贾签外，还有 1 支、7 支、9 支等不同数量的贾。例如龙泉镇展良村老贾师陈玉益承袭的就是“1 支贾”，没有贾棒、贾撬，就是单独一支长约 30 厘米的贾签，授贾、诵贾时一直握在手中，它的功能和多支贾签不同，是由师父一人握签进行教学，哪个徒弟背诵得好就将贾签交给谁，贾签此刻成了代表荣誉的符号。陈公师父陈金才也是本村人，他以前和师父的儿子一起学贾。“我们少数民族纯粹玩，去玩去唱歌，还学贾理，我师父是丹寨最大的贾师。他的小孩没有人会贾理。我们念（贾）的时候，捏那个红棒棒[①]，一头红一头绿，他不送给他仔，他说：‘唉，没成哦，只有你会。’有一二十个跟他学过贾理，只有我学成，学了 20 年左右，他去世的时候我才出师。”据陈公口述，在他们村以前还没有“科学”的时候，经常有人生病、发生火灾，都要去其他地方请“鬼师”，后来祖太公陈先你哈[②]去都匀苗族学得了贾理，就负责给本村“做好事”，陈金才就是陈先你哈的徒弟。陈公专门带我去了他师公的墓地，天下着小雨，他不打伞；小路泥泞湿滑，他步伐稳健，走得比我还快，完全不像 76 岁的老人。我想多问一些关于太公陈先你哈去都匀学贾的事情，他委婉且虔诚地说：“我们不要打扰他了。”这种对先人的敬意极度震撼我。陈公说他跟着师父陈金才学了 20 多年贾，师父在过世前让他把会的贾念一遍，然后说：“现在我放心了，死也好，放心了。继承我们苗族的贾理，我放心了！”陈金才贾师是幸运的，因为他有陈公这位得力的徒弟，但年近 80 的陈玉益公却没有一个优秀、可以继承他衣钵的徒弟，可能是因为他所在的展良村离县城太近，受市场经济影响年轻人更倾向选择下厂务工，

① 红棒棒：指贾签。

② 陈玉益公带我去到陈家祖太公墓地，墓碑记刻如是，“先你哈”是苗名音译。

对自己的民族文化缺乏了解，骑摩托车的年轻人也已不知道水田中央种的一小片水稻和一束芭茅草称作“开秧门”。面对没有徒弟的窘境，陈公笑叹：“我说哪天我死的时候缝一个大大口袋（把贾理一起）葬去了哈哈哈！”丹寨南皋弯寨熊光玉贾师继承的贾用的又是 7 支贾签，一般情况下贾理都是 12 支贾签，对于不同数量贾签的贾理，贾师们都认为是祖先留下来的规矩不能改变，对于贾签数量包含的意义没人能说清楚，不过总体还是以 12 支贾签为主。

总之，通过考察贾理的传承脉络发现，主要以本地传承为主，前文已述的从都匀传来，龙泉镇马寨村陈氏的贾又是从雷山传来，扬颂地区的贾也传去了凯里舟溪、麻江……所以，贾理传承是在苗族地区相互交融借鉴，“走出去”与“传进来”并存，丹寨成为了苗族贾理交汇互通的枢纽。

二、“八寨苗之贾”：贾理传承的核心区

“八寨”也称“八邑”，“八邑自古本蛮徼之地，战斗之场，至前清雍乾之际两次揆度地势，遴择险要环山磐石以为城，就泉蓄水以为池，从容镇摄地方，享安谧之福者百有余年”[①]。雍正年间改土归流后设“八寨厅”，旧址在老八寨村。“八寨苗”或“八寨黑苗”为当时官方对八寨厅治所在地附近苗族族群的称呼，它是一个以地域为划分基础。“八寨黑苗”首次使用于《百苗图》，“八寨黑苗在都匀府，属性犷悍”。来源于乾隆《贵州通志》“黑苗”条，《百苗图》作者以此为基础，将八寨黑苗作为一个苗族群体设置专条记录。[②]“八寨苗”以区域划分就意味着包含多个苗族支系，当下的“八寨苗”“至少包括自称‘Naix Yul’（尤人）一支的部分后裔、自称‘Ghab Nes’（鸟部族）的一支以及现在自称‘Hmub’（蒙人）一支。这么多支系融合而为一，这在苗族的支系变迁史上亦属罕见。”[③] 如今仍可以通过女性服饰判断丹寨境内的八寨苗支系，主要分布在扬武、兴仁和县城所在地龙泉一带。与其他地方相对来说，“八寨苗之贾”

① （民国）郭辅相等：《八寨县志稿卷二·沿革》，35 页，台北，成文出版社，民国二十年（1931）刊本。

② 杨庭硕、潘盛之：《百苗图抄本汇编》，395 页，贵阳，贵州人民出版社，2004。

③ 吴小花等：《贵州丹寨八寨苗祭祀中的说理研究——以请神环节为例》，载《逻辑学研究》，2020（1），28—52 页。

在传承活动上较为流行，在基础教育普及之前，贾理发挥了苗族“自我教育”功能。根据口碑资料和在世老人几乎人人懂贾的情况推断，贾理至少在清代末年时处于鼎盛状态，“文化大革命”结束后又有一段兴起，这一时期着重培育了当下一批活跃度高的贾师。

基于传承现状，黔东南州文化研究所在八寨苗聚居的扬武镇扬颂村和兴仁镇台辰村设立了苗族贾理传习所（见图 3–3），对当地的贾理传承活动进行资助保护。根据田野考察情况，笔者选取了这一带具有代表性的 3 位贾师做深入分析，他们的成长历程、学贾过程以及成为贾师后的做贾、授贾理经历都具有极大典型性，对他们进行个案研究可以展现贾理传承人的整体概貌。而且这 3 位传承人又分别属于贾理的国家级、省级和州级传承人，从他们身上还可以呈现官方非物质文化遗产保护工作落实到传承人身上的具体成效。

图 3–3　兴仁台辰贾理传习所、调解室

（一）扬武镇扬颂村的传承人——李会堂

扬武镇是 2013 年 5 月撤销的扬武乡和长青乡合并组建的，位于县城以东，处于整个县域的中部，设长青、干改、干河、扬颂、腊尧、密告、排倒、排莫、乌西、老八寨、老冬寨、朱砂、羊望、牛棚、羊排、洋浪、五一、乌湾、雄期、乌仲、瓦厂、基加、宰沙、争光、上堡、羊丁、排中、红岩、联盟、大朗、番瓮、龙塘32个村，近200个自然寨。为了便于管理与城镇化进程需要，2015年合并为20个行政村。[①]在疆域并不算广的一个镇却分布着如此之多的自然寨，主要还是受地理环境限制，比较缺乏大片平地坝子发展成大自然寨，多数都是散落在山间的小村子。扬武地区除了客家[②]都过的节庆外，还有当地特有的节日，其中最负盛名的就是祭尤节，这是我国少有的传承至今且仍在定期举行的蚩尤祭祀仪式。除此外还有“二月二祭桥节”、七月稻花开时过的吃新节及冬天各村举办的看会活动等。扬颂村和其他苗族村寨一样浸润在苗族原生文化与外来文化的交织中，它与排中村接壤，排中在山顶，扬颂在谷底，中有小溪穿过。当走完排中边界的山，前方看似悬崖，其实山路蜿蜒向下，垂直高度超过百米，谷底扬颂民居逐渐展开，可喻为八寨苗的“桃花源”。我们能推测在没有通车之前，生活在这些地方的人们出门不易，像这样历史上受交通影响导致地方闭塞的村子比比皆是。不过从另一方面来看，一定程度上的闭塞对当地民族文化的保护传承也发挥了积极作用，年轻人必须向老一代学习基本生存技能、行为观念等，在稳定的社会结构中传统文化得以世代传承，整个族群形成一种“前喻文化”模式。与此同时由于自然寨居住分散，通婚圈内的社交活动机会变得稀少珍贵且具有时律性，男女青年都需要在有限时间内展示自己的优势，例如唱苗歌、贾理歌、辩论、吹芦笙等。

naib naib lol gangx lieel，往天也许来游方的是英俊的小伙，
lol gangx nios Jax lil，往天也许来游方的是懂“贾”的情郎，
dail naos dib nriux zenl！姑娘才对答得那么热心快当！[③]
khat naos ghoud soux niul，姑娘嫁得真如意，
mil bus wangs vongx ngal，去居虎踞龙盘地，
mil dot yous Jax lil，得个丈夫掌贾理，
mil daot mos dinx Diul。好比戴个顶子有威仪。[④]

① 贵州省丹寨县地方志编纂委员会：《丹寨县志（1991—2015）》，45页，北京，方志出版社，2016。
② 客家：苗族地区统称的“客”特指当地汉族，如客话，与苗家对应的就是客家。
③ 王凤刚：《幸福的时刻·丹寨苗族情歌选》，51页，昆明，云南人民出版社，2019。
④ 王凤刚：《幸福的时刻·丹寨苗族情歌选》，125页，昆明，云南人民出版社，2019。

通过苗族情歌不难看出人们对懂贾青年一致有较高的社会评价，姑娘们都希望能嫁给他们，丈夫懂贾就好比汉族人“戴个顶子”做官一样有社会地位。李会堂贾师年轻时就是这样一位全能型的苗族青年，岳父家也是贾理世家，妻子同样会贾理，笔者住在他家时常听到他们就贾理展开讨论，用当下的话语可将他们形容成“苗式”的“灵魂伴侣”。李会堂家堂屋挂了很多锦旗，其中两幅是2018年五一村古歌比赛、贾理比赛的第一名的绵旗。2020年春节笔者又跟随他去五一村参加古歌比赛，李会堂用一个半小时的时间唱了整首《佩麦》①。基本上每个贾师都是苗歌歌手，唱苗歌是偏向世俗娱乐范畴，而贾理则是神圣严肃的，像李会堂这样优秀的贾师更会唱传统古歌，正因为在他身上集中体现了多样性的苗族口头文化，他在2018年被评为苗族贾理国家级非物质文化遗产传承人。

1. 传承谱系

根据家谱与口碑资料，李会堂的贾理师承以家族传承为核心。围绕优秀的传承人经常形成特定的传承群体或传承圈，时间上最远可追溯至清道光年间的先祖李氏十六代李才万，他是方圆十里的贾理大师，传播贾理到当年的龙塘、翻瓮、干也、二道河、羊望、羊尧等寨；李氏十七代李金贵，生于道光十四年（1834），故于光绪三十二年（1906），承前人学会《开天辟地》（xongt waix xongt dab）、《五老六公》（zab laol det ghaot）、《二铸日造月》（qud neeb dangt tat）、《爬山涉水》（nrangx aob jit but）、《葫芦兄妹》（deeb ghab keeb zeid ghab xuf）、《柿子梨花》（zend vax nrox zend meik senk）、《二老鹰、乌鸦、岩蛙》（deli dleed deil ak deil geed dell jaol）、《噶学家发》（ghab dliob jadiaf）等贾理内容。当时，其将贾理传授到二道河、干野、龙塘、干果、腊尧、扬望、扬尧等周围的村寨；李金贵之后是李氏十八代生于光绪年间的李玉贵（1862—1947），传授的徒弟有李奉三、李正华、杨通明等；李氏十九代李奉三（1906—1982）这一支是李会堂贾理的渊源，他也承袭了《开天辟地》（xongt waix xongt dab）、《五老六公》（zab laol det ghaot）等贾理内容，传授的徒弟李仁先、李天云、杨光成等；接下来便是李会堂的父亲——李氏二十代李仁先（1933—2005），徒弟有

① 《佩麦》为古歌，大概内容：佩麦是个美丽傲慢的女人，追求她的男子都遭到她鄙视奚落。后来遇难大家要造船，她只得到差的木料，等到她的船沉没时无论怎么呼救都没有人愿意救她。寓意不要看不起别人，人都可能有落难的时候，做人要谦虚。

李会堂、李会龙、杨林等，其中最有影响的为李会堂、李会龙；然后是可追溯的李氏贾理第六代，即本节所述贾师李氏二十一代李会堂。主要传承脉络如下图：

李才万 ⟹	李金贵 ⟹	李玉贵 ⟹	李奉三 ⟹	李仁先 ⟹	李会堂
生卒年不详	(1834—1906)	(1862—1947)	(1906—1982)	(1933—2005)	(1962—)

图 3–4　扬颂村李氏家族传承谱系简图

2. 生活经历

李会堂（苗名 Wangx Xeed Wees）生于 1962 年，由于当时家里困难，出生时正值自然灾害，童年时期过得非常凄苦。父母所攒的积蓄不能同时供两个孩子上学，所以直到哥哥李会龙没读书了他方得到读书机会，19 岁才读完初中。那个年代没有电视和手机，白天和父母在坡上种地，晚上休息时就和长辈们学习苗歌和贾理。据李会堂回忆，从小他的记忆力就特别好，父亲教他的贾理和歌可以很快记住，这个特长在他后来“复学”之后也明显体现在学习上，考试经常都是班里的前几名，可惜后来家庭困苦，没有钱继续求学，而且 19 岁的苗族男青年也差不多到了谈婚论嫁的年纪，于是便回归了普通农人生活，之后在游方中认识了也出生在贾理世家的妻子，育有一儿一女。李会堂会贾理、会古歌，能说会道，还是芦笙手，每当在酒席上对歌或是节庆日看会，他都能成为人群中最活跃耀眼的那个，加上父辈都会贾理，常出门“做好事”或是帮村人解决矛盾纠纷，这种“服务”精神也耳濡目染着李会堂成为乐于助人的人。1998 年在扬颂村人的投票选举下，36 岁的李会堂成为扬颂村村长，正式开启了他为村民服务的历程。在任村长期间，他以贾师的高尚品质要求自己，用现代法制与贾理结合的办法公正处理大事小务，村里人对他皆赞誉有加。最后，他连任 5 届，即当了 15 年村长，2013 年感觉身体欠佳后才卸任。他的经历典型体现了现代乡村治理的村长与苗族传统的贾师 / 理老双重身份，同时也启发我们，法制与地方习惯法二者可以相互结合，促进地方社会的和谐发展，前提是需要找到通晓二者的结合人并将其“化”入乡村治理过程中。现在的李会堂已经算是“解甲归田”，种地、照顾两个小孙子，农闲时节便召集在家的徒弟来学贾。但他说自从评上国家级传承人后感觉压力更大了，因为很多徒弟都要外出打工，其中包括自己的儿子，很担忧会辜负国家对他的信任。

3. 学贾、授贾经历

其实李会堂并没有确切开始学贾的时间，他的父辈、祖父辈都是贾师或懂贾之人，可以说是从能说话起就接触到了贾理，大量贾理的基础都是在日常生活中向父辈学得。

笔者：您是从多大开始正式学贾理的？跟哪些人学过？

李：我和我哥从小就和父亲（李仁先）学了贾理，十三四岁就正式地跟我堂公（李奉三）学。那时候七几年也不敢拜师学，学的时候也不敢烧香点烛，然后大家坐在一起，有人来问就说在唱歌。我堂哥也是贾师，后来又跟堂哥学。结婚后我还跟爱人的舅舅[①]学过，我们这边都说“干也的贾，干改的歌”，舅舅很厉害，他见我有基础、记性好、又好学，于是专门来我家住了一个月教我贾理。又到二道河寨向徐治荣学得《告多黛榜闹》（ghaot dob deeb baox nongs）、干野寨学得《门保家》（tik bul ghab doux）等内容。我还跟我们村贾师龙海金学贾。贾师就是这样，喜欢教那种已经会贾理了的，就像一年级学生难教，五年级就好教了一个道理。

笔者：您当时为什么想到去学贾理？

李：我们家传承一辈传一辈，那时候也没有电视影响，也没有电灯，小时候就学情歌、山歌那些，老人觉得我记性好，就传贾理给我，以后做人做正正直直的人，以后讲话有信用、也有威信，所以就学了。

笔者：您还记得跟每个师父都学到了什么内容没？

李：这个我现在已经分不清楚了，就像你们读书，这篇课文学过了就找师父学另一篇课文，越学越多。贾有十二道大贾，小贾是数不清的，我现在会的数得出来有这些：《开天辟地》《洪水朝天》《打杀迪公》《青蛙乌鸦》《贾的根源》《五老六公》《包利妈妈》《冶金铸银》，其他的暂时想不起来了，这些贾念三天三夜都念不完嘞！

① 李会堂妻子的舅舅是干也人。

笔者：那您是不是把贾理全部都学完了？

李：没有，有些不好学。

笔者：你们当时学下来最后大概有多少人出师了？

李：有我两兄弟，其他的人没大行了。

笔者：您第一次去"做好事"是什么时候、做什么啊？

李：大概是九几年，是给村里面的小学生"立书桌"①。

笔者：那您第一次主持葬礼是什么时候？

李：（李会堂此刻专程打了个电话确认时间）第一次主持葬礼是在2003年我师父的妻子去世时，当时师父给我讲："我自己家的人不好搞（仪式），你来搞，我在旁边，哪里错了我就跟你讲。"然后他就站在我旁边听我念，我搞得蛮顺利的，没有出什么差错。

李会堂成为一名贾师与他的家族密切相关，在可追溯家谱的历史上小排甲李氏都是贾理世家，浓厚的家族文化氛围为其奠定了深厚的贾理基础。在他个人身上汇聚了父亲、堂公、堂哥、舅舅等人的贾理，而且学习方式是一种非重复、取长补短模式，最后成就了集大成的他。从他妻子的舅舅专程来他家居住一个月教他贾理，以及后来仍向本村贾师拜师学贾之事也能看得出李会堂是一个天资聪颖、虚心向学的人。与他同时学成的还有同胞哥哥李会龙，李会龙虽然已经年过六旬，但是精神矍铄，说起话来中气十足。他目前属于苗族贾理的州级传承人，主要是活跃在送葬习俗方面，代表性贾理是《焚巾曲》，但是实际上他和弟弟李会堂一样懂得比较全面，笔者也跟踪过李会龙主持葬礼的仪式，后文在具体贾理演述事件中会详细阐述。

李会堂从2009年正式收徒开班授贾，除了儿子外还有6位本寨徒弟，小排甲一共约有110户，400多人。整个自然寨虽然只有6个尚未学成的徒弟，李会堂对此还是持乐观态度，他非常理解年轻人生活压力大，想趁年轻多找点钱，何况现在又有电视、手机，不像他们以前生活的年代，学贾理也是一种娱乐。所以，他对于当下学贾人数骤减倒也没有透露出太多悲伤，并依然认为"贾理是我们苗族的，只要有人学，就能够传下去"。由于平日里大家都要外出务工，

① 立书桌：苗语 Xiongt Diongf，通过立书桌的仪式请定拉神保佑小孩学业有成。

李会堂尽量在年末岁首、农闲季节、学生放假、农民工返家过年期间组织在家中集体授贾。据他回忆，从2009年以来至少举行了10次集体授贾活动。2020年春节笔者偶然遇到一次授贾仪式。

由于贾理的内容庞杂，集体授贾学习的是贾理基础，也是提高学习效率的最优途径，只有在掌握基本贾理知识后再运用到具体的仪式当中去。这种“教学模式”和大学师范生教育颇有几分相似：基本教育教学理论相当于集体学习贾词，仪式上对贾理的运用好比实践教学。平时师父做仪式时也有徒弟在旁边当助手“见习”，看得多了师父认为时机成熟就会让徒弟自己主持一些小型仪式，师父则在旁边指点，一般通过第一次仪式没有忘词顺利做完就是正式出师，贾师称之为“捏得起饭缴”。“饭缴”是一个直径约20厘米的竹箩，做仪式时用来放竹卦和一小把大米，仪式以贾师撒出一撮大米为标志，很多人在撒米之后有可能忘记贾词，所以贾师以“捏得起饭缴”即指握住饭缴、撒米、念贾词一气呵成，寓指正式出师。

（二）兴仁镇台辰村的传承人——潘玉祥

潘玉祥（苗名Seeb Wees Xeix）生于1943年，兴仁镇台辰村人。此地元、明时期属夭坝长官司，清改土归流之后设兴仁堡故得今名。民国时期置平夷堡，属第一区第六堡，“台辰”是苗话Dangl Hsenk的音译，当地方言仍称为“tái shén”。潘玉祥家住的台辰大寨地处乌坝河北部地势平缓的半坡上，南面为缓坡梯田，北面依山，共有约190户900余人。潘玉祥贾师口述曾经世居于此的还有另一个支系：尤人[①]，因为对方杀害了他们的头人引发纷争，最终被驱逐出境，分散到今天的麻江龙山乡、都匀洛邦镇等地。他们多为龙姓，今天腊尧[②]的龙姓就是尤人后裔，听说那一支尤人比较忠厚老实，主动放弃良田求和，以制作牛轭犁耙换取生活物资。潘玉祥公还说大家后来也不敢去尤人居住的地方，民国时期还有尤人包干粮步行回来看他们先祖立下的议榔柱。议榔柱矗立在台辰大寨旁约1里地的松树林中，《八寨县志稿》称之为“仙人坠石”，“在一区

① 尤人：极可能是绕家，或称夭家，“Yel”音的变异，麻江绕家被划分为瑶族支系之一，都匀洛邦的绕家被视为布依族支系之一，虽被划入不同民族，但他们自称“育”是一致的。

② 腊尧：苗语Las Yel，意为Yel（尤人）苗族支系居住最早的寨子。

平夷堡距城北二十里有石柱三，矗峙如鼎足，高丈许，大数围”①（见图 3–5）。现仅存一根，顶端被雷劈，残体高约 3 米，从记载的“大数围”缩小到周长约 1.2 米。这一带的苗族人都认同议榔柱是“四五百年前尤人部落立下的”，传说当时“所有村寨都来，宰牛杀马，三天三夜鸡犬不鸣、舂碓无声”。虽然后来发生纷争，大家对议榔柱仍存敬畏，因为这是苗族先人在族群社会治理方面的历史证据。苗族没有原生文字作记录，又常处于迁徙、战争之中，苗族文化印迹都体现在吃穿住行中，而台辰一带八寨苗拥有几百年前先祖遗留的历史文物，这对于族群文化认同有现实意义。潘玉祥及其大师兄、师父乃至师公都是在这样一种文化使命感中自觉成长起来的贾师，而且潘玉祥曾外出务工 15 年的生活经历反而增强了其对传承苗族贾理的责任感，具有典型研究价值。

(a)　　(b)

图 3–5　台辰议榔柱全貌与局部

1. 生活经历

1954 年，11 岁的潘玉祥在台辰村开始接受正规教育读一年级，读到四年级

① （民国）郭辅相等：《八寨县志稿》，114 页，台北，成文出版社，民国二十年（1931）刊本。

时由于成绩优异被保送到教学质量更好的烧茶[①]，小学跳级直接读六年级。被保送的第二年搞勤工俭学，早上读书，下午干活。1959 年被丹寨民族中学录取，面临粮食紧张的 3 年困难时期，处于“半耕半读”状态。1962 年学校发放肄业证书，潘玉祥的读书生涯就此结束，之后在家务农，贾理也是在这一时期学习的。改革开放后国家成立经济特区，他和几个朋友也听闻可以出去打工，但有人说广东那边讲白话，去了听不懂。于是又在家继续种了几年地。到了 1990 年，大家再也耐不住“出门找钱”的念头，加入早期外出务工的大潮。坐了两天两夜的绿皮火车，终于达到“梦想之城”——广州，在完全没有熟人带路的情况下几个人“乱闯”，后来在菜场找到了第一份工作——种菜，“每个月收入 200 元，县长才 180 元！”刚开始不适应广州炎热的气候，时间久就没事了，两年后还把妻子孩子都接去广州一起生活。第三年潘玉祥带着妻子“跳厂”到荔枝厂工作，每月工资有 300 多元，一家人在老板提供的套房居住，安安心心在荔枝厂干了 10 年，其间他的 3 个孙子都是出生在广州，也在当地上学，一家人三世同堂过得很幸福。2002 年，荔枝厂老板见潘玉祥年近六旬，仍在果园劳作太辛苦，就把他介绍到附近的丰冰电子厂打扫卫生，月收入 400 多元。随着孙子们逐渐长大，当地学习生活开支较高，经济重压之下潘玉祥夫妇 2005 年携带 3 个孙子回到丹寨老家生活，留两个儿子儿媳在广州继续务工。为期 15 年的外地务工正式结束，2005 年至今都在家务农、当贾师。

潘玉祥长达 15 年的外出务工经历在贾师中是极为少有，从他受教育到回归农民身份、成为外出务工人员，年老后再次回到农民的生活方式，每个阶段都刻下了时代烙印。按照一般个人经历，习惯了城市生活后再次回归乡土是有一定适应难度的，重点在于潘玉祥在这 15 年中一直没有淡忘 20 世纪 80 年代学到的苗族贾理，直接原因是在广东那边的人也信贾理，潘玉祥自己也经常默念反复记诵。

笔者：15 年的时间您怎么还记得住贾理？

潘：外地人信（贾理），广东人还信多。那时候我在外面经常有朋

① 烧茶：古代为驿站，以官兵过往必烧茶水侍候为名，苗名称“呕及”（Eb Jenl），意为茶水的寨子，具体何时设驿已不可考。

友来找我去，也经常念贾！广西、四川、湖南也信，九几年后我们丹寨在那边打工的也多，小孩不乖呀都叫我去解。有些打工的本地人还想让我教他们，我说每天要上班，学不了。现在排调那边还有好多以前一起打工认识我的人喊我去“做好事”，太远我去不了！

笔者：那用得比较多的都是关于小孩不乖的，但是贾理还有好多其他内容，您是怎么做到不忘记？

潘：我也怕忘记！那些不常念的自己有空了就默默念，没念就忘掉，哪一贾没熟悉就默默地念。

可见潘玉祥对贾理记忆的保持除了部分常用外，更多是靠数十年高度自觉的训练才使得贾理牢记于心，这一系列行为源于深层次对民族文化的高度认同，不论是对本民族文化的认知、情感归属到个人行为上都践行着一位典型的贾师榜样。

2.4 年集中学贾

潘玉祥在学习贾理方面的特别之处在于仅跟一位师父、通过 4 年高强度集中学习获得，师父潘有富和 10 位徒弟之间在规划贾理学习方面高度自觉、自律，几近“制度化”授贾，与传统私塾教育无异，可以视作典型本土特色的“苗族官学”。

潘玉祥并非出生在贾理世家，不像李会堂、王启荣他们那种贾师从小生活在父辈建构的浓厚贾理氛围之中而具有良好的贾理基础知识。虽然缺乏学习贾理的家庭环境，但是当时用贾文化还是很盛行，本寨也有 3 位从卡拉和坡头学来的贾师。根据口述资料可以追溯潘玉祥的传承谱系是杨犂播奢的第四代：第一代杨犂播奢，生卒年不详，龙泉镇卡拉村人，精通贾理；第二代杨幺依香，20 世纪 60 年代过世时 80 多岁，龙泉镇卡拉村人，家族传承学得贾理；第三代潘有富（1911—1985），贾理传授班习得贾理；第四代就是潘玉祥了，他也是在专门组织的传授班学得的贾理。关于卡拉村的贾理是如何传播到台辰，潘玉祥说明了其中缘由。

听说在很久以前我们台辰一带也是有贾师的，但不知什么原因失传了。我师公杨幺依香跟着改嫁的母亲从卡拉到附近坡头寨，他妹妹嫁到我们家族做媳妇，但是没有生育。晚年丈夫去世后她一个人生活，哥哥就经常来看她，在她家长住，大家听说他会贾理就请他来教，我师父潘有富就是其中一个。当时有十多个人学，师公逢年过节、有空就来教他们，同时给妹妹搭伴。

正因为这一层姻亲关系，卡拉的贾从此在台辰扎根生长起来，但是随着杨幺依香过世，之后又遇“文化大革命”，贾理被看作“毒草”“牛鬼蛇神”，加上贾师们已经步入老年，台辰贾理面临再一次失传的困境。好在社会于“1975年开始好转，师父说现在形势越来越好起来了，以前有段时间要教贾理给你们，政府恐怕是不同意，那时候叫牛鬼蛇神，形势好转我就教给你们。1978年、1979年风调雨顺，老师讲人在世上要讲文明、讲礼貌、讲道德，要晓得做一个人的样子，人要行善，不能胡来。到了1980年，所有都包干到户、责任到人、有吃有穿了，师父讲我老了，贾理也只有我会了（同龄贾师都过世了），农村政策也放宽了，用鬼保家都可以了。我都八十多岁了，如果不教贾理就失传了。1981年初就邀学徒开始聚集学贾理，邀得了10个学员。”① 这10个学员之中学成贾师的只有3人，潘光武年事已高，很少出门“做好事”，所以目前台辰一带较资深的贾师就仅有潘玉祥一人了。面对与师父潘有富当年相似“后继无人”的困境，潘玉祥并不悲观，因为他已经和师父当年一样招收徒弟定期授贾了。

潘玉祥等10人学贾时间集中在1981—1984年，1985年3月份师父潘有富病逝。潘有富是在“必须把贾理传下去”强大信念作用下组织开展的传授班，年老疾病缠身更加促使他和徒弟们披星戴月地学习贾理，万幸的是在大家共同努力下历经四年终于学完潘有富能记诵的全部贾理，没有留下遗憾。按照学习贾理的一般传统并不是一年四季都能传授，但是潘有富深感上天留给自己的时日不多，于是实行全年学习制度：农闲时白日夜晚都学，农忙时晚上学，10个人轮班值守当“班长”，每人负责班级管理15天，这15天当中要通知大家学习、负责大家的伙食、还要照顾师父。

① 来自潘玉祥口述。

> 10个人，只跟一个师父学。我们一个人值班15天，他身体不太好，照顾他，吃、睡、烤火。冬天冷了大家凑钱买碳，我记得那时候一人出150块钱。他不喝酒，爱抽叶子烟，爱吃甜酒糯米。晚上学到11点搞夜宵，如果轮到我值班其他人回家后也要继续陪他。4年基本上是坚持一直学，如果有红白喜事不得来都要请假讲清楚，10个人如果一半不到就停止学习，但是值班的还是要照顾他。晚上8点要到达，每一个晚上。忙时学晚上，闲时天天都要集中学。那时候师父懂的又丰富，个个都想学，文明又道德，又有礼貌，人与人、人与动物之间关系相当好，个个都有兴趣。他说要学就学到底，不能半途而废，所以4年能学那么多。

大师兄潘正云在《贾师传》中的口述可以窥见当年对师父无微不至的照料："当时由于师父行动不便，上厕所不方便，我就搀扶他去，并帮他清理下身。衣服鞋子脏了，都是我老伴帮他清洗，每逢赶场，别人都是集市看热闹卖东西，我就在家学习贾。"① 因此可以说师父潘有富不畏病魔、坚持授贾的精神反过来也感染了他的10位徒弟4年如一日地学习贾理，在他们中成长了3位优秀贾师。

3. 传授贾理

潘玉祥1990年去广东打工，一去就是15年，在这15年中他不敢忘记辛苦学来的贾理，除常用贾词外自己则通过默念牢记那些不常用的部分。2005年回到老家第一件事就是去找大师兄潘正云商量怎么再搞一个贾理学习班，当时县文化局王凤刚恰巧正好在搜集苗族贾理，立即请潘玉祥去他家念贾理并录下来，他去录成一周后说自己还有个大师兄，王凤刚又叫大师兄和他一起去，之后他俩每天吃了午饭就去王凤刚家念贾，花了5天时间才把师父当年教的贾理基本录完。"他（王凤刚）喊我们来传承苗族贾理给后一代，不然要失传。"之后潘玉祥和大师兄将沿用传统方式集体授贾事宜正式提上日程，最后一共召集到13位学员，平均年龄约48岁，其中有3位已在2020年申报成为县级苗族贾理传承人。

① 吴佺新、肖其凤:《贾师传》，54页，贵阳，贵州民族出版社，2013。

为了促进苗族贾理传承，县非遗办还在潘正云家挂牌成立“苗族贾理传习所”“苗族贾理调解室”，每次开班学习可以得到政府一定补助以减轻学员经济负担。该传习班从 2011 年正式开班至今一共上过 7 届课，每次授贾时间在春节农闲期间，时长约半个月。笔者全程“旁听”了 2021 年春节期间的集体授贾。（见图 3–6、图 3–7）

图 3–6　潘玉祥贾师（居中）正在授贾

图 3–7　笔者（右一）与潘玉祥（右五）贾师及其弟子合影

贾理的学习内容基本上沿用当年潘有富师父教的，最开始学第一讲《人类的起源》，人从哪里来，分去哪里，各个族的起源，包括关于三苗祖先蚩尤被黄帝打败往南方迁徙；之后再学《洪水滔天》《兄妹成亲》《十二个蛋》，等等，教学内容逻辑遵循追根溯源、再到当下具体仪式情境中运用的贾词。近年由于年轻学员平时都在外务工，所以这个班无法像当年潘玉祥他们那样集中长期学习。但是有几位在家的学员经常私底下来找师父潘玉祥学贾，或者是跟着师父一起外出“做好事”当助手，现在已经能够独立做一些简单的仪式，潘玉祥贾师提到此事自豪地说：“我已经教出了 3 个县级传承人。”好比一个高中老师口中“我教出了北大清华学生”一般骄傲。县非遗办为给贾理传习提供更好环境，特在村委会购置了桌椅板凳锅碗瓢盆等生活必需品，重新挂牌了苗族贾理传习所，贾理开班时就可以到村委会教学。

（三）扬武镇扬颂村的传承人——龙永超

龙永超（苗名 Eet Jenb Bod）生于 1966 年，其祖上在 19 世纪末从腊尧搬出至现居住地，即扬颂自然寨，和妻子育有二女一子，女儿皆出嫁，儿子在外地工作当老师。父亲龙治民（1932—2020）曾和龙永超一起居住，龙治民公虽然年近九旬，但耳聪目明，思维敏捷，曾经每日放马是他的主要“任务”，放马同时还抽空读诸子百家或历法推算之书。他对龙永超影响很大，虽然没有搞过仪式成为贾师，但是他从自己的父辈那里又学到了大量贾词，所以精通贾理，龙永超的《祭尤词》《贾的根源》以及如何使用贾签等知识都是从父亲龙治民处学得。另一方面他又是一个受过正统儒家教育的人。龙治民家族曾家境殷实，属于“地主”，龙治民 8 岁左右入当地小排甲的私塾，教书先生是丹寨秀才，他读了 15 年左右，新中国成立就不再读。至今他都还珍藏着当年的“教科书”：《增广贤文》《四书五经解说》《幼学琼林》《三字幼仪》等，这些书籍在塑料袋层层保护下历经近 80 载还是发黄发黑了，墨迹虽清晰，但宣纸已变得薄如蝉翼。龙治民公可以顺畅地背诵大段古文。因此可以说龙治民公是一位典型的深受苗族传统文化与儒家文化双重浸润的“苗儒乡绅”。新中国成立以后，政府多次邀请他去当老师，由于家中农事繁忙，作为家中主要劳动力的他婉拒了教师的工作。龙永超说起父亲的这些过往，语气中充满着骄傲，他钦佩父亲不仅精通贾理，还是“民国大学生”，在博学多才、淡泊名利的父亲影响下，龙永超也成长为一名德高望重的贾师。

1. 生活经历

龙永超出生时正值困难时期，早年因为“地主”家庭的缘故，全部家产包括房屋都已分出去给别人居住，所以他的成长环境条件还要差许多，1980 年在排中村念完小学后就停止了求学步伐。龙永超读书期间成绩非常优秀，遗传了父亲较强的记忆能力，同样是由于生计问题不得不放弃学业。辍学之后开始跟着父母亲过早出晚归的务农生活，其间父亲也传授了很多贾词。18 岁成年以后就跟着本村人一起奔波做木料生意。龙永超说以前腊尧村有 80% 的人都是做木料生意的，大家也形成了一个地方的“生计惯性”。当然现在腊尧已经没有人做木料生意了，龙永超算是这个地方最后一批木料小商贩。搞木料生意非常辛苦，龙永超是这样讲述的：

> 我从十八九岁做到四十多岁才撂[①]，样样都要学点，只学贾理是养活不了小娃崽家人的。那时候用肩膀抬、走小路，没有车子拉，也没赚什么钱。买木板、原木来锯，或者是抬老木[②]去卖。我到过孔庆、排调、也都，我翻过王启荣他们寨子过去买木料，全靠人力扛，一伙人合力，轻的2个人抬，重的4个人、8个人抬。现在别说用肩膀抬，喊我放空走路去孔庆我都不想走了哦。我们走路去那么远，不在别人家住，白天带米去，找得树子了就煮饭吃，然后晚上打起手电筒抬，来到老冬寨[③]天都还没亮嘞！然后再装车卖给老板。

龙永超19岁结婚后，为了负担家庭开支，选择了大多数同村人做的木料生意，直到儿子和女儿大学毕业工作、生活压力减轻才停下来。20多年的木料生意培养了3个孩子，其中儿子和小女儿都是大学毕业。这期间他还尽量在空隙时间多方拜师学贾，因为这是他的兴趣所在。贾师更像是“公益事业”，仅靠当贾师是无法养育3个孩子的，所以必须另谋生路。在这方面，贾理传承的困境在当下更为突出。龙永超那辈人身上还可以兼顾贾理传习和生存需求，而今“贾理在苗乡、生计在广东”的时空剥离现状也使得贾理当代传承更加艰难。停下木料生意后的龙永超开始专职务农，同时也是在这个时期的2012年第一次被丹寨县非遗办推举为祭尤节主祭师，这次大型官方参与组织的祭尤节标志他正式出师，从一个小商贩转变成一位贾师。

龙永超的生活经历比较简单，当儿女独立之时他也成为一名贾师，此时父亲年迈需要照顾，所以他一直没有外出务工，妻子倒是在农闲季节和村中妇女一起去广东打工做城市绿化补贴家用。

2. 从学贾到出师

龙永超的学贾历程大致可以分为两个阶段：一是童年时期向父亲学习的“基础阶段”；二是结婚之后跟别的贾师拜师学习的“提高阶段”。他一共拜过

---

① 撂：放；搁。指40多岁才停下木料生意。

② 老木：棺材。

③ 老冬寨：属于扬武镇。

4位贾师学习，同样是一位贾理的集大成者。龙永超从结婚后一心放在家庭和孩子身上，但生活的重担并没有影响他不断学习补充贾理的热情，甚至一度对没当过贾师的父亲产生“怀疑”，经与师父“核对”后发现父亲教的并无不同，这才从心底接受少年时父亲教的贾词。现将龙永超的学贾经历简述如下：

首先，向父亲学贾理。

笔者：您是从什么时候开始向父亲学习贾理的？

龙：我七八岁的时候注意到父亲唱歌，我也跟着唱着玩，叽叽咕咕的，我爸还以为我闯到什么“鬼”了总是自言自语。然后我就好奇问他唱的什么歌，他说唱的是贾理，还说贾理相当有用，可以教人怎么做人那些。他看我很认真，也能唱一点，于是就开始在我们一起干农活的时候慢慢教我简单的序贾诗词。我学了不到一晚就会了。

笔者：“贾理”到底是什么意思呢？

龙：Jax就是Jax，lil就是讲道理说事实，有理就有lil，Jax就是拿道理来说，两个都是“阴阳话”①。

笔者：您父亲后来又教了什么？

龙：接下来最重要的是学了《祭尤词》，还有怎么搁贾签，教的时候没有贾签就用筷子来教，怎么摆，念每一句贾签都要甩过头顶，全部念完之后要挞一次贾签。以前古老古代样样都要放贾签，现在一个看一个就不放了。我父亲还教我做活路的仪式，开秧门、动土这些，衬门，也就是保家仪式（Bod Zad）我在父亲那里学了三分之一吧！还学了关于青蛙的贾、乌鸦的贾，这些贾都是用故事来讲道理，可以在解决纠纷的时候用。像那个青蛙的贾就讲青蛙坐在山的最高处，哪里都看得清清楚楚的，以前有人争田土的边界，就用这贾来解。我在父亲那里现在能回忆起的就是学了这些，那时候已经十五六岁了，开始到处玩耍，就没有什么心思学了。

① “阴阳话”：指两句意思相近的话，类似古诗的对偶、互文修辞手法。

龙永超在8—16岁时跟父亲主要学得了贾签的使用；《序贾篇》《祭尤词》《保家》以及关于青蛙的贾、关于乌鸦的贾；开秧门仪式、动土仪式等。学习情境都是在日常生活中。

其次，拜李成芳为师学贾。李成芳（约1910—1995），扬武党迁人，龙永超在20岁，即1986年遵照当地拜师仪式杀鸡正式拜其为师。当地俗话说“干改的贾，干河的歌”，李成芳的贾就是从干改学的，但具体情况龙永超就不太清楚了。当时扬颂到党迁只有小路可走，快走都要接近两个小时，龙永超白天干农活，晚饭后打着手电筒翻山越岭走小路去党迁学习贾理，学到鸡叫再徒步回家时天都亮了。他就这样不畏艰辛、断断续续学了两年，学得了贾理中最重要且较长的《扫寨》（Seed Vangl），还有嫁姑娘、接媳妇的仪式念词及木料、木匠和柜子的来源等。

笔者：党迁离你们家那么远，您是怎么想到要拜李成芳为师的？

龙：我们是亲戚，他是我堂舅，有次他来扬颂做仪式，我在旁边看，跟着学了几句词。我本来跟着父亲也学了点，有基础，一听就会了。他很高兴，说：“欸！你搞这个相当快，来我教你，我那边没有哪个爱好这个了。”他见我学得快，还在我家住10多天专门教我。后来我带了大公鸡去他家拜师，喝了鸡血酒，他就正式成我的师父了。学贾理也相当辛苦，像现在吃晚饭了，就走路2个小时，打电筒去学，学到夜深，鸡叫了就回家，回到家睡个把小时就跟老奶①上山做活路去了。

笔者：您跟李成芳师父学到了哪些贾理？

龙：学了《扫寨》（Seed Vangl），那贾很长，学不快，学了半年多；还有一些歌；嫁姑娘、接媳妇；木料打成柜子怎么唱；结婚仪式怎么搞；木料从哪里生出来，木匠从哪里来。无人去要来。鲁班下来，打出锯子、斧头，去起房做活来。这个故事我怀疑是真的，讲以前的人不会立房子，用两块木板搭在一起，就在下面烧火煮饭。有两哥弟，去做生意，抬鸡抬鸭，闯到鲁班师父正在起房子一层一

① 老奶：丹寨人称妻子为“老奶”，苗语wuk，音“乌”。

层的，这个房子相当好！他去要鲁班师父的杖杆和尺子，从排调那边开始起房子过来，其他地方的人一个见一个才起房子来。我还学了一贾忘记题目了，有对夫妻没有房子住，无依无靠，媳妇闯到[①]别人家就跟别人去，喂猪闯到野猪也和野猪去，喂鸡闯到野鸡也和野鸡去，无法了，才去找古老的人推算怎么搞，他们也说无法。后来又去找天神推算。

笔者：那这种故事性用来唱的到底是贾还是古歌？贾和古歌有什么区别？

龙：这种不是情歌，是古歌。有的是贾理可以闯[②]古歌，古歌可以闯贾理，但是在什么地方就用什么。有人现在不按古老古代的规矩，自己搞新发明，贾是贾，歌是歌，仪式上用的贾理比较多，但是有些歌也可以用在仪式上。

在田野考察中，笔者常追问的一个问题就是贾理和古歌的区别，很显然在龙永超口中“贾理是贾理，古歌是古歌”，会唱古歌的人不见得就是贾师，但贾师一般都会唱古歌。在很多研究者的叙述中将贾理归为唱法独特的古歌其实是不符合事实的。贾理和古歌客观来说为两个平行概念，二者没有种属关系，或者可以将二者都概括为苗族口头经典。贾理和古歌之间根本区别在于适用的场合：贾理主要用于各种仪式或纠纷解决场合，用来解决人和神以及人和人之间的关系，古歌主要是在酒席上传唱，以娱乐性为主；二者的内容有交叉部分，但是古歌更偏向叙事性；在唱法上二者也有明显曲调区别；贾理和古歌都有自己的特征，但二者并非泾渭分明，因为这两种口头文化形式是交织存在于苗族人的日常生活中。

再次，集体学贾时期。龙永超跟李成芳学了 2 年后，随着孩子出生、经济压力大，便逐渐将生活重心用在木料生意上。但不久后有个偶然的机会让他再次开始学贾，师父是李山农和他的弟弟。李山农（1907—1993），扬颂人，在他年逾 80 后自知可能在世没有几年，自己作为贾师还有很多贾词没有传授，于是沿用当

① 闯到：意为遇到。
② 闯：意为代替。

年自己向师父学贾的方式召集本族后生来自己家开班集体学贾，其他想学的人都可以来，附近腊尧、小排甲的都纷纷来学，有的还是父子一同学习。这个班最后有25个人学习贾理，最终有3个出师，龙永超就是其中一名。

笔者：请问您在李成芳师父之后又跟哪位贾师学过？

龙：后来跟我们寨子李山农学，属鼠，去世时86岁。我在属兔那一年学的，22岁。①

笔者：当时为什么不跟李成芳师父学了？

龙：当时学了一部分不想当师父，不是因为自己贪玩，是生活太困难，我想继续抓点生活才能养到小孩。学那些（贾理），寨子上师父太多，估计也难轮得到我。

笔者：那您是怎么又去成为李山农的徒弟的？

龙：说来也是有缘分。李山农师父是他教他家那族人，腊尧扬颂归他家的、寨子上合心的也教，他说“我老了，来我教你们，以后你们才晓得贾理”。那时候我在搞木料生意，不晓得他们已经杀鸡拜师开班了。他们教了两三晚上都没有人会，不知道是什么意思，有一个人就说“只有喊龙永超来学，他要是也搞不成那我们也搞不成了”。然后组长就来喊我去学，我去一学就学会了，其他人有的得一点，有些人没得到三分之一。我跟李山农师父学了四五年，但不是天天学，我们还要搞活路，得空了大家一起相邀学六七天，结冰下雪没事做我们又跟他学六七天。那一伙人一共有25个，3个出师。当时腊尧还有李山农的弟弟在教，他懂得多，和我父亲一样但是没有搞过好事不是贾师。大概学了三到四年。

笔者：当时你们这么多人是怎么组织学习的？

龙：我们每个人凑五块钱、五斤酒，一点菜，再扛一捆柴到师父家得烧火做饭，每天由一个人专门负责伙食，大家轮流做饭。当时他家老房子没人住，我们全部都睡那里，床不够就铺稻草睡。这么多人天天在师父家吃饭、学贾理，其实是很麻烦的，还好师母很

① 当地人在记时上常用生肖历法。

好，没有嫌我们打搅。所以要当贾师还要得到家人支持，不然徒弟们来学来住，女主人不高兴的话也不好办嘞！我们一共断断续续学了四五年，我主要学得了葬礼仪式、迁徙篇、村落篇、还有小孩子不乖的解法。

最后，经龙有先师父“点拨”正式出师。龙永超说，以前的师父只教词句，但是关于哪个神、鬼在什么地方是龙有先2012年教的。每个仪式用相应的贾理，也还要请各自的神来解，“合喊定拉才喊定拉，没合就不喊”。在苗族的信仰体系中，不同的困难找不同的神来解，龙永超形象地比喻为：“这个事归镇长管，这个事归县长管，都有固定的。”在苗族的意识中神和鬼概念是混淆的，“鬼”并不是我们一般意义上的负面词汇，而基本上等同于神的内涵。要成为一名真正的贾师，大量贾词的学习是基础，还要熟知各路鬼神的来历及其职能，才能将贾词运用于实际仪式中发挥作用。所以当下仍存在大量年老者会贾理但没有成为贾师的事实，一方面是由于贾理在传统社会中本来就是一种苗族内部的“通识教育”；另一方面就是他们因为各种原因没有用贾理做过仪式，未掌握鬼神的渊源。从基础的贾理学习到最终出师，可见这是一项耗时、复杂的系统工程。龙永超2012年在祭尤仪式上担任主祭师标志其正式出师，那一年由县政府组织的扬颂蚩尤庙公祭吸引了众多媒体和游客，往年的祭尤仪式都是师父龙有先主持，政府考虑其已年老且希望能由一位年轻祭师主持，龙永超就这样被推举出来。为了万无一失，师父同意当助手，要是龙永超忘记祭词好马上“救场”。不过虽然出师的第一次做仪式就是如此重要场合，但是龙永超丝毫不怯场，“还没开始时我捏起饭缴，那些词句在心头记得好好的，一撒米我就念起来了，我就直接搞过去了，一点错误都没有。”从那以后每次祭尤节都是龙永超当主祭师，连××小镇的各种祭典活动也邀请他去当祭师。龙永超第一次主持葬礼是2013年在本寨，第一次做扫寨仪式是2017年在扬武一个叫“奥波”的寨子……龙永超对自己多个“第一次”记得非常清楚，比较紧张的只有葬礼，因为如果“压不过”的话容易出问题，还关系主人家未来的家运，太重要了所以紧张。

综上，龙永超学习贾理的历程可以总结为表 3–2。

表 3–2　龙永超学贾经历

学习时间	师父	学习形式	学习内容	同学者
童年时期	父亲龙治民	日常生活中随境学习	贾签的使用；《序贾篇》《祭尤词》《保家》以及关于青蛙的贾、关于乌鸦的贾；开秧门仪式、动土仪式等	无
1986—1988 年	李成芳（扬武党迁人）	一对一	《扫寨》，还有嫁姑娘、接媳妇的仪式念词，以及木料、木匠和柜子的来源、古歌等	无
1989—1992 年	李山农和其弟弟	集体教学	葬礼仪式、迁徙篇、村落篇、《栽花树》《保家》《填“鬼洞”》等内容	25 人
2012 年	龙有先	一对一	鬼神的渊源及其职能	无

3. 授贾活动

龙永超从 2015 年收徒并沿用曾经李山农师父的集体授贾方式开展贾理传承活动：喝鸡血酒，鸡肉砍成 7 块，大家蒙眼用削尖的筷子签鸡肉，多次签到鸡头者当大徒弟……举行正式开班授贾仪式的徒弟共有 7 人，徒弟多是“光”字辈的 80 后年轻后生，龙永超说如果徒弟年纪太大，自己老了他也老了。从 2015 年开班至今一共进行过 4 次集体学习，每次学习时间都在 10 天左右，2020 年由于疫情影响未开展。每次学习时间都在过年期间，平时大家在外务工也无法组织。这四次集体授贾时间有限，龙永超教了怎么唱贾理、用贾签，娶媳妇祝词和保家仪式。目前他的徒弟中还没有特别优秀的人。

三、“短裙苗之贾”代表性传承人：排调镇王启荣贾师

排调是苗语“bil diel”（“比调”）的音译，“bil”意为山峰、山坡，“diel”是汉人、客家的意思，“bil diel”合起来就是汉人坡、客家山的意思。排调镇系苗岭山脉东段雷公山西南麓，地势西北高、东南低，地表山脉纵横，河谷深

切，垂直落差大，几乎没有山间坝子，镇政府驻地也在乌起南山的半山腰，镇街呈条状分布在盘山公路两旁。此地先是苗族居住，因山上楠竹成片而取名“望赶”，意为竹林冲，这一自然资源也孕育了高超的竹器编织工艺。清雍正年间改土归流建立排调长官司土把总驻此，当地苗族人称土把总及其人员为汉人、客家人，后人又以苗语音译为排调。伴随屯兵而来的还有汉族人迁入，例如高峰村的田氏就是在18世纪初从铜仁搬来，带来了与周边苗寨不同的汉式建筑、饮食风俗，最重要的是汉族的傩戏。由于田氏傩戏传内不传外，而周边的苗族多信仰贾理，所以傩戏传承面临更严峻的现实。传说排调一带的苗族妇女很久以前也穿长裙，但是长裙出门时把家里的米扫了出去，进家时又把鸡屎等不好的东西扫进来，有个媳妇因此被雷公打，她一怒之下把裙子卷起来一把剪了，只剩一拃。后来大家争相模仿，短裙由此流行起来。①

“八寨苗”是八寨厅驻地周围的苗族，偏向地理意义上的他称，“短裙苗”则是根据服饰特征，这种比较简单直观、完全站在客位立场的命名思维也反应古代苗族人社会地位之低。结合当地自然环境也可以解释裙边较短原因，古代苗族妇女以裙装为主，短裙更加便于山地爬坡上坎的劳作环境，同时又裹有绑腿避免荆棘划伤。《百苗图》如此描述短裙苗：“都匀八寨有之，男子穿短衣宽裤，妇人短衣无领，袖前不护肚，下身穿裙不穿裤，其裙长只五寸许，极厚而细折，聊以蔽盖而已。”②“短裙苗”并非《百苗图》首用，明代典籍如嘉靖《贵州通志》记载：“都匀府合江陈蒙烂土司，短裙苗。司治在丹行、丹平之间。夷俗男女著花衣，穿短裙，绾髻，插木簪。”③但是明代典籍里的“短裙苗”的指代对象常改变，直到《百苗图》才作为一个苗族支系专用的称谓并沿用至今。短裙苗在丹寨外，雷山新桥、独南、乌的等地，榕江的空申、两汪等地都有分布，除服饰与周边支系有所不同，在语言、风俗、社会组织方面并无实质区别。

近百年来排调地区的祭鼓师主要出自岔河村的王氏家族，而今在世的贾师王启荣是该地区极具代表性贾师人选。其祖父做过3届祭鼓师，其父亲做过1届祭鼓师，这二位不仅是王启荣的亲人，也是他最重要的师父，王启荣本人也

① 苗族贾理省级代表性传承人王启荣口述。

② 杨庭硕、潘盛之：《百苗图抄本汇编》，579页，贵阳，贵州人民出版社，2004。

③ 谢东山：《贵州通志·卷之三》，140页，成都，西南交通大学出版社，2018。

是祭鼓师，王凤刚《苗族贾理》中收录的《祭鼓词》就是王启荣所诵。排调地区苗族鼓藏仪式每 13 年举行一次，具有严格的仪式程序，对祭鼓师的选择更是慎之又慎。王氏家族三代人都是德高望重的贾师，因此可以称为"短裙苗"之贾的代表，王启荣也自叹"雷山丹寨的贾理，真正的短裙苗贾理只有我了"。

（一）生活经历

王启荣（苗名 Nrix Sid Wangx）生于 1941 年，[①] 排调镇岔河村人，苗族贾理省级代表性传承人，2009 年被评为黔东南州民间文化优秀传承人。先后跟做过 3 届祭鼓师的祖父、做过一届祭鼓师的父亲等人学的《贾》、祭鼓词、苗族歌谣、神话故事及巫词等，他成长于典型的贾理世家。据王启荣老人介绍，他们家族是从雷山搬过来的，"开始是'见客不留'，后来清朝'见苗不留'追赶我们，在牛打角住了 12 年，后来就追我们上来住到这里，[②] 住了 3 代人，从爷爷的母亲来的，到我这里是第 4 代，100 多年"。

这一段"见苗不留"按时间推断极有可能是咸同起义，一开始是苗族人对清朝廷"见客不留"的反抗，后来起义失败，清朝廷"见苗不留"大家外逃躲避，王启荣公先祖应该就是在此动荡历史下搬迁至也亚坡密林深处的。

王启荣老人是家中的独子，和妻子育有 3 个孩子。他 12 岁才去排调镇读一年级，没过几年遇到粮食困难，处于"半农半读"状态，到 18 岁"下放"搞生产就停止了读书，期间一边务农一边跟着长辈们学习贾理。1965 年，由于王启荣读过一些书就被抽调去加配乡工作。20 世纪 70 年代中后期，社会形势逐渐好转，各项建设都需要人才参与，王启荣祖父、父亲又是当地名望极高的祭鼓师、贾师，而他本人又有较强工作能力，所以再次被政府抽调到公社茶场、林场等地工作，还参加丹寨乡村公路测量和修建。改革开放后，民族政策得到恢复，20 世纪 80 年代丹寨县编撰地方志，当时县民族委员会准备编写民族志，同时搜集整理民族文化。王启荣有文化，早年也到政府工作过，又通晓民族文化知识，县民委就请他去帮忙搜集民族志资料。1987 年还在民委学习了苗文，1989 年丹寨县民族志编撰完毕之后便回家务农，同时当贾师服务当地人，并尽

① 王启荣公已于 2021 年 10 月去世。本书涉及王启荣公的访谈发生在 2018 年 11 月。

② 王公家居住的侗角寨位于也亚坡山肩，山峰相对高度较高，地势险峻。

自己全力招收弟子传承苗族贾理。可以说王启荣是一个极具奉献精神的人，年轻时3次应县政府号召进入相关部门发挥自己的才能，年老后就在排调一带传授贾理，这种甘于奉献的高尚品德与其家学、贾师身份息息相关。对于贾师有一句不成文规定“nreix jax ab ait dlas 贾礼钱不发财；ghof xangs ab ait hsel 贾礼肉不能腌”。引申意为做贾师不为发财，而且得的礼信肉也不能腌来储存，喻贾师并非一项追求物质的事业。传统贾师做仪式的报酬仅仅只是插在米碗里的几块钱，后来大家生活条件好了才额外给一点误工费，而且贾师是不能主动向主人家讨要，至于给多少完全随意，问了即违反贾师先祖规定的原则。而王启荣的祖父、父亲、伯父都是贾师，在如此家风中成长的他也深受奉献精神影响。

（二）家族传承贾理

王启荣的学贾时间最早可以追溯到从他懂事起，因为他的祖父、父亲、伯父都是排调有名的贾师，可以说他出生在一个家学渊源的贾理世家，很小就经常看到长辈们念诵贾理、做仪式或者是为村人解决纠纷。但正式开始系统学习贾理始于14岁，最先跟祖父学，祖父去世后和父亲学，父亲去世后再跟伯父学，前后持续了30多年，直到1988年才正式出师。其可追溯的传承谱系为祖父王往播—父亲王月祯—伯父王兄往，现在他的孙子也会一些简单的贾词。

笔者：您从什么时候开始学的贾？

王：1955年，那时候我14岁。

笔者：还记得很清楚！

王：跟我的公公学，爱听他讲老虎老病妈[①]的故事，七七八八的，我听得专心，就教我古歌。他死后3年，我爸爸又教我，我爸爸死后大伯又教我，一直到1988年我基本上毕业！1988年我到县志办、民委写资料。

笔者：您晓得您公公的贾是从哪里学来的吗？

① 老病妈：也称“老病婆”，黔东南一带流传的恐怖故事。老病妈是一个面目狰狞、专吃小孩的妖怪，但它最后被一对聪明兄妹制服装进箱子推下悬崖，其过程充满智慧且惊心动魄，引得小孩子们既害怕又想听，有时候大人也用老病妈吓唬小孩。

王：祖传，一代代传下来。

笔者：您以前学贾的时候您的祖父是怎么教您的？

王：那时候我公40多岁了，一边生产一边教我，晚上烤火的时候教我。我还没读书，12岁才去排调读一年级，后来粮食困难，18岁又搞“大跃进”要下放生产就没有读了，又继续学贾。

笔者：您为什么想学贾？

王：我自己喜欢，专门讲苗族哪个公传承给哪个公，哪个鬼变成哪个鬼，哪些是好神坏鬼，拿哪样用才去，好神拿哪样求才进来，那些老人专门讲那些。

笔者：您的父亲和伯伯也是贾师，他们怎么教您？也是在不忙的时候晚上教您？

王：他们吃酒时和客人对歌我就在旁边学，他们也单独教会我过年歌、嫁祭歌、造房子歌、老人送葬歌，拿歌来教会再一句句慢慢讲。贾理也学《开天辟地》《洪水滔天》《祭鼓词》，多得很讲不完。

笔者：您的祖父还教过其他人吗？

王：教，还教其他人念牛（杀牛祭祀）。

笔者：还有其他徒弟吗？

王：老人没有了，我家伯伯是最后一个了。

从访谈可知王启荣老人是同时学的贾理和古歌，贾理和古歌属于相互交织的苗族经典口头文化，和祖父在一生活可以随时随地展开教学活动，还在具体情境，如酒席场、仪式中随境式临摹学习古歌和贾理，他的生活和贾理学习融为一体，学习方式呈现多样化特征。家中祖父、父亲、伯父都先后对其授贾，足以见得家族对他寄予厚望，他没有辜负长辈们的期待成为优秀贾师、苗族贾理省级传承人。但从他语气中总感觉到一份对贾理深深的忧虑，往上可能源于祖父所教弟子并不多，而现在的年轻人一年到头在家学贾时间太短，又有手机、电视等事物分散精力，无法回到当年自己那样既有兴趣又花大量时间学贾学古歌的情境。因此他常叹“真正的短裙苗贾理只有我了”，面对如此困境，年已耄耋的王启荣正在尽自己最大努力保护传承苗族贾理。

（三）传授贾理

王启荣作为贾师的同时对苗族贾理还具备研究者一般的高度认识，与他所受教育和年轻时政府工作经历息息相关，这种善于反思、对民族文化自觉的精神在他每年的“传承人工作总结”中表露无遗，现原文摘录部分丹寨县非遗办提供的2018年他亲笔写的《丹寨县排调镇岔河村佣角苗族贾理传承班第九期学习总结》：

> 为了传承和保护苗族贾理文学、苗族贾理文化的经典，她包含了苗族社会历史和文化的重要信息，集成神话、族源传说、支系谱牒和知识技艺、宗教信俗、伦理道德，体现了苗族的智慧和情感。推动了苗族社会的有序发展，发挥了极其重要的历史作用。
>
> “贾理”是苗族贾师贾理文化的特殊分子，主要传承者，以及传载者、继承者和发挥解释者。是苗族贾理文化特殊贡献的群体，历史上的社会功用也值得去体会领略。因此，我们产生把它的经历记录下来展示给世人。……苗族贾理文化是相当有价值的，生动、深奥是没有文字记载的文学文化，是口头技艺传承，所以是要爱好者们一定要体会认识自己民族的智慧、道德，珍惜自己的民族文学，下苦学钻研，保护并传承自己的文学文化。

基于这种对民族文化的热爱，王启荣的贾理传习班从2010年开班以来，几乎每年都举行集体授贾活动。该传习班共有14名学员，经过10余年的学习，目前已有6人可以独立主持部分仪式。

在这些弟子中比较难能可贵的是有一位本寨女子，她主要是学习古歌。因为王启荣不仅是贾师，还是歌师。早年他就主动教感兴趣的人先学古歌，因为古歌是唱的，比较吸引人，在此基础上可以更好地学习贾理。还有一种介于古歌和贾理之间的口头形式：贾歌。“古歌和贾是有区别的，古歌的内容贾有，贾的内容古歌没有，双方的一些交叉，贾的范围更宽一些，可以用于贾事的古歌叫贾歌。”[①] 龙永超贾师曾向笔者展示过贾歌，内容接近贾，但是用唱、有旋律

① 吴佺新、肖其凤：《贾师传》，78页，贵阳，贵州民族出版社，2013。

的方式去展现，而贾理一般都是诵。王启荣的贾理传习班都是每年农历正月上旬或中旬选期取用羊猴日（用生肖来纪日）为吉祥良辰仪式开班教学，一般学到农历四月忙完春耕截止，因为多数人又要外出务工，再等到大家冬天返乡后"按原先计划规定的条约制度定期复班教学授课"①。在王启荣的话语体系中，贾理教授和学校教学一样制度化、规范化，体现了他对贾理传承的虔诚态度。近几年来王启荣老人身体欠佳，冬天又不慎跌入火塘，原本腿脚顽疾再多一重烧伤之痛，种种原因使得他更加忧虑短裙苗支系贾理的未来。

通过上述具有典型性代表的4位贾理传承人的生活经历、学贾过程与贾理传承活动进行详细阐述，且该4位传承人来自贾理传承两个大支系：八寨苗和短裙苗，从官方认可角度又涵盖了国家级、省级和州级三个级别的代表性传承人。我们可以得出以下结论：首先，以上4位贾师在当地苗族人心中都属于"大师级"贾师，他们之间能力相当，并不存在明显的"国家级、省级和州级"的区别，这与"非遗"传承人的评选体制有关。其次，学界将苗族贾理传承大致概括为办班传授、家族传承、拜师传承、社会传承等途径，通过考察贾师们的成长过程发现这种划分方式割裂了贾理学习和传承的现实，每个人都经历了复杂的传承形态，区别存在于偏向某种途径。例如，已经拥有良好的家族传承氛围，那便弱化了拜师传承形式，拜师传承是办班传授的必然，但也有不办班进行"一对一教学"的贾师。因此，贾理传承是一个复杂系统，难以用具体某种途径来定义。最后，通过长期接触了解，贾师都具有较高的道德修养、精神品质，尤其体现在淡泊名利、不求物质回报等方面，这种普遍现象证明了贾理对人发挥的教育价值。

第二节 贾理的传承现状

苗族贾理的传承现状从时间纵轴发展来看呈式微趋势，因为口碑资料反映的20世纪"人人学贾"盛况已然不再发生，而且还有部分贾师招不到徒弟，这

① 摘自王启荣贾师的《丹寨县排调镇岔河村侗角苗族贾理传承班第九期学习总结》。

就意味着“人亡贾歇”。当下贾理传承呈现“有师无承”断代现象，亟需引起重视，不然待这一批贾师老后便无法挽回。导致“有师无承”的重要原因是大量年轻人外出务工，农村社会“空心”化，仅有节庆回家时间远远不够学会内容庞杂的贾理，同时这也使得贾理仪式上贾师的诵唱成为“独角戏”——少有观礼者与之发生共鸣。口头经典文化在传承过程中受众也起着重要作用，“一部口承史诗的生命更是史诗接受者——听众赋予的，没有听众，《玛纳斯》不可能形成、发展、变异；没有听众，史诗《玛纳斯》也不可能流传至今”①。贾理与史诗性质一样，缺少观礼者或听众的交流、共鸣、欣赏，极大地削减了这种口头文化的传承力。新中国成立初期在苗族地区“八层人坐，十层人站”聆听学习古歌和贾理的情境如今已难遇到。概言之，结合口碑资料和当下贾理传承的现状，苗族贾理的发展可分为传统语境中的传承阶段与“非物质文化+传统语境”综合传承阶段两个时期。前者主要体现为在仪式传承、贾师开班授贾、亲子传承3个方面，后者则在此基础上增加了苗族贾理进校园、民族文化展演、互联网传播等新型传承方式。以下主要分析这五种贾理传承的途径以及传承的特点与机制。

一、贾理传承的五种主要途径

（一）仪式中的传承

贾理包括治理世俗生活中人与人之间的关系，即解决纠纷，以及协调神与人之间的关系，即各种仪式上诵唱的贾词。由于国家司法体系不断完善，当下通过贾师利用贾理解决矛盾的案件已然减少。但处在传统与现代交织语境下的人常拥有双重精神信仰世界：他们既相信主流科学知识，也没有完全放弃“古老古代就这样的”做法，所以除了涉及生老病死重要人生仪式之外还存在着其他看似与现实“对立”的做贾仪式存在。例如，笔者田野考察中就遇到一位1987年出生的青年男子，多年在外务工攒钱买了一辆车，按照惯例他有驾照便能开车，但还是请龙永超贾师做了“定拉·车”仪式后，他才心安地发动自己的爱车。在仪式过程中，令笔者吃惊的是他在贾师“指挥下”向新车作揖毫不

① 郎樱：《玛纳斯论析》，136页，呼和浩特，内蒙古大学出版社，1991。

羞涩做作，如此虔诚的表现，作为同龄人在一旁观礼的笔者着实惊叹。事后问他为什么要做这个仪式？他认为："仅仅有驾照心里还是不踏实，做了'定拉'仪式后就仿佛车'活'了过来，有定拉神保佑，开起车来很有安全感。"事实上当人处于泰然放松状态下开车的确会更加得心应手。在此情境中，人们认为贾理仪式发挥着超然力量，通过向定拉神祭献供品以换来"神力"相助，体现在受礼者的心理变化上，意义其实和现代心理咨询具有相通之处，只是凭借不同话语体系。类似仪式还存在于县城商铺的开业典礼，商店老板觉得仪式会保佑带来更好的生意买卖。此外还有春节前后比较盛行一时的保家仪式最引人关注，之所以在春节前后是因为该仪式需要家庭成员全部在家，平时需要外出务工的人对家中总是牵挂，因此返乡时的保家便"解决"了这个问题：通过请定拉神"保家"，祈求自己在外平安，在家的老人小孩健康。遇上好日子保家的数量激增，笔者就在2019年正月十八从早上9时到晚上10时马不停蹄地参与了三场保家仪式。

根据近两年田野考察数据分析，一位贾师平均每月至少做三场仪式，葬礼除外，时间主要集中在秋收之后与春耕之前。虽然人们已经生活在现代化社会，但是心中还是割舍不下对传统的执着。换句话说，外来文化正冲击着苗族传统社会结构，但人们也做出了无声回应，让两种看似"冲突"的文化和谐并存，且"各司其职"：通过现代化手段提升物质生活质量；当个人力量无法达成时再借助贾理仪式中"神"的"帮助"达成愿望，获得心理慰藉。所以人们认为贾理仪式也体现了一种人与神之间的合作：通过敬献牺牲、糯米饭、米酒、蒜泥、花椒等祭品作为"神"的"牛工价、马价钱"，请"神"来完成自己精神世界的夙愿。由此可看出，在原生语境中贾理至今仍然具有较强的生命力，反过来又在众多仪式上强化了这种人神关系的认知，从根本上促进了贾理的传承。仪式中的贾理传承除了涉及施礼者、受礼者和在场观礼者构建的社会传承场域外，还有直接的师徒传承活动发生。徒弟作为祭祀助手在一旁观摩师父如何将知识性的贾词运用于现实当中，所以仪式也可称为贾理的"实践教学"环节。

仪式是当下贾理发生的核心传统语境，基于苗族人原生信仰世界使得贾理至今葆有"活态"传承的土壤。在成为国家级非物质文化遗产后涌现了许多新形传承样态，但就田野考察结果来看仪式中的传承仍占核心地位。

（二）贾师开班授贾

贾师开班授贾是自古流传下来的贾理传承形式，因为每年贾师召集学员开班授贾仪式都有固定仪轨，具体何时产生大家无从得知，只知道“师父当年也是这样做”。从前文叙述代表性贾师的成长过程得知他们多数都经历过集体学贾，这种类似私塾的传统形式直接体现了贾理的社会地位。在苗族贾理2008年成为国家级“非遗”前的集体授贾形式没有文字记录，仅存在于口碑资料中。被评为国家级“非遗”后，贾理传承受到政府高度重视，对代表性传承人授贾活动又有一定资助，所以此后每次贾师开班授贾都被县非遗办系统记录下来。表3–3是部分贾师的开班授贾记录：

表3–3　贾师开班授贾记录表（部分）

贾师	传承人级别	所在地	学员/人	开班/次
李会堂	国家级	扬武镇小排甲村	7	10
王启荣	省级	排调镇岔河村	14	10
潘玉祥	省级	兴仁镇台辰村	13	7
龙永超	州级	扬武镇扬颂村	7	4

2020年11月23日上午，潘玉祥贾师开始了他第七届集体授贾，因为受疫情影响，有些学员已经提前返乡，当年天气寒冷大家不忙农事，于是召集拢来11名徒弟抓紧时间学习贾理。这次开班也引起政府关注，黔东南州文化研究所与丹寨县非物质文化遗产保护中心一行人参与了授贾过程，其间还有贵州某文化有限公司参与视频拍摄，准备制作一部《苗族贾理》宣传片。每次开班授贾都需要做“开贾门”仪式，该环节由潘玉祥贾师主持，徒弟们根据要求，在潘玉祥贾师的引导下进行，潘玉祥贾师再次强调学习苗族贾理的目的和意义，复习了开天辟地、人类起源等知识。据潘玉祥贾师介绍，本次培训班为期一个月，徒弟们利用农闲时间到村委会传习所集中授课。

集体授贾在20世纪是常见的贾理传承形式，因为当时没有电视和手机的影响，也少有人出去打工，集体学贾非但不是艰辛的事，反而是大家聚齐在一起共同学习的有趣经历。但是现在随着外出务工潮到来，留在家乡的徒弟太少，又有各种娱乐途径打发时间，能专心学贾之人也越来越少了。曾经是徒弟主动找师父开班，现在多是师父召集大家来学，自己还要供徒弟们伙食，还好国家对贾理传习活动有所资助。总的来说，集体授贾的规模、频率都已无法和历史上相比，主要留存在黔东南州文化局挂牌成立的6个传习所，这些传习所一般在春节期间都有开班授贾活动。当然也还有部分小范围聚集的授贾活动，但具有随意性所以难遇到。笔者在2020年1月18日跟随贾理国家级传承人李会堂到五一村参加苗歌比赛，下午回到家，刚好他的2个侄子兼徒弟在安装走廊的挡雨玻璃。吃过晚饭临时起意学一段贾，于是就有了这次难得遇到的小范围集体授贾。

（三）家庭传承

家庭传承也可以理解为亲子或家族传承，主要指通过血缘关系达成的传承途径。任何人的成长都带着原生家庭的烙印，许多贾师都是在父辈会贾理的基础上受其影响成长起来，例如排调王启荣贾师与扬颂李会堂贾师家都是典型的"贾理世家"。家庭传承比其他传承方式有不可超越的优势，首先是孩子从小处于"沉浸式"受教育的情况，对贾理可以更多从行动经验上理解。其次便是在正式学贾过程中由于是跟家人学习，所以在时间、场所等方面不受束缚，过去父子白天一起干农活、晚上围着火塘夜话都是传授贾理的时机。但当下的家庭传承形势不容乐观，主要是贾师的孩子们正处于"上有老下有小"经济压力最大的时候，人人都在外务工挣钱，无法建构出传统亲子传承的场域，好在通信发达可通过手机传输贾理视频"远程学习"。

在田野考察过程中，所有的贾师都说"会用贾理来教育自己的孩子"，所以才会有李会堂贾师10岁大的孙女都告诉我她"会一点点贾理"。不过，当下的家庭传承和贾师开班授贾一样面临缺少教授对象的问题，因为现实情况是目前笔者调研跟踪的贾师的儿子有的在外面务工，有的已在外地工作安家，仅仅在家中有事或重大节假日才返乡。好在当下通信发达，从某种程度上弥补了传承中的"被教授者缺位"情况，录制好的贾理视频还可以突破时空界限，让在外务工的徒弟们有时间了可以随时温习。一个有趣的现象是年纪稍大的贾师习惯用两个手机：一个老年机，一个智能机。通过观察，老年机主要用来接打电话；智能机用来聊微信和QQ，让孙子们通过视频看看在外的爸妈，或是参与地方组建的群聊，了解、参与当地发生的乡村事务，甚至还有人在线和别人“PK”苗歌的活动。同样，智能机也给贾理传承带来新的可能。笔者有一次住在李会堂贾师家，访谈时提及他参与过的贾理仪式，其中有一项是婚礼上吟诵贾理，他在一旁的儿子忽然注意到这段贾词他不会，于是立马打开手机录音功能请父亲从头至尾念一遍，等他在外面有时间时可以播放学习。更令人意想不到的是李会堂贾师的妻子也会贾理，因为她的父亲和舅舅都是贾师。真的是名副其实的“贾理之家”。在做访谈过程中她还提醒李会堂“这儿应该是这样的……”。

从李会堂贾师的案例发现家庭传承贾理容易形成类似“滚雪球”效应，有贾理家学渊源的家族之间容易构成姻亲关系，家族内部也会更容易培养出贾师，现在的贾师收徒弟也希望其有一定贾理基础，这样教起来更容易出师。就当下来说家庭传承的“滚雪球”效应已然不如20世纪，具体会弱化到何种程度还需要未来数十年田野跟踪才能得出结论。

（四）苗族贾理进校园

民族地区的教育具有双重性特点，其一，在教育的各个方面首先考虑和适应本民族文化环境、本民族的发展需要，体现本民族特色。其二，少数民族学生在文化环境、教育目的、教育内容、教学用语等诸方面，都要“两面适应”“两面兼顾”“两手准备”。[①] 因此，民族地区的学校教育不仅要在国家课程体系中教授现代知识，还要重视民族传统文化的教学。将民族文化引入校园，一方面从课程内容上衔接家庭文化与学校文化的连续性，促进民族传统文化传承发展；另一方面在一定程度上满足不同民族个体由于现实生活产生的需求，进而对学生潜能开发起到促进作用。[②] 同时也在“国家—地方—学校”三级课程改革的直接推动下，从21世纪初开始民族地区逐渐掀起了一股“民族文化进校园”的热潮，苗族贾理也是其中一朵独特“浪花”。

① 王锡宏：《论少数民族教育双重性》，载《民族研究》，1999（3），33—40页。

② 吴晓蓉、张诗亚：《贵州省民族文化进校园的教育人类学考察》，载《民族教育研究》，2011（3），10—14页。

2016年，丹寨县金钟第一小学80后教师王雄主持申报的贵州教育科学规划重点课题"'苗族贾理'进小学课堂的研究——以丹寨县金钟第一小学为例"获得立项，由于属于省级重点项目，当时在整个州的基础教育领域都引起不小轰动，从州教育局到县教育局都非常关注课题进展。课题组成员在王雄老师的带领下扎实推进贾理在小学课堂中的运用，并取得良好的研究效果，通过4年努力，2019年12月完成该课题。通过田野考察得知课题组主要围绕贾理课程资源转化展开了大量教学活动，一是在语文课堂中的拓展运用，除了直接教授苗族贾理中具有积极正面内容的篇章外，还举行贾理教学大赛、朗诵比赛、作文比赛、黑板报比赛等。二是在地方课程中成体系的教学，老师们还合力编纂了《苗族贾理启蒙教材》地方课程。三是将贾理运用在学生德育中，教育学生应像苗族祖先那样艰苦奋斗。在课题组全员参与贾理教学过程中不乏大量优秀课例，现列举苗族贾理《开天辟地》的教学片断：①

执教人：王雄

教学时间：2017年9月22日上午　第四节　地方课

班级：三（2）班

教学内容：《开天辟地》(Qid Wix Xit Dab)

教学目标：

1. 学会读本课的苗文即苗族贾理部分。

2. 熟读课文苗族贾理部分，理解课文内容。

3. 通过教学，让学生对祖先的世界观和富于想象的哲学思维有所了解。

教学过程：

1. 谈话导入

师：前面我们学了《苗族贾理根源》(Ghab Ghox Jax) 这篇贾理。请同学们说一说：学习苗族贾理有什么好处？

生1：让我学会讲故事。

① 资料来源于课题组。

生 2：让我懂得做人道理。

师：看来同学们收获不少，这节课我们来学习另一篇苗族贾理《开天辟地》(Qid Wix Xit Dab)。(板书课题)

2. 出示课题

师：“Qid Wix Xit Dab 开天辟地”是什么意思?

生：没学过，不知道。

师：其实这个故事你们是学过了的，不信你听老师讲，据说在天地、万物之初，宇宙中到处是一片混沌，好像一条浑黑的河。在这条浑黑的河中，孕育了生育人类的嘎达、嘎啦。开始有人类历史。

生：啊，这和我们学过的《盘古开天地》的故事差不多。

师：对了，我们的苗族贾理有些故事和我们语文故事是一样的，我们学习苗族贾理，有助于我们加深理解语文知识。

3. 初读课文

师：你会读这篇贾理吗?

(生：试着拼读课文的贾理部分。)

师：下面老师就读一遍给大家听。要求：把你不会读的词语画上横线。

(生：同桌合作试着把课文读一读，教师巡视指导。)

(师：领着学生读课文一遍。)

(生：自读课文，读通全文。)

(师：抽生检查读课文情况，并纠正音。)

(生：边读课文边结合课文后面的背景、解说、注释加以理解课文意思。)

师：通过学了这篇苗族贾理，你懂得了什么?

生 1：本课选自《苗族贾理・创世篇・开天辟地》。

生 2：该篇讲述开天辟地、铸日造月、人类及植物动物与鬼神产生、议榔立规等传世传说，还记载火的发明、苗历、冶金、度量衡器制作等古代自然科技信息。

师：说得真好，该篇的重要意义，在于展现苗族先人关于世界是怎样形成、人类从哪里来的哲学思考，使大家对祖先的世界观和哲学思维有所了解。

生：是啊，语文课文说了盘古开天地的主要内容，但是没有像苗族贾理说得这么详细。

师：所以，我们学习苗族贾理，就要把苗族贾理和语文学习结合起来，对我们的语文学习具有一定的帮助。

学生在学习贾理《开天辟地》内容时和课文《盘古开天地》很自然地联系起来展开探索，反过来启发对人类起源母题的哲学思考，还增强了对民族传统文化的自信心。课题主持人与后期主要推广者王老师家族中并没有贾师，激发他搞贾理研究是对本族文化的责任与热爱。“贾理的意义，教学生懂得做人，大家都喜欢这个课，要有时间来教。当然要选择贾理中有教育意义的来教，之前有些学生有不好的行为，随地扔垃圾、讲脏话，后来校园变得干净，大家也开始节约粮食，讲文明。我讲我们是苗族后代，应该知道哪些事该做，哪些不该。”[①] 苗族贾理不仅进课堂，贾理中的名言警句还被做成系列标语牌贴在楼梯两旁（见图 3–8），创设了贾理传承环境。除了学校通过地方课程形式促进贾理在校园的传承，当地教育局也在积极组织多方人员编撰教材，杨明学主编的《苗族贾理选编材料》样稿已刊印，待通过相关部门审核后将择机投入到当地中小学使用，这势必会增进学生对贾理的了解，在丰富课程内容的同时促进苗族贾理在学校场域的传承。

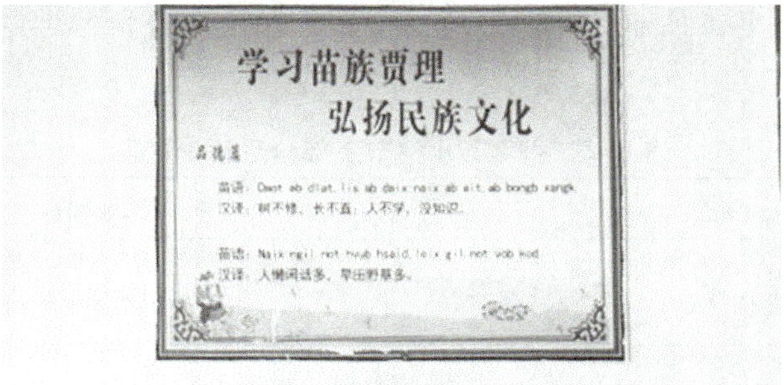

图 3–8　走廊旁的贾理展牌

① 访谈王雄老师，时间：2020 年 7 月 11 日；地点：丹寨金钟小学。

（五）旅游展演

旅游是当代社会流动性生发出来的特殊力量，旅游裹挟着不同文化思想、生活方式等一并流动与交融，对地方经济文化产生巨大影响，也在重构传统民族社会。丹寨地处清水江上游、雷公山西麓，县境内峰峦叠嶂、山高壑深，交通不便阻碍了人们的交往交流，使得一些村寨相隔一条河就是不同的口音，居住在两座相望的山上可以是世代不通婚的两个民族，好在近年来大力发展乡村建设，许多偏远的寨子都通了水泥路。对于丹寨县城来说，2014 年 12 月才开通到州府凯里市的羊甲高速公路，可以说丹寨交通得到快速发展也就是近几年的事。曾经作为国家级深度贫困县，丹寨在经济发展上迎来历史性“拐点”事件就是某集团 2014 年 12 月签订对口帮扶丹寨县“企业包县、整县脱贫”协议，助力丹寨发展。过去长期相对封闭的自然环境创生出丰富多样的苗族支系文化反而成为新优势，该集团也以旅游扶贫作为丹寨脱贫的核心突破口，修建融汇苗侗文化的 ×× 小镇，整改村容村貌发展乡村旅游，尤其是小镇截至 2020 年 10 月 29 日客流累计突破 2000 万人次①，所以在该集团成熟、专业的商业运营下丹寨于 2019 年 4 月提前两年实现脱贫。在这快速发展的五六年时间里最突出的成绩便是该小镇，该镇在满足购物、住宿、娱乐等基础功能外更展现了苗侗文化，例如具有民族特色的建筑风格，4 个广场分别命名为：尤公广场、鼓楼广场、苗年广场和锦鸡广场，具有代表性的非物质文化遗产都有商铺或者陈列厅。小镇结合当地民族节日的时间举行各种庆典活动吸引游客，其中一个重要环节便是旅游展演——贾师祭祀，现以 2019 与 2020 年为例，展示有贾师诵贾演出的节庆活动见表 3–4 所示（此表不包括小镇常规性演出）：

表 3–4　丹寨某小镇节庆部分活动一览表

序号	节庆名称	活动内容	时间	举办地
1	春耕大典	春播仪式、长桌宴、芦笙舞、锦鸡舞等	2019 年 3 月 31 日	小镇 高要梯田
2	丰收大典	丰收仪式、芦笙舞、锦鸡舞等	2019 年 9 月 28 日	小镇 高要梯田

① 《丹寨 ×× 小镇游客人次突破 2000 万！为啥这么多人争相前来打卡？》，https://www.sohu.com/a/429956168_120506410，访问时间：2020 年 12 月 1 日。

续表

序号	节庆名称	活动内容	时间	举办地
3	吃新节	祭祀大典、十八道“拦门酒”长桌宴、祭尤仪式、丹寨苗族八大支系盛装巡游	2019年10月26日	小镇
4	祭尤节	祭尤仪式、丹寨苗族八大支系盛装巡游、中国・丹寨・祭尤节大型颂贾文艺晚会	2019年12月7日	小镇
5	丰收大典	丰收仪式、芦笙歌舞表演	2020年9月21日	卡拉老寨
6	首届中国非遗周	贾理展演、蜡染、造纸、鸟笼、苗绣等各项“非遗”展示	2020年10月17日—10月25日	小镇
7	吃新节	祈福仪式、芒筒芦笙表演、丹寨苗族八大支系盛装巡游、长桌宴	2020年10月18日	小镇

表3–4中需要贾师参与的重要节庆活动大致符合当地的实际过节时间段，但为了游客方便常需要调整到周末进行。在这些需要贾师展演的仪式上，近两年基本上都是扬颂贾师李会堂、龙永超及其弟子们在组织，龙永超可喻为小镇的“御用”主祭师。除祭尤节以外的仪式展演，贾师们诵唱贾理的时间一般不超过5分钟，且内容由主办方规定。但笔者亲历过原生语境中的祭尤仪式与小镇展演，发现两个场景中的“祭尤”从贾词、仪轨到仪式所需物品全部一致，是原生仪式的完全“复制”，可见尤公作为这一支系苗族人心中的首领，人们任何时候都不敢有半点懈怠。同时，扬武一带苗族人在农历十月第二个牛场天会自己再过一次“正宗”的祭尤节，这说明小镇的展演既是对外演出，又仍是神圣肃穆的仪式。同时，当地人为了满足游客对苗族“古老”“神秘”的期待而展演众多由贾师主持的仪式，仪式上包深棕色土布头帕、身着长衫、手持“法器”的贾师们被游客关注，或满足或重构外界眼中的“苗族人”。实际上这种“装扮”是苗族男式古装，当下苗族男性在日常生活中已经不这样穿。这种“复古”现象可以用英国社会学家约翰・厄里的“旅客凝视”（tourist gaze）来解释，凝视是旅游体验中最根本的视觉特性，凝视通过符号消费和手机建构，游客凝视的焦点是将他们从日常生活经验中剥离出来后到旅游景点寻找的符码，凭借与“凝视对象”之间的互动，旅游过程事实上完成了旅游凝视物与游客想象之

间的关联，这种裹挟欲望的“游客凝视”正是旅游的核心要素。[①] 在当地人“被看”的过程中，外来游客对苗族文化的想象都投射到这一过程，反过来又在经济的驱动下当地人满足了他者的预判。例如在 2019 年祭尤节上主持人的介绍语也体现着游客凝视现象：“祭尤节是苗族一个古老的传统节日。”“用古老的传统仪式祭祀苗族先祖蚩尤。”“据考证，至少传承了千年以上并延续至今。”“从苗族贾理和祭尤词的记载来看，节日和祭祀礼仪的主体经千年几乎未有更改，火、乐、卜、诵、献、舞、分胙等古礼历历俱在，是研究远古文化、人类学、宗教史的活化石。”在简短话语中“蚩尤”“古老”“千年”“古礼”“远古”这些词都反复强调苗族渊源的文化历史，再加上现场祭台的布置、祭师的“古式”穿着，符合且强化游客对苗族的文化期待。

贾理的仪式展演仍在继续，笔者通过两年田野考察发现基本上沿着“春耕—秋收—吃新—祭尤”节点轨迹进行，除了祭尤仪式贾理为唯一“主角”外，其他仪式上都是不超过 5 分钟的苗族“古”文化渲染的展演。虽都是展演，观察发现贾师及其徒弟们每一次皆诚心应对，仪式所需的酒坛、葫芦酒提、竹卜等是从家带来。万达组织者眼中的表演在贾师心中仍具神圣性。参与演出每天有 150—300 元的收入，在坚守传统文化的同时还能向游客展示贾理，这也是旅游发展过程中当地苗族人们的一种自我调适。

二、贾理传承的特点与机制

（一）贾理传承特点

1. 口传心授的传习方式

虽然当下已有多种方式传承贾理，但是传统的口耳相传仍占主导。口传心授是无原生文字民族传承本民族文化的重要途径，主要有两种渠道：一是以群体自发口耳相传为主的社会性传承，例如神话传说；二是依托亲子或师徒关系为主，进行专门口头教授的个体间传承，贾理便是此种典型。前者传承的内容浅显且容易发生变异，但影响范围较广，人人都可能成为传承者；后者有相对

① ［英］约翰·尤瑞：《游客凝视》，杨慧等人译，6—7 页，桂林，广西师范大学出版社，2009。

固定的世代传承内容体系，传习难度大，传承者需具备一定“专业素养”。我国1956年创制了苗文，学者用苗文搜集整理贾理，现在也还有部分参与过苗文培训的人能认读理解贾理文本，但并没有形成依托书面文字的传习方式。原因是能背诵贾词只是成为贾师的必要条件之一，还需要师父对贾词在各种场合仪式灵活运用、仪式操作的指导，同时要考虑这个人有没有做贾师的天赋。加上口头诵唱贾理本身就是贾师的“本职工作”，集体授贾中“一领众随”的教学方式流传至今，所以从传统角度来看，当下贾理还是以师徒之间口传心授的传习方式为主，也因如此各个地区的贾理会有细节区别。

2.“活态”存在于苗族丰富的日常生活中

文化传承属于人类活动范畴，不脱离族群特殊的生产生活方式，以生动鲜活的形态实现代际传承。通过田野跟踪贾师们“做好事”频率可发现贾理的活跃程度虽不如过去但也还处于一定水平，苗族人生老病死、结婚嫁娶、新居落成这些大事必然需要仪式，尤其是有老人的家庭，他们更偏向将贾理作为指导自己生活的基本“哲学”。随着时代发展，在现代化、城镇化进程中很多传统文化已然消失在历史长河而被搬进博物馆或者是旅游展演的舞台，看似是文化持有者，实为经过人为加工且由演员表演、为满足游客期待的展演。再回头审视丹寨万达小镇的民族文化展演：贾师主持的仪式在原生语境下仍在发生，八大苗族支系盛装游行的女子也都是带着自己的盛装从乡下赶来，对她们来说区别在于苗寨芦笙场换成万达小镇。反过来也说明正是由于这些苗族传统文化在原生语境中葆有的活力才使得这些展演更加贴近事实。从这些现象表明苗族贾理的“活态”传承特征。

3. 随时代发展进行自我调适

现代化步伐在不断推进，传统与之无时无刻不处于交织博弈的状态。传统由历史积淀而成，具有相对保守性，但具有生命力的传统文化是可以在当下境遇中不断调试自身结构，与时俱进地适应自己所处自然人文环境的变化，并在与现代的互动中不断创新发展。贾理也在随着人们生活方式的变化而灵活调整自己的内容，例如以前农耕对苗族人很重要，所以非常强调动土、开秧门这些仪式活动。随着社会发展，读书成才成为更多苗族人的奋斗目标。田野考察发现关于耕种的仪式有所弱化，为读书祈禳的仪式比过去增多，主要集中在3个阶段：进入小学一年级前、高考前、经过努力成绩还是得不到提升的时候。在苗族特殊的民族文化心理场中，家长们对于孩子的学习也希望得到“神的助力”，但是同时他们并不放弃督促孩子自身的努力，也可以理解为苗族万物有灵的信仰观念。相关贾词的调适例如在《招入学启蒙神词》[①] (Xiongt Diongf) 中即有体现：[②]

Jof mongl lait sab dongb，才走到山东，
Mongl dlaf geeb vix qend daod，到原始文书的山东，
Mongl weix geeb bul xint bif，到原始笔墨的祖地，
Mongl jias ghaot xangs daod. 遇文书老师（孔子）。
Leeb nax not mongl ghangd，谷子自去喊，
Leeb hseed not mongl giol，米粒自去叫，
Mongl ghangd ghaot dens lax，喊定拉神公，
Mongl giol ghaot xangs daod. 叫文书老师。
……
Khaod mongl lait senx liub，招进高学府，
Vut dlongk mongl baif dat，跨入北大门，
Liuf xuef mongl hait wait，留学去海外，
Saox enx gef lief hxit，会“恩更勒系”[③]，
Xuef dot zel hvangd hsaox，学到那尖端，
Xuef dot zel hvangd vut. 掌握那科学。

高考前夕的山东孔庙承载了无数学子对金榜题名美好愿望的寄托，远在西南地区的苗族虽不能至，但“心向往之”，通过稻米“请”到千里之外的“定拉神公 / 文书老师 / 孔子”，在这场仪式中，苗族的定拉神与中原文化的孔子奇妙地融为一体，可视为传统苗汉文化交融、认同在信仰中的根源。仪式中另外

① 也可译成“立书桌”。
② 李天云：《丹寨苗族习俗礼仪理词选编》，205—214 页，2013。
③ 恩更勒系：英语“English”的苗语音译。

提到的“北大”“恩更勒系”（English）很明显都是现代教育体系下的专有名词，也是贾理自我调适的直接表现。除了内容与当下生活更接近，贾理适应现代社会发展还体现在上文所述的民族文化展演场合及转化成课程资源进入学校教育领域等。

（二）贾理传承机制

文化的传承必须依赖特定的文化传承运行机制来实现。“机制”（mechanism）一词来源于希腊文“mēkhanē”，指“机械装置；机械作用；机构，结构”[①]。机制原意指机器的构造和工作原理，后引申为机体的构造、功能和相互关系，“泛指一个工作系统的组织或部分之间相互作用的过程和方式”[②]。文化是物体、活动和态度的体系构成的整合体，其中的各要素相互依赖。[③]文化传承是民族文化在代际间纵向传递过程，但这一传递过程并非简单的传和递，而是指文化在与主体结合的过程中，受内在机制支配而具有稳定性、完整性、延续性等要求，并在整个社会发展中呈现再生的特性的过程。[④]文化传承是一项复杂的系统工程，我们可将其机制理解为在活形态的文化传承过程中，各构成要素之间形成的密切配合、运作的关系或原理。机制则意味着运动，在文化处于传承的“运动”过程时，其中的各环节都是有机联系的整体，相互作用、依存，驱动着文化这部“机器”的“前行”发展。为了保证族群得以持续发展，文化传承必须处于一种相对稳定和谐状态，所以相应的传承机制一旦形成则同时具备一定的规律，保证文化传承的稳定性。

贾理的传承不仅仅是以“口耳相传”为表现形式的口头文化的传承，背后蕴藏着整个苗族文化系统的传承机制。首先，从结构功能论视角，贾理传承机制的产生满足了苗族人的需求。在苗族特有的民族文化心理场中，每个人都是民族文化的主体和传承的载体，遵守大家认同的风俗习惯，被族群文化濡化。换句话说，文化传承也是社会化的过程，让社会成员通过传承共同的民族文化而成为该族群的一员，这是个体在传统社会中生存下来必须经历的社会化历程。

① 陆谷孙：《英汉大词典》，1194 页，上海，上海译文出版社，2007。
② 中国社会科学院语言研究所词典编辑室：《现代汉语词典》，600 页，北京，商务印书馆，2016。
③ ［英］马林诺夫斯基：《科学的文化理论》，黄建波等译，132 页，北京，中央民族大学出版社，1999。
④ 索晓霞：《贵州少数民族文化传承运行机制探析》，载《贵州民族研究》，2000（3），108—115 页。

人的生成是一个教育化的过程，文化的生命机制是教育，在传递社会规范过程中人们习得社会规范的内容与意义。[①] 所以，传承贾理满足了苗族人社会化、族群延续发展的需求。其次，驱动贾理传承机制的重要动力来源为苗族的精神信仰。贾理是苗族历史上与其他人群交流融合共同创造的集体智慧结晶，在此过程中贾理也在不断形塑着苗族人。贾理关照着苗族神圣的精神世界与世俗生活，人们通过文化濡化获得苗族先民特有的万物有灵（神）的信仰体系结构、世界观、伦理道德观等，这些精神层面的因素反过来又影响了人的实践活动。能够较完整地系统持有贾理之人是贾师，他们是贾理最忠诚的信仰者，用仪式勾勒苗族人的信仰图式，通过习惯法协调管理大家的现实生活。因此，贾师在苗族传统的现实生活中成为苗族社会运转的核心人物，获得受世人尊重的社会地位。从精神信仰到物质世界，再到个人的被尊重与“入仕”式社会管理的自我实现，形成了贾理传承机制的驱动环。再次，以贾师社会职能为核心来推动文化传承运行机制运转背景下，形成了自在与自觉的两种贾理传承模式：自在的传承基于仪式情境中不自觉的文化濡化，在特定的民族文化心理场中逐渐习得贾理。自觉的传承指自古传承下来的贾师开班授贾或拜师学贾，有明确的教学目的、内容与评价方式，这是苗族人的“官学”教育。最后，还需注意的是在传统已有的传承机制基础上，自从贾理 2008 年入选国家级非物质文化遗产后又注入了以当地政府主导的“非遗”传承机制。传承人是非遗保护的重中之重，所以重点在于做好传承人的认定、管理及保障机制的完善。同时开设传习所、开展民族文化进校园等教育传承工作，使传承工作更加符合非遗的保护与发展规律，更加科学、有序、深入地向前推进。[②] 在政府这股外来力量的推动下，掀起了新世纪贾理传承的小高峰。

当下贾理的原生传承机制与后来的非遗传承相互交织在一起，也创生出一些新的传承途径，例如学校里的传承、开办苗族贾理传习所，甚至是官方举办的旅游展演等。但是贾理的传承主体毋庸置疑仍是苗族自身，贾理传承机制能否可持续发挥作用从根本上取决于本民族文化的自觉意识及其指导下的传承实践。

① 冯增俊：《教育人类学教程》，145 页，北京，人民教育出版社，2005。

② 李荣启：《对非遗传承人保护及传承机制建设的思考》，载《中国文化研究》，2016（2），20—27 页。

第三节　贾理代表性演述事件分析

苗族贾理在各种仪式中由贾师念诵、演述，再借助竹卜实现与神沟通以达到祈禳目的。笔者从 2018 年 11 月以来一直在贾理流传的核心区丹寨以及雷山、凯里舟溪一带做田野考察，试图尽可能搜集不同贾师关于贾理的仪式，主要有保家、葬礼、栽花树、立书桌、扫寨、“定拉车”①、婚礼、开秧门、动土、贾师集体授贾、祭尤仪式、吃卯仪式等。本节根据这些仪式上体现的贾理重要性与普遍性，对具有典型研究价值的扫寨、葬礼、保家与祭尤仪式展开论述，全方位呈现贾理内容及其创生的仪式场域。

贾师之所以能记住海量的贾辞，这与仪式环节、贾理文本的深层次结构密切相关。一般的仪式环节多为“稻魂请神—追根溯源—以神驱邪—杀牲‘回熟’送神”。仪式中贾理主体部分重点体现在“追根溯源”，也是仪式的关键环节，因为需要对“驱逐”的所有“鬼魅”展开溯源、知其来路，“神”才能将其送回，然后给人们留下平安顺遂。贾理是一种诗性的语言，使用了大量的押韵、对偶、排比等表现手法，可描述为程式化的表达。一般情况下口头史诗的语法以程式为基础，因此我们也可以将一段完整的贾理视作“程式系统”（formulaic system），即“一组具有相同韵值的片语，并且它们彼此之间在含义上和用词上至为相似，以致诗人不仅将它们视作单独的程式，而且也视作一组特定类型的程式，进而掌握它们并毫无迟疑地加以运用”②。了解贾理仪式的大致环节与贾理文本的重要特征有助于从结构上整体把握贾理演述。

① 定拉车：请定拉神为新手司机及其车祈福，倘若是做银匠，则叫定拉银匠，以此类推。

② ［美］约翰·迈尔斯·弗里：《口头诗学：帕里——洛德理论》，朝戈金译，66 页，北京，社会科学文献出版社，2000。

一、扫寨仪式

“扫寨”苗话为 Seed Vangl，“ Seed”意为洗、洗净、清洗，“ Vangl”为村寨，Seed Vangl 也直译为“洗寨”，并暗含洗净、回归洁净空间的含义。反之，引起寨子火灾的“鬼”为不洁污秽之物。雷山县的苗族扫寨民俗活动 2012 年被选入贵州第二批省级非物质文化遗产。

扫寨仪式并非苗族特有，黔东南侗族也有，从高密度的群落木质结构居住环境来看，普遍存在的扫寨仪式体现了人们对火的敬畏，防范火灾成为村寨极其重要的公共事务。已有研究充分肯定了扫寨的价值，认为它是火灾防范习惯法。[①] 扫寨作为以木质建筑为居住特点的苗族村落社区中的一种内生消防预警机制，增强了民众的防火意识，是当前农村消防基础设施落后情况下低成本实现农村社区平安、和谐的制度选择。[②] 还有学者从仪式实践的社会结构意蕴展开分析，探讨村寨依托自组织力量对洁净空间诉求的文化表达中其内生秩序自我生成与延续的社会文化机制。[③] 如今在雷山剑河等地存在定期性的扫寨与发生火灾后的扫寨两种形式，但丹寨的扫寨仪式一般都是发生火灾后进行，平日里贾师与普通人都慎提“扫寨”二字，因为这意味着实际发生的灾难，而且扫寨贾词中提及人类起源、洪水滔天等内容都是令人望而生畏的。2019 年 8 月初，与笔者保持长期联系的龙永超贾师告知阳历 8 月 15 日在排佐乌寿有个扫寨仪式，这是田野考察大半年来首次遇到。龙永超贾师到乌寿扫寨也是因为他妹妹出嫁到这里的缘故。

（一）乌寿自然寨扫寨缘由

乌寿自然寨属于兴仁镇排佐村，距离丹寨县城东北方向约 40 千米，虽然距离不远，但是道路崎岖、山高壑深，沿途的村寨都建在半山腰。公路是年久失

---

① 徐晓光:《黔桂边区侗族火灾防范习惯法研究》，载《原生态民族文化学刊》，2016（1），76—81 页。

② 范生姣、麻勇恒、杨子奇等:《苗族村落社区中的消防预警机制研究——以黔东南苗族“扫寨”习俗调查为例》，载《凯里学院学报》，2012（5），35—38 页。

③ 盖媛瑾、吴红梅、陈志永:《苗族村寨“扫寨”仪式与社会秩序建构——对黔东南朗德上寨“扫寨”仪式的文化人类学考察》，载《黑龙江民族丛刊》，2019（6），115—123 页。

修的乡村水泥路，农村客运面包车要开一个半小时。乌寿原为行政村，前几年并入相邻的排佐村后降为自然寨，生活在这一带的人除非自家有车，不然只能等赶场天[①]才有面包车载客。相对封闭的自然环境与交通更好地保存了这一带的苗族文化原生性。乌寿之所以要扫寨，据龙永超贾师介绍是因为有一幢外出务工人家的房子无故起火，当时总电闸是关的，还好后来及时扑灭没有烧到别人家。

> 这家主人叫 WXL，大概 40 多岁，还在去广州打工的路上家里就失火了，大房子已经用不起了，没有烧到别人家，那时候辣太阳多[②]，个个在家，用消防管那些把火扑灭了。但是按道理也无法说是不是电线问题，他是关闸刀了才去广东，没有人在家，从楼上发生火灾来。打电话去说他[③]，他说：你们哄我，我不相信。火灾发生时他还没到广东，后来到工地后又转回来，回来后找到我，我俩测的日子今天搞（仪式）。

由于这次火灾找不出起火原因令人分外不安，更加坚定了大家扫寨的决心。乌寿自然寨被通村公路划分成上寨和下寨，火灾发生地位于下寨，所以参与此次扫寨的为下寨全部居民，共 28 户。

（二）扫寨仪式

扫寨时间在 2019 年 8 月 15 日，农历七月十五，猴日。仪式从上午 8 时开始，下午一时半才“扫完”各家各户。全寨人下午在山脚的河边煮祭牛肉共食，整个仪式到下午 4 时左右全部完成。

1. 仪式准备

仪式的筹备工作主要由发生火灾的主人家组织，最重要的是购买仪式所需的一头黄牛、鸡鸭各一只，提前一天在寨门附近立草标，告知外来人请勿在扫

① 赶场：丹寨全境赶的都是生肖场，即赶集日固定在两个生肖日，隔五天赶第六天。如丹寨县城就是赶龙、狗日。

② 辣太阳多：受苗语语序影响，词句意为“太阳很辣”，即太阳光很强。

③ 说他：给他说。

寨期间进入本寨，寻找两名属龙的本寨男子作为祭祀助手，仪式后勤组负责做饭的人也是由主人家提前联系好。贾师在仪式中需要一个直径约 20 厘米的竹箩，内铺一层白米，米上置 12 块钱作为给贾师的礼信，还有用一节金竹破开做的竹卜。最后需要的是祭祀必不可少的土酒和土碗。

2.“追溯‘吞房妇’来源”

早上 8 时晨雾尚未散去，仪式在寨门附近的岔路口正式开始，两位属龙的男子牵着牛和鸭，地上蛇皮袋扣着两个土碗，旁边的祭祀助手随时听令斟酒，周围还有一些观礼的人们。仪式第一节是请稻魂 / 白米去请神[①]，人们认为贾师是神圣与世俗空间的媒介，而稻米则是贾师派出去到神圣领域的“引路者”和“信使”，下文为选择性摘录[②]：

nax vong xed mongl，稻魂你去喊，
hseed dod jef mongl，白米你去叫，
gang liub mongb bab ，大路你知，
gangx yet mongb xangk. 小路你识。
nax mongl jex weix，稻魂去才到，
hsed mongl jex leit，白米去才到，
lob mongl eid seil leil，脚步健步如飞，
dot mongl eid seil lei，快捷似风，
lob wangx eid hxangx leix，脚过田埂，
det wangx eid hxangx ongx. 步过塘边。
……

请到定拉神后沿原路返回，紧接着追溯“吞房妇”来源，从苗族原始神翁爸爸（bak Ghaot Wongl）和原始女神宝瑙妈妈（mens Baox Naox）的纠纷开始讲起：

① 稻魂和白米：此处指的是同一物，贾理中有大量诸如此类的对偶表达方式，或强调，或补充，或复沓，当地苗族人称之为“阴阳句”。

② 贾理仪式的记录翻译工作由笔者与王启团（丹寨县苗学会成员）共同完成，后文不再说明。

aob yib eid aob lot，水涨潮落，
hrib mongb hrib hak，心死复燃，
ghab lix eid lol jax，嘎里才来讲，
ghaib daot eid jef lol zes：嘎对才来说：
“weil jas eid feeb jix manl，“我遇跑马场，
“wei jas feeb jix lex，“我遇骑驴场，
“jas gif daox reil mangl，“我遇铜盆洗脸，
“jas gif xit o mais；“遇见紫盆洗面；
“weil jas eid niul daox ningb dab，“遇见铜鼓休息，
“weil jas eid niul gad qut vus；“遇见紫鼓歇气；
“weil jas mens benf nreix，“遇见苯尼妈妈，
“weil aod mens benf nreix，“我要苯尼妈妈，
“weil jas mens benf jenf，“遇见苯金妈妈，
“weil aod mens benf jenf. “我要苯金妈妈。
“weil haob nenx leix meif naib，“我耕她太阳田，
“weil haok ongd meif lat. “我饮她月亮塘。
“kad ongd but tit niox，“丢下寨边塘，
“kad leix zab niongl niox，“丢下七坝田，
“kad ongd xongs dad niox. “丢下七口塘。
“weil ghab jid ab lol，“我身虽不来，
“dat weil meib ghed lol. “我身气自来。
“weil lol ab lol seeb，“我来不来空，
“weil lol ab lol lial. “我来不白来。
“nieex ib wig ab lol，“正月我不来，
“lat ob wil jet lol. “二月我才来。
“wil lol bab max hot，“我来随雾来，
“wil lol bab max jent. “我来随风来。
“mongb mongl xis mens baox naox，“你去告诉宝瑙妈妈，

“mongb mongl xis mens aob dleil，“你去告诉乌西妈妈，

“nenb dax hfud jul dangl. “她来上头等。

“jent caib dax ngal nel，“风往下吹，

“nenb hfeeb gangb jit jus；“敞怀往上迎风；

“jent caib dax jit jus，“风往上吹，

“nenb hfeeb gangb ngal neel.”“敞怀往下迎风。”

dieeb neeb jid not hsob，日久腰果大，

dieeb mangb jid not wongl. 夜久腰果粗。

……

宝瑙妈妈根据翁爸爸的指示，在二月间感风受孕，生下了12个蛋，请岩鹰①帮忙孵蛋，用鸡鸭作为“牛公价、马工钱”，终于：

bus jix bib jef nab，孵成三十天，

bus jix bib jef mangt. 孵成三十晚。

jet nrel dax gheb hfub，就出一个雷，

jet nrel dax gheb vongx，又出一个龙，

jet nrel dax gheb lad，又出穿山甲，

nrel dax gheb hxud，孵出个虎，

nrel dax gheb neb. 孵出个蛇。②

……

mongb but eid deil yid？ 你叫什么名？

weil but eid gheb hfud. 我叫雷公。

mongb but eid deil yid？ 你叫什么名？

weil but eid gheb vongx. 我叫阿龙。

mongb but eid deil yid？ 你叫什么名？

① 而在剑河台江等地的苗族古歌中孵蛋的鸟为鹡宇鸟。

② 12个蛋孵出6个，还有6个寡蛋变成了深潭妇、投水女等鬼（苗话 Xib，音西），王凤刚《苗族贾理》有叙述，本次田野考察的扫寨仪式中无此部分。

weil but eid gheb ghongs. 我叫穿山甲。
mongb but eid deil yid？ 你叫什么名？
weil but eid gheb hxud. 我叫阿虎。
mongb but eid deil yid？ 你叫什么名？
weil but eid gheb neeb. 我叫阿蛇。
……
niangb dal eid laib git gox，这个恐是寡蛋，
niangb dal eid laib git dangk，这个恐是臭蛋，
deib daif eid mongl gheeb xil，甩它去刺蓬，
deib daif eid mongl gheeb xees. 丢它去园干。
gheb vib dail jef zes：阿央[①]就说道：
“gheib dlub dliel ghab git，“鸡白自蛋内，
“mob nios dliel ghab qub，“猫花自胎中，
“mongb bus weil bib mongl，“你孵我三天，
“mongb bus weil bib mongt. “你孵我三晚。
“bib mangt eid weil gheb lol，“三晚我就来，
“bib naib eid weil gheb cef，“三天我就出，
“bib naib eid lol dib nreex，“三天来起尊名，
“bib mangt eid lol dib but，“三晚来讨立富贵，
“bib naib dib nreex daob，“三天得好名，
“bib mangt diot but vet.”“三晚得富贵。”

阿央出来后相邀大家去山冲取名字，六子争名。阿央施计找乌梢蛇火烧山谷，阿央争得名字并把其他五个派去了不同地方：

gheb vib dail jef zes：阿央就说道：
“bib mongl deib xid jax，“我们来商讨，
“bib mongl deib xid xis，“我们去商议，

① 阿央：在苗族古歌中又称为姜央。

“bib mongl diot but daob，“我们去起富贵名，

“bib mongl diot nreex lel.”“我们去起富贵字。”

mongl weix gheeb diongl gheeb wangs，去到山冲谷中，

gheb vib eid jef zes：阿央又道：

“nongb diongx aob nrix aob jenb niox.”“忘记拿好酒来了。”

gheb vib eid jef diangd nil，阿央返回来，

qab dax eid neeb hseit. 来找乌梢蛇。

“mongb daos weil diees del pud bil pud wangs.”“你帮我烧山来。”

neeb hsent dail jef zes：乌梢蛇说道：

“weil aod nreix ghaob dleil，“要点牛工价，

“weil aod mal ghaob vus，“要点马工钱，

“nreix ghaob dleil weil beeb，“牛工价我送，

“mal ghaob vut weil beeb.”“马工价我送。”

“weil daod gib kongb gheeb neel leix，“我许田里的虾子，

“nreel beel hfongd jus ongd，“塘中鲫鱼，

“ait mongb nreix ghaob dleil，“作为牛工钱，

“ait mongb mal ghaob vus.”“作为马工钱。”

gib kongb ghel jef zes，虾子听到了，

nreel beel ghel jef zes：鲫鱼听到了：

“mongx des diangs jid dax，“你与兄弟纠纷，

“daos jid ad des diangs，“与姐妹纷争，

“mongb dieed weil dangt vob mongx，“拿我当菜吃，

“dieed weil dangt hfeek haos.”“拿我当菜摘。”

gheb vib eid dail jjef zes：阿央才来讲：

“vub jax eid not pangd jax，“我讲是这样讲，

“hsaid nongf not pange nongf.“我说是这样说。

“nenb dax aob hseib，“它到清水来，

“mongb zek mongb eid aob niul.“你藏浑水去。

“nenb dax eid aob niul，“它到浑水来，

"mongb zek dliongl mongl kangd sangd." "你就钻烂泥。"
gheb jix giox diot feeb，这也兴自古时，
jas bongs eid diot vongl. 这也兴自古代。
neeb hseit dieed dax bib nieb del，乌梢蛇带来三把火，
jef pud bil jux tangd，就烧九荡坡，
jef put wangs xongs niut. 就烧七冲谷。
"dail gheel genx nend vib？"什么吼阿央？
"dail gheel nrongl vib？" "什么哼呀央？"
"laib nongd not aob xub yix vib，"这是水泻山冲，
"ab od eid ghab dlongs. "这是鸦掠山岭。
"jid dax nongx nix jax nix，"咱兄弟吃肉，
"haok jed eid jax jed." "咱兄弟喝酒。"
gheb hfub eib jef zes：这时雷才来说：
"aob lol eib leit hfub yangd，"水漫到头顶央，
"del lol eib leit lax lob. "火到脚跟了央。
"jox deis mongl yad vib？"从哪里走阿央？
"weil kad eib nrex ghab lal，"我把好名给你，
"weil kad eib bib xangt gongb，"我让相公名给你，
"niox nrex ghab lal diot mongb vib，"让好名给你央，
"niox but xangt gongb diot mongb vib." "让相公名给你央。"
gheb vib deel jef zas：阿央才说道：
"mongb daos weex nrox mongl，"你跳去青天边，
"mongb daos daot aot mongl." "跳去苍穹角。"
gheb xent dliel aob ngal，这是自古兴，
gheb xent dliel bil jit. 兴自古时代。

别人都听从阿央吩咐，只有雷返回来找他报复，却被阿央关进了铁桶，幸有两兄妹救出他，雷以葫芦籽报答，告知他们种葫芦求生。然后便是"洪水滔天"与"兄妹成亲"的经典内容：

hsongl mongb mongl deid ax dax，他们去不返回，
hfub mongb hfud deid dax，雷去雷返回，
hfub dax pab dongs diongb. 雷来劈中柱。
gheb vib ghail sex hxib，阿央自聪明，
gheb vib ghail vas xangs，阿央好智慧，
mongl gheik vob deb feex，去捞黄青苔，
mongl gheik vob nios feex，去要黄青苔，
lieed diot jil dongs diongb. 抹在中柱上。
gheb hfub eid jef dax dib，雷来劈中柱，
leet lob jef beix dax dab，滑脚落地来，
dieed zeix jef dax ghaik，用夹钳来夹，
weil naf jef dax gek，锅盖来盖住，
jef dieed lees nrongl daox，拿关在铜桶里，
jef dieed lees nrongl laot. 关在铁屋里。
gangx zeid ad dax ait jongl diongb dail aob，有对姐弟来嬉戏，
meeb ait eid yad vut ghab，雷说不好玩，
menb ait eid yad vut ngit，雷说不好看，
menb mongl qab dax jees hseb，你们去找酸卤来，
hfub ait dax menb hxid，我做给你们看，
hfub ait dax menb ngit，我要给你们看，
laib eid jef vut ghab，比你们的好玩，
laib eid jef vut hxid. 比你们的好看。
zeid ad vangl vangb jus，姐弟东窜寻，
zeid ad vangl vangb neel，姐弟西窜找，
diot dax eid jees hseb. 得来酸卤水。
“bib niongb zend daob kheeb，“三粒葫芦籽，
“ait mongb eid nrenx ghaob dleil，“用作牛工钱，
“ait mongb mal ghaob vut. “用作马工钱。

“weil mongl eid beed yib aob，“我去就涨水，
“weil mongl eid beed yib neel，“我去有水灾，
“deeb not gheet mex bux dongb ghab，“别人拿粪培南瓜，
“meeb gheet mux bux zend daob，“你们拿粪培葫芦，
“deeb not dob hseed lees daob.“你们舂米葫芦装。
“weil mongl beed yib aob，“我要去发水，
“weil mongl beed yib neel，“我去有涝灾，
“deeb not gheet del lees zaid，“别人抬柴进家，
“meeb gheeb del lees daob.”“你们抬柴葫芦装。”
gangx zeid ad vangl vangb bil，姐弟向东游走，
gangx zeid ad vangl vangb dos，姐弟向西游走，
dlongk weix dex wangs nreeb，走到望纽地，
dlongk weix zaid wangs dad. 走到望达地。
……（询问了八月竹、箬竹、麻、冬瓜、南瓜）
nas dax bak dens lax，去问爸定拉，
nas dax bak dens hsend，去问爸定圣，
dens lax eid jef zes，定拉才来讲，
dens hsend eid jef zes：定圣才来说：
“feeb nongd eid zel nax，“大地已无人，
“khongd nongd eid zel bel，“大地已无伴，
“zeid ad not mongl xid ghek，“姐弟来结合，
“xid ghek eid jef jix nax，“结合人发展，
“xid ghek eid jef jix bel.”“结合才有伴。”
ib laix eid hfud diongl ghangd，一个坡头喊，
ib laix eid gheeb diongl dad，一个坡脚应，
mongb dax mongl des wad？ 你去哪里妹？
weil daz mongl qad yes. 我来去寻伴。
mongb dax eid mongl des yes？ 你去哪里哥？
weil dax eid mongl qad wad. 我来去寻伴。

兄妹结合后三年生了一个团团的瓜，询问当初让他们成亲的定拉神，定拉神说把这一团砍成十二堆，这样繁育人类才快。结果兄妹误分成了十三堆，而这多出来的一堆变成了“鬼火妇”。至此，引发火灾的根本原因已经找到。现请定拉神来把“邪气”收走，还这二十八户干净、吉利、富贵、发达：

ob laix eid mongl xid ghek，姐弟俩来结合，
xid ghek bib nix ngal，结合三年头，
xid ghek bib nret jit，结合三年到，
jef dot deeb eid ghaol laod，得个崽（团圆），
ghaol laos eid daf dongb ghab，（团圆）像南瓜，
ghaol laod eid daf zend ped.（长圆）像毛瓜。
jef nad dax eid bak dens lax，去问爸定拉，
nad dax eid bak dens hsend，去问爸定圣，
bak dens lax eid jef zes，爸定拉就说，
bak dens hsend eid jef zes：爸定圣就讲：
“laib nongd laib ceb liub，“这个是发富崽，
“laib nongd lai xif mongl，“这个是兴旺崽，
“laib nongd jef beed feeb.“这个发富才茂盛。
“laib nongd jef laif vangl.”“兴旺才发达。”
did hsat eid zef ob dot，要砍成十二堆，
did hsad jix zef bib dob，错砍成十三堆，
did hsat zex ob bens，要砍成十二份，
hsad jix zef bib bens. 错砍成十三份。
dob mongb eid dob hsad，一堆是错砍，
bens mongb eid bens yangf. 一份是多余。
ib dob eid mongl xil vix hveib bil vas，一堆去高山壁岭，
mongl jix niongx hveib dek del gangf zot，去成手捏火把的鬼火妇，
jef dax xed ghad diot nenb ob jef yaf zad，来拉屎淋二十八家，
xed wal leeb nenb ob jef yaf nrongl. 拉尿淋二十八户。

daok nongd eid ob jef yaf zad，现他们二十八户，

ob zef eid yaf nrongl，他们二十八家，

deeb dlas not hseex hvib，富人心明亮，

del ngas not feex zad，柴干自亮家，

ghek dot eid ghat vut，聚得好钱米，

ghek dot eid nreix jenb，聚得好钱财，

dieed mongl eid genl feed，拿去大集市，

dieed mongl eid genl liub，拿去大市场，

dot lol bad liob geib dlab，得来铁角黄牯，

bad liod eid qongt lot. 得来铁蹄好牛。

ghab mongb ed dax yek meib eib bongt nraf，喊好事来收去苦味和辣味，

deil xeeb yab ghab deil dos yab giol，别个不请专请你来，

ghab mongb dax yek bongt nrof haok zad，喊你来收二十八家邪气，

yek mongl eid vut lieel nenb dex，收去他们家才吉利，

yek mongl eid neeb zaid vut dlub，收去他们家才干净，

dlub nenb ob jef yaf zad，干净他们二十八家，

lieel nenbob jef yaf zad zeid ghaot. 干净他们二十八户。

niox zaid vut zeis ghad，让屋好装谷，

niox nrongl vut zeis niul，让仓好藏鼓，

niox zad vut zeis daib，让房好装孙，

niox nrongl vut zeis nreix，让仓好藏金，

jix hfei eid jas dlas，让他们发财兴旺，

hfab dat wangx diel，发如达官，

dlas dat wangx naos. 富像贵人。

……

3. “念牛”献牲

讲述完“吞房妇”的渊源后，接下来是面对黄牛念这一段，告知它为什么要去、谁要它去。

mongb dot sangb ab lieel lak liad！ 你得旋索[①]不好牛啊！

mongb dot hsens ab vut lak liod! 你得旋掌不好牛啊！

wek seix vib bil jeet aod mongb mongl lak liod! 山岭巨目妇要你去牛啊！

wek wees diees aod mongb mongl lak liod! 喝房妇要你去牛啊！

diangd mongl qib genl lak liod! 转去大堡市牛啊！

tob mongl zad jeet zaok lak liod! 返回黑崖洞牛啊！

nab gid mongl qib niul lak liod! 返回期努[②]啊牛！

mongt gid mongl lof jiongs lak liod！ 再去屈膝跪拜牛啊！

dot sangb lieel gid lol lak liod！ 得好线索再来牛啊！

dot hsens vut gid lol lak liod！ 得好旋索再来牛啊！

deek nongd ghed niangb dail niongx nrongl aod mongl lak！ 现有个吞仓妇要你去牛啊！

wad haok zal aod mongl lak liod！ 喝房妇要你去牛啊！

mongb nib liax lol mongl！ 跟她们脚印走牛啊！

mongb daos ghaot mongl！ 跟他们去牛啊！

mongl ab hfeeb mongl hxid！ 去不回头牛啊！

mongl ab diees mees nit！ 去不返脸看牛啊！

khab leix dib not khab！ 开田各开田牛啊！

daob oyd dib not daod！ 筑坝各筑坝牛啊！

mongb nrax dib not nongb！ 你名声自忘牛啊！

dait hxak dib not！ 唱歌各自唱牛啊！

aob nib weil nreix seix！ 不粘我师父牛啊！

aob nib weil not xangx！ 不粘我师父牛啊！

aob nib dail nreix niul！ 不粘其他客人牛啊！

aob nib dail diangs ghab！ 不粘他主家牛啊！

---

① 旋索、旋掌：均指牛身上的毛旋。

② 期努：地名，是苗文 qib niul 音译，属苗语古地名，今已不可考。

4. 灭旧火种，迎接新火种

每户都从家中引燃一束火把来到路口，堆积在一起烧，待成灰烬时龙永超贾师诵唱这一段以扑灭旧火种：

deil mongd ghange dax mongl deil deeb nret vongx，今日喊来龙仔，
mongb dios zeid vongx，你是龙仔，
mongb dios zeid eek，你是蛟孙，
mongb gheet aob vangb，你挑来龙水，
mongb gheet dax aob eek. 你挑来蛟水。
mongl xub bex gheeb weel vongx，去到那龙潭深滩，
mongb xub zad hfud bex weel eek，去到那雷公家蛟龙渊，
mongl ghenx dax aob vongx，你挑来龙潭水，
mongl gheet dax aob eek，你挑来龙滩水，
dieed dax hfud del nongx nrongl，拿来灭吞仓火，
dieed dax hfud del haok zad，拿来灭喝房火，
hfud mongl vut dleb vut lieel，灭去才白和吉利，
dlub nenb ob jef yaf diex，白他们二十八户，
lieeb nenb ob jef yaf zad. 吉利他们二十八家。
niox nenb diex nrongl zeis vangt，让门户装子装孙，
zad mongl eid vut zeis nreix，让房屋装金装银，
deix vut jix hseed，房屋发财发富，
hfeeb dat wangx diel，发如达贵，
dlas dat wangx naos. 富像贵人。

诵唱毕，负责挑水的男子将事先准备好的“龙水”用葫芦瓢舀泼以彻底浇灭旧火种燃烧后的火堆。然后龙永超贾师再诵唱此段，同时由助手用外面带来的新火种[①]点燃另一堆柴火，燃旺后大家再把新火种迎接回家。

① 新火种：过去是去河对岸没有发生过火灾的寨子借新火种，现在扫寨仪式一般都由贾师从外面集市购买的打火机作为新火种。

de deek nongd ghab neeb ob jef yaf zad，今他们二十八家，
giol nenb ob jef yaf deix，他们二十八家，
ghenx mongl eid del dlas，抬去的是富贵火，
ghenx mongl eid edl hfeib. 抬去的是兴旺火。
ghenx mongl eid nrees vangt，抬去养仔，
ghenx mongl eid nrees zeid，抬去养孙，
reis vangt eid jix hfeib，养仔就发达，
reis vangt eid jas dlas，养孙就发富，
hfeib daf eid wangx diel，发如达官，
dlas daf eid wangx naos. 富像贵人。

5.“扫各家各户”

“扫各家各户”是扫寨仪式的关键性仪轨，因为它体现了对每一户切切实实的祈禳，直接满足大家对“白”“吉祥”的心理需求。

贾师走在最前，牵鸭子的和挑“龙水”的紧跟其后，每到一户诵唱一遍，故 28 户则重复 28 次：

deek nongd niang deel ghaot（Nreel），今有主人家告尼①，
giol dax eid deeb nreet vangx，喊来个龙仔，
ghangd dax zeidd weel ieek，喊来个蛟娃，
mongl gheex aob vongx，抬来龙水，
mongl gheet aob eek，挑来蛟水，
gheet dax hfud del nongx nongl，抬来灭吞房妇，
ghenx dax hfud edl hfaok zaid，挑来灭喝房妇，
hfuk mongl zad vut dliub，灭去主家吉白，
hfuk mongl zad vut lieeb，没去主房吉利，
niox zad vut zeis dab，让房好装子孙，
niox nrong vut zes nreix. 让屋好装银。

① 告尼：即尼公，主人家名字，每家每户诵唱的不同之处便在于此。

zeis dab vut jis fheeb，装孙好发达，
zeis nrenx vut jas dlas，装银好发富，
hfeeb dat wangx diel，发如达贵，
dlas dat wangx naos. 富像贵人。

6.“送神封路”

dax weix dens lieel，来到吉坪，
dax dief dens vut，来到好坪，
weil ghab yab gab hxeeb，我嗓不白唤，
weil ghab yab gab lial，我请不白请，
weil niangb nreix ghaob dleil，我有牛工钱，
weil niangb mal ghaob vut. 我有马工钱。
weil bib bad gheib mob，送你大公鸡，
liub dat dail ghangl，大如家鹅，
pangt dat dail ngeis，魁似天鹅，
daod mongl nenb vut diangd，分开它好转，
hvak mongl nenb vut tok，隔开它远离，
lieel nenb bo jef yaf deix，吉利二十八户，
dleb nenb bojef yaf zad. 吉利二十八家。
lol veib bad gias ghab jid，来抓公鸭身，
lol gongf bad gias dleeb，来握公鸭颈，
liangl dleil mongb gid aod，绝气你就要，
dait bongt mongb gid vik，断气你就拿，
gheb jix deil mongb mal，就成了你有，
gheb jix deil mongb deef. 就成了你的。
mongb ab nongx zees xeib，你不吃清汤，
mongb ab nongx ghad wal，你不吃浓汤，
mongb ab nongx hsongb nras，你不吃肝子，

mongb nongx deil hxid nrel，你吃的生血，
mongb haok deil dleik vut. 你喝的活气。
gof nrel mongb ab nongx，生肉你不吃，
xid saof feet gheeb haok，拌生你就喝，
mongb nongx gheb leit ghongd，你吃饭到喉，
mongb haob gheb leit dleeb，你喝饭到肚，
nongx beid dlad，填满腰腹，
haok beid taot. 装满腰肚。
nax vongx giol mongb dax，稻魂喊你来，
hseed dod giol mongb dax，白米喊你来，
diees nongd nax vongx diee mongb mongl，现稻魂送你去，
hseed dod hsongt mongb mongl. 白米送你去。
nax vongx giol jef weix，稻魂喊才到，
hseed dod giol jef leit，白米叫才到，
ghongl liub not bougb，大路自知，
ghongl yut not xangk. 小路自识。
mongl hfud deil vix vib，越过高山，
mongl fat dal bil vas，翻过山岭，
mongl weex bak qib lieel，去到爸处，
mongl dlef bak dens vut. 去到爸歇处。
bak mongl niangb dab，爸去坐着，
bak mongl qut vut，爸去休息，
mongl aod mongb vex，去拿你鸡笼，
dieed qeib mongb qheib mob. 关你大鸡。
ad mongb ghiel gias，拿你鸭笼，
dieed ghiel mongb gias pangt. 关你肥鸭。
qeib nenb hseeb nix，关它千年，
ghiel neeb wees nreet，关它万世，
niox nenb jef yat dex，让他们二十八户，

niox nenb ob jef yaf zad，让他们二十八家，

hseeb nix jix hfeeb，千年发达，

wees nert jix dlas，万年发富，

hfeib dat wangx diel，发如达官，

dlas dat wangx naos！ 富像贵人！

7. 共飨祭肉

仪式的最后属于世俗世界中的人：分食与神的祭品“扫寨肉”，也分享神赐予的吉利。尤其是现场的孩子们，在他们眼里此刻好比野餐聚会、开心无比。全寨人在村子附近的河对岸集体烹食祭祀黄牛（见图 3–9）。

河流乃地理意义上常用的天然分界线，也是仪式中两个不同空间场域的分界：新火种要从河对岸带来，共飨祭肉也要在河对岸，因为至此扫寨并非完全结束，曾遭火灾的寨子还尚未真正获得“白”“干净”，所以分食“扫寨肉”也仍要在河对岸的洁净空间进行。

图 3–9　乌寿寨村民在山脚小河对面做饭、共飨祭肉

二、葬礼中的贾理

葬礼向来都是剖析一个族群文化的重要切入点，它是文化内核的集中体现，在葬礼的仪式过程中直接展现了该族群的族源、迁徙历史、精神信仰等重要文

化因素，以及他们面对生死体现的世界观与人生观都于葬礼中一览无余。同时，相较受现代文化影响、瞬息变迁的世俗生活而言，葬礼由于其肃穆的神圣性和人们对死亡的畏惧而保留了更多自古传承下来的文化内容。丹寨县境内的苗族丧葬习俗大体一致，基本包括送终报丧、守灵、“拢客”、入殓、出殡、安葬、“做四晚”、“送水吃”、走客这些环节，时间跨度为一个月左右。不同地方苗族在葬礼仪轨上细节会有不同，例如靠近县城的苗族葬礼在入殓之后和汉族一样即盖好棺盖，用的棺材木已干且刷好油漆[①]，而在稍远的扬颂一带多在人过世之后现伐木[②]做棺材，不刷油漆，而且棺盖和棺材是分开抬上山，到达墓地之后再一次整理逝者方合上棺盖。当地人说早些年人和棺材都是分开抬，在山上入殓，这种习俗当下在南皋一带的苗族中仍然保留着，可以说是共时呈现了苗族丧葬习俗变迁的标志。

葬礼的仪轨相对复杂繁琐，贾理、巫词与贾师的“口语”相互交织，笔者在田野考察期间亲历了 3 场葬礼的全过程[③]，皆位于贾理传承的核心区扬武镇，分别在排中村排凯自然寨、扬颂村小排甲自然寨与扬颂自然寨。

（一）“拢客”

“拢客”（苗语 Ghek Khat）是整个葬礼中最重要的部分，四处的亲友陆陆续续到达，女儿抬猪来杀，主人家还杀了一头黄牛招待客人。苗族盛行芦笙送葬，八寨苗也不例外。每一波亲戚都带了一队芒筒芦笙[④]，现场统计一共有 18 支队伍，每队在 7—12 人，共有 132 名芒筒 / 芦笙手。“踩堂”[⑤]时间每队平均约为 12 分钟，芒筒芦笙队的女性都穿盛装，从下午 5 时一直进行到晚上近 10 时。这 18 支队伍的先后顺序也由“龙杆会”统一安排，有序地在村口等待，队伍走过村大门便开始吹奏，节奏舒缓，据听得懂芦笙词的村民说这是《开门曲》（见图 3–10），主要是赞颂主人家。上楼进入堂屋后，队伍围成圆形逆时针运动吹

① 油漆：一般不用市场卖的工业油漆，而是自己在漆树上割的纯天然油漆。

② 伐木：一般砍伐树龄较大的松树。

③ 一位女性老者两位男性老者。

④ 芒筒芦笙：丹寨苗族一般一个自然寨都至少有一支芒筒芦笙队伍，主要在葬礼上祭祀亡灵。亲戚们请来的这些芒筒 / 芦笙手即来自本寨，本寨不够人数可花钱到其他村寨请人。

⑤ 踩堂：当地人称芒筒芦笙队在堂屋吹奏祭奠亡灵为“踩堂”。

奏芒筒芦笙（见图 3-11）。

图 3-10　芦笙队在主家大门吹奏《开门曲》

图 3-11　“踩堂”

吹奏者舞姿动作整齐，忧郁而有节奏的芦笙乐穿插着低沉震慑、直击灵魂的芒筒声，在葬礼上这不再是简单的音乐，而是存在于苗族信仰体系中具有某种神圣效果的力量，亲友们立在棺旁边掩面放声恸哭，踩堂声也成为悲伤的掩盖。直到晚上约 10 时，贾师李会龙大伯肩背大马刀开始主持开路仪式（苗话 Bek Ghongl），首先是祭献娘舅家送来的礼品：

deel vongx not daod hfud，龙自断线，
deel hhfud not leik lieet，雷自割线，
fab lel not ghongx juf，瓜熟蒂落，
daot lel not ghongx ghab，树老连根倒，
mongb zeel nred diot pab lab，命绝于脚底，
zeel nreet diot pab pil. 丢了连手背。
mongb dex deel gheb nab，你户的太阳伞，
mongb zad deel gheb lat，你户的月亮屋[①]，

① 太阳伞、月亮屋：指舅舅舅妈。

daib dlas gheb sex hvib，富人心贤惠，
del ngas gheb feex zaid，干柴火堂亮，
dieed dax jed aob nreix，拿来银水酒，
ghet dax jed aob zenb，拿来金水浆，
dieed dax dal gheed dleb，拿来白米饭，
longl dax dal gheed nreit. 拿来团糯米。
mongx vut jit bil dlib，吃好爬鬼坡，
mongx vut jit bil zees，吃好爬魅坡，
jix dlas ghed longl hfud，发富向前，
jangl leix ghed tob gheeb，栽秧往后，
mongx neeb ob dangl feeb，让他们（两头）发达，
mongx neeb ob dangl dlas，让他们（两头）兴明，
jix feib bongl yongl，渐渐发达，
jix dlas bol yox. 渐渐兴明。

祭献完给逝者的物品，李会龙贾师面朝棺手抱一只公鸡念诵贾词，在贾理关于创世的叙述中定拉神指出了用公鸡领路，带领亡人去与祖宗相聚。本段是出殡前夜“开路”仪式的核心部分，大意为由公鸡带路将亡灵送回祖先居住的地方。肉体虽亡，但魂魄仍存。在贾师话语体系中这个部分也称作“教死人”，“教”他每个关键路口怎么走、需要克服哪些艰难险阻等，“摆泥”“乌约河”“羊望”“米雪岭”“促绍坡”等都是亡灵需经过的地名，最后到达祖先居住的地方。有些是苗语古地名现已不用，具体贾词记录如下：

mongb jix deel xongs jef，你成七十岁，
mongb jas deel jex nreet，你遇见九岁，
feeb lel not ghongx jud，瓜熟蒂落，
daot lol not ghongx ghab，老树腐根，
deel vongx not daod hxid，龙自割脉，
deel feeb not leit lieet，雷自割绳，

jub gid diot mongb mongl，教路你自去，
jjub gongl diot mongb niongs. 教路你自行。
gheib lol ghail leef dias，鸡你光着身子来，
bil xongb lol ait gongt，梓刺来做爪，
zend wal diel ait mees，樱桃做眼珠，
vib liax liel ait diot biees，粘黄土[①]做脸面，
nox nrox lol ait hxangt. 树叶来做衣服。
zeik vib zeib hvangb hveid，锯石锯在那山崖巨石上，
zeik vib daot vax ved，锯来石野木犁，
dieedhsos diot ghaib hfongd，拿来做鸡冠头，
jef hsob dail ghaib ghangd，才说鸡去喊，
jef jix nieeb mal neel，才遇马鼠天，
jef jas mangt zaok naib. 才有傍晚。
dieed mongb nrangx ghab hsaib lab ghaib，拿你跟列祖，
dieed mongb daos bongs niongs lab ghaib，你去随列宗，
dieed vib lol zenl lak ghaib，拿石头来栽啊鸡，
dieed daot lol lof lab ghaib，拿树枝来插啊鸡，[②]
jit ceed diot bil nreik lol ghaib，爬到摆泥鸡啊，
dieed vib lol lof lab ghaib. 拿石来栽啊鸡。
deik teid diot bil yel lak ghaib，跳到小簸箕啦鸡，
yid caid diot aob yes lak ghaib，飞过乌约河[③]啦鸡，
ghed dieed daot lol lof lak ghaib，就拿树枝捶啊鸡，
ghed dieed vib lol jenl lak ghaib. 就拿石牌来栽啦鸡。
dieed nrangx ghab hsaib lak ghaib，你随列祖啊鸡，
dieed daos bongs niongs lak ghaib，你跟列宗啊鸡，
deik taid diot deex vib lak ghaib，跳到石坪啦鸡，

① 粘黄土可做染料。
② 栽石头、插树枝：指做界线，证明到达了那里。
③ 摆泥、乌约河：皆在今兴仁市境内。

deik diangf diot vangl xiees lak ghaib，跳到羊望啦鸡，
deik diangf diot vangl wangs lak ghaib. 跳到羊下[①]啦鸡。
mongb jef lol weix feeb lol ghaib，你才到地方啊鸡，
dieed mongb lol lait denb lak ghaib，你才来到处所鸡啊，
dieed lol xongx ghab hsaib lak ghaib，用你随列祖啦鸡啊，
dieed mongb daos bongs niongs lak ghaib，叫你随列宗啦鸡啊，
nrangx ghab hsaib lak ghaib，随列祖鸡啊，
daos ghab hsaib seil leis lak ghaib. 随形影不离鸡。
yof dax mongb ab hseib lak ghaib，老鹰来不怕鸡啊，
dleed dax mongb ab wees mees lak ghaib，岩鹰来不怕啊鸡，
dleed dax mongb jox weix lak ghaib，岩鹰来你往上鸡，
yof dax mongb jox dab lak ghaib，老鹰来你下走鸡，
jub gid diot mongb mongl lak ghaib，教路你自去啊鸡，
jub gongl diot mongb niongs lak ghaib. 教路你自行啊鸡。
kad lob diot vib zeib，从火塘边起步，
kad daot diot but del，从火笼边迈步，
deik diangf diot gheb nrongl，脚到仓边，
yid diangf diot gheb liangs，迈步禾架下，
gheb weix xul dex neex，来到了菜园埂，
gheb fat xul dex tit，就过了门间，
weix xul hxangb leix，到了田边地埂，
weix xul hxangb ongd. 过了山塘埂边。
mongb weix xul aob bex，你过了水井，
mongb fat xul aob meek，你过了水源地，
yid diangf vix liangb vob，越过摘菜岭，
deik diangf bib lial leit，迈过割茅坪，
yid diangf vix bangd need，越过打靶岭，
deik diangf bil hsaik pongt，迈过接靶坡，

① 羊望、羊下：皆在今扬武境内。

yid diangk vib nxad val，越过米雪岭，
denk diangf bil nies beet，迈过结冰坡，
mongl waix bil zef saot，来到“促绍”坡[①]，
gheb fud bil zef hsaot，翻过“促绍”坡，
jub gid diot mongb mongl，教路你自去，
jub gongl diot mongb niongs. 指路你自行。
mongl weix bil daol lieet，来到织带坡，
gheb hfud bil dok lieet，翻过织带坡，
gheb hfud lob seil leil，迈开脚步走，
gheb khad lob hseil leis，放开脚步去，
gheb weix bil ghongs jet，来到白芨坡，
gheb hfud bil ghongs jet，翻过白芨坡，
gheb weix bil naos hsos，来到雀站坡，
gheb hfud bil naos hsos，翻过雀站坡，
gheb weix bil hxek hsenb，来到纺纱坪啊鸡，
gheb hfud bil hxek hsenb，翻过纺纱坪啊鸡，
jub gid diot mongb mongl，指道你自去，
jub gongl diot mongb niongs. 教路你自行。
ghaib ghaib mongb daos bongs niongs lak ghaib，你随列祖列宗啊鸡，
mongb daos ghab hsaib lak ghaib，你跟列宗啊鸡，
dleed dax mongb ab hseib lak ghaib，岩鹰来不怕鸡，
yof dax mongb ab zek lak ghaib，老鹰来不怕鸡，
dleed dax deib jox weix lak ghaib，岩鹰来你往上鸡，
yof dax deib jox dab lak ghaib. 老鹰来你往下鸡。
deik diangf diot vix liub，跃过大岭啊鸡，
deik taid diot dlougs yus，越过送约岭啊鸡，
deik diangf diot gheb neel，跃过南岭坡啊鸡，

① “促绍”坡：“促绍”指苗家织布机上的配件，迁徙途中可能在那里织过布。如果是公（男性），就是放牛坡之类。以事件代替地名。

yid diangf diot gheeb yus，越过送约岭啊鸡，
hfud lob mongl seil leil，脚过千岭啊鸡，
fat lob mongl xeel vees. 越过万山啊鸡。
deik diangf diot bil naox，越过绿叶坡啊鸡，
yit diangf diot bil vas，越过万雀山啊鸡，
deik diangf diot gongb vib，来到高衣岭①，
yit diangf diot vib kiod，翻过高衣岭，
mongl hfud dail dex weex，翻过菜园埂，
mongl hfud dail dlougs hsaot. 越过送绍②。
deik diangf aob bex dlib，走到鬼魂井，
ghed hfud aob meib zees，越过鬼魅井，
deik diangf bes vib liub，跃过大石岭，
yid diangf diot bil vas，跃过尖山岭，
deik diangf vix caod hhseed，跃过簸米岭，
deik diangf bil qud hfeet，跃过倒糠坡，
deik diangf weix xib vab. 跃到了稀雅③。
yit diangf xul bil diel，越过排调，
deik diangf diot mal niul，跃到麻鸟，
yit diangf xul feeb hxougt，来到番汹，
deik diangf diot vob has，跃过雅灰，
yit diangf diot dlib peid，来到先配，
deik diangf deel ghab dliob，跃到甘苏，
jet hfud dlul jad faf，来到展发，
deik diangf feeb giox nrenx，跃过方桥泥，
yit diangf khongd neel peid，来到孔南配，
gheb leit vix kob dlad，就到狗头岭，

① 高衣岭：音译地名。
② 送绍：位于今扬武一带。
③ 稀雅：音译地名。

gheb leit xul bil xongb. 就到辛刺岭。
gheb weix dex vangl dlib，来到鬼门寨，
gheb leit zad vangl zees，来到鬼魅屋，
mongl weix dex dlob hfangb，来到四方屋，
mongl leit zad dlob ghot. 来到四方房。
mongb mongl xud hseeb nix，你去就千年，
mongb mongl xud wees nret，你就去万载，
mongl dlaox jangb ghaot lel，你跟江告老[①]，
mongl daos bak ghaot yangx，你随爸告扬，
mongl dlaox bak gnab dab，你随土地公，
mongl daos mens ghad lax. 你跟土地娘。
mongb diangd weil seix lieel，你退我师名，
mongl tok weil xangs xis，你退我师誉，
mongb diangd dail xeed mangl，你退那洗脸，
mongb tok dail ot mees. 你退那洗身。
mongb diangd dail dlob bak，你退那四爷，
mongb tok dail dlob yes. 你退那四汉。
mongb diangd dail maf nrenx，你退那杀牛，
mongb tob dail dib bat. 你退那杀猪。
mongb diangd deel peib heeb，你退那缝衣，
mongb tok deel qut hxangt. 你退那穿衣。
mongb diangf deel pieeb zeib，你退那砍木，
mongb tok deel hsent ghaid. 你退那劈杉。
mongb tok deel aob jid dax，你退那些兄弟，
mongb tok deeb bel zend ad. 你退那些姨妹。
mongb tok deel bangd nad，你退那鸣枪，
mongb tok deel bangd pot. 你退那鸣炮。

---

① 江告老：苗族传说过去人不死，死从江告老开始，因缸中蜕皮被媳妇发现遭吐口水，结束了人蜕皮重生的历史。

mongb tok deel hseb nrenx，你退那贵客，
mongb tok deel kat niul. 你退那达官。
mongb tok deel gid diongx，你退那芦笙，
mongb tok deel lial leit. 你退那鼓吹。
mongb diangd lol zel liab，你退来大伙，
mongb diangd lol zel yet，你退来小伴，
yab beeb dliex xid vil，不给魂相伴，
yab beeb nreef xid hsongt，不给魅相送，
ghob lob tik nenb diangd，用脚踢他们转，
ghob bil tik nenb tok. 用手推他们退。
diangd lol feeb zent zend，退来结果地，
diangd lol khongd des beex. 退来开花地。
dleb dlougb not nrox，发白自青，
lod meid not lis. 牙落自生。
lol hxud hseeb nrix，来往千年，
lol hxud wees nret，来往万载，
weil hxub gheb lait bil，我话已到位，
weil hsaid gheb lait weex. 我语已到顶。

待开路仪式结束时已快凌晨，之后便是芒筒芦笙队再次轮流“踩堂”，与众多亲友共同陪伴死者最后一个夜晚。

（二）“上山”

“上山”即出殡。休息4个小时，凌晨5时再次赶到主人家，逝者在楼下入棺，天开始渐变成深蓝色，人们把一头大母牛[①]牵过来，这是要敬献给亡灵的牛。李会龙贾师再次肩扛马刀，一手端酒，对着母牛念诵贾词，从嘎里嘎对神让牛做牺牲开始讲起：

① 大母牛：如果死者是男性则用公牛。

dios genl jef lol lak nrenx！逢场你才来牛啊！
mongb lol ghail laif dees lak nrenx！你光着身子来啦牛！
ghab lix jef xis mongb lak nrenx，嘎里兴你来牛啊，
ghab dait jef xis mongb lak nrenx！嘎对兴你来牛啊！
qut geib diot mongb veet lak nrenx，得好角你才来牛啊，
qut lob diot mongb hieeb lak nrenx，得好脚你走来啊牛，
zel hsens diot mongb dieed lak nrenx！旋好你得牛啊！
xongs bad jef ngal neel lak nrenx，七牯下方游牛啊，
xongs meif jef jit jus lak nrenx，七母就上游牛啊，
mongb gangl genl liub lol lak nrenx，你从大场来牛啊，
mongb gangl genl kongb lol lak nrenx！你从大坝来牛啊！
jit feed diot genl neel lak nrenx，迈步到鼠场牛啊，
jit jus jef dax niangb lak nrenx，往上游才来啊牛，
jiet ghangd dit genl neel lak nrenx！才叫鼠场啊牛！
dieed mongb daos ghab hsaib lak nrenx，叫你随列祖啊牛，
dieed mongb daos bongs niongs lak nrenx，叫你跟列宗啊牛，
jef lol jit bil nreik lak nrenx，来到摆泥啊牛，
did diot deed dad nab lak nrenx，来也多天啊牛，
deid diot deed dad mongt lak nrenx！来也多夜啊牛！
dieed nenx lol niongt nreik，拿牛来休息，
jef ghangd ait bil nreil lak nrenx，才叫摆泥啊牛，
jit feed diot bil yel lak nrenx，来到从簸箕啊牛，
dieed nrenx lol nongx yel，拿你来吃篇草牛啊，
jef ghangd ait bil yel lak nrenx！才叫篇草寨牛啊！
jit feed diot bil leil lak nrenx，迈步到杨梅坡啊牛，
dieed nenx lol nongx zend leik，拿牛来叫杨梅，
jet ghangd ait bil leik lak nrenx，才叫杨梅坡牛啊，
deik diangf diot dlongs zab lix lak nrenx，迈步推牛五下啊牛，
zab lix deid dol not，推牛五下还远啊牛，

jet ghangd ait dlongs zab lix lak nrenx！ 才又推牛五下啊牛！
ngal diangf diot aob beet lak nrenx，下到傲扮河啦牛，
dieed nenx lol haok aob，拿牛来喝水啦牛，
jef ghangd ait aob beet lak nrenx！ 才叫傲扮河啦牛！
jit ceed diot bil mal lak nrenx，上到毕马啦牛，
dieed nenx lol longs mal，拿牛来逗马啦牛，
jef ghangd ait bil mal lak nrenx！ 才叫毕马啦牛！
deid lol weix ghab caib lak nrenx，来到嘎差啦牛，
mongb deid lol deed nab lak nrenx，你行走多天啊牛，
mongb dux ab lal lak nrenx，你脚缓慢啊牛，
mongb deid dlot ab dlef，你腿脚不利啊牛，
juf dieed daot caib dlok，才拿倒差刷，
jef ghangd ait ghab caib lak nrenx！ 才叫嘎差啊牛！
……
mongb dot gib not vut lak nrenx，你得好角牛啊，
mongb ghof jef liub leeb lak nrenx，你肉才大牛啊，
mongb vangd jef biees khat lak nrenx！ 拿你做菜分给客人牛啊！
dieed mongb nrangx ghab hsaib lak nrenx，叫你随列祖牛啊，
dieed mongb daos bongs niongs lak nrenx，叫你随列宗牛啊，
mongb diangd lol hsab niul lak nrenx，你退来亲朋牛啊，
mongb tok jel beet kat lak nrenx，你退来好友牛啊，
mongb diangd dal aob zeid dax lak nrenx，你退来水兄弟牛啊，
tok zel bel zeid ad lak nrenx！ 你退伙伴来牛啊！
mongb diangd deel peeb ud lak nrenx，你退缝衣人[①]牛啊，
mongb tok deel qut hxangt lak nrenx！ 你退穿衣人牛啊！
dieed mongb nrangx ghab hsaib lak nrenx，叫你随列祖牛啊，
dieed mongb daos bongs niongs lak nrenx！ 叫你随列宗牛啊！
jox gongl liub xieel vees lak nrenx，随着大路去牛啊，

① 缝衣人：指做寿衣的人。

daos gougl liub xieel vees lak nrenx，随着大路走牛啊，

mongb diangd deel dlob bak lak nrenx，你退他们四爷牛啊，

mongb tok deel dlol yes lak nrenx！你退他们四汉牛啊！

mongb diangd deel peed zeib lak nrenx，你退劈杉人牛啊，

mongb tok deel hsent ghaid lak nrenx！你退砍松人[1]牛啊！

mongb diangd deel hsel nrenx，你退他好亲牛啊，

mongb tok deel khat niul！你退他好客牛啊！

mongb diangd deeb zel liub lak nrenx，你退老的牛啊，

mongb tok deel zel ret lak nrenx，你退少的牛啊，

mongb diangd deel ob peit lak nrenx，你退那偏房[2]牛啊，

gheb tok deel wek vangt lak nrenx！你退那少奶[3]牛啊！

gheb diangd deel reil mangl lak nrenx，你退那擦身牛啊，

gheb tok deel ot mees lak nrenx！你退那洗脸牛啊！

gheb diangd deel xangs jax lak nrenx，你退我贾师牛啊，

gheb tok deel xangs xis lak nrenx！你退我师傅牛啊！

ab veb deel gongf caib lak nrenx，不粘拿刷条人牛啊，

ab veb deel gongf laot lak nrenx，不粘捏刀人牛啊，

gob lob deib diangd lak nrenx，抬腿送他们回牛啊，

gob bil deib tok lak nrenx！举手送他们回牛啊！

mongb nrex deeb not jax lak nrenx，你嘴自说牛啊，

mongb geib not zes lak nrenx，你角自讲牛啊，

mongb jid jef liub dleel lak nrenx，你身材高大牛啊，

mongb ghof jef biees khat lak nrenx！你肉才够桌数牛啊！

mongb nrangx ghab hsaib lak nrenx，你随列祖牛啊，

mongb jef daos bongs niongs lak nrenx，你随列宗牛啊，

yab beeb xed ghad leeb lob lak nrenx，不能拉屎淋脚牛啊，

① 砍松人：指做棺材的人。

② 偏房：指隔壁的人家。

③ 少奶：指年轻的女主人，对媳妇的尊称。

yab beel xed wal leeb qougt lak nrenx！ 不能屙尿淋蹄牛啊！
mongb mongl get dib fub lak nrenx，你去担大任牛啊，
niox deeb vut jix feib lak nrenx，让儿孙发财牛啊，
niox vangt vut jas dlas lak nrenx！ 让儿孙好发富牛啊！
weil nongd weil xangs jax lak nrenx，我是个贾师牛啊，
weil nongd weil xangs xis lak nrenx，我是个师傅牛啊，
peeb mongb gangb nongx dled，劈你胸吃心，
pab mongb dlex nongx niongs，劈你魂吃内脏，
aob neix nreil ghed nreil lak nrenx，银水就来洗牛啊，
gheb nreil gheb jix feeb，洗好就发达牛啊，
gheb nreil gheb jas dlab！ 洗好就发富牛啊！
gheb jix feib longl hfoud，发达永向前，
gheb jas dlas tok gheeb lak nrenx！ 插秧才后退牛啊！

“念牛”结束后，盖棺，捆绑完毕抬出房屋，举行“解勾”（苗话 tad nax beik yib）仪式：用两个系在米草上的、一干一生桃树杈勾在一起，干的桃树杈用米草联结棺材，生的桃树叉用麻线联结着半撑伞、肩夹一束稻禾苗的长子，二儿子紧跟其后，贾师念词后立马甩开两个树杈，表示逝者与生人之间“相克”之患已解除，死与生彻底分开，将吉祥、“白”、“干净”留给在世的人。解勾仪式结束后，族人们排成一条纵队，头顶几十米的白土布将抬殇的队伍“牵引”到村口大门处，即将进行杀牛祭祖与最后的“围棺芒筒芦笙”送行。此时 6 时半，晨雾始腾，已接受李会龙贾师“念牛”的母牛在一阵鞭炮声中祭献给亡灵，被木柱压倒时专门选择它头朝太阳升起的方向（见图 3–12），因为人们认为东方是亡灵追随先祖的出发方向。

当天留下来的芒筒芦笙队是主家关系较近亲戚带来的队伍，他们在“龙杆会”人员的安排下陆陆续续围绕棺材跳最后一次送别的芦笙曲。这一次吹奏了约两个半小时，9 时 25 分正式发灵往山上。队伍最前面是逝者的孙子打着黑伞端着照片。芒筒芦笙队在后面一直继续吹奏，直到墓地附近。墓穴是前一天下午挖的，用三根金竹确定方位，烧香供奉祭品后由大儿子开始挖第一锄，而且

这一锄泥巴需要单独装起来，等垒好坟墓后放到坟尖。下葬的过程一直伴随着鞭炮轰鸣，贾师最后在棺材四周用大马刀拍一拍，再次由大儿子埋第一铲泥土，大家纷纷开始帮忙掩埋，不到一个小时连墓碑都立好了，还盖上了草皮。

图 3–12　祭牛头朝太阳升起的东方倒下

（三）“做四晚”

“做四晚”（苗语 Dlob Mangt）与“复三”用意相近。

下午 3 时多，娘舅家亲戚和本家族后人再次聚集在二楼走廊，主人家已经准备好祭祀供品：水牛角摆放在堂屋一角①，牛心切小块煮熟，糯米饭、蒜泥、米酒，还有一碗米，上面卷插着约 80 元，李会龙贾师家做了一副金竹卜。与前文所述扫寨仪式相同，“做四晚”也是用稻米去到“开路”将亡灵送去的“鬼魅村 / 四方屋”请回来享用供品，同时祈求亡灵保佑子孙后代。至此，亡灵转变成庇佑后人的家神，还确定了明天要去侄孙家“走客”②。仪式最后大家共飨祭食。此仪式的贾词如下：

① 堂屋一角：传统苗族人家的堂屋没有汉族“天地君亲师”神龛，这一家也是。

② 走客：苗族有“事死如事生”观念，通过占卜询问亡灵走客的对象，逝者“选择”她兄弟的孙子家。届时孝子三五人带糯米饭、酒肉等礼品到他家共饮一餐，侄孙也会回赠给姑婆礼物。如果有的人生前喜欢赶场，也可以通过占卜询问欲何时去哪里赶场，孝子们再按约定到场坝买酒肉当场祭送亡灵。

nax deel lol daos，稻魂来叫，
hseed deel lol giol，白米来喊，
nax mongl seil leil，稻魂如风去，
hseed mongl diak yaf. 白米如雾随。
gongl liub mongb bongb，大路自知，
gongl yet mongb xangs，小路自识，
yad diangf gheeb nrongl gheeb langs，飞到禾架边，
deik diangf dex weex dex tit，跳到菜园门间，
hxangb leix hxongb ongd，田埂塘边，
aob bex eid aob meeb. 山泉井边。
diex taix eid gheb liob，跳到大路，
vongl wangs eid aob bex daot leix，来到羊望水井，
gongl liub eid not bongb，大路自知，
gongl nret eid not xangk，小路自识，
dex taid bil liub eid bil vas，跳到大岭高山，
deik diangd vob hab eid bil vongb，飞到雅灰排翁，
lol wix bil dok lieet，来到织带坡，
deik diangf bil ghongs jes. 走到挖白芨岭。
nax mongl eid del nrel，稻谷如风去，
hseed mongl eid dial yaf，白米随风跟，
gongl liub eid not bongb，大路自知，
gongl nret eid not xangk，小路自识，
lol weix dlougs saot eid，来到乌寿，
lol lait vangl wangs dex weex，来到羊望，
lol weix ghab dliob eidd jad faf. 来到甘苏贾发。
deik diangf eid bil leil bil vangl，跳到大岭高山，
lol waix bil vas eid vangl zees，来到尖岭魅崖，
mongl weix vongl zees，来到鬼魅村，
zad jut eid dlob gaot. 来到四方屋。

deek nongd jix dal mongl eid dlob mangt，现在恰逢四晚四夜，
dlob mangt eid ghangd deel eid wek nax eid lol nongx，
四晚喊你巫拿来吃，
lol nongx vob keib lol nongx eid ghax liel，来吃热菜加蒜泥，
lol nab xangt mongl eidd lol nongx eid nral seib，来吃田鱼和花椒，
lol nongx eid tok seet nreef eid zeel neb. 来吃退了全部魂魄。
lol waix dlougs hsaot eid aob bex eid aob meek，来到乌寿山泉水井，
lol lait vangx wangs eid dex waix dex tit，来到羊望菜园门闾，
lol weix gheeb nrongl gheeb langs eid but ngeis，来到禾仓、火笼边，
lol weix feed deit eid lol leit haok bas，来到翻碗喝酒，
lol mongx eidd lol tok mongb deb eid zeel liub，来吃退你儿女老少魂魄，
lol haok eid lol diangd mongd gheb xangb zeel yut.
来喝退你儿女老少鬼魅。
lol seix hseeb nix lol niangb eid wees nret，让他们享千年富百世，
dlob dliougb not nrox eid lod meid eid not lis，白发自青牙脱自生，
jix feib eid boxgl yox，发富如茵，
jix dlas eid bougl yongl，发财永久，
feid dat eid wangx diel，发达如汉帝，
dlas dat eid wangx naos. 富贵如苗王。

葬礼最后环节，李会龙贾师应大家盛情邀请唱了两首“破歌”（苗语 bol hxak）意寓为从此以后，破除禁忌，大家可以随性地唱苗歌，而这个头就由主持葬礼的贾师先开。一般情况下，贾师会临场编唱关于生命教育的内容，启发刚刚经历葬礼的世人珍惜活着的时间。因此在听“破歌”时现场气氛凝重，常有人暗自抹泪。歌词如下：

一

nrangx vob ghab nrees vut，小草寿命好，
nrangx vob ob diees lis. 小草两季生。

ab niox gib lieet bus，假如虫咬断，
gib daod mol nenb gios，小草倒枝节，
nrangx vob ged jot cat. 小草也枯萎。
nrongl zaid ghab nrees vut，木楼虽命好，
nrongl zaid ob diees xongt. 木楼两次装。
ab niox mab del diees，假如出把火，
mab ghab leed wel wes，火苗呼呼着，
nrongl zaid ab hset dot，木楼受不了，
nrongl zaid ghed lal los. 木楼也倒下。
hxangb lix ghab nrees vot，田埂命虽好，
hxangb lix ob diees hsait，田埂两次砌，
ab niox vongx ngal wangs，假如龙王往下走，
aob feeb aob niul tet，洪水泛滥，
bangb vix bangb bil los，泥流顺波来，
hxangb lix ab hseet dot，田埂受不了，
hxangb lix ghed lal los. 田埂也垮倒。
dab naix ghab nrees vut，人命虽然好，
dab naix diangl jus diees，人只来一世，
not hangd nil daos sangs，大多过半世，
hvab laix nil bat nret. 百岁很难逢。
nenb ghongx fel diot dos，他倒下方去，
zeib jux leeb lol zait，杉九块来垫，
dab feex deid lel nreit，黄泥来填实，
vib nrox deid jenl jongt. 青石已砌实。
hsob mongb mongl ait lias，叫你投生做鸡，
mongb yab mongl ait lias，你不要去做鸡，
dat dieed mongb mongl liees gies. 拿你装笼子。
hsob mongb mongl ait bat，叫你投胎猪，
mongb yab mongl ait bat，你不要投胎猪，

hangd mongb mongl ait bat，如你投胎猪，
weix nix diel hvak nret，到年底分界，
dieed mongb lol hvak nret. 拿你杀祭年。
diel dieed dad jangl nas，汉家拿剑量，
yat deib dad diek yangs，亚家拿刀试，
bud yil aod yil dos，兄弟分哪支，
ad vangl aod dliok dos，姨妹要哪称，
dent lab eid seil fat，想那好冷心啊，
hseet lab eid niul sangs！ 想那好心酸啊！

二

jox feeb feeb deel dees，地方平央央，
jox aob dad diongl niongs，溪水伴冲流，
daib naix diangl jes yangs，人生一个样，
ab niangb deel dos vut，没有哪个好，
ab niangb deel sos nais. 没有哪个穷。
hfub daib gheel vut not，雷神本算好，
hfub niangb xul daot aot. 雷神住云端。
vongb daib gheel vut not，龙王本算好，
vongb niangb xul zeid liat. 龙王居深渊。
hxongd nongd ob nrees vut，现我们有命在，
dlaox ad vangl diot xos，跟姨妹唱歌，
dlaox bud yil haok bas，跟兄弟喝酒，
bol sod seil mangt gios，如果明天或傍晚，
bud deid lol dlef dliot，催命书来到，
angd eid lol dlof gent，量命尺来到，
daib naix xad nil niangs，人也受不了，
deib ghongx ful diot dos. 瞬间也倒下。
mongl niangb feeb vangl wangs，去往岭冲上，

teid zaid dlob leel beis，房屋四块板，
niangb dab seil taik jongs，坐起抵膝头，
hxed weix seil taik meis，站起抵额头，
haok aob ghab diongl wangs，喝水山冲滴，
dul ab niangb dul deet，冷了没火烤，
dlak gib nongb dul deet. 借萤火虫取暖。
weil ab niangb weil hot，没有锅煮吃，
dlak gib diob weil hot. 借螃海壳煮吃。
hxib eid mongl dent jas，那时悔起来，
deib xangx diangd lol lis，还想往人世间，
dab feex deid liel yeit，黄泥已夯实，
vit nrox deid jenl jongt，青石已牢固，
hvib dent sex seil not，心想酸极了，
aob dent sex niul not. 水想水浑了。

（四）“送水吃”

“送水吃”（苗语 Beeb Aob Sell），老人过世后——女性第 26 天、男性第 27 天举行的献祭仪式，家族和亲友均带糯米饭、米酒、半熟整鸡、糖果等食品装在篮子里并系上一条新毛巾，由贾师将祭品一一点给亡灵“享用”，指引亡灵去天神嘎里嘎对的地方跟祖先团聚，勿再“回来”打扰世人。该仪式是整个葬礼的最后环节。

排中某逝者的“送水吃”仪式在 2019 年 8 月 16 日（农历七月十六），早上 9 时正式开始，亲戚朋友们送来的祭品在堂屋已经摆放了两层（见图 3–13）。

贾师是位 40 岁出头的男性，天星桥村人，头包黑色土布，两颊分别插一支稻穗。人们认为其完成“换装”后不再是普通人，而是能够直接与亡灵、生人沟通的中介，他借助稻米引路可以直接到达亡灵魂魄所在的地方并把他请回来享用亲友们的祭品，而且可以直接“转述”亡灵的“需求”。由于客人太多，整个仪式从早上 9 时进行到傍晚 6 时，贾师全程不吃不喝。仪式最后的告别全场恸哭，人们认为这是最后一次“团聚”，领受过祭品就要回到祖先那里去了。

两个儿子和媳妇并排站立，贾师代表母亲最后一次用毛巾象征性地给四人洗脸，嘱托他们一家人要和睦相处。最后贾师揭下帕子，至此，葬礼全部结束。

图 3–13　“送水吃”仪式现场

在亲历葬礼这个过程中，当亲友们一起流泪时，笔者便不再是个旁观者，而也是一个可研究的对象。整个人像经历了一场洗礼，从悲伤到欣慰，到最后笔者想快点结束考察好回家陪伴自己的父母，此外还有对死亡的认识、生命的再次感悟，都是田野考察带来的启发。

三、保家仪式

保家（苗语 Bod Zaid）是以家庭为单位的、规律性举行的祈禳仪式。在苗族人家不管是木房还是砖房的大门上方常见悬挂一小捆“木棍”，还有镜子等物，这就是保家仪式留下的“法器”（见图 3–14）。

进新房、装大门需要保家，老房子也需要按一定时间规律举行保家仪式，时间一般在腊月或正月。具体的日子多选在苗历的太阳宿、水獭宿、竹鼠宿或者是虎场天、马场天。整个仪式主要由“请神”“神保佑”“献牲”“送神”四个环节组成，其中值得注意的是请米魂去喊定拉神前来保佑的路线是祖先迁徙的路线；“杀狗”祭祀前念诵了一段贾理中的经典案件“猪狗案”。

图 3–14　悬挂在大门上的保家“法器”

（一）仪式背景

保家仪式举行于 2019 年 2 月 26 日（农历正月二十二），马场天（甲午日）。地点在龙泉镇马寨村猫寨自然寨，仪式主持为苗族贾理省级传承人潘玉祥。主人家姓王，40 岁，两个小孩，分别读五年级和三年级。主人家的木房有三层，豪华版的木房装修。一楼水泥砖封墙，堆放杂物和厨房。二楼是客厅和堂屋，堂屋里外都吊了顶且装有彩灯。三楼也已装好，暂时闲置。这栋房子从立新房到最后装好差不多花了 50 多万元，是他们两口子这么多年在外打工的所有积蓄。刚刚装修好二楼，过段时间又要外出务工，尤其是他们这种常年不在家，所以更要保家，保佑家中一切平安，外出的人顺顺利利。

（二）仪式过程

1.“请米魂喊神”

nret ghot diot dangl dab，旧年的往下，

nret hveib diot dangl weix，新年的往上，

nret beet diot dangl dab，猪年的往下，

nret neel diot dangl weix. 鼠年往上。[①]
weil ghangd seil ab weix，我喊的不到，
hsad ghangd seil jet weix，米魂喊才到，
hsad ghangd ghaot dens dax，米魂喊定拉公，
ghaot dens lax lol xis：定拉公来教：
“deek nongd dios naib lieel，“今天是吉日，
deek nougd dios mangt vus，今晚是良辰，
deek nougd dios naib ceb，今天是旺发日，
deek nougd dios mangt xif，今晚是富辰，
deek nougd dios naib hfeib，今天是发日，
deek nougd dios mangt dlas. 今晚是祥辰。
deil ghaot zenb，家主名告金，
dex mens dail wuk nreix，门户母巫妮，
lel teid jix zaid bib qongd，建成新房三间，
xongt jix zaid yaf zenb，立成八金屋，[②]
vet lol dleb nenb zaid bib qongd，就来白他三间房，
leel nenb zaid yaf zenk zenb. 洗他八金屋。[③]
dleb nenb zaid bib qongd mong seeb nix，白他三间房千年，
leel nenb zaid yaf zenb mongl wees nret.” 清他八金屋万代。”

2. “米魂上路请神”

米魂得到贾师的“指令”后，根据祖先迁徙来的路线追溯到定拉公所在的地方。其中涉及许多苗语地名，许多已经难以辨识。

mens bak dex wangs nreb，父母居望纽，
dief fat zaid wangs dad，跨过长冲居，

① 根据仪式具体时间调整。
② 此句指对房屋结构和精装的赞誉。
③ 此句指清洗去房屋的不吉之物和事。

ab vud dex wangs nreb，不居在望纽，
ab vud zaid wangs dad. 不住在长冲居。
diuf fat feeb meed eb，跨过沫洛河，
deik fat khongd meed pongt，跨过康满碰[①]，
diuf fat feeb vib aob，来到石头河，
diuf fat khongd bil ak，来到老鸦山，
diuf fat neel xix jul，来到南喜就[②]，
deik fat neel hsat diongb，来到南下东，
diuf taid neel leix longd，来到南雷陇，
deik fat ged hxib neel，来到苟西南，
diuf tad diot vix niongl，来到太平坡，
deik diangf diot vix had，来到也憨岭，
diuf tad diot zeex ghaob，来到了宰弓，
deik diangf bes bil jel，来到了卓佐，
diuf diangf diot bil dod，来到了排倒，
diuf diangf diot bil mos，来到了排莫，
diuf diot aob wab，来到了乌弯，
deik diangf bes yal hxit，来到了雅现，
diuf tad diot aob gongb，来到了乌炯，
deik diangf bes dangk jangs，来到了总奖，
diuf tad diot feeb ougd. 来到了番瓮。
vangl neel jet lol jus，龙塘往上走，
diuf tad diot ghad lad，来到了卡拉，
deik fat bil yal dos，来到下排牙，
diuf diot feeb ghab vax，来到了甘雅，
lol lis khongd zaid ghot. 居住在者蒿。
ab vud feeb ghab vax，不在甘雅居，

① 康满碰：音译地名。
② 南喜就：音译地名。

ab vud khongd zaid ghot，不在者过[①]住，
lol niangb feeb dangx vib，来住在党依，
lol lis khongd bil wees. 来住在排院。
nenb vib jet lol jil，他石才来立，
nenb daot jet lol lof. 他树才来栽。[②]
vib vongx lol vud zeid，龙石来守渊，
nenb xud lol vud vix. 虎才来守岭。
gheeb ghaob jet beex vol，紫荆开是农时，
ghaob ghongd jet lot jex，收割也到手，
hxeb aod ghod lait bil，吃穿能接季，
neex dais ghod weix gheeb. 季季能相连。

3. “定拉公保佑”

将定拉神从“望纽”请来后，他开始嘱托“五子”，通过各自不同的特点命它们庇佑、保护主家。

ghaot dens lax lol nais，定拉公才来说，
jet lol nais zaid bak，才来问主家，
jet lol nais dex mens：才来问主母：
“mongb teid jix zaid bib qongd，“你建成房三间，
“xongt jix zaid yaf zenb，“你立成八金房，
“aod vid hlongk zaid bib qongd？“用什么乔迁进房三间？
“aod vid hlongk zaid yaf zenb？”“用什么乔迁进八金屋？”
ghaot dens lot lol xis：定拉公来说：
“mongb aod del zab dab，“去要那五样，
“aod del ab bus langb bus jek，“要那不中郎中咒[③]，

① 者过：地名。位于扬武镇牛棚村。
② “立石”“栽树”：意为划分边界。
③ 郎中咒：一种咒语。

“jet mongl nais daot nreeb，“才去问那八月竹，
“jet mongl nais daot dlaof，“才去问那劳木，
“jet mongl nais bil xongb，“才去问木刺，
“jet mongl nais bil xangt，“去问那花椒刺，
“jet mongl nais bil dleb，“去问那三月泡刺，
“meeb zab daib ab bus langb bus jek.”“你五子不中朗中咒。”
daot nreb jet lol zes：八月竹才来讲：
“daot nreb ait ghab teb，“八月竹做裹脚布，
“daot dlaof lel khaib dlad，“劳木来束腰，
“vet khaib gios bil xongb，“才来束住木刺，
“vet khaib gios bil xangt，“才来束住花椒刺，
“vet khaib gios bil dleb，“下来束住三月泡刺，
“zab daib lol zus zas，“五子来分布，
“tat des ghed bax liub.”“分蔸也发达。”

4. 卜卦 · 翻碗 · 敬酒

卜卦 · 敬第一道酒

dens lax nais zaid bak，定拉问主家，
beed aod nrix ghaob dlenl，定要牛工价，
beed aod mal ghaob vus. 定要马工钱。
hsob dail yid mongl gheet，叫谁才去抬，
hsob gib feib mongl gheet，叫给飞[①]去抬，
hsob gib nenl mongl ghenx，叫蚂蟥去挑，
ghenx lol laib gheed naof，抬来那糯米，
gheet lol laib gheed sent. 抬来那粘米。
gib feib jet lol zes，给飞才来讲，
gib neel jet lol zes，蚂蟥才来说，

① 给飞：稻田中的小昆虫，长相似蜜蜂。

gib feib deib zel dleil，给飞花力气，

gib feib deib zel vus，蚂蟥了力气，

jet daot fad lob diot，才用脚指缝抵，

jet daot fad bil diot. 才用手指缝抵。

gib feib gib neel jet mongl gheet，给飞蚂蟥才去抬，

gheex lol lab geeb naof，抬来那糯米，

geet lol lob geeb sent. 抬来那粘米。

dot nraof jet liub deel，得鱼又大条，

liub liub dat pab bil，条条大如手掌，

dat pab lob bad lel. 似壮汉的脚掌。

aod lol dail bad dlad，要来那公狗，

dleb dleb dat bad hsot，洁白如公鹤，

dleb nenb zaid bib qongd，白他家三间大房，

lieel neeb zaid yaf zenb. 清她家八金大屋。

dleb mongb ghab seeb nix，白到上千年，

lieel mongl ghab wees nret. 清到千万代。

lol hfeid dail deit hfab，来翻那花碗，

lol hfeid dail deit nios，来翻那瓷碗，

deit fhab zeis jed aob nreix，花碗盛银浆酒，

deit nios zeis jed aob jenb. 瓷碗装金浆酒。

卜卦·敬第二道酒

zaid bak vut jix feib，家主才发达，

dex mens vut jas dlas，家主才发富，

jix feib mongl seeb nix，发达旺千年，

jas dlas mongl wees nreet. 发富兴万代。

jet mongl nais daot dlaof，又去问劳木，

daot dlaof jet lol zes：劳木才来讲：

“gid weix dail naib lal，“选那好吉日，

“gid jas dail mongt vut，“择那好良辰，
“meeb aod weil hlongk zaid，“要我同乔迁，
“did xongt feix hfongd dex. “挂在门楣上方。
“weil naox liub daf gek，“我叶大如斗篷，
“xad niangb niangs mongbb zaid bib qongd，“遮了你三间大房，
“xad niangb niangs mongbb zaid yaf zenb，“遮住你八金大屋，
“xab vet qab feeb nongx ghongd，“让主家外出能找钱，
“xab vet mongl qab qet neel meb.”“让主家外出发大财。”
jet lol nais bil xongb，又来问木刺，
bil xongb jet lol zens：木刺才来讲：
“weil naox hxeeb liub daf gek，“我叶大如斗篷，
“wil jid niangb lis bil，“我身生有刺，
“wil bil vas jix zex. “我刺尖如针。
“gid weix dail mangt xif，“择好那吉日，
“gid jas dail mangt dlas，“择好那良辰，
“meeb aod weil hlongk zaid l，“要我同乔迁，
“did xongt feix hfongd dex. “拿挂在门头上。
“weil hsangd dail meib kaib，“我挡了那发热，
“weil hvaok dail bongs nraf，“我挡了那发烫，
“meeb vut mongl jix feis，“让你们去发财，
“meeb vut mongl jas dlas.”“让你们去发富。”
jet lol nais bul xangt，又来问花椒刺，
bul xangt jef lol zes：花椒刺才来讲：
“weil neel denx ud hfab nrox，“我穿件绿绸衣，
“weil zeet zend meeb nongx. “我结果你们吃。
“gid weix dail naib ceb，“择那兴旺日，
“gid jas dail mangt xif，“择那发达时，
“meeb aod weil hlongk zaid，“要我同乔迁，
“did xongt feix diot hfongd dex. “拿挂在门头上。

“weil jid niangb lil bul，“我身生有刺，

“weil bul vas jix zeb，“我刺尖如针，

“weil hsangd dail lax mef，“我挡住头痛，

“weil hvak dail lax ad.“我挡住头晕。

“meeb vut sex hfud sab daib diel，“你们聪明比千家汉，

“vas hfud bab daib naos.”“智比百家苗。”

jet lol nais bul dleb，又来问白泡刺，

bul dleb jet lol zes：白泡刺才讲：

“dleb dleb weil ghed neel，“洁白我也穿，

“pangb pub weil ghed neel.“灰白我也穿。

“weil nrex niangb nongx dab，“我嘴吃沃土，

“zent zend meeb niangb nongx，“结果你们吃，

“gid weix dail nab feeb，“择那好日子，

“gid jas dail mangl dlas，“择那好时辰，

“meeb aod weil hlongk zaid.“要我同乔迁。

“weil jid niangb lis bul，“我身生有刺，

“weil bul vas jix zeb，“我刺突如针，

“weil xab dail hsongd longl，“我挡住那反胃，

“weil hsangd dail xad mongt.“我挡住那呕吐。

“hsangd meeb vut mongl jix feib，“让你们健康发达，

“hvak meeb vut mongl jas dlas.”“让你们健康兴旺。”

jet lol nais daot nreeb，又来问八月竹，

daot nreeb jet lol zens：笪木才来讲：

“weil daot nreeb ait ghab teb，“我笪木作绑腿带，

“daot dlaof vet lol khaib dlad.“劳木作腰带。

“khaib gios bib zab daib，“捆住我们五子，

“zab daib jet lol zes，“五子好发达，

“zab daib lol daf zos zas，“个个好兴旺，

“tat des dat bax lub.”“分蔸也发达。”

卜卦·敬第三道酒

meid dad niangb gef diongf，利剑在桌上，
naid del niangb dex liub. 火抢在大门边。
neb neex niangb gef hsend，米种在禾仓，
zend git niangb gef pangb. 酒药在仓廪。
nix jux vax vib hxid，九月地瓜熟，
mongl aod vax vib feed，去要地瓜做，
lat xongs vob genl lis，七月郎豆生，
mongl aod vob genl dangs，去要郎豆掺，
did feed dail jed aob，酿成那白酒，
did feed dail jed bas，酿成那甜酒，
zef ob hxib dax mend，十二时出酿，
zef ob seif dongs mongs. 十二时闻香。
bad qad geeb jix qad，联姻就成姻，
sos hvit geeb jix hxit，结友成好友，
meis nreix geeb dot nreix，买银也得银，
meis zenb geeb dot zenb. 买金也得金。
jix nreix ghab zenb liangb，得银拿戥称，
jas jed ghab haof jiot，得酒用罐装，
jix jed dex vongl diel，酿酒是荣独，
jas biees zaid vongl dlib. 成酒在荣先[1]。

5.“猪狗案”：以狗为牲的渊源

贾理有追本溯源的特点，凡事都要找到最初依据，例如为何祭祖时用牛也会在祭词中呈现。此处讲述了猪勤狗懒的故事，由于狗的狡猾让人们误以为田都是它开的，最后定拉神来判狗守家。因此在保家仪式中才需要杀狗祭祀。

① 荣独、荣先：地名，酒的酿造发源地之一。

jet lol nais zaid bak，现来问家爸，
jet lol nais dex mens，现来问主母[①]，
zaid bak jet lol zes，家主才来讲，
dex mens jet lol zes：主母才来说：
“hsob dlad mongl khab leix，“让狗去开田，
“hsob bat mongl khab leix.”“让猪去开田。”
dlad ngil dlad bit dlaib，狗懒狗睡觉，
bat ngas bat knab leix. 猪勤猪开田。
tok lol xis zaid bak，回来告诉家主，
diangd lol xis dex mens，回来告诉主母，
khab leix neel leix longd，开田南雷陇，
khab leix jus leix feeb，开田北雷番，
bal sod gid mongl ngit. 明早才去看。
dlad ait hvib ab lieel，狗居心不良，
dlad ait hvib ab vut，狗居心不好，
ab weix xongb seif ob，不到七辰明，
ab weix xongs hxib feex，不到七辰亮，
dlad weix neel leix longd，狗跑到南雷陇，
dlad weix jus leix feeb，狗跑到北雷番，
dlad zek mongl diees xis，狗跑田中转，
zek biees neel leix longd，转遍南雷陇，
diees xis jus leix feed. 转遍北雷番。
tok lol xis zaid bak，返回诉家主，
diangd lol xis dex mens，返来诉主母，
gheb dlad jet lol zens：这狗才来讲：
“bat ngeil bat bit dlab，“猪懒猪睡觉，
“dlad ngas dlad hkab leix.”“狗勤狗开田。”
gheb bat ghed lol zens：这是猪也来讲：

① 家爸、主母：指人类先祖。

“dlad ngil dlad bit dlab，“狗懒狗睡觉，
“bat ngas bat khab leix.”“猪勤猪开田。”
hseid vaf aob jix hsaid，胡搅有话多，
hseid vaf bil des diangs，胡搅成官司，
hseid vaf del jix zeib，胡搅火笼旺，
ghangd ghaot keeb sos jax，喊犁公来评，
giol ghaot kak sos lenl. 喊耙公来判。
dax jax bib naib jax，评理评三天，
dax sas bib mangt lenl. 来判三晚理。
bib naib jax diot zaid，三天在家评，
bib mangt lenl diot vangl，三晚寨中判，
laix lix laix ab ab，猪狗谁不亏，
dail denf dail ab gios. 哪个都不输。
ghaot dens lax jet zes：定拉公才来讲：
“hseid dieed bil mongl ngit.”“携手现场看。”
mongl weix nenl leix longd，走到南雷陇，
mongl sos jus leix feeb，走到北雷番，
not niangb dail dlad lob，只有狗爪印，
ab niangb dail bat lob，不见猪脚印，
gheb dlad jet lol zens：这时狗来讲：
“gheb dlad not kab leix，“狗自去开田，
“gheb dlad not nangx geed. “狗应该吃饭。
“gheb bat ab kab leix，“猪你不开田，
“gheb bat not hak hfeet.”“猪你自吃糠。”
gheb bat jet lol zes：猪才过来讲：
“weil haok hfeet gheed hol，“我吃糠也行，
“weil nongx xangd weil mongl，“我吃饱我走，
“mongb lol nreif weil dliongb. “你来舔我槽。
“mongb nongx geed gheed hol，“你吃饭也可，

“mongb jix geed bad dlad. “你一直是条狗。
“zef nret geed bad dlad, “十年也一样,
“mongb liangl diangx nees ab nib. “你水肚油没一两。
“weil hak hfeet gheed hal, “我吃糠也好,
“weil ib lat lol bib liangl, “一月来三两,
“ib nret lol bib jit.” “一年长三节。”
zaid bak jet lol zes, 家主才来讲,
dex mengs gheed lol zes: 主母才来说:
“gheb dlad lol nongx gad, “狗你来吃饭,
“deek nongd dios nail lel, “今天是吉日,
“deek nongd dios mangt vut, “今晚是吉时,
“deek nongd dios nail ceb, “今天兴旺日,
“deek nongd dios mangt xif, “今晚发达时,
“deek nongd dios mangt dlas. “今晚是富时。
“teid jix zaid bib qongd, “建成三间房,
“xongt jix zaid yaf zenb, “立成八金屋,
“aod dlad lol vud zaid bib qongd, “拿狗来看三间房,
“aod dlad lol hxid zaid yaf zenb. “拿狗来守八金屋。
“dlad vud zaid mongl sab nix, “狗你看家千年,
“hxid zaid yaf zenb mongl wees nret, “守屋千万代,
“dleb nenb zaid bak dex, “白他主家门户,
“lol lieel dex mens zaid, “清她主母房屋,
“dleb dex mongl seex nix, “白门户千年,
“lieeb zaid mongl wees nret.” “清主家万代。”

6. 客人进家,“菩萨”“老祖宗”同来保佑

“杀狗祭祀”后,贾理叙述客人们扛着火枪利剑、纺车、各种农具等进入主人家,还要一个龙年生人挑水进家,这与扫寨仪式上属龙的人挑水取义一致:以水灭火。这应该是过去传统保家仪式上常见的情境,也反映了当时的生产生

活情况。但当下已经不送这些传统礼品，而是送稻谷、钱或者糯米粑等。

deek nongd teid jix zaid bib qongd，今日立成房三间，
xongt jid teid jix zaid yaf zenb. 立成八金屋。
aod keeb lol zaid bib qongd，扛犁进房三间，
aod kaklol diot zaid yaf zenb，扛耙进八金屋，
ghet nad del lol hlongk zaid bib qongd，扛火枪进房三间，
eek meid dad lol niangb zaid yaf zenb，背利剑进八金屋，
ghet bob hxud vol lol niangb zaid bib qongd，抬纺纱车进房三间，
genx geib yongx dok lol liees zaid yaf zenb. 抬给荣[①]来进八金屋。
weix dail ib songx eeb，倒了一道酒，
fat dail ob songx lol，吃了二道酒，
lol jas dail bib songx，来吃三道酒，
diuf tad jas dlob songx，吃过四道酒，
deik diangf jas zab songx. 吃过五道酒。
tiut niat lol hlongk zaid bib qongd，牵牛来进房三间，
hak niat lol hlongk zaid yaf zenb，赶牛来进八金屋，
did xux ghongl niat mangs，拿牛椏架上，
xux nongd ghongl gheed mees. 搭配刚合适。
did keeb zenl mongl yangs，拿犁架上去，
keeb nongd zenl gheed mees. 犁也刚合适。
diot jux keeb mongl jus，往上犁九犁，
aob vangx gheel renf los，龙水顺溜溜，
diot jux keeb mongl neel，往下犁九犁，
aob vongx gheel renf leel. 龙水顺溜流。
niangb kak leix geeb vangl，犁了寨脚田，
niangb jangs nax dleb nrel，用来栽稻谷，
des nax liub dies daot，米蔸大如树，

① 给荣：织布机部件。

dus beex liub leel beis，花开如树桩，
ghab laib dat hxad ngal，颗粒壮如冰雹，
ghab neeb daf dad mal. 稻穗如马鞭。
jet dieed lol dongb feeb，累积来发家，
jet dieed lol nal dlas，累积来发富，
bak lol gheet khangb naid del，爸把火枪扛，
jak deed ib jil xut. 利剑腋下夹。
mens lol gheet bob hxud vol，妈扛纺纱车，
genx dail gib yongx dok xid sel. 扛那织布车头一起来。
niangb dail daib nret vongt，有个好后生，
dail vongx dot meis hseid，属龙又俊俏，
dail vongx mongl vud zeid，龙行去守渊，
gheex aob vongx lol niangb zaid bib qongd，挑龙水住房三间，
ghab lot niangb aob nrex vongx，口含龙口水，
nent aob nrex vongx diot zaidbib qongd，喷龙口水淋房三间，
zos aob vongx diot zaid yaf zenb. 洒龙水淋八金屋。
aob vongx lol hfuk del week yal，龙水来灭巫雅火，
aob vongx lol hfuk del week yil. 龙水来灭巫义火。
niox del tiob vob vut niangb，让煮酸汤的火苗在，
del zeib geed vut niangb，让蒸饭的火苗在，
tiob vob vet dot dleil，煮酸汤吃才有力，
zeib geed vet dot vus，蒸饭吃才有气，
jet lol dleb neeb dex，才洁他家门，
vet lol dleb neeb zaid，要洁白他家屋，
dleb dex mongl seeb nix，洁门去千年，
leel zaid mongl wees nret. 白屋好万代。
aod dlad hsend ghangx deeb，用狗头下巴骨，
did lol dangs zab daib，拿来跟五子，
xongt diot dex liub hfangd，挂在大门头，

vet hsangd mongl seeb nix，好挡千年灾，
vet vud mongl wees nret. 好守万年门。
aod dail neeb neex vongx lel，要那米种来，
did dail xongd neex beel lel，要那摘糯来，
did lol dangs dail zab daib，拿来跟五子，
sax xongt feix hfongd dex. 一起挂在大门上。
ab niox dol neel naos，万一那些鼠雀，
seix hfud neel fat jus，走过路过，
neel naos ait hvib ab lieel，鼠雀不怀好意，
neel naos ait hvib ab dex，鼠雀心不直，
neel naos aitnrend ab dais，鼠雀不好好心，
neel nongx neel lod meid，鼠吃鼠断牙，
naos peet naos feef nrex，雀吃雀裂嘴，
naos nongx naos lod dak. 雀吃雀断翅。
bak bongx jongx lol ghed，爸宝炯来咒，
mens ghaot zeek lol ghed，妈告则来咒，
ghed diot dangl vangl niox，咒留寨头上，
ghed diot langx hxongb niox. 咒留田埂上。
did ait vib jif leix，用做砌田埂石头，
wil ait ghongd qut hkat？ 捉来做菜待客?
ghaot dens lax lol xis laol：定拉公来说：
“nongt xis nenb laol pox sab，“说那菩萨老人家，
“nongt xis nenb laol zud zongb，“说那些老祖宗，
“sax ngal lol hxid nenb zaid bib qongd，“同下来看那三间房，
“lol ngit nenb zaid yaf zenb. “同看那八金屋。
“bongt niongs nenb zaid bib qongd dleb seeb nix，“许他家三间房白千年，
“bod heb nenb zaid yaf zenb lieel mongl wees nret. “保佑他八金屋清万代。
“ob dangl mongl jix feeb，“两边都兴旺，
“ob dangl mongl jas dlas，“两边都发达，

“mongl jix feeb bol yox，“兴旺如绿草茵，
“mongl jix dlas bongl yongl. “发达如草发芽。
“bil nial baid dangl feeb，“女儿遍乡村，
“daib jid daid dangl vangl，“男儿满寨居，
“naib vut ib zef wangl，“好似如日中天，
“mongt vut ob dangl qid.” “如十六的月亮。”

之后，将束好的“五子”“法器”挂上大门，仪式正式结束。最后便是亲朋好友齐聚一堂共飨祭品，接受神的保佑。保家仪式可谓是“用贾理做事”的典型体现，贾师们常说“贾理可以做一万件事”，从本质上来说便借助“神”的力量达成信仰层面的目的，因此贾理充满着神圣性、仪式性也是源于此。在这次保家中，是主人家因长期外出不能照看老家，于是诉诸定拉公的“神力”帮助他现实中做不到的事，以神的力量降福去灾，也体现了贾理的泛神论特点。访谈得知他们也不会因此掉以轻心，而是更加注重房屋安全。除此之外，观礼者聆听了关于族群迁徙的知识，“猪狗案”有趣生动，对小孩来说还是一个教人勤劳的寓言故事。所以，这是一场对主客都有收获的仪式。

四、祭尤仪式

祭尤仪式（苗语 Nongx Yul），“Nongx”音“农”，表意为“吃”，引申义为“祭祀、祭奠”；“Yul”音“尤”，苗族人尊称为“尤公”（苗语 Ghaot Yul），即蚩尤。每年农历十月第二个牛场天扬武一带的苗族都会举行庄严的家祭或公祭活动，他们认为尤公是在这天遇难。此节 2007 年被列入贵州省第二批非物质文化遗产名录。丹寨至今仍有部分苗族明确自称是蚩尤的后人，丹寨境内还有许多保存“尤”读音的古地名：龙泉山苗名为“波告尤”，扬武乡所在地称“翁尤”，腊尧实为“腊尤”，排中屯上称“锡尤”，龙泉镇巫尤村称“榜尤”等等。根据田野口碑资料，直到新中国成立前，长青乡的腊尧、扬颂，扬武乡的干改、干河，排调镇孔庆、双尧[①]，龙泉镇的乌尧，兴仁镇的岩英、乌里、乌佐

① 双尧：以苗语音记名，“尧”实为“尤”音，“乌尧”同理。

等苗族村寨及与丹寨接壤的凯里舟溪青杠村龙姓苗族都过祭尤节。[①] 但当下传统祭尤节的流行范围萎缩到仅有扬武一带的苗族，这与贾理传承现状有因果关系。因为在祭尤仪式上需要诵唱世代相传的贾理祭词，目前扬武一带还有少数贾师，其他不再举行此仪式的地区贾理已有失承危险，淡化了祭词的祭尤仪式也逐渐淡出当地人的视野。

自从祭尤节被列入省级非遗后，当地政府加大了对该节日的保护、开发，曾经被销毁的、用于公祭的祭尤祠得到重新修葺。扬颂村公祭的祭师 1949 年以后历经 3 代：龙有全—龙有先—龙永超。2012 年隆重举行祭尤仪式，媒体、游客齐聚扬颂，由于龙有先年事已高，在大家推荐下正直盛年的龙永超成为当年主祭师，从此也接过了祭尤仪式主持的接力棒。因家祭需要，扬颂村许多老者都会祭尤词，龙永超的祭尤词便是父亲教的。2017 年丹寨某小镇开始营业后，每年也会举办祭尤大典，只是时间安排上会选在周末，祭师都是龙永超。于龙永超而言，每年他要搞两次祭尤仪式：一次在家，一次在万达小镇。两种不同场景中的祭尤仪式笔者在 2019 年和 2020 年都经历过，经过对比观察，从祭词到仪式准备都没有区别。

（一）仪式准备

仪式设在堂屋，在一块干净的木板上放置 9 个土碗装酒、9 份祭品，1 条煮熟的鲤鱼和 1 片青菜盛于构树叶上（见图 3–16）。龙永超解释："传说是蚩尤当时藏在构树上躲过一劫，用青菜和鲤鱼是因为这是古老古代的食物。九份代表蚩尤有九个兄弟。"在面朝香火的方向用簸箕放置一个直径约 40 厘米的"牯子粑"代表牯牛献给祖先，祭坛的右边用篮子放 9 个小糯米粑。如果是公祭，则用火镰、火石和火草取火，点燃火把后，贾师手持放有竹卜和米的小竹筛开始诵唱祭词，全程共需酹酒 9 次。

① 据当地人介绍，丹寨扬武龙姓与凯里舟溪青杠村龙姓、麻江龙山的龙姓原同属于一个家族，因清代战乱部分龙姓从丹寨迁出。

图 3–15　家祭仪式现场

图 3–16　公祭时需要的火镰、火石、火绒

（二）仪式过程

1. “请尤公”

weix dal nix eib，到了正月，
dlef dal nix ob，跨过二月，
jit diot lat bib，来到三月，
ghenx hxongd mongl yel，抬灰去打底，
gheet hfeet mongl pet，抬粪去追肥，
ghob zax mongl jek，用钉耙去挖田，
bab dab mongl reil. 踩耙扒田平。
neb nax mongl beex，将谷种撒上，
neb hseed mongl nent，将米种播下，
bib naib gheb dax qangb，三天谷发芽，
bib mongl gheb des nrex. 三晚谷开口。
gid weix dal lat dlob，来到了四月，
naib naib mongl vangb hxangb，朝朝埂边看，
deek deek mongl vek niangs. 天天埂边瞧。
gid weix dal lat zad，来到了五月，
gid weix dal ghab naib，秧苗到天数，
gid beed dal ghab def，看已到吉日，

daox reib mongl reil hsangd，扯秧洗净泥，
dlet des mongl teik diot. 分蘖去栽插。
gid weix dal lat det，又迎六月到来，
naib naib mongl daox khiod，连日去薅刨，
deek deek mongl dlet gif. 整日去除稗。
gid weix dal lat xongs，又到七月来，
nenb jongx mongl nongx dab，根吃肥沃土，
nenb naox mongl haok dat，叶吸露水珠，
ab nil hxangb ， gios nil niangs. 歪靠埂，伏靠边。
ghab naox mongl khad jud，叶大可包粽，
ghab daot mongl haib weeb，秆大可编箕，
ab beeb wangx hob yek，不让大雾收，
ab beeb dlas zent lid. 不给大风刮。
gid weix dal lat yaf，又到八月来，
did ghenx lol beed nrongl，收抬来满仓，
nenf gheet lol beed langs. 割来满禾架。
gid weix dal nix jux，又来到九月，
gid dlef dal lat zef，又迎来了十月，
gid dlef naib nongx seib，迎来祭祖月，
gid dlef mongt nongx yul. 迎来祭尤日。
deek nongd gheb mongl ghab，今天就去请，
ghab dal ghab hsaib lieeb，去请祖宗来，
giol dal bongs niongs vut，去请祖宗到，
ghab hsaib ghaot wangx，去请祖宗大王公，
bongs niongs ghaot yul. 去邀祖宗老尤公。

2. 敬酒

敬酒 9 次，保佑后人。每一次都需要占卜“通过”后方可酹酒。

lob lol weix dex gex，来到大门外，
aob lol xeed mangl，水来洗额，
aob lol ok mees，水来洗面，
vees lol xak khob，梳子来梳头，
xeed niox vut dleb，洗了才白，
ot niox vut zes. 洗了才干净。
lob lol weix dex diongb，来到屋里，
dangk lol niangb dab，凳子来坐，
dangk lol qut vut，坐下休息，
nongx renb dot dleil，抽烟得气，
haok rent dot vus，吃烟得力，
renb nongd renb nreex. 这烟是名烟。
rent nongd rent but. 这烟是贵烟。
nongx diot ib sangx jed aob nreix，来吃一道银水酒，
haok diot ib sas jed aob jenb，来喝一道金水酒，
dlak mongb dleil dad，dlak mongb vus lub. 借你气长，借你力大。
lol hxid dex nrongl，lol hxid ghot zaid. 来查看门户，查看房屋。
jad seil zef ob dal ghab geib dlib，假如有那十二种鬼魅，
jad seil zef ob dal hfongd dangl diangs，假如有那十二种灾难，
deel dos yongd nrongl dak mieex，哪个躲在房头屋角，
ghob lob tiab diangd，用脚踢走，
ghob bil tit tok. 用手推去。
nongx zel ib sangx jed aob nreix，吃完一道银水酒，
haok zel ib sas jed aob jenb，喝完一道金水酒，
jeet lol ob sangx jed aob nrenx，倒来二道银水酒，
jeet lol ob sas jed aob jenb. 倒来二道金水酒。
lol bod daib zeid，来保儿孙，
lol haok vangt yut，来保长幼，
laix laix jix dleil、竹成器、

deel deel dot vus、竹有力、
laix laix jix hfeeb、竹发财、
deel deel jas dlas. 竹富贵。
niox deeb zeid、让子孙、
niox vangt yut，让长幼，
ait gheb sux ghaob，生产会做，
ait meb sux meb，针线会做，
ait ded sux ded. 读书上进。
jax weix ait ded，说到读书，
ab jub not sux，自学可会，
ab xis not xangk，会学上进，
not feex dot nab，心明如太阳，
not xok dot del，亮似火苗，
feex dot nab tob，明似太阳初升，
xok dat lat dangt，亮似月爬山岭，
nab tob nrex bil，东升太阳，
nras lis nrex dab. 竹笋破土。
nongx zel ob sangx jed aob nreix，吃完二道银水酒，
haok zel ob sas jed aob jenb，喝完二道金水酒，
jeet lol bib sangx jed aob nreix，倒来三道银水酒，
jeet lol bib sas jed aob jenb. 倒来三道金水酒。
lol bod ngux teid，来保圈舍，
lol haok ngus sos，来保圈仓，
reis nrenx zab dleeb，水牛宽膀，
reis liod angt jit，黄牛高肩，
reis bat los hak，喂猪肥壮，
reis gheib dad jel. 喂鸡长拐①。

nongx zel bib sangx jed aob nreix，吃完三道银水酒，

① 长拐：一年以上鸡才长小趾，喻养鸡易活。

haok zel bib sas jed aob jenb，喝完三道金水酒，
jeet lol dlob sangx jed aob nreix，倒来四道银水酒，
jeet lol dlob sas jed aob jenb. 倒来四道金水酒。
vut bod nenb neb gheib，来保他鸡种，
vut haok nenb xongd gas，来保他鸭种，
niox nenb ab bus not jix，不抱也成，
niox nenb ab reis not diangl，不喂也长，
ab beeb dleeb dax led，不让岩鹰抓，
ab beeb yof lol ghat. 不让老鹰扛。
nongx zel dlob sangx jed aob nreix，吃完四道银水酒，
haok zel dlob sas jed aob jenb，喝完四道金水酒，
jeet lol zab sangx jed aob nreix，倒来五道银水酒，
jeet lol zab sas jed aob jenb. 倒来五道金水酒。
vut bod nenb aob vob，保他蓝靛水，
vut hek nenb ghab dens，保他蓝靛浆，
bib nab dax jongx，三天生根，
bib mongl dot vus，三夜成器，
vut daol nenb jux jangb，染匀他九丈布，
vut taot nenb xongs bus，染透他七抱布，
jux jangb ghab vongl，九丈箱中布，
xongs bus ghab jit. 九丈柜里布。
nongx zel zab sangx jed aob nreix，吃完五道银水酒，
haok zel zab sas jed aob jenb，喝完五道金水酒，
jeet lol det sangx jed aob nreix，倒来六道银水酒，
jeet lol det sas jed aob jenb. 倒来六道金水酒。
ab beeb dlad wod，不让狗吐，
ab beeb mok fangs. 不让猫说。[①]
nongx zel det sangx jed aob nreix，吃完六道银水酒，

① 此句意为不让别人说闲话，不遭人背后指指点点。

nongx zel det sas jed aob jenb，喝完六道金水酒，
jeet lol xongs sangx jed aob nreix，倒来七道银水酒，
jeet lol xongs sas jed aob jenb. 倒来七道金水酒。
lol bod nenb nax，来保他稻谷，
lol bod nenb hseed，来佑他谷穗，
ab nil hxangb、歪靠边、
gios nil niangs，伏靠埂，
ghab naox mongl khad jud，谷叶用包粽粑，
ghab daot mongl haib weeb，谷秆用编簸箕，
ab beeb wangx hob yek，不让雾王收，
ab beeb dlas zent lid. 不让大风刮。
nongx zel xongs sangx jed aob nreix，吃完七道银水酒，
haok zel xongs sas jed aob jenb，喝完七道金水酒，
jeet lol yaf sangx jed aob nreix，倒来八道银水酒，
jeet lol yaf sas jed aob jenb. 倒来八道金水酒。
ab beeb gib leeb dod dex，不让马蜂撬门，
ab beeb gib mongl hliongk zaid. 不让蜜蜂进家。
nongx zel yaf sangx jed aob nreix，吃完八道银水酒，
haok zel yaf sas jed aob jenb，喝完八道金水酒，
jeet lol jux sangx jed aob nreix，倒来九道银水酒，
jeet lol jux sas jed aob jenb. 倒来九道金水酒。
vut tiab dlib vib，驱走发热鬼，
vut tiab dlib naok，推走咳嗽鬼，
gid weix tiab bus weix nrox，上面驱到蓝天，
tab bus daot aot；驱到云端；
gid dab tab bus khangd vongx，下面驱到龙洞，
tab bus khangd deil. 驱进深渊。
nongx zel jux sangx jed aob nreix，吃完九道银水酒，
haok zel jux sas jed aob jenb，喝完九道金水酒，

lol nongx jud bad nrenx，来吃牯牛粑，
lol nongx vab khangb nral dongk，来吃青菜鲤鱼冻，
nongx ghax liel xangt mangk，吃蒜泥、花椒，
nongx dal naox red，还有构木绿叶，
beeb diot ghaot nongx，供给公您吃，
beeb diot ghaot haok. 供给公您喝。
nongx jof lol bad，来吃来保，
haok jof lol hek，来喝来佑，
ait zangt mad saix，生意赚钱，
saix jof jix dob，金银成堆，
geed jof beed mongl，粮食满廪，
nongx jof ab jix，粮吃不完，
yongs jof an zel，钱花不完，
jix hfeeb bongl yongl，发展繁荣，
jas dlas bol yox. 荣华富贵。

每次敬酒前都需要占卜，卦合之后祭土地、祭尤公，在场人喝。相对李天云搜集到的祭尤词，龙永超传承的内容已然简化很多。以第一步“米魂请尤公”环节为例，李天云搜集的版本中“米魂”需要经过这些地方才能“请到”尤公：寨门—塘埂—母井—打枪山—射弩坡—长岭—花岩崖—黑山—乌岭—石泉—穿孔石—鸦叫坡—河水相汇处—清水江—大江河—大道—平原—黄河—逐鹿（Zuf Luf），“来邀大王公，来请尤公老，喊您跟谷走，邀您随米行。去到清水江，去到方尤地。如喊对您名，如叫对您姓；卦合给我看，卜对让我瞧”①。在笔者经历的祭尤仪式上，已经略去了米魂前去“逐鹿”请尤公等环节，龙永超贾师对此回复说：“尤公的魂已经请到祭尤祠来了，我们不用再去中原请了。”苗族认为人有三个魂魄：一个去到和祖先一起，一个在坟地，一个在神龛。尤公也相当于他们的祖先，因此龙永超贾师认为他其中的一个魂魄就在祭尤祠。该解释虽符合苗族人的信仰，但客观上造成了贾理祭

① 参见李天云：《丹寨苗族习俗礼仪理词选编》，4—6 页，2013。

词的变迁。第二部分的 9 次敬酒与之前的老祭词相比也简化许多，这也是口头文化传承过程中难以避免的现象。

第四节　贾理传承的教育要素分析

通过前文对贾理传承的途径、机制以及具有代表性的 4 个贾理仪式的“深描”，我们发现贾理的传承既有与其他随境式民族文化传承相通的特征，又有自古流传下来的贾师开班授贾的教育意识自觉。贾理属于非制度化教育，它存在于族群公共生活场域和日常生活之中。“正是因为其天然地、极为和谐地寓于人类的一切活动之中，它才是无时无刻不在以最佳的形式，潜移默化地在完成其教育功能，因而也是最隐蔽、最有力、最持久、最具有支配作用的，从而也是最无法从根本上替代的。”[①] 从根本意义上讲，教育现象是任何社会、族群客观永恒的存在，它存在于人们代代相传的交往中，教育的本质是人类传承文化的社会活动。[②] 文化的传承过程即为教育的过程，欲对贾理传承的教育价值进行分析，首先需要分析该活动的基本教育要素，教育价值的实现是各要素间相互作用达成。教育活动的基本要素是教育活动最原初、最简单，同时也是最核心、最基本、最基础的存在形态。凡是教育活动都具有教育者、受教育者、教育内容和教育活动方式等基本要素，这是构成教育活动的共性；缺少了其中任何一个要素都不可能成为真正的教育。即使是寓于社会交往与活动中的原始教育也应含有教育的各个基本要素。[③] 贾理传承的教育要素结构如下：

① 张诗亚：《祭坛与讲坛——西南民族宗教教育比较研究》，3 页，昆明，云南教育出版社，1992。
② 巴登尼玛：《文明的困惑——藏族教育之路》，237—238 页，成都，四川民族出版社，2000。
③ 王道俊、郭文安：《教育学》，16—17 页，北京，人民教育出版社，2016。

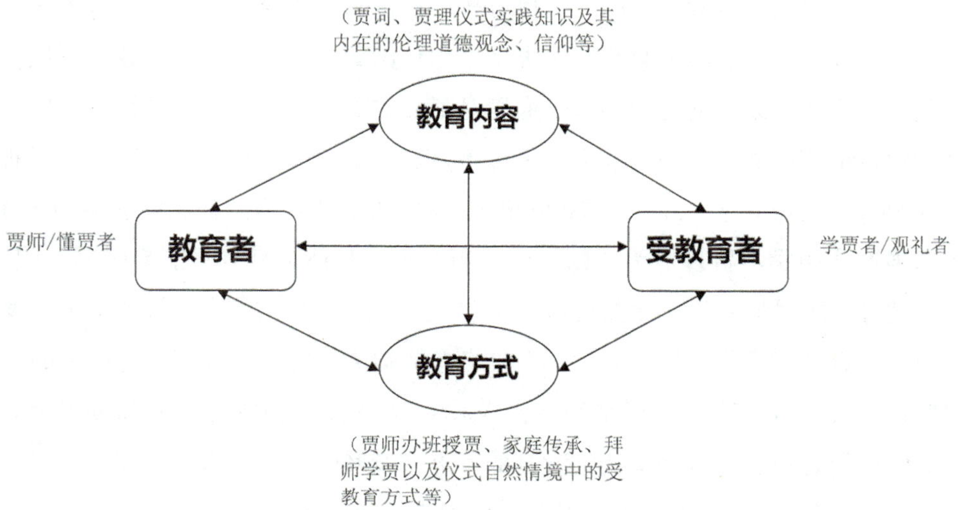

图 3-17　贾理传承的教育要素结构图

一、教育者与受教育者

“教育者是指参与教育活动、与受教育者在教学或教导上互动，对受教育者体、智、德、美、行等方面的发展产生影响的人。”[①] 由于贾理的传承分为自觉和自在两种情境：一是贾理传承的自觉形式主要有贾师办班授贾、学徒拜师学贾与家族内部亲子传承三种形式；二是以仪式、解决纠纷、对歌娱乐[②] 等生活化为基础的、自在的随境式传承活动。在自觉传承中贾师为名正言顺的教育者，其角色是学徒的“师父”“大师”，由于对教学内容贾理的持有优势，所以在传承的教育过程中贾师是该活动的主导者。受教育者是参与教育活动、与教育者在教学与教导上互动，以期自身在语言、知识、智慧等方面获得发展的人。[③] 因此接受贾师传授贾理的学徒即为受教育者。贾师开班授贾与拜师学贾都有专门的开班仪式和拜师仪式，过去对学习的时间都有严格要求，尤其是开班授贾，一般选在正月学习，每次师徒们都要穿上自织、染色、缝制的苗族男式古衣、

① 王道俊、郭文安：《教育学》，17 页，北京，人民教育出版社，2016。
② 一种介于贾理与古歌之间的演唱形式，当地人称“贾歌”。
③ 王道俊、郭文安：《教育学》，18 页，北京，人民教育出版社，2016。

包头帕，杀鸭祭定拉神后，庄严的授贾教学在贾师一领众随中开始。这种情境下的教育以雅思贝尔斯对教育基本类型来划分则属于师徒式教育，教授贾理的进程、内容选择以贾师为中心，学徒们对师父的尊敬有绝对服从的特点。也是这种源自情感深处牢固的联系为贾理传承奠定基础。比如兴仁镇台辰村贾师潘玉祥及其“同班同学”就是在20世纪80年代初跟随年迈的师父潘有富通过4年高强度集中学习贾理成为贾师。由于当时师父身体欠佳，只能与时间赛跑、披星戴月地竭尽最后生命教授贾理，10位徒弟也在师父的顽强精神感染下高度自律，几近“制度化”规律地学贾，最终老贾师潘有富成功授完了他所知的全部贾理。谈及30多年前的学贾经历，贾师潘玉祥的语气中掩盖不住激动以及对师父的崇敬之情。这也是师徒式教育的特点，亲其师，信其道；尊其师，奉其教。师父具有极高的人格魅力，从精神层面直接驱动着受教育者的学习。

贾理除了有目的、自觉的传授活动外，还有大量发生于自然情景中的、生活化的传承，例如通过仪式、对歌、解决纠纷等场合。前者可以明确区分出教育者与受教育者，而在自然发生语境中教育者与受教育者之间的界线则没有那么绝对。“在广义教育中，几乎任何人都可能成为受教育者，只要他是因缺少点儿什么在向别人学习着。决定谁是教育者、谁是受教育者的关键是各人在教育活动中所处的地位和承担的任务，不是个人的年龄、性别和职位。”①在祭祀、祈禳等仪式过程中，观礼者则无意识成为受教育者，“沉浸式”接受贾理濡化，主持仪式的贾师乃是教育者。当贾师引用贾理经典为人解决矛盾纠纷时，在场当事人与听众无异于都属于接受贾理精神教育的人。不过除了这类神圣、严肃场合，当贾理发生在娱乐性场景如对歌过程中时人人皆可为“教育者”与“受教育者”。歌者可以通过临场应变将贾理内容转化为歌词展开“辩贾”式对歌，既是歌者对贾理的二次加工，对听众更是起到“寓教于乐”的作用。国家级贾理传承人李会堂因懂贾理又善于参与地方事务管理，连任五届村干部，他还善于唱苗歌，家中堂屋挂着多次春节贾理对歌比赛第一名的锦旗。因此，自在的贾理传承与苗族传统生活习俗紧密结合，“唯其不集中，它才是分散的、无处不在的、无孔不入的……它才能在不知不觉之中寓于一切活动之中，作用于

① 叶澜：《教育概论》，13—14页，北京，人民教育出版社，2006。

人”[①]。苗族之所以形成这种口传心授的文化传承模式，与其所处的社会环境相关。苗族历史上长期处于迁徙中，传说他们发明过文字但在迁徙中遗失，于是只能靠口头文化、服饰等其他方式记载族群的集体记忆，因此苗族服饰凭借丰富的纹样符号表达特殊含义而被誉为苗族人穿在身上的“史诗”，具体承载“史诗”本体的便是口头文化系统贾理。源于人们对贾理的文化需求，贾理常随境式地发生在人们的日常生活中，实现濡化功能。同时由于苗族人文化自觉意识的觉醒，又大范围产生了贾师自主办班授贾的传承教育模式，以至在官方基层教育健全之间补充了儒学教化功能，堪称“苗族官学”。

二、教育内容

教育内容是教育者和受教育者在教育活动中共同理解和运用的对象，是教育活动中的纯客体。教育内容包括人类社会各种领域活动的知识、经验和技能，具有发展人的智慧、品德等方面的价值，有物质的、精神的、符号的、行为的表现形态。[②]在贾理传承过程中，教育内容可分为两个层面：外层是关于贾理的具体内容与仪式主持的实践知识，内层隐藏的是贾理传承的伦理道德观念。

（一）贾辞与贾理仪式实践知识

贾辞即贾理的具体内容，其庞杂不可穷尽，田野中遇到的贾师们常说“懂得贾理不能做一万件也可以做一千件事”，可见贾理在苗族人们生活中的重要作用。根据集体授贾的教学内容，首先教授的是序贾篇（Ghab Ghox Jax），直译为“贾理根源”，说明贾的价值与来源。贾原栖于天上噶里噶对处，是祖先留下的经典，用以教诲子孙为人懂理，后来老鼠咬断绳索才使得贾理掉落人间栖于金竹房中。其次是关于天地人神万物起源的创世篇（Aob Nriub）。在纽河黑水诞生众天神地神，他们开天辟地、铸日造月、制定历法、议榔立市，解决日月纠纷，创造了一个半神世界。还讲述了十二个蛋中孵化出了人类始祖央、雷、龙及其中一个寡蛋诞生了许多鬼神邪煞，这些神与鬼的来由成为做贾仪式

① 张诗亚：《祭坛与讲坛——西南民族宗教教育比较研究》，3 页，昆明，云南教育出版社，1992。
② 叶澜：《教育概论》，17—18 页，北京，人民教育出版社，2006。

中追根溯源的重要环节。接下来是洪水神话（Gheeb Yeeb Neel），雷与央因名字相争结怨，最后放水淹没世界，有一对兄妹得到雷的葫芦籽种出葫芦得以逃生，为繁殖人类，在定拉神的指教下他们结为夫妻生下肉团砍成十三堆，十二堆成人，有一堆成为各种鬼邪。在婚姻、祈禳等仪式场合贾师需念诵此内容追溯相应鬼神的来历。这十二群人为生存开启了大迁徙（Diux Aob Jit Bil），详细阐述每到达一个聚居点所发生的事情，在这个过程中形成的一系列榔规。这道贾还详细记述了苗族几个宗支从方西（今榕江县）继续往西北方向迁徙，在今雷山、丹寨、三都等地生活居住的史事。这部分贾理内容常用于葬礼祭祀将人灵魂送回"东方老家"。大迁徙结束、开始定居生活后，创生了以血缘关系为主的村落生活贾理，即村落篇（Ghab Ghaob）、婚姻篇（Gox Xub）、案件篇（Jax Dous Diangs）、巫事篇（JAX Ghab Daot Dlieeb），贾理内容从前面偏向神话性特征转向史实性、世俗性，在日常礼仪、纠纷解决等多种场合使用，其中最重要的是用于十三年一次苗族最隆重的鼓社祭祭词祭鼓篇（Gheid Nrix Meef Niul）以及每年农历十月第二个丑日举行祭祀蚩尤仪式所诵的祭尤词（Nongx Seib Yul Liangb Dab）。最后，贾理在仪式结束时也有固定程式，称为 Kheik Jax，直译为搁置好贾让它休息，把贾签等仪式用品存放好，反映了苗族先人对待贾理虔诚严肃的态度。[①]

苗族的文化精髓蕴含在这些贾理中，能精通以上贾理的贾师如今并不多，通常是擅长做某方面仪式的贾师便懂得相应贾理，所以这也导致在授贾过程中无法做到从创世到世俗生活的系统逻辑逐一学习，贾理教授的内容随着年老贾师逝去也变得碎片化。能记诵贾理并不代表一定成为贾师，有很多明明能背诵贾理的人在仪式上或许因为心理紧张等原因"捏不起饭缴"[②]，由于事关与神明"沟通"，一次失败的仪式足以终结贾师之路，所以才会有许多学徒最终只是懂贾之人而非贾师。

实践操作是指在仪式过程中的占卜、敬酒等固定礼俗程序以及制作一些仪式用品。由于贾理体系庞大，记诵贾辞成为难事。在集体授贾正式学习与生活

① 王凤刚：《苗族贾理》，贵阳，贵州人民出版社，2015。

② 捏不起饭缴：贾师主持仪式时手里拿一个直径约 20 厘米的竹簸箕，当地人称"饭缴"，用以放置白米和竹卜。

中作为观礼者或仪式助手等方式非正式学习，一般情况至少经历 5 年以上才能出师。而且仪式形式众多，往往一开始只是精通某几个仪式，后期还要经过再次拜师学得新贾理内容方可主持更多仪式。因此贾师通常有位懂贾理的父辈在日常生活劳动中教授贾理基础，后经过正式拜师学习成为贾师。一部内容完整的贾称为一道贾。田野考察发现越是年纪大的贾师懂得的贾理越多，例如 1941 年生的丹寨排调贾师王启荣，他除了保家、招龙、葬礼等一般仪式所诵贾理外还精通鼓藏节的祭鼓词，是当下能完整记诵贾理较多的贾师。据其口述，小时候先是跟祖父学贾理，后来跟父亲学，父亲过世后又和伯父学，所以他身上至少汇聚了 3 位从清朝到民国时期贾师的贾理。同时从王启荣贾师的经历也反映了贾理在苗族传统社会几乎人人普及的盛行程度。

（二）伦理道德观念

贾理内容从文本来看呈现夹叙夹议的特征，“叙”是史诗、族群的共同记忆，“议”则包含了苗族人的价值判断与伦理道德观念，而且值得引起重视的是这些观念与传统儒家思想的高度融通。“伦理道德是中国传统文化的核心，也是中国文化对人类文明最突出的贡献之一。……在文化系统中，伦理道德是对社会生活秩序和个体生命秩序的深层设计。”① 贾理既明确表达了对伦理道德的要求，也有隐藏的价值判断，例如通过案件或事例从侧面说明其价值取向，以及在作为习惯法时贾师对善恶对错做出直接裁定时的具体实践，都体现了贾理蕴藏的伦理道德观念。第一，从个人层面来说，贾理推崇“智”“信”等“君子”品质，这一点尤其体现在贾师身上。“谢他牛工钱，酬他马工钱。牛工钱不要，马工钱不收。但求名传远，只要誉增高。名为人尊重，誉为世奉崇。”“有些当了个小官，贪财、升官，国家给他钱入包包，贾理教育他们，贾理讲究仁、德。关键是仁义道德问题。”② 直到当下，通过田野考察与贾师们接触仍然可以体会到贾师身上助人为乐、无私奉献、教人向善的道德品质，他们常奔走在乡间，但从来都不主动向人索取，全凭主人家的经济情况支付远低于市场价的误工费作为报酬。第二，在处理人际关系方面，贾理提倡与儒家伦理相似的、和谐人

① 张岱年、方克立：《中国文化概论》，210 页，北京，北京师范大学出版社，2004。

② 苗族贾理省级代表性传承人潘玉祥口述。

际关系的伦理观念。“公公是公公，婆婆是婆婆，父亲是父亲，丈夫是丈夫，妻子是妻子。……要有区分才能亲切和睦，要有区别才能成体统。”“怎样做人才成人，怎样懂贾理的道理，与隔壁邻居大姨叔伯、夫妻关系男女关系父子关系，怎么处理。”“懂得贾理的人有时候好像做哪样要让步一点，人家讲不好听他们也不会乱讲。”[①]第三，在与其他族群交往过程中，贾理则体现出追求和平、集体主义、原始共产主义的精神，追求“公平正直才长寿，稳重求实能安邦”。贾理叙述在迁徙过程中，沿着都柳江到达“者德方西”[②]（苗语 Zeex Deex Feeb Xib），苗族先到，固人后到，两个族群还是发生了土地争执，苗族虽先到但主动提出“地方咱共有，处所咱共得，陡处同开荒，平处同造田”[③]。传说最后两个族群共同在方西繁衍生息很长一段时间，由于人口太密，“者德满嘟嘟，方西闹腾腾”，苗族先民又才开始新的分迁。

苗族的伦理道德观念中之所以融合了大量的与中原文化相通的精神财富，一是族群交往交流交融发展的“活态”见证，二是和苗族所处的实际社会历史环境密切相关。一个常常“拔寨”迁徙的族群要维系族群社会文化传承的稳定性，苗族人常说“人管不如神管”，所以从精神层面驱动文化对族群的教育发展整合功能。同时还要在恶劣的自然环境中生存下来，人们只能通过团结协作、讲求集体主义精神才能凝聚生存智慧。而且在迁徙过程中必然会面临和“他族群”的交往，这又铸就了苗族和平向善的思想观念。

三、教育活动方式

“教育活动方式是指教育者引导受教育者学习教育内容所选用的交互活动方式。”[④]它是动态、灵活多样的。贾理凭借口头传承、口授心记，传承贾理的活动方式主要有办班传授、家庭传承和拜师三种。根据贾理存在的自在与自觉两种状态，有在仪式用贾时的随境教育与专门教授贾理的两种教育方式，其中由贾师组织学贾者集体开班授贾可称作苗族“私塾”教育的“雏形”，该方式

① 苗族贾理省级代表性传承人潘玉祥口述。

② 方西：该古地名沿用至今，位于榕江车江大坝一带。

③ 王凤刚：《苗族贾理》，549 页，贵阳，贵州人民出版社，2015。

④ 王道俊、郭文安：《教育学》，19 页，北京，人民教育出版社，2016。

在当下也仍保存，集体授贾提高了贾理教授的效率，大家同时学习讨论也更易产生积极性。根据田野考察口碑资料，传统办班教授贾理的时间，选在农历正月或二月的月初至十五期间开始举行，祈望像月亮由缺至圆逐夜更明亮，越学心思越明懂理愈多。在过去贾理频繁用于排解矛盾纠纷、祭祀祖先、祈禳鬼神等场合，学贾者经常有见习和切磋的机会，为复习和掌握贾创造了条件。当下由于人们大量外出务工，在学贾时间上已经没有传统要求的那么严格，凡是在农闲季节师徒双方有空便可择日“开学”，学贾者还能用手机拍录视频私下揣摩复习。相对过去，学贾授贾的禁忌变少，但关于仪式方面仍保持着古规。贾的传授有专门仪式，学习过程中需用贾签。择吉日举行祭祀定拉神仪式，定拉是苗族传统观念中万业万艺之神。贾签相当于授贾的专门“教具”，其长约 40 厘米、宽约 1.5 厘米，用金竹或毛竹制成。一套贾签共 12 支，一支末梢弯得好比伞把，贾师说这个勾勾可以把贾理勾住、固定住，或者是把贾理从某个容器中勾出来。贾签摆在竹筒上或一截杨梅树枝上供取放，这也是区分雷公山苗族贾理的两个传承流派。杨梅树苗语 daot lil，音译为“道理”，引申意为贾理树，使用杨梅枝的贾理相对更为古老。贾师以“一领众随”的方法逐句教唱。在学习中，每人前面放着 12 支贾签，每唱一句就拿起一支，取完后每唱一句就放下一支，结束时则要挞一次贾签，如此反复循环，直至能完整记诵再进入下部分贾理学习。

在专门的贾理教授方式中除了集体授贾，还有针对个人的贾理学习方式，即亲子传授与拜师学习。现有的贾理传承人基本都拥有一个强大的“贾理家族文化”，他们从小接受长辈的贾理熏陶，很多基础知识都在日常生活中逐渐获得。由于过去懂得贾理的人很多，但并非懂贾理就是贾师，所以在原有良好贾理学习背景上仍需要拜敬一位师父以将其“点化”为一名合格贾师。

第四章　苗族贾理传承的教育功能

本书前三章致力于阐述孕育苗族贾理的发生系统、传承的必要性及其传承的田野考察，详细呈现苗族贾理的传习现状，展示了典型的贾理演述过程。而且在描述过程中着重采用主位视角，尽可能从苗族人的视角阐释贾理，通过听取当地人提供的本土化观点进行整理分析，明了他们的概念、话语与意义。“人天生是一种文化生物。”[①]人类通过掌握文化并利用文化改变自然环境以满足自己的需求，而非像其他动物一样改变自己的生理特征或习性以适应自然，此为人与动物的根本区别。[②]贾理就是苗族先民在特殊天地系统中创生出来的独特文化核心，它既是苗族各文化事象的口头传承，又是苗族文化展开的逻辑起点与依据。每个民族的发展都离不开对自身文化的传承，文化在传承过程中又实现其对族群的教育价值。

通过前文的描述我们已经发现贾理与苗族社会文化生活产生着千丝万缕的联系，本章尝试从人类学角度探讨苗族贾理的教育功能，目的在于深入探讨一种民族文化在传承过程中对个体与族群发展产生的影响。从狭义的教育学视角分析，教育功能一般指教育者、受教育者、教育内容和教育手段等教育活动在制度化学校教育场域中对个体发展和社会发展产生的影响。除了制度化的学校教育之外还存在更为广泛的非制度化教育，教育的本质是促进人的发展。教育应是人与人主体间灵肉交流活动，包括知识内容的传授、生命内涵的领悟、意志行为的规范，并通过文化传递功能，将文化遗产教给年轻一代，使他们自由地生成。因此教育的原则是通过现存世界的全部文化导向人的灵魂觉醒之本源和根基，教育的过程是让受教育者在实践中自我练习、

① ［德］博尔诺夫:《教育人类学》，李其龙等译，36 页，上海，华东师范大学出版社，1999。

② 童恩正:《文化人类学》，8—9 页，上海，上海人民出版社，1989。

自我学习和成长。[①]教育人类学倡导从人发展的宏观高度来把握现代教育本质，打破了那种囿于教育本位、以教育论教育的认识怪圈，从历史发展上提供了一个全方位考察教育与人发展的新方法和新维度。[②]同时，已有研究视角偏好从法学，即习惯法角度对贾理乡村治理功能进行研究，忽视了贾理作为苗族文化核心在教育人类学上的研究意义，以及在新时代语境下民族文化焕发的新价值。因此，从教育人类学视域研究苗族贾理的传承还可以丰富已有研究。

"一个地方文化的所有部分在所有其他部分的运行中都起到作用，并且还认为每个地方文化都构成一个完整的、复杂的机制。"[③]基于结构功能主义观点，贾理能够源远流长与它在苗族文化系统中发挥的教育功能密不可分。从教育的作用对象出发，教育功能可以分为教育的个体功能和社会功能。[④]依此逻辑分析贾理传承的教育功能（见图 4–1），从个人层面促进个体发展，从群体或社会

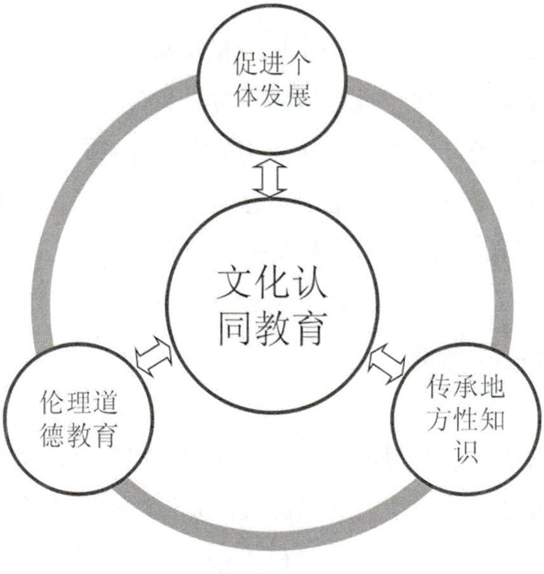

图 4–1　贾理传承的教育功能

① ［德］雅斯贝尔斯：《什么是教育》，邹进译，3—4 页，北京，生活·读书·新知三联书店，1991。

② 冯增俊：《教育人类学》，12 页，南京，江苏教育出版社，2001。

③ ［挪威］弗雷德里克·巴特，［奥］安德烈·金格里希，［英］罗伯特·帕金，［美］西德尔·西尔弗曼：《人类学的四大传统——英国、德国、法国和美国的人类学》，高丙中等译，29 页，北京，商务印书馆，2008。

④ 张云霞：《教育功能的社会学研究》，64 页，武汉，武汉大学出版社，2011。

的角度贾理的传承也是一种伦理道德教育，传承了地方性知识。从宏观角度分析，站在新时期的历史语境挖掘贾理传承的当代价值，传承贾理的同时也是传承我国优秀传统文化，所以具有文化认同教育的功能，为铸牢中华民族共同体意识提供了苗族的实践路径。需要强调的是，个体与社会不可能截然分开，而且贾理传承中的育人过程对于处在特定民族文化心理场中的苗族人来说发生得悄无声息，与日常生活混融交织在一起。因此，这些教育功能无法分割且在现实生活中也不局限于此，它们是共时发生、多维立体、相互影响的有机整体，带有民族原生文化的特征。

第一节 促进个体发展

贾师作为苗族文化精英，深谙本民族的历史文化、礼仪习俗和道德伦理，在苗族人心中不仅能“搭建”世俗世界与神圣世界的“桥梁”，还是博闻强识的师者。苗族贾理世代传承至今，以口耳相传的古老方式将苗族地方性知识传递至今，不论是对于贾师的徒弟还是旁边观礼的众人，都在此传承过程中潜移默化地受到贾理的濡化，影响其个体的成长发展。

一、性别角色的形成

贾师是苗族的精英，贾理传承对苗族人的性别角色，尤其是对男性的角色认知与期待具有重要影响。性别意识是人在成长过程中较早形成的自我意识的内容之一。“性别”一词暗含“ sex”和“ gender”两种内涵：前者指生理属性的性别，自诞生即确定；后者指文化意义上的性别，不来自生理遗传，而是通过社会文化传承下来。社会性别（gender）具有文化和心理学意义，用于解释文化和个体赋予性别的社会期望、角色分工和行为规范等内容。[①]研究表明男女两性于认知、情感、人格方面在不同社会中存在差异，集中表现在性别角色，

① 方刚：《性别心理学》，5页，合肥，安徽教育出版社，2010。

即社会规范要求的男女性别行为模式。玛格丽特·米德在20世纪30年代对新几内亚3个部落进行田野考察，在此基础上提出不同文化中性别角色或预期行为的差异，论证性别之间的生理差别本身不能决定行为和思维的差异，而是后天学习造成这些不同，强调社会环境在性别角色形成中的重要作用。在社会文化环境中，个体习得了他们被期待遵循的那一套特定的性别行为模式。[①]所以，性别角色是社会文化长期作用的结果。

人自诞生便开始在社会化过程中受到性别角色期待的教育，并在成长过程中不断被这种观念强化，研究者利用不同的理论对此进行了剖析。性别形成的心理分析理论（psychoanalytic theory of sex typing）以精神分析学说为理论基础，认为性别意识的形成是由于儿童模仿和自己性别相同的成年人，特别是模仿父母的行为因而形成不同的性别角色。性别形成的认知发展理论（cognitive development theory of sex typing）认为性别行为的本质是适应，强调认知因素对性别形成的影响。目前研究者更倾向采用社会学习理论（social learning theory）用于解释性别角色的形成。该理论20世纪60年代流行于美国，认为性别角色是后天习得，影响儿童社会化的人，如家长、同伴等通过榜样、期待来强化性别适应行为。男女两性的性别特征形成是男女角色社会化的过程，通过家庭、学校和社会的影响实现，这个过程包含大量的观察和模仿。[②]在性别角色社会化理论体系中劳伦斯·科尔伯格（Lawrence Kohlberg）强调性别角色社会化过程中个体对性别的感知和认识在性别角色发展中起着主导作用，他认为个体只有在形成了关于性别的认知经验后才会表现出性别类型活动，并提出性别角色社会化进程包括性别角色认知、性别角色内化和性别角色习得与表现三个阶段。[③]

结合社会学习相关理论对苗族贾理进行分析，我们可以看到贾理在传承过程中对个体性别角色社会化的重要影响，尤其是对于男性，因为主持做贾仪式或者解决纠纷都是具有明显性别特征的社会活动。贾师作为苗族地方社会的精神领袖，按照传统只能由男性当选，由于懂得贾理受到世人的尊敬。“做雾罩

① ［美］米德：《三个原始部落的性别与气质》，宋践等译，266—267页，杭州，浙江人民出版社，1988。

② 方刚、罗蔚：《社会性别与生态研究》，24—26页，北京，中央编译出版社，2009。

③ Kohlberg L K, Ullian D Z. Stages in the Development of Psychosexual Concepts and Attitudes. In: R C Freidman etc.ed.. Sex Differences in Behavior. New Yorker: Wiley, 1974: 209–222.

山冲，做老护地方，不让船底翻，不让碓窝偏。”“谢他牛工钱，酬他马工钱。牛工钱不要，马工钱不收。但求名传远，只要誉增高。名为人尊重，誉为世奉崇。”① 即使在当下流行的苗族山歌里仍保留了这样的内容：“姑娘嫁得真如意，去居虎踞龙盘地，得个丈夫掌贾理，好比戴个顶子有威仪。”② 足以见得贾师在苗族人们心目中的崇高地位，根据传统只有男性才能做贾师，这成为苗族男性期待成为的榜样。与此相对应的还有女性可以做“巫师”，但与贾师的性别限制不同的是，也有部分男性成为巫师，但苗族巫师大多数是女性。苗族传统社会基本形成“贾师—男性”“巫师—女性”的性别取向。在外界很多缺乏深入田野考察之人看来这两类人统称为“鬼师”，通过长期与贾师接触发现事实并不如此，贾师和巫师的根本区别在于：贾师通过拜师学贾，记诵大量贾词，依靠学习记忆。而巫师通常是通过“神授”得来，背后是“阴崽”③。贾师在治理地方社会方面有威望，巫师主要的“服务”对象是个人或家庭。发掘女性具有“巫师潜力”的仪式在水稻开花时节通过“稻花魂”仪式④。一般情况巫师也会懂一点贾，和贾师在某些念词内容上会有相通之处。由于巫师的社会地位不及贾师，模仿期待成为巫师的女性并不算多，但是对德高望重贾师的崇拜成为田野考察口碑资料中“上世纪初人人懂贾”盛况流行的原因。所以说通过贾师的榜样作用尤其逐渐对苗族男性不断强化熏陶，引导着大家逐渐成为符合社会性别规范，最后变成被社会所接纳的、具有相应社会性别特征的成员。

我们应该把性别看做是社会构建、文化习得的产物，人类的身体以多种方式受到社会力量的形塑。⑤ 苗族传统社会结构“鼓社—议榔—理老／贾师”为个体性别角色形成提供社会基础，贾理中还有很多表达男女性别角色特性的内容，在传承过程中强化了受众的自我性别意识。苗族生计模式是山地农耕，这也造就了“男耕女织”社会性别取向，在贾理中也有体现。如：“母逝织机在，父亡贾理存。”“不依父教锄伤脚，不遵母训针扎手。竹竿裂隙水渗进，父辈传授子

① 杨文瑞：《贾》，35 页，贵阳，贵州民族出版社，2012。

② 王凤刚：《幸福的时刻：丹寨苗族情歌选》，125 页，昆明，云南人民出版社，2019。

③ 阴崽：据说是暗中帮助巫师的助手。

④ “稻花魂”仪式：参与“稻花魂”仪式皆为未出嫁的女孩，这些女孩被青布蒙面，头插稻花，在她们耳边摇晃装有铃铛的笆篓。据说有“巫师潜力”的女孩会在这个过程中禁不住双腿颤抖，进入迷幻状态，类似“过阴”。曾经这个仪式常作为女孩们夏夜的娱乐活动，现在做的人很少了。

⑤ ［英］安东尼·吉登斯：《社会学》，赵旭东等译，136 页，北京，北京大学出版社，2003。

继承，传承父辈的贾理，接续母辈蜡染笔。”“巧妇三柜紫，勤夫三仓满。娘巧儿穿好，父勤儿吃饱。这是古贾句，这是昔理言。”[①]类似具有明显社会性别取向的贾理还有很多，总的来说塑造出女性心灵手巧、善良持家和男性勤劳能干、教子有方的性别期待。苗族人长期濡染在贾理之中，对他们形成符合苗族社会规范的性别意识产生重要影响。此外，还有在关于贾理仪式中的服饰则直观呈现了苗族的性别角色区别。需要身着盛装的贾理仪式中男女之间差异直接体现在服饰上，男性一般穿着简单，土布包头，上身穿青色对襟多扣衣服，裤子为深色便装。女性盛装格外璀璨夺目，各支系虽有不同服饰，但从头到脚无一不精心打扮，银饰、发式、刺绣等，苗族盛装被誉为“穿在身上的史诗”，着盛装的苗族女性常成为仪式现场的焦点，也是小女孩们梦想长大后期待成为的榜样。

二、学习能力的提升

此处的学习能力主要指的是儿童在学校场域中的学习能力。贾理不仅在苗族人们的日常生活中传承，2016 年丹寨县金钟第一小学教师王雄主持申报的贵州教育科学规划重点课题“‘苗族贾理’进小学课堂的研究——以丹寨县金钟第一小学为例”获得立项，标志着贾理的传承有了新的学校传承平台。课题组成员在王雄老师的带领下开发贾理的课程资源，推进贾理在小学课堂中的运用与传承，并取得良好的研究效果，通过 4 年努力，2019 年 12 月该课题获批结题，现处于课题研究成果推广阶段。“贾理进校园”主要以语文课程为依托进行教学资源转化后的贾理学习。学习的本质是提高认识和获得发展的过程，已知的经验与生活是促进儿童学习的重要因素。认知学习理论认为学习者是根据自己内部的心理结构对外在刺激进行选择和加工，现有心理结构被新经验改变时，学习就发生了。[②]儿童心理发展特点启发我们在教学过程中充分利用儿童已有的知识来教授新知识，更容易引起学生的学习兴趣。田野考察证明，通过贾理作为语文阅读教学的补充资源，内容关涉到本民族的神话传说，学生课堂参与度

---

① 杨文瑞：《贾》，10 页，贵阳，贵州民族出版社，2012。

② 王道俊、扈中平：《教育学原理》，176—177 页，福州，福建教育出版社，2013。

明显增加，思维也更加活跃。

比如课堂上学习的贾理是经过筛选的韵律优美、思想内容积极正面的内容，例如“Nriangb waix jof nriangb dab，nriang feeb jof nriangb zad.（有天才有地，有国才有家。）”押“a”韵；“Not dent jas ghab gongl，bib lingd hseet gid mongl.（多想出办法，三思而后行。）”押“ong”韵，类似例子不胜枚举。学生学习方式仍然保存贾理传统的口头教授朗诵，在反复诵读中感受苗语的音韵美、形式上的建筑美，对本民族口头文化的审美感知能力可以更好地迁移到古诗词的学习，以朗诵为主的学习方式对语文能力中的口语表达也具有促进作用。与此同时，在学习过程中还能领悟苗族先民的辩证思维、生存智慧，尤其是贾理中大量教人向善、进取、孝敬长辈等一系列具有教育性的话语对学生也不乏为一种德育内容。如：“Mouf nrof jouf jeex zad，benb lil jouf jeex naix.（弹墨才造成屋，懂贾理才做成人。）”“Daib ret niangl mens bak，naix ghaob niangl guol jab.（小娃靠爹娘，百姓靠国家。）”“Niangb ret ab jub，liub laol ab saox.（在小不学习，长大无出息。）”一位四年级女同学来县城读书后觉得妈妈给自己织染的服装“很土”，她在作文中写道：“老师用苗语教我们认识了苗族贾理这一优秀文化。让我学到了很多的苗族故事以及做人的道理，从中又找回了穿苗族服饰的自信。因为我知道我就是苗族的后代，我要热爱我们的民族，热爱家乡，才能谈得上热爱国家。”在访谈中甚至有老师说因为学习贾理，学生扯皮打架、骂人、浪费粮食等情况都有所改善，这从一定程度上肯定了贾理的德育功能。通过几年的持续教学，根据课题主持人提供的资料显示，学生的语文成绩整体得到提高。

班级语文平均分在3—6年级之间整体呈现稳步提升，说明语文教学效果得到持续改善。加上通过教学观察发现学生热爱学习本民族的文化，在同一题材的课文与贾理内容对比教学中锻炼了学生的类比、联想、拓展思维。学校还以贾理为基础开设了朗诵、手抄报、黑板报、习作等大量相关的活动课程，例如贾理作为校园环境创设主题被制作成标语牌展示在楼道，或绘制贾理相关黑板报，学生在教室内外都能感受浓厚的贾理元素。学校物质环境暗含着教育意图，其本质是物化的教育价值观，是学校隐性课程的一部分。教师通过有目的地创设物质环境，引导儿童积极地与环境相互作用，使之接受暗示与引导，做出教师期望的行为。[①] 学校环境对学生具有重要的潜在教育价值，也属于隐性课程的组成部分，它直接参与教育活动，影响教育效果。通过访谈得知学生在参与贾理课与相关活动中听说读写能力都得到相应锻炼，因此我们可以说在贾理传承“进校园”过程中提升了学生的学习能力。

三、个体社会化

我们每个人都存在于某种文化体系处于主导地位的社会之中，接受文化的熏陶。贾理通过传承体现的以精神信仰为驱动、以习惯法执行为实践的社会价值取向和治理规范促使着苗族人的社会化。社会是由个人组成的有机整体，社会属性是人的根本属性。人的社会化是指人从“自然人”成长为“社会人”，从个人走向群体，理解认同所在群体的社会规范制度、伦理道德，逐渐发展为符合社会要求的过程。

“社会化”（socialization）较早被《牛津英语辞典》（*Oxford Dictionary for the English Language*）解释为“具有社会性，适应社会生活方式（to render social, to make fit for living in society），1846 年出现在法语”。“涂尔干 1902 年在巴黎索邦大学公开课‘教育、道德和社会’中提出‘社会化’是人类天性的社会进程。”[②]20 世纪初随着西学东渐，我国学术界开始吸收日本译法“社会化”。中华书局 1936 年出版的《辞海》对“社会化”做出如下解释：“（1）人类互相接触，其思想、感情、信念等逐渐趋于同化，而协力合作之事起，是为社会化。即由分离之个人，递演结合而成社会，个人生活转化为社会生活之一部之意。（2）社会主义者谓一切产业应从个人所有转变为社会全体所有，由社会公共团体管理之，亦称社会化。”[③]

费孝通认为社会化指个人学习知识、技能和规范，取得社会生活的资格，发展自己的社会性的过程。[④] 美国社会学家罗伯逊定义“社会化”是使人们获得

① 胡娟：《论环境及其创设对儿童发展和教育的价值》，载《教育科学》，2002（2），61—64 页。

② 贾雪玲：《月亮山苗族鼓藏仪式的个体社会化功能研究》，7 页，重庆，西南大学博士论文，2013。

③ 转引自刘豪兴：《人的社会化》，6—7 页，上海，上海人民出版社，1993。

④ 费孝通：《社会学概论》，54 页，天津，天津人民出版社，1984。

个性并学习其所在社会的生活方式的社会相互作用过程。① 帕森斯则指出社会化就是社会角色学习的过程。我国第一本专门论述“社会化”的专著《人的社会化》如此解释人的社会化：就是指个人学习他所生活其中的那个社会长期积累起来的知识、技能、观念和规范内化为个人的品格和行为，在社会生活中加以再创造的过程。② 亦有很多学者从心理学角度阐释“社会化”，例如林崇德指出：“所谓社会化就是个体在与社会环境相互作用中获得他所处的社会的各种行为规范、价值观念和知识技能，成为独立的社会成员并逐步适应社会的过程。” ③ 关于社会化从文化、心理、社会等不同学科视角作出了丰富的诠释，我们可以综合其相通之处，即社会化是在特定社会文化环境中发生，个体习得生活所处族群的社会知识、价值规范、形成社会行为实现自我发展的过程。

如何实现个体社会化？非制度化教育和学校教育是重要途径。学校有组织、有目的地按照社会需求选择教学内容，采用有效的教学方式，对学生进行有序的分段教育，使其获得现代社会系统的科学文化知识。虽然学校教育系统规范，但是由于其时空局限以及学科知识导向，也存在一定局限性，它不可能独自承担起培养学生全面发展的责任。具有多种发展可能性的人，需要多样环境与教育的影响，学校教育只是其成长影响因素之一。家庭和社会在人的发展和人性形成中所发挥的潜在的、巨大的作用，许多方面均是学校教育无法代替的。④ 人的社会化发展应该是基于家庭、社区、学校、社会等方面相互影响交织、共同作用的结果，是一项复杂的系统工程。民族地区的教育不能割裂民族文化环境，事实上也无法割裂，因为在入学之前，校外时间已然受到本民族文化传承的影响。本尼迪克特如此形容该濡化的过程，落地伊始，社群的习俗便开始塑造他的经验和行为。到咿呀学语时，他已是所属文化的造物，而到他长大成人并能参加该文化的活动时，社群的习惯便已是他的习惯，社群的信仰便已是他的信仰，社群的戒律亦已是他的戒律。⑤ 可见这些存在校外的非制度化的民族文化知

① ［美］伊恩·罗伯逊：《社会学》，黄育馥译，138 页，北京，商务印书馆，1990。

② 刘豪兴：《人的社会化》，8—9 页，上海，上海人民出版社，1993。

③ 林崇德：《发展心理学》，241 页，北京，人民教育出版社，1995。

④ 吴晓蓉：《仪式中的教育：摩梭人成年礼的教育人类学研究》，20 页，北京，人民出版社，2019。

⑤ ［美］露丝·本尼迪克特：《文化模式》，王炜等译，5 页，北京，生活·读书·新知三联书店，1988。

识对个体同样发挥着社会化的功能。苗族贾理涉及苗族社会文化生活的方方面面，从生老病死各大重要的人生节点到苗族社会的节律运动都发挥着重要作用，使每个个体在此过程中获得适应苗族社会规范的成长，奠定人生社会化的基础。这一过程是社会化实施者、社会化承受者与社会化影响三方面相互作用实现。

学校教育中社会化实施者主要指老师，在苗族社会里承担此功能的重点在贾师。贾师除了像教师一样在不同场合适时宣扬如何处理人际关系、教授地方性知识外，他还是各种仪式的主持者，在仪式中逐步达成人的社会化和文化传承，这也是一个全环节的教育过程。[①] 贾师是苗族的精英分子，掌握本族的神话传说、历史渊源，全凭口传心授记诵大量贾理，贾师天生还有一种传承下来的社会责任感，在解决纠纷过程中还是实行苗族习惯法的“执法人员”，苗族人们心中公平公正的代表，因此具有很高的威望，是苗族人社会化过程中的重要实施者。社会化承受者便是贾师的影响对象，从民族文化传承角度来说也是受教育者。贾理仪式与解决纠纷的直接对象是主要的社会化承担者，参与这个过程的观礼者、旁观者，也可同样视为受贾理社会化的承担者。他们在神圣的仪式场合从贾师那里习得族群知识，了解作为苗族应该具备的处世之道，逐步适应社会生活。

文化属于社会习得范畴，儿童或社会新成员在所处社会中学习生活方式的过程称为社会化，社会化是文化传承的关键渠道。[②] 在贾理演述的特殊场域中，通过贾师口头直接诵唱与仪式所需器物的共同作用，以听觉与符号化器物的视觉感官途径，实现苗族文化的传承。人是符号的动物，人与动物的根本区别在于人能发明运用各种“符号”创造出他自己需要的“理想世界”。尽管苗族没有文字记录自己的族源历史，但是在体现与祖先联系的、关于“孝”的贾理仪式上便是通过符号化的器物营造神圣肃穆的场域：鼓社祭的“鼓”象征祖先灵魂居住的地方；椎牛倒下后头需朝东方，因为先祖是从东方太阳升起的地方迁徙而来；祭尤仪式中九个糯米粑象征蚩尤的九个部落支系；放鱼的构树叶象征传说中掩盖蚩尤行踪的构树等。每种器物因其在仪式中的反复出现、被赋予丰富的象征意义而成为表达贾理的符号。认知（cognition）是符号的首要功能，它

① 吴晓蓉：《仪式中的教育：摩梭人成年礼的教育人类学研究》，27 页，北京，人民出版社，2019。
② ［英］安东尼·吉登斯：《社会学》，赵旭东等译，36 页，北京，北京大学出版社，2003。

以符号为建筑材料，架起了从认知主体通向认知客体的桥梁。[①]所以除了贾师直接演述贾理外，仪式上还有大量符号化的祭祀器物共同创设出苗族特有的民族文化心理场，观礼者们在此过程中可进一步增强对族群历史的认知，形成集体归属感，促进对族群身份的认同，解决“我是谁、我从哪儿来”的问题，从而更加适应族群社会生活。

第二节　伦理道德教育

贾理是苗族传统文化的核心，地位相当于苗族的“儒学”，是特定社会结构与文化背景下的思想结晶，其内容广博精深，属于西南民族文化与中原文化交融的生动展现，包含丰富的与儒家融通的思想道德观念，促进了中华民族优秀文化基因的延续。人的社会性要求在与他人交往时需要协调相应关系，规范个体行为，达到符合社会要求的规范，实现伦理道德教育是个体学会处理人际关系，将族群认同的伦理道德准则内化并付诸行为的过程。

“伦理”（ethics）是“伦”与“理”的组合，《说文》曰：“伦，辈也。”《礼记·乐记》：“乐者，通伦理者。”郑玄注“伦理”为：“伦，类也；理，分也。”《说文》曰：“理，治玉也。”后来“理”引申为“物质之理如‘纹理’，人文之理如‘道理’，科学之理如‘理科’，使某事有序，如‘管理’等等”。由此可知，“伦理”的本义为人伦之理，即血缘亲属之间的礼仪关系和行为规范。[②]我国古代伦理表征为“五伦”：君臣、父子、夫妇、长幼、朋友五种人际关系。“道德”（moralis）内涵在我国传统文化中更加丰富，“道”就有道路、法则、宇宙万物的本原、本体等数十种解释。“德”从直从心，心性正直即为“德”。“德”又与“得”相通，“德之为言得也，行道而有得于心者也。”[③]“道”与“德”组合而用始于《礼记》《庄子》《荀子》等诸子百家时期，并形成确定

① 黄华新、陈宗明：《符号学导论》，42 页，郑州，河南人民出版社，2004。
② 尧新瑜：《“伦理”与“道德”概念的三重比较》，载《伦理学研究》，2006（4），21—25 页。
③（宋）朱熹：《书集注·为政第二》，77 页，长沙，岳麓书社出版，1985。

含义，《礼记》：“道德仁义，非礼不成。”《荀子》：“故学至乎礼而至矣，夫是之谓道德之极。”“道德”概念偏重生命个体的内在体悟。总的来说，伦理是外在社会对人的行为的规范和要求，所以通常指社会的秩序、制度、法制等。而“道德”，则是指内在的规范，是个体的行为、态度和一种心理状态，[①] 是人们在社会生活实践中形成的关于善恶、是非的观念、情感和行为习惯，并依靠社会舆论和良心指导的人格完善与调节人与人、人与自然关系的规范体系。[②] 伦理和道德从概念的精确性来讲是有区别的，前者侧重于人与人之间的社会关系，后者是一种个体化的精神，伦理中有道德的因素，道德是社会伦理的个体精神体现，但二者都是调整人们社会关系的行为准则。“伦理（ethics）与道德（moralis）两词在中外古今一般都是同义使用，不做或极少区分。而且常常是约定俗成，不做区分。”[③] 伦理作为群体规范与道德作为个体行为联系紧密，群体规范表现在个体道德行为上。结合贾理在规范社会和群体行为方面没有明确区分出伦理和道德范畴。基于此，本书使用“伦理道德”概念综合体现协调人社会关系的规范和准则的总和。

贾理存在于苗族的精神信仰和世俗领域，精神信仰则体现在众多仪式之中。仪式具有教导作用，仪式中表现出来的道德力，是实体化的集体力，是由一个道德存在在另一些道德存在中引起的印象构成的，转达的是集体意识作用于个体意识的方式。[④] 贾理仪式中蕴含的道德力是苗族人们精神深处的信仰激发生成的，“人管不如神管”就是信仰产生道德力的生动体现。贾理在世俗领域的体现莫过于贾师解决纠纷的场合，通过贾理案件中对应部分的引经据典，结合实际情况对当事人进行劝说，争取公平、和气的解决途径，这应是贾理道德教育的直接表达。贾理包含丰富的道德教化内容，这些被内化的观念是个体日常生活的行为指南。如果从人的视角出发论述贾理的伦理道德教育功能，可以从做人、人与人以及人与自然 3 个维度进行探讨。

① 李泽厚：《哲学纲要》，151 页，北京，中华书局，2015。
② 魏英敏：《当代中国伦理与道德》，32—33 页，北京，昆仑出版社，2001。
③ 李泽厚：《伦理学新说述要》，24 页，北京，世界图书出版公司，2019。
④ ［法］涂尔干：《宗教生活的基本形式》，渠东等译，293 页，上海，上海人民出版社，1999。

一、关于做人

《论语》曰："不知礼，无以立也。"对苗族来讲，贾则为"礼"，懂得贾理是立身做人的基本准则："弹墨线才造成屋，懂贾理才做成人。"

第一，在苗族人的认识观念中，贾理可以使人达到儒家提倡"智"的境界。"父辈传授子继承，传承父辈的贾理，接续母辈的蜡染笔，传承贾理就明智，接续技艺就多能。"[①]贾理能够锻炼人的观察、思辨能力，"《贾》拿在手中，理存在胸内，眼力如针利，心智似灯明，明如日出山，亮似月出云，耳能听四面，眼能观四方。"[②]

第二，在议榔事件中最能体现"信"，例如定拉神在黑洞中为男子们婚配，有人因牵到丑女为妻反悔，贾理叙述"话再刚刚说，语才刚刚议，榔牛角的血未干，竹签肉的油还润。抓着臂就要，拉着手就要，哥要成哥妻，弟要成弟媳，成双应地久，配偶应天长，缘分注定于暗室，缘分注定于黑洞。只有换牛的市场，没有换妻的市场，只有换猪的市场，没有换伴的市场。……这样，做活才有收。这样，劳动才有获。"[③]言出必行，履行事先的约定，社会才能正常运转，这与"人而无信，不知其可也。大车无輗，小车无軏，其何以行之哉？"[④]表达的意思是相通的，只不过贾理通过苗族信仰体系中的定拉神约束个人行为。

第三，教人做君子。"君子喻于义，小人喻于利"，懂得贾理并运用于苗族社会的贾师可以划归为"君子"类人。贾师不论是解决地方纠纷还是为别人祈禳，钱财利益皆非所求，而是"做雾罩山冲，做老护地方，不让船底翻，不让碓窝偏"的一种追求公平、维护地方和谐的道义精神，很多贾师也因此成为具有地方威望的寨老或鼓藏头。"谢他牛工钱，酬他马工钱。牛工钱不要，马工钱不收。但求名传远，只要誉增高。名为人尊重，誉为世奉崇。"[⑤]至今贾师一切活动所得误工费皆由主人家根据经济能力随性而为，在田野考察中笔者从未见

---

① 王凤刚：《苗族贾理》，20 页，贵阳，贵州人民出版社，2015。

② 王凤刚：《苗族贾理》，21 页，贵阳，贵州人民出版社，2015。

③ 王凤刚：《苗族贾理》，447—450 页，贵阳，贵州人民出版社，2015。

④ （宋）朱熹：《四书集注 · 论语》，83 页，长沙，岳麓书社，1985。

⑤ 杨文瑞：《贾》，35 页，贵阳，贵州民族出版社，2012。

过贾师讲价行为。“这种我们没有要求，感觉个人做点好事就很值得，从来没去要主人给什么东西。……一般带巫事的要一点点礼信，杀牛一两斤肉，唱孝歌拿张毛巾，杀猪一斤肉，就行了。”①“以前是一碗米，一块二，现在又十二块，或者是三十六，随便给多给少。”②贾师们至今保持无私奉献的“君子”精神值得当下发扬传承。此外，贾理还教育人们要“宽恕”他人：“气生气有消，水涨水有落。人气三天消，水涨三日落。气话别计较，气语别铭心。别丢家庭破，别弃妻子孤。”③做人勤劳才能富足，不能起盗心，“定拉神就讲，定圣神就说：‘日后你们成家，今后你们立业，脚劳脚有吃，手动手有穿。脚劳是辛苦，手动是费力。脚劳才足食，手动才丰衣。勤劳肚子饱，懒惰眼皮泡。不要做狗盗，不要做贼行。’”④

总之，贾教诲人成为懂理、会为人处世的好人，其中相当多的思想道德精神与儒家有相通之处，这是基层官学体系尚未健全时，贾理可以作为苗族社会教育补充的重要基础。

二、关于人与人之间的关系

人与人关系的处理实际是个伦理问题。我国传统儒家文化的核心是“伦理本位”，“天地君亲师”为五天伦，忠、孝、仁、义、礼、智、信是儒家处理人伦规则的核心要求，“君君、臣臣、父父、子子”是孔子追求以“礼”为基础的理想社会秩序，强调君主要做仁君，臣子要做忠臣，父亲要慈爱，儿子要孝敬，这种教化在古代社会对稳定社会发展起了巨大作用。

“苗族传统文化一个非常显著的特点，就是特别强调伦理道德。苗族文化的传承方式，无论古歌、神话或民间传说，无论理歌理词、巫词或佳理辞等，无不充满着社会伦理思想。”⑤在传统“生苗”社会中，苗族也创生出一种与儒家极其相似、和谐人际关系的伦理观念，苗族理词记录“公公是公公，婆婆是婆

① 苗族贾理县级代表性传承人陈炳才口述。
② 苗族贾理省级代表性传承人王启荣口述。
③ 王凤刚：《苗族贾理》，226页，贵阳，贵州人民出版社，2015。
④ 王凤刚：《苗族贾理》，440页，贵阳，贵州人民出版社，2015。
⑤ 石朝江、石莉：《中国苗族哲学社会思想史》，134页，贵阳，贵州人民出版社，2005。

婆，父亲是父亲，丈夫是丈夫，妻子是妻子。哥哥是哥哥，弟弟是弟弟。姐妹是姐妹，妯娌是妯娌，叔伯是叔伯，各人是各人，伦理不能乱。要有区分才能亲切和睦，要有区别才能成体统。”与儒家概括性的“君臣父子”相比，苗族陈述了人们主要涉及的血缘宗亲关系，二者表达的核心理念相通，都强调人的处事原则源于人与人之间身份关系，才能符合“礼”的需求，“成体统”社会才能安定和睦。贾理为了规避“兄妹成亲”神话而列出严厉的兄妹相处禁忌：“央公造人，腊婆制丁。男孩同父养，女孩公母生，同一血管养，共一娘生育。不许哥娶妹，不准妹嫁哥。不听古规说，不信古理申，哥妹犟着嫁，生崽成肉团，养儿成肉块。”[①] 在人与人关系中夫妻关系是核心之一，因此贾理中存在大量关于婚姻的贾理，“日月纠纷”非常具有代表性。因月亮越了太阳的鼓桩、跨了他的墨线、玩了他的妻子，最后“才垂首到脚，才低头认错，拿钱来谢罪，拿银来赔礼，谢辱妻之罪，赔辱妻之礼”[②]，以此告诫后人，规范男女关系。田野考察中贾师也谈道：“怎样懂贾理的道理，怎样做人才成人，与隔壁邻居、大姨叔伯、夫妻关系男女关系父子关系，怎么处理。”[③] 可以说苗族贾理将人与人相处的伦理道德规范通过各种经典案例或文化禁忌形式多方面体现出来，并以仪式及口耳相传途径濡化着苗族文化场域的人。

贾理“儒家”式的人伦关系要求推崇以“孝”“和”为主的长幼与同辈关系的道德教化。一方面，“孝”是人际关系中的“上下”部分，苗族人具有深厚的祖先崇拜意识，他们相信人死后灵魂不灭且分为三个，一个灵魂去到“东方老家”和先祖们在一起生活，用贾师的话来说，他们到那里“也还要跳芦笙，养猪养鸟比赛”，所以后人需在葬礼上“送猪”给逝者。一个灵魂在坟墓，还有一个灵魂在神龛成为家神保佑后人。人虽逝，但依然关心着子孙后代，所以生者仍要“事死如事生”一样祭祀才能得到先人的福佑。在世时的孝顺是应该的，死后也要延续这种孝道。对于“孝”也在发生悄然变化：按传统礼俗父母过世女儿们买猪送，田野考察发现有很多“女儿们”想法已变，认为“死后送

① 文远荣：《雷公山苗族巫词贾理噶别福》，169 页，北京，中央民族大学出版社，2010。
② 王凤刚：《苗族贾理》，96 页，贵阳，贵州人民出版社，2015。
③ 苗族贾理省级代表性传承人潘玉祥口述。

猪又吃没到”，于是逐渐变成生前常买肉给父母或长辈吃。[①]礼俗不会变，但是对父母的孝顺从现实意义上提升到另一个层面，笔者作为旁观者深受触动，这些行为对当地更多的后生们更是一种行动上孝的示范。苗族的葬礼、鼓藏仪式、保家仪式，甚至是祭尤仪式[②]都是在“孝”的基础上衍生出来的。另一方面，“和”是苗族人维护同辈之间横向关系的价值追求，这不仅体现在人与人之间，也体现在不同集体之间的相处之道。“水涨水有落，气生气有消。”[③]是对“和”的本土阐释，教育人们在产生冲突后要用宽容、包容心态接受对方。贾师解决纠纷的过程基本上是对苗族人们熟悉的贾理“引经据典”教化双方的过程，“冷饭捏不成团”“勿牧两头牛”“勿敲两个鼓”“勿吃两箩粑”。随着国家法制体系不断健全，当下请贾师解决纠纷的案件已经很少，根据田野口碑资料，20 世纪 80 年代初包产到户时因土地山林的纠纷很多都是贾师出面和解，为地方社会生产发展作出一定贡献。

贾理在族群社会治理方面体现了“大同”、公平公正的社会伦理理想。社会治理有两个基本向度：一是教化层面上的人格改良与礼乐教养，二是管理层面上的法制效率与法治正义。[④]苗族传统的议榔制度便是属于社会治理的第二个向度，它依托社会结构中的“三根支柱”[⑤]得以正常运转，即鼓社、议榔、理老。在议榔过程中传承下来的口头文化议榔辞也属于贾理重要组成部分，这也是学界亦有很多人从民族习惯法视角研究贾理的原因，更可贵的是在族群社会治理中存在许多与我国儒家社会治理思想融合相通的地方。儒家的社会治理典范是“大同社会”：“天下为公，选贤举能，讲信修睦，故人不独亲其亲，不独子其子，使老有所终，壮有所用，幼有所长，矜寡孤独废疾者皆有所养……是故谋闭而不兴，盗窃乱贼而不作。”[⑥]同样的“大同”追求在贾理“议榔立市”中也有体现：“榔严食无虞，法厉财无忧。巧人缝给笨人穿，壮人做给弱人吃。

① 春节笔者家也遇到此情景，婆婆是苗族人，她妹妹的女儿们来看望她，除糖果外，还额外买了猪排骨。看望老人买猪肉是近几年才在苗族中兴起的礼节。

② 丹寨自称“嘎闹”支系的苗族认为尤公是他们的首领 / 先祖。

③ 田野考察扫寨仪式中的贾理。

④ 林桂榛：《论古人的社会治理思想——以先秦儒家为中心》，载《孔子研究》，2015（3），44—50 页。

⑤ 廷贵、酒素：《略论苗族古代社会结构的“三根支柱”——鼓社、议榔、理老》，载《贵州民族研究》，1981（4），42—47 页。

⑥ （元）陈澔：《礼记・礼运》，248 页，上海，上海古籍出版社，2016。

天不护兽行，地不护盗窃，谁若做兽行，谁若当窃贼，捆他来对榔规，捉他来给众人看，捉来给大伙瞧，定拿他来罚榔，定拿他来游场，众人好以为耻，大伙好以为戒，才不做兽行，才夜不做窃贼，人人安心劳动，个个专心生产，地方才安定，村寨才宁静。”①不仅从对族群的治理，贾理还从与自然万物相处中体现了“多元大同”思想，“生虫于草丛，生鸟于树林，生兽于山上，生鱼于水中。生育成百类，繁衍成千种，共生才繁荣，共存才美好。”②“人类住村寨，野牲栖山野，共同建地方，一起立村寨，大家修道路，共同管地方，各地一个样，寨寨都相同。”③在苗族人的生活中，平均主义、集体主义、原始共产主义的精神到处体现，例如俗语“隔山赶肉，见者有份”“一家有事，大家相帮”。④贾理也体现了这种原始的平均主义哲学理念。“江山平半分，村寨平分住。平分山砍柴，村邻互开亲，相让母牛守，女儿互嫁郎。陡处同挖土，平处共开田。”⑤苗族人追求的是“公平正直才长寿，稳重求实能安邦”。这些强调公正的社会治理理念与“有国有家者，不患寡而患不均，不患贫而患不安。盖均无贫，和无寡，安无倾”具有内在的高度一致性。

三、关于人与自然的关系

贾理全方位关照着苗族人生活的整体，除了处理个人、人与人之间的关系，还包含“万物有灵”的自然观念教化人们如何在自然环境中生存发展。这种生态伦理观念表面上看是人与自然之间的关系，实质上是人与人之间关系的延伸。有学者通过分析贾理将苗族的生态自然观喻为“兄弟之情”⑥，反映了苗族先民对自然最原始古朴的敬畏之情和神化意识。这种观念源自于苗族万物有灵的信仰，大树、巨石、桥、河流、山林都能成为崇拜对象，或通过仪式达成这种关系，或通过传说接受这种自然万物被神化、被符号化的事实。由万物有

① 王凤刚：《苗族贾理》，77—79 页，贵阳，贵州人民出版社，2015。

② 王凤刚：《苗族贾理》，38 页，贵阳，贵州人民出版社，2015。

③ 文远荣：《雷公山苗族巫词贾理嘴别福》，66 页，北京，中央民族大学出版社，2010。

④ 李廷贵：《苗族哲学思想述略》，载《贵州民族研究》，1987（3），146—151 页。

⑤ 王凤刚：《苗族贾理》，451—452 页，贵阳，贵州人民出版社，2015。

⑥ 曾祥慧、曾婧、雷秀武：《以兄弟之情面对自然——从苗族〈贾〉透析苗族自然观》，载《原生态民族文化学刊》，2014（4），112—116 页。

灵衍生的敬畏自然，使得苗族人居住的地方生态环境更好，以枫树为代表的护寨树随处可见，少有乱砍滥伐、随意开发等破坏自然环境等现象。苗族聚居地黔东南州的森林覆盖率达67%，稳居贵州省第一，这与此区域浓厚的民族生态观念影响密不可分。他们对大自然赋予人类一般生命力的事件在田野考察中经常遇到，比如小孩生下来不乖，时常哭闹，在进行现代医学治疗的同时还会拜祭一块巨石做“保爷”“干爹”以求得心里踏实；把被大风刮到河里的大树描述成“大树也有灵性，不会乱倒伤人，不掉在田里压坏水稻”。在因需砍伐大树之前，必须由德高望重的贾师举行祭祀仪式，大意为告诉它：帮它搬到一个更好住的地方去。葬礼中献祭的牛需要贾师“念牛”，挖墓穴之前也必须祭祀土地，等等。仿佛苗族是在用与人交往的理念与自然环境互动，其中还常带有处于弱势、畏惧、恳求的心理，环境与人同样表现出主体地位。这种思想观念在贾理中表现为人与自然共生共荣：“人类住村寨，野牲栖山野，共同建地方，一起立村寨，大家修道路，共同管地方，各地一个样，寨寨都相同。”“生虫于草丛，生鸟于树林，生兽于山上，生鱼于水中。生育成百类，繁衍成千种，共生才繁荣，共存才美好。”正是在该生态伦理观念的影响下苗族人与其所处的自然环境逐渐形成和谐共生的状态。人类要合理地开发利用自然，以人类的整体长远利益为宗旨，既从自然索取物质财富，又给予相应补偿，使人类社会与自然生态得到协调发展，既服从自然又超越自然，这种更科学的生态伦理观把人类的权力和责任提高到一个新高度。[①] 苗族通过传承贾理实现了以“万物有灵”为核心的、人与自然和谐共生的生态伦理观念教育功能。

第三节　地方性知识的传承

苗族地方性知识是苗族先民在长期生产生活过程中不断累积起来的具有地域特征的认识和经验的总和，这些有独特价值的知识属于人类知识组成部分，是民族个体发展的重要养分。苗族贾理承载了丰富的地方性知识，主要涉及苗

① 傅华：《论生态伦理的本质》，载《自然辩证法研究》，1999（8），64—68页。

族话语体系中的自然万物起源与天文历法，苗族人对自身的族源及迁徙历史，还有许多关于农事生产的知识以及贾理治理世俗社会的习惯法依据等，这些知识对于特定地域和有着独特民族文化传统的个体而言是必不可少的，虽然在现代科学知识体系中缺乏一定话语权，但是这些地方性知识体现了苗族人的思维方式与认知特点，而且苗族地方性知识中也不乏具有普适性的内容。通过贾理传承的地方性知识可以增进我们对苗族的理解。

一、地方性知识的内涵

地方性知识（local knowledge）是美国人类学代表克利福德·格尔茨（Clifford Geertz）从阐释人类学对于本土文化的认知角度提出的概念，强调知识的“地方性”，即知识与当地自然人文环境有密切关系。他主张文化概念实质上是一个符号学（semiotic）的概念，文化就是由人自己编织的意义之网，因此对文化的分析不是一种寻求规律的实验科学，而是一种探求意义的解释科学。[①]在他看来，人类学家与当地人同样在解释世界，他们的描述能做的就是对当地人所作解释的解释，是从当地人的观点出发来解释文化。所以其理论的核心内容在于研究方法的“深度描写”（thick description）和认识论的“地方性知识”。地方性知识“不仅指地方、时间、阶级与各种问题而言，并且指情调而言——事情发生经过自有地方特性并与当地人对事物之想象能力相联系”[②]。正是由于知识是在特定情境中生成，因此格尔茨认为对知识的考察与其关注普遍准则，不如着眼于如何形成知识的具体情境条件。

地方性知识与后现代意识共生，随着后工业社会的发达，西方文化在全球化的强势传播过程中摧毁着世界文化的多样性，“地方性”就是在此背景下提出的对现代化、普适性文化的纠正，是对当地人处理人与自然、与社会以及特殊生存智慧的尊重。在人类学理论发展过程中，普遍主义和历史特殊主义之间的方法之争贯穿始终。对地方性知识的尊重，就是对不同文化的合理性和有效性

① ［美］格尔茨：《文化的解释》，韩莉译，5 页，南京，译林出版社，2014。
② ［美］吉尔兹：《地方性知识：阐释人类学论文集》，王海龙、张家瑄译，273 页，北京，中央编译出版社，2000。

的认同，多种多样的地方性知识，是构成普适性知识的根基，也是普适性知识的本质属性。[①]“地方性知识”命题的意义不仅体现在文化人类学的方法论和知识观方面，它对正统学院式思维的解构也成为反思自身偏执的借镜。[②]我国是一个统一的多民族国家，各少数民族文化相对主流文化而言基本都成了在某一地区与自然相互作用形成的地方性知识，这些地方性知识具有育人、文化与生态保护、调解民间纠纷等价值。[③]贾理作为苗族典型的地方性知识，通过口传心授途径得以传承，主要包含万物起源与天文历法、族源及迁徙历史、农事生产知识等内容。

二、万物起源与天文历法

每个族群都有属于自己独特的对天地万物起源的阐释系统，这是人认识自己必须首先回答的经典问题。例如，彝族经典史诗《勒俄特依》叙述从红雪中生出了雪族子孙十二支，即人由雪变化而来。苗族和许多少数民族一样拥有解读世界的个性话语，对待万物起源与时空观上都有自己的认知。

（一）万物起源

苗族贾理传诵的是人类从蛋中孵化而来。在人类始祖央诞生之前还有一个“诸神”的世界，他们居住在“纽河黑水”，有“嘎达爸爸”和“嘎拉妈妈”生育了八天神、八地神，其中就包括苗族司万艺之神定拉以及天神噶对，这两位神在贾理仪式中出现较频繁，可以保佑世间之人。由于群神、群巫、群匠都在纽河黑水太拥挤，“世界混沌沌，天地紧相贴，插不进手指，钻不进小鼠，没有地方住，没有村寨居”[④]。后来有个九节脚的涅达公制巨称将天地称量后再用巨锯撑开，从此天地分开，才得更宽的地方居住。诸神发展到翁爸爸和宝瑙妈妈处，由于翁爸爸耽于赶场与宝瑙妈妈发生矛盾后离开去耕了青天太阳田、月亮

---

① 张晓松：《历史文化视角下的贵州地方性知识考察》，17 页，长春，东北师范大学博士学位论文，2011。

② 叶舒宪：《“地方性知识”》，载《读书》，2001（5），121—125 页。

③ 安福海：《论地方性知识的价值》，载《当代教育与文化》，2010（2），34—41 页。

④ 王凤刚：《苗族贾理》，31 页，贵阳，贵州人民出版社，2015。

塘不再回来。宝瑙妈妈二月在山口敞怀迎翁爸爸的风雾受孕，产下十二个蛋，岩鹰帮忙孵蛋，孵出了雷、穿山甲、老虎、蛇等，其中人类始祖央是孵出最晚的一个：

niangb dal eid laib git gox，这个恐是寡蛋，
niangb dal eid laib git dangk，这个恐是臭蛋，
deib daif eid mongl gheeb xil，甩它去刺蓬，
deib daif eid mongl gheeb xees，丢它去园干，
gheb vib dail jef zes：阿央就说道：
“gheib dlub dliel ghab git，“鸡白自蛋内，
“mob nios dliel ghab qub.“猫花自胎中。
“mongb bus weil bib mongl，“你孵我三天，
“mongb bus weil bib mongt，“你孵我三晚，
“bib mangt eid weil gheb lol，“三晚我就来，
“bib naib eid weil gheb cef.“三天我就出。”①

后来在央与雷争斗过程中雷发动滔天洪水，其中曾经救过雷的两兄妹躲在葫芦中得以生存，再经过兄妹成亲生出一个圆圆的“怪物”，定拉神指示他们砍成十二堆，人类繁衍更兴旺，但是被错分成十三堆，那多出的一堆就成了“火灾鬼”、“喝房妇”等恐怖鬼魅。至此，在贾理中众神进入人的时代。于生活在当下的苗族人来说，世界万物包括鬼怪的形成仍有清晰的叙事背景，在贾理仪式中常常需要追溯某物产生的源头，明白渊源才能将“神”“请得到”，将“鬼”“送得回”。

（二）天文历法

天文是人们长期观察天象和物候变化的经验总结，通过用肉眼观察太阳、月亮、星星来确定时间和方向，制定历法，指导农业生产。“仰以观于天文，俯以察

① 此段贾理来源于笔者田野考察“扫寨”部分。

于地理，是故知幽明之故。”[①] 顾炎武《日知录》记载：“三代以上，人人皆知天文：七月流火，农夫之辞也；三星在户，妇人之语也；月离于毕，戍卒之作也；龙尾伏辰，儿童之谣也。” 苗族先民对一些天体和天文现象有了解认知，太阳和月亮与人们生产生活息息相关，在苗族贾理中对日月星辰的来历亦有提及：“山谷当风箱，岩石当炭火，风箱呼呼鼓，矿液哗哗流。炼完五沟矿，冶完五沟石，得一沟金液，得一沟铁水。金液注岩洼，铸成了太阳；铁水诸石凼，铸成了月亮。铸成七双月，造成日九双。去找来岩露，去要来山泉，洗日亮晃晃，刷月白生生。飞溅成星宿，溅滓成星辰，一万八千颗，跳去半空中，有的地方稀，有的地方密。”[②] 之后再由天神将太阳月亮钉在云霄，但由于太阳太多太热，洛养射下剩一双日月，日月害怕躲藏在岩穴，最后是公鸡唤他们才肯出来，之后日月开始规律运转。

图 4–2　苗甲子“嘎进”

① 王道正：《易经全本详 · 易传》，418 页，成都，四川大学出版社，2014。

② 王凤刚：《苗族贾理》，43—44 页，贵阳，贵州人民出版社，2015。

从时间逻辑上来说，有了日月更迭、季节变化，才有人们根据此规律制定的历法系统。苗族和许多少数民族一样都拥有自己的传统历法，关于苗族传统历法“苗甲子”较早的记载见于明代田汝成编《炎徼纪闻》[①]。苗甲子是苗语 ghab jenf“嘎进”的意译，“嘎进”由二十八宿和十二生肖组成，共 84 个，用以编制苗历，纪年、月、日、时以及方位。二十八宿分别为：雷宿、大龙宿、竹鼠宿、野猫宿、太阳宿、大虎宿、小虎宿、蟹宿、牛宿、妇宿、鼠宿、燕宿、猪宿、小龙宿、螺蛳宿、狗宿、雉宿、鸡宿、鹰宿、猴宿、水獭宿、天鹅宿、鬼宿、马蜂宿、马宿、蜘蛛宿、蛇宿、蚯蚓宿。所以相应嘎进就为雷宿虎、大龙宿兔、竹鼠宿龙、野猫宿蛇等 84 个。如公元 2017 年（农历丁酉年）的嘎进是“狗宿鸡年”，6 月（农历丙午月）的嘎进是“水獭宿马月”，1 日（农历五月初七）的嘎进是“天鹅宿羊日”。[②] 苗甲子“嘎进”是贾师必须掌握的基础知识，在日常生活、仪式、择日等多种场合都需要，许多贾师都有复印版的苗甲子。（见图 4–2）

苗族贾理对万事万物皆会“追根溯源”，苗甲子“嘎进”也不例外。八天神创造好世界后由于没有历法，“过着糊涂年，过着糊涂日，不知道季节，不认识历月。有定拉爸爸，有定圣妈妈，有那八天神，有那八地神，来创立时辰，来制订日月，来创立季节。来制订历年，创给地方要，订给众人用”[③]。二十八宿除了历法功能的背后还有各自附着的原生宗教含义，决定其吉凶宜忌，因此苗甲子也是苗族民间择日的依据。就目前的传承现状来说，二十八宿仅在贾师推算日子时才用得到，平时仍被苗族人广泛使用的是生肖纪日，尤其是清水江和都柳江流域的苗族聚居区，生肖场都还广泛存在。田野考察中经常遇到上年纪的人不说今天几号星期几，而是“今天是牛场天，昨天是鼠场天”的习惯表达。丹寨即使在易地搬迁的金泉社区新设立赶场日仍然沿用生肖场，“在本次赶场之后，还会再继续常设赶场日，时间为每隔五天开一次赶场，第六日为赶场日，赶场日期为十二生肖纪日中的猪日和蛇日，比丹寨县城赶场日晚一天”[④]。

① （明）田汝成：《炎徼纪闻》，51 页，台北，台湾商务印书馆，1979。

② 2017 年 6 月 1 日的嘎进翻译为丹寨县苗学会李天云老师提供，在此表示感谢。

③ 王凤刚：《苗族贾理》，56—57 页，贵阳，贵州人民出版社，2015。

④ 刘绍波：《快来金泉街道，丹寨又多了个赶场的好地方》，https://baijiahao.baidu.com/s?id=1652156207970491926&wfr=spider&for=pc，访问时间：2022 年 3 月 1 日。

有学者根据苗族历法认为“苗、秦、楚乃同源而异流”[①]。生肖场文化现象蕴藏的“苗甲子”彰显了西南与中原文化属于同一个文化共同体，是古代中原历法系统在清水江流域的本土化结晶，具有文化认同的人类学价值，它强化了人们对“生肖节奏”时间心理的认同，将传统村落中的血缘认同提升到地缘认同层面、促进地域共同体的形成。还是我国传统生肖文化在西南民族地区“活态”传承的典型案例，对增强中华民族文化认同具有现实意义。[②]“礼失而求诸野”，传承苗族贾理的同时也发扬了我国优秀传统文化。

三、族源及迁徙历史

从主流文化视角看，苗族先民的历史可以追溯到我国历史的传说时代，蚩尤是苗族世代相传的远祖英雄，他活动的年代大致与传说的华夏族首领炎、黄二帝同时，蚩尤为首的部落集团，就是远古以九黎见称的部落联盟，或者是属这一联盟的居领导地位的集团，其活动范围在黄河下游和长江中下游一带。[③]炎黄之战败后向南迁徙形成“三苗”部落，后由于与华夏集体再次冲突，继续南迁形成“南蛮”“荆楚”。先秦时期为躲避秦楚战乱，苗族再度西迁，进入鄂西、湘西以及贵州、四川、云南、广西等地，自唐宋后苗族在我国西南地区定居下来，形成部分聚居以及与他民族交错杂居状态。[④]虽然苗族没有原生文字，但是对于迁徙过程、地点在苗族贾理中都有丰富的记录。由于口音和口传过程中的讹误，主流文化渗入管理地方造成地名变迁，贾理中的苗语古地名有部分已难以考证。至今在丹寨境内很多地方仍保留着两套地名系统：一套是官方的汉语地名，一套是苗族人口中的苗名。类似苗族人一方面有姓名，一方面又还保留着传统的父子连名之苗名。

在苗族贾理中有直接关于族群迁徙历史的叙述，除此之外在祈禳仪式中“请神”与葬礼的“开路”环节从侧面也反映了苗族的迁徙过程，因为祈禳仪式

① 吴一文：《从苗族古歌看苗族的天文历法》，载《常州工业技术学院学报》（自然科学版），1999（2），82—87页。

② 龚露、张诗亚：《“场圈”与文化认同：凯里苗族生肖场研究》，载《中央民族大学学报》（哲学社会科学版），2019（5），62—72页。

③ 伍新福、龙伯亚：《苗族史》，2页，成都，四川民族出版社，1992。

④ 石朝江：《世界苗族迁徙史》，1—3页，贵阳，贵州人民出版社，2006。

需要请的神居住在“最初的地方”，人死后也需要回到“祖先居住的地方”。丹寨苗族的迁徙的大致路线为长江中下游—广西—都柳江（榕江）—三都—丹寨/雷山。苗族迁入贵州另一条主要的路线是沿清水江进入，但就苗族贾理保存的地名与田野口碑资料显示，丹寨苗族大部分是从都柳江迁入的。根据贾师们推测，从清水江还是都柳江进入贵州定居，应该是迁徙最后阶段的“小路分支”，就像丹寨本地不同地方的苗族在“开路”前面一段小地名都不同，“走上大路”就一样了。现从苗族贾理角度整理出几条迁徙路线：①

第一条：望纽湾—也扁排帕—也翰排阿—亚版台索—排耸朵—排嘎雅送嘎梅—也依秀排依色—者欧堆瑟—里陇里藩……—者德方西—果尼南配—甘苏贾发—也溜送蒙—甘雅者葛。②

第二条：“火塘边”—“田边地埂”—打靶岭—结冰坡—“促绍”坡—白茇坡—“送约”—南岭坡—万雀山—尖山岭—排调—麻鸟—先配—展发—孔南配。③

第三条：望纽—沫洛河—康满碰—石头河—老鸦山—下喜就—南下东—荀西南—太平坡—也憨岭—宰弓卓佐—排倒排莫—乌弯雅现—乌炯总奖—番瓮—卡拉—排牙—甘雅者葛—党依排院。④

源于贾理对一切“追根溯源”的特点，所以涉及迁徙路线的仪式很多，此处仅展示三种。虽然在最后安定下来时的“迁徙小路”有区别，但是主要迁徙地点都保持一致，同时与正史记录也相吻合。这对于无原生文字记载本族历史的苗族来说，贾理世代相传至今，蕴含大量的民族地方性知识，并且还活态传承在当下，是一件振奋人心之事。从人类学角度，贾理对地方性知识的传承弥补了主流话语的缺失，增进人们对苗族历史文化的理解。

① 苗语地名皆为苗语音译；由于贾师居住地不同，迁徙地名的细节也会有不同。

② 根据王凤刚搜集整理的《苗族贾理·迁徙篇》总结得出。也扁排帕，山腰连绵的长岭；也翰排阿，乌鸦啼叫的山岭；亚版台索，山间谷地；排嘎雅送嘎梅，梨树柿树坡；也依秀排依色，状貌险恶的石头岭、风化石坡；者欧堆瑟，水面平坦的湖泊；里陇里藩，有稻田的地方；者德方西，榕江车江大坝一带；果尼南配，三都县都江镇一带；甘苏贾发，丹寨雅灰一带；也溜送蒙，丹寨排调镇与雷山交界地区；甘雅者葛，丹寨扬武牛棚村。

③ 根据田野考察苗族贾理传承人李会龙在扬武镇排中村主持的葬礼仪式“开路”环节整理。这些地名中只有排调、麻鸟可确定，其他苗语古地名多难确定具体今址。

④ 根据田野考察苗族贾理传承人潘玉祥在龙泉镇平寨村主持的保家仪式整理。对于迁徙地点进入丹寨后也变更多次，贾师解释说有可能该支系在丹寨境内经反复搬迁后才定居。荀西南，榕江、广西交界一带；太平坡，位于凯里舟溪与丹寨交界处；排倒排莫，丹寨扬武一带；乌弯雅现，丹寨兴仁一带；乌炯总奖，三都县一带；番瓮，丹寨扬武一带；甘雅者葛，丹寨扬武牛棚村。

四、农事生产知识

人类生存首先通过劳动满足衣食住行等生理需求，这要求人们掌握各种生产物质资料的知识和技能并且将这些技能教授给后代。苗族属于典型山地农耕民族，以水稻农业为主，旱地种植油菜、玉米、红苕、土豆等经济作物，家庭主要养殖猪、牛、鸡、鸭等禽畜。生活在乡村的苗族人们都以农业生产为根本，他们必须掌握农业生产的基本技能，在特殊的自然环境下，结合苗族的文化模式，创生出苗族对待农事生产的地方性知识，这些知识在日常生活情境中得以呈现，在口传心授的贾理中也有传承。例如在祭尤仪式上诵唱一年的农事安排：

weix dal nix eib，到了正月，
dlef dal nix ob，跨过二月，
jit diot lat bib，来到三月，
ghenx hxongd mongl yel，抬灰去打底，
gheet hfeet mongl pet，抬粪去追肥，
ghob zax mongl jek，用钉耙去挖田，
bab dab mongl reil. 踩耙扒田平。
neb nax mongl beex，将谷种撒上，
neb hseed mongl nent，将米种播下，
bib naib gheb dax qangb，三天谷发芽，
bib mongl gheb des nrex. 三晚谷开口。
gid weix dal lat dlob，来到了四月，
naib naib mongl vangb hxangb，朝朝埂边看，
deek deek mongl vek niangs. 天天埂边瞧。
gid weix dal lat zad，来到了五月，
gid weix dal ghab naib，秧苗到天数，
gid beed dal ghab def，看已到吉日，
daox reib mongl reil hsangd，扯秧洗净泥，

dlet des mongl teik diot. 分糵去栽插。
gid weix dal lat det，又迎六月到来，
naib naib mongl daox khiod，连日去薅刨，
deek deek mongl dlet gif. 整日去除稗。
gid weix dal lat xongs，又到七月来，
nenb jongx mongl nongx dab，根吃肥沃土，
nenb naox mongl haok dat，叶吸露水珠，
ab nil hxangb ， gios nil niangs. 歪靠埂，伏靠边。
ghab naox mongl khad jud，叶大可包粽，
ghab daot mongl haib weeb，秆大可编箕，
ab beeb wangx hob yek，不让大雾收，
ab beeb dlas zent lid. 不给大风刮。
gid weix dal lat yaf，又到八月来，
did ghenx lol beed nrongl，收抬来满仓，
nenf gheet lol beed langs. 割来满禾架。
gid weix dal nix jux，又来到九月，
gid dlef dal lat zef，又迎来了十月，
gid dlef naib nongx seib，迎来祭祖月，
gid dlef mongt nongx yul. 迎来祭尤日。

“正月春光过，二月节气来。到那三月间，鱼在水中游，笋在竹林生，折耳根发田埂。进入四月份，山岭才生草，山坡才长树，山岭才有衣穿，山坡才得被盖。山岭才美容，高坡才好貌，山岭才有名，高坡方得姓。到那五月份，才扒秧去栽，到那六月份，才扯秧来插。分蔸横满沟，棵竖繁成行。到那七月份，叶宽能包粽，秆粗可织箕……”[①]“截年为两半，隔岁为两头。年末东风起，年初西风吹。年尽春即归，春归天气暖。三升曲酿酒。”[②]苗族贾理中关于一年中每个月的农事活动都安排得井井有条，从正月到十二月需要做的事情、天气变

① 文经贵、唐才富：《苗族理词》（内部资料），2—4 页，1990。
② 杨文瑞：《贾》，170—171 页，贵阳，贵州民族出版社，2012。

化以及物候表征都进行了描述，对于苗族古代先民从事农事生产活动具有指导意义，在仪式过程中这些贾词被反复诵唱，观礼者在特殊情境中对其加以记忆传承。

五、习惯法

习惯法（Customary law）是近代西方民族学传入我国之后逐渐采用的。较早使用“习惯法”是在1910年张亮采《中国风俗史·序例》中：“圣人治天下，立法制礼，必因风俗之所宜。故中国之成文法，不外户役、婚姻、厩牧、仓库、市廛、关津、田宅、钱债、犯奸、盗贼等事，而惯习法居其大半。”[①] 习惯法有明确的目的，要求人们习惯地遵守大家共同制定的或自然形成的维护社会秩序、保障社会安宁和健康发展的规约。[②] 习惯法属于他称，侗族称“款约”，苗族称“榔规”，贾理有很大部分也属于苗族习惯法范畴。习惯法根据功能可分为三类：第一类是维护当下社会秩序，防止或惩罚破坏社会安宁的行为；第二类是解决矛盾纠纷，例如田土、婚姻等方面的纠纷；第三类主要是保障族群未来健康发展的习惯法，例如禁止近亲通婚等。由于少数民族拥有相对特殊的文化系统与生存空间，所以很多民族都有自古传承的习惯法。明代关于苗族的习惯法记录：“苗人争讼不入官府，即入亦不得以律例科之，推其属之公正善言语者，号曰行头，以讲曲直。”[③] 此处的“行头”指贾师、寨老、理老这一类懂得贾理的人。清代乾隆年间对苗族聚居区风俗“一切自相争诉之事，但照‘苗例’完结，不必绳以官法”，“苗例”即苗族习惯法。在当下，苗族习惯法中的“罚3个120”还较盛行——触犯村规民约的人须拿出120斤肉、120斤米、120斤酒请全村人吃饭，以示惩戒教育。

在苗族“鼓社—议榔—贾师/理老”社会结构中，贾师好比“执法者”，“法典”贾理也囊括了贾师在维护地方社会、解决矛盾纠纷的贾词，贾理也曾翻译成“理词”“佳”“嘉”。关于用于案件的贾有很多，例如《裴瑙对》《蛇与

① 张亮采：《中国风俗史》，1页，上海，上海文艺出版社，1988。
② 范宏贵：《少数民族习惯法》，18页，长春，吉林教育出版社，1990。
③ （明）田汝成：《行边纪闻》，86页，台北，台湾华文书局，1968。

蛙》《牛和虎》《猪和狗》《杨梅树和竹》《水獭与鱼》《太阳和月亮案》《水与火案》等。从字面意思看每个“案”讲一件事，实则包含至少三层含义：贾师在解决纠纷时可以遵循“古案”的判决；贾师根据当下情况作出自己判决的理由源自古老古代；贾师通过案件贾中苗族的信仰激发犯错方承认自己的过失。例如，“裴瑙对”是苗族传说中的神女，天神地神都想和她结秦晋之好，二者发生争执，由于天神胳膊长抢走了裴瑙对，地神不甘心，提出当面理论，结果在论辩过程中双方发生争斗两个长老被箭射死。最后通过议榔方式解决：“天方杀雄马，地方杀牯牛。杀牛葬布里，杀马葬谢努。切肉如指大。划篾穿成串，散四面八方，遍四面八方。”①据贾师解释这则贾主要运用于婚姻纠纷导致发生伤害或命案时的参考判决，即重惩出手方。还比如《太阳和月亮案》树立了一种不论太阳还是月亮，任何位高权重的人犯错都要承担后果的理念。苗族先民将日食和月食自然现象解释为做错事“被天狗吃”接受惩罚的表现，所以当贾师在纠纷场合念诵这一段可以使得过错方更心悦诚服地认错，也传达了一种“贾理面前人人平等”的思想。总的来说，苗族贾理中包含了大量的经典法案以及至今仍存在“纠纷”的事物源头：蛇与蛙、牛和虎、水獭与鱼等。在贾师治理地方社会时，这些“经典”就成为他们的行事依据与精神财富。

第四节　文化认同教育

前文从苗族本位视角阐释了贾理苗族“官学”教育性质，促进个体发展、传承地方性知识；再从客位视角分析发现，苗族贾理还可以转化为学校教育资源，丰富学校课程体系。文化传承是文化创造与传递，不仅是再生产过程，人在此过程中既是主体又是文化传递的媒介，在与文化互动中接受文化的影响化育，所以说文化传承的过程也是人受教育的过程。在社会发展过程中，不同族群文化通过认同机制相互借鉴吸收整合形成文化共识，因此民族文化认同心理

① 王凤刚：《苗族贾理》，899—900 页，贵阳，贵州人民出版社，2015。

至少可分为本民族文化认同、主体民族文化认同两个基本部分。[①]贾理作为苗族传统文化的“集大成者”，其传承的过程毋庸置疑也是苗族接受本民族文化教育的过程。由于苗族文化中蕴藏了大量文化符号证明其与中原文化同属一个文化共同体并活态传承至今。因此，贾理传承是苗族的“自我教育”，也具有中华民族层面的文化认同教育意义。“加强中华民族大团结，长远和根本的是增强文化认同，建设各民族共有精神家园，积极培养中华民族共同体意识。”[②]党的十九大提出铸牢中华民族共同体意识，其前提是增进文化认同，因为文化认同是最深层次的认同，是建构民族共同体意识的先决条件，也是社会和谐、民族团结的根本。贾理传承便为文化认同提供了较好的实践路径。在有关贾理的仪式场合有传统固定下来的物化的文化符号，同时隐含于这些物质层面的精神价值观念同样深刻地影响着人们的文化认同。

一、文化认同教育的理论基础

生活在当下传统与现代交织语境中，苗族的文化认同呈现复杂的整合样态，现代化让他们更加适应新时代生活方式，传统的传承则让他们保持自我民族文化特色，苗族才成为苗族。在这个过程中，苗族贾理发挥着具有双重层面的文化认同教育功能，本小节主要分析认同、文化认同和文化认同教育基本理论，阐释苗族贾理在物质与精神层面发挥的文化认同教育功能。

（一）认同

“认同”英文为 identity，源于拉丁语 idem（same，同前，同上），意为“身份、本身，本体；同一人，同一物；个性，特性；心理学：同一性，一致”[③]。“认同”，最初起源于哲学中两事物相同时“甲等于乙”的同一律公示，《新哥伦比亚百科全书》将其归属为哲学范畴，表示“变化中的同态或同一问题”。现代

① 王沛、胡发稳：《民族文化认同：内涵与结构》，载《上海师范大学学报》（哲学社会科学版），2011（1），101—107 页。

② 徐德莉：《中华优秀传统文化与中华民族共同体意识》，http://theory.people.com.cn/n1/2017/0410/c40531-29198256.html，访问时间：2022 年 3 月 1 日。

③ 陆谷孙：《英汉大词典》，938 页，上海，上海译文出版社，2007。

心理学意义上的“认同”一词最早是由弗洛伊德提出，最后在埃里克森的同一性理论中得到发展。弗洛伊德认为：“认同作用是与一个对象情感联系的原初形式；认同作用通过退行的形式变成了一种力比多对象联系的替代者，就好像通过内向投射将对象归入自我那样；认同作用可能会随着对其他不适性本能对象的人也具有的共同性质的某种新的感觉而产生。”① 概言之，认同是一种个人与他人在心理上不断趋同的过程。埃里克森认为自我同一性是一种发展的结构，其形成应用了一种反思和观察同时进行的过程，是对“我是谁”的回答。“一个人或一个集体的同一性可以和另一个人或另一个集体的同一性相联系；获得一种强有力的同一性的自豪感意味着从一种更占优势的集体同一性，如‘紧密的大多数人’的同一性中解放出来。”② 他将认同视为是我他关系的界定，用认同判定个人或群体生活中产生的将其与周围社会环境相联系和区别的自我意识。马林诺夫斯基指出“认同”含义在民族研究领域衍生出“民族认同”的理念，通过可以团结社会、文化绵延的“文化迫力”实现。③ 安东尼·吉登斯则对认同的内涵进一步延伸到社会哲学层面，他认为自我认同不是被给定的，而是在个体反思活动中必须被惯例性地创造和维系的某种东西。④“identity”，国内学者早期翻译为“认同”“身份”“属性”“正身”等，受后现代思想不确定、多样且流动的影响，身份也是来自认同，加上 identity 原有“同一”“同一性”之意，因此学术界逐渐达成“认同”含义。⑤

认同指对共同因素的确认，其本质内涵是一种社会性的归属感，根源于个人与他者之间的关系，是寻求主体与客体“共同性”的动态过程，具有可塑性。认同存在认知、情感与行为三个不同的表现层次：基于对某种“归属”的认知，即主体对于自己“归属”于某种身份或群体的自觉；主体对于自己“归属”于某一身份或群体的积极的或消极的情感；主体对于自己“归属”于某一身份、

① 车文博：《弗洛伊德主义原选辑（上卷）》，377 页，沈阳，辽宁人民出版社，1988。

② ［美］埃里克·H. 埃里克森：《同一性：青少年认同机制》，孙名之译，7 页，北京，中央编译出版社，2018。

③ ［英］马林诺夫斯基：《文化论》，费孝通译，45 页，北京，中国民间文艺出版社，1987。

④ ［英］安东尼·吉登斯：《现代性与自我认同》，赵旭东译，58 页，北京，生活·读书·新知三联书店，1998。

⑤ 李素华：《对认同概念的理论述评》，载《兰州学刊》，2005（4），201—203 页。

群体的自觉和情感基础之上的一定的行为方式。[①]认同也作为心理学领域的重要概念，在进行相关测评时一般亦从认知、情感和行为三个维度为理论基础设计量表。[②]基于此，关于贾理的文化认同教育从内容上分为物化的文化符号认同教育与精神领域的价值文化认同教育两大板块，在具体阐述中从认知—情感—行为三个层面展开。

（二）文化认同与文化认同教育

认同作为社会关系的产物，基于不同内容视角可分为自我认同、文化认同、民族认同、社会认同等多种类型，但核心是文化认同。一方面是因为在自我认同、民族认同和社会认同中都蕴含着文化认同的内容；另一方面，认同暗含的身份或角色合法性都只在特定文化中才被赋予意义。[③]相对而言，个体身份认同、民族认同从出生就被族群赋予，只有文化认同仍处于待塑形状态，因此也导致文化认同危机成为当代认同危机中显现部分，而文化认同危机又直接制约着其他认同危机的消解。文化认同之所以极具影响，还需明确“文化”的内涵。

“文化”已然成为内涵最丰富的词汇之一，是 culture 和德语 kultur 的意译，词源是拉丁语 cultura。本义为“耕作”“栽培”“培养”“陶冶”，引申为“文化”“文明”“教养”“修养”“教育”。[④]20 世纪 60 年代根据美国文化学家 A. 克罗伯和 C. 克拉克洪统计，由人类学家、社会学家、精神病学家以及其他学者对“文化”一词下的定义已达 160 多个，而在 1920 年以前只有 6 个不同的定义。[⑤]在浩如星海的定义中，1871 年英国人类学家泰勒在《原始文化》中提出关于文化的定义最为著名：“从广义的人种论的意义上说，文化或文明是一个复杂的整体，它包括知识、信仰、艺术、道德、法律、风俗以及作为社会成员的人所具有的其他一切能力和习惯。”[⑥]后来的学者基于对文化的不同认识形成了不同文化学派，例如功能学派代表马林诺夫斯基则认为文化是指传统的器物、

① 何博：《认同的本质及其层次性》，载《大理学院学报》，2011（1），61—65 页。

② 谭淳月：《成吉思汗祭祀中蒙古族学生文化认同教育研究》，175 页，重庆，西南大学博士论文，2017。

③ 崔新建：《文化认同及其根源》，载《北京师范大学学报》（社会科学版），2004（4），102—107 页。

④ 陆谷孙：《英汉大词典》，447 页，上海，上海译文出版社，2007。

⑤ 庄锡昌、顾晓鸣、顾云深：《多维视野中的文化理论》，1 页，杭州，浙江人民出版，1987。

⑥ ［英］泰勒：《原始文化》，蔡江浓译，1 页，杭州，浙江人民出版社，1988。

货品、技术、思想、习惯及价值而言的，这概念实包容着及调节着一切社会科学。而且将文化分为物质设备、精神方面的文化、语言和社会组织 4 个方面。[①]可以从以上研究者对文化定义的概述窥见文化的内涵，人们主要从这 4 个方面论述了文化：艺术性作品与知识性作品；精神与智力的发展过程；人们赖以生存的价值观、习俗、信仰及象征实践；一套完整的生活方式。[②]“文化”在我国古代由“文”和“化”两个部分组成，源自《易经》贲卦彖传：“刚柔交错，天文也；文明以止，人文也。观乎天文，以察时变，观乎人文，以化成天下。”[③]意为刚柔交错是自然的文饰，以文明来约束，是人为的文饰。观察自然明白季节的变化，观察人伦，以教化成就天下的人。“文”的甲骨文为，[④]表示众多线条交错形成的图案。《说文解字》释为：“文，错画也。象交文，凡文之属皆从文。”[⑤]“化”的甲骨文写法为[⑥]。《说文解字》释为“教行也”。[⑦]“文化”合而言之就是以自然之文、文字、礼乐等形式教化改变人，本质就是“以文化人”“有教无类”既是孔子对教育对象不分类别、教育公平的追求，同时也表达了“文”的教化功能可以将他人“化”为同类，即对文化达成共识，实现文化认同，则你我皆不存在“类”的差别，成为一个共同体。所以说，文化认同就是指人们之间或个人同群体之间的共同文化的确认，使用相同的文化符号、遵循共同的文化理念、秉承共有的思维模式和行为规范，是文化认同的依据。[⑧]自我认同回答“我是谁”，文化认同便回答“我们是谁”。“说到底，文化的认同或民族的认同其实质就是弄清自己，就是找到我们在物质财富飞速增加、世界一体化、经济一体化、网络技术飞速发展的今天，在出现了‘全球化’狂热所推行的‘全球化陷阱’之际把握自己尤其是自己的文化，这就首先要求认识自己。这就是所谓的 identification。”[⑨]在城镇化进程中，客观来说，苗族传统社会

① ［英］马林诺夫斯基：《文化论》，费孝通译，2—9 页，北京，中国民间文艺出版社，1987。
② ［英］特里·伊格尔顿：《文化论》，张舒语译，1 页，北京，中信出版社，2018。
③ 王道正：《易经全本详解》，136 页，成都，四川大学出版社，2014。
④ 徐中舒：《甲骨文字典》，995 页，成都，四川辞书出版社，2014。
⑤ （汉）许慎：《说文解字》，182 页，北京，中华书局，2013。
⑥ 徐中舒：《甲骨文字典》，912 页，成都，四川辞书出版社，2014。
⑦ （汉）许慎：《说文解字》，166 页，北京，中华书局，2013。
⑧ 崔新建：《文化认同及其根源》，载《北京师范大学学报》（社会科学版），2004（4），102—107 页。
⑨ 张诗亚：《强化民族认同：数码时代的文化选择》，53 页，北京，现代教育出版社，2005。

结构以及物质生活环境都在发生变迁，对民族文化和民族身份在整体趋势上出现了弱化，民族文化不可避免面临失传的危险，但同时在部分人群和地区又呈现了强烈的民族文化自觉意识。贾理一方面正在失去传统赖以生存的文化土壤，另一方面却唤起了许多苗族传承民族文化的自觉，同时贾理作为有生命力的文化也在不断调适自身发展以适应新的社会环境。文化认同是强化自我的身份意识，新时期贾理传承增强了苗族的这种观念。

基于文化、认同、文化认同的内涵分析，结合贾理随境式教育特点与广义的教育含义，即凡是有目的地增进人的知识技能，影响人的思想品德，增强人的体质的活动，不论是有组织或是无组织的、系统的或是零碎的，都是教育。[①]我们可以将文化认同教育视为在一定的社会背景，通过自然情景中发生的社会活动，将特定族群的物质、精神、制度等文化各方面作为教育内容，逐渐培养族群成员对自我文化在认知、情感、行为上的认可度、倾向性。从本质上说，文化认同教育是一个不断接受本民族文化濡化的过程，即人的社会化。从字面意思理解，教育的目的是实现文化认同，根据广义与狭义上的教育内涵及民族文化发生的具体情境，贾理传承中的文化认同教育更接近无为而无不为的实践目的。

（三）文化认同与民族认同、国家认同的关系

由于人生活在复杂的社会境遇之中，扮演不同角色，以人为主体的认同也可以分出不同类型：文化认同、民族认同、国家认同、个体认同、群体认同、政治认同等。但是各种认同都不是单独存在，它们交织地存在于人身上，处于一定历史背景条件下的个体或群体，既有自我认同，也有社会认同，既有文化认同，也有民族认同与国家认同。其中文化认同、民族认同和国家认同是每个社会化的人需要面临的认同问题，需要注意的是文化认同是核心。一方面，文化认同的内容包含于自我认同、民族认同与社会认同之中；另一方面，认同蕴涵的身份或角色合法性都离不开文化，身份或角色在一定文化中才被赋予意义。当代认同危机的要害源于文化认同上的危机，因为文化认同危机表现最普遍，

① 王道俊、郭文安：《教育学》，27页，北京，人民教育出版社，2009。

解决难度也最大。[①] 因为一般情况下民族认同和国家认同相对稳定地被个体出生的环境赋予，而文化认同却与后天生活经历息息相关，具有极大的可塑性，它通过族群的语言、风俗、道德规范等途径在日常生活中影响个体形成对本民族文化在思想内涵、行为规范、价值取向等方面的赞许行为。

首先，文化认同与民族认同在内容上存在交叉之处。由于人的社会属性，每个人首先属于一个群体，属于“在历史上形成的一个有共同语言、共同地域、共同的经济生活以及表现于共同文化上的共同心理素质的稳定的人们共同体”[②]。不同的民族有不同的文化，文化多样性因民族的多样得以展现，必须将二者置于同一语境下进行探讨。一方面，文化认同包含着民族认同，民族认同是文化认同的重要表现形式之一；另一方面，民族认同中也包含着文化认同，即对民族文化的认同，文化上的一致性是划定社会成员是否属于同一民族的基本标志。[③] 民族认同是人们对自己归属于哪个民族的自觉，包括在社会交往中对民族成员的认同和所属民族的整体认知，对这个群体的认同包含了民族文化认同，属于更广层面文化认同的初级阶段。由于中华文化与各民族文化之间存在相通之处，文化认同也包含了相应的两个层面。换句话说，对贾理作为苗族文化核心的认同，从族群身份分析是对苗族的民族认同，同时从文化认同的角度来看，由于贾理融通丰富的中原传统文化，在促进苗族文化认同的同时也增强了对中原传统文化的认同。

二、文化符号认同教育

“符号”（sign）在古代希腊是“征兆”“症候”的意思。古希腊医学家希波克拉底（Hippocrates）把病人的症候看做符号；古罗马医生、哲学家盖伦（Galen，C.）撰写症候学书 *Semiotics*，今称作“符号学”；之后基督教思想家奥古斯丁（Augustine，A.）给符号下定义：符号使我们想到在这个东西加诸感觉

---

① 崔新建：《文化认同及其根源》，载《北京师范大学学报》（社会科学版），2004（4），102—107 页。

② ［苏］斯大林：《斯大林全集（第 2 卷）》，中共中央马克思恩格斯列宁斯大林著作编译局译，294 页，北京，人民出版社，1953。

③ 宋燕金：《西南边疆多民族聚居地大学生主流文化认同教育研究》，27 页，桂林，广西师范大学博士论文，2014。

印象之外的某种东西。[①] 奥古斯丁的符号观直接影响了现代符号学奠基人索绪尔（Ferdinand de Saussure），索绪尔认为语言符号单位不是一个物或一个名，而是一个"概念"和一个"音响形象"，后者不是一个实质性的声音，而是声音在我们的意识里形成的一种心理印迹。概念和音响形象的结合体称为"符号"，把"概念"和"音响形象"分别用"所指"（signified）和"能指"（signifier）代替。[②] 再到卡西尔把人定义为符号的动物（animal symbolicum）以指明人的独特之处，也才能理解对人开放的通向文化之路的新路。符号化的思维和符号化的行为是人类生活中最富于代表性的特征，[③] 语言、神话、艺术、宗教等都是人利用符号创造出来，这些符号化行为的实践结果共同构成了人类文化系统，所以说人无时无刻不生活在由符号交织的文化生活中。

对于苗族贾理来说，主要在相关仪式过程中呈现以器物为代表符号的表达，这些器物作为物质层面的文化，其背后隐藏了深厚的苗族话语内容，以下从具有代表性的仪式器物着手分析贾理呈现的文化符号系统。

（一）食：糯米、鱼、构树叶

由于仪式的神圣性，也为体现人的虔诚，所以在贾理仪式对所需的祭品都有相应要求，其中最基本底线就是不能在烹制过程中试吃，该行为有可能导致整个仪式以失败告终。笔者通过长期田野考察发现，糯米和鱼基本上是生老病死、祈禳求福等所有仪式中必不可少的祭品，构树叶仅在祭尤仪式上作为放鱼的"器皿"，这三者的普遍性与特殊性是贾理仪式中"食"的标志符号。

1. 糯米

糯米（苗语 gad nef）在仪式中以三种样态呈现：摘糯稻[④]、糯米饭和糯米粑。苗族人自古喜欢食糯，《黔南识略》记载"苗民惟食糯食"[⑤]。吃糯米长大的孩子被称作"糯娃"。吃惯了黏米的现代人吃糯米会感觉黏度太大，难以消化，但

---

① 黄华新、陈宗明：《符号学导论》，1 页，郑州，河南人民出版社，2004。

② ［瑞士］费尔迪南·德·索绪尔：《普通语言学教程》，刘丽译，151—153 页，北京，九州出版社，2007。

③ ［德］恩斯特·卡西尔：《人论》，甘阳译，44 页，上海，上海译文出版社，2013。

④ 摘糯稻：收割时保留糯米的秸秆，一般需要 2—3 把。因此常常在田边发现几行比普通水稻高、细的稻秧，那便是当地人专门种来为仪式所用的糯稻。

⑤ 杜文铎等：《黔南识略·黔南职方纪略》，94 页，贵阳，贵州人民出版社，1992。

是居住在山区的苗族更偏好这种有韧性、回味浓郁、耐饥饿的主食。与杂交水稻相比，糯禾生长周期长、高、长穗，谷粒不易脱落，适应山区阴冷多雨、湿度大的自然环境。糯稻的秸秆也比杂交水稻秸秆坚韧，可用于制作绳子，而且糯稻秸秆烧成灰后还有独特清香，可以掺入糯米做成风味独特的灰粽。所以苗族人对糯米的依恋一方面是受历史、地理环境影响，另一方面是受传统饮食文化的影响。即使是已经大面积种植高产杂交水稻的地区，仍然会留种部分糯米专门用于仪式、节庆需要。

糯米在仪式上的特殊意义还源自它具有“请神”的功能，在贾理仪式开始前贾师会快速地念一段“口语”：

nret ghot diot dangl dab，旧年的往下，
nret hveib diot dangl weix. 新年的往上。
nret beet diot dangl dab，猪年往下，
nret neel diot dangl weix. 鼠年往上。
weil ghangd seil ab weix，我喊的不到，
hsad ghangd seil jet weix，米魂喊才到，
hsad ghangd ghaot dens dax. 米魂喊定拉公。①

Nax vong xed mongl，稻魂你去喊，
hseed dod jef mongl. 白米你去叫。
gang liub mongb bab，大路你知，
gangx yet mongb xangk. 小路你识。
nax mongl jex weix，稻魂去才到，
hsed mongl jex leit，白米去才到，
lob mongl eid seil leil，脚步健如飞，
dot mongl eid seil lei. 快捷似风吹。②

① 源自田野考察“保家”仪式。
② 源自田野考察“扫寨”仪式。

稻米在贾理仪式中是“信使”的象征，它受贾师“委托”，前往遥远的神和祖先灵魂居住的地方，贾师再通过占卜确认神和祖先魂魄是否已经来到仪式现场。对于为何稻米有如此功能，当地苗族有两种解释：“古老古代传下来的”以及“我们祖先就是吃糯米，现在再用糯米去请他”。可见糯米的“神化”还承载了部分族群历史记忆，使人们将糯米与祖先的生活方式联系起来，只有用祖先喜好的食物才体现出尊重。祭尤仪式上还单独有一个直径约30厘米的大糯米粑称为“牯牛粑”（苗语 jud bad nrenx）代替以牛祭祖，一个规格较大的糯米粑可以和一头牯牛画上等号，足以见得糯米粑象征的分量。

不仅糯米是神圣的，连稻谷在农历七月扬花时也具有“神力”，年轻未婚姑娘通过具有娱乐性质的“稻花魂”仪式可以挑选出具有“天赋”、可以通灵的巫师。总之，糯米在苗族世俗以及神圣领域都具有不可替代的作用。

2. 鱼

鱼（苗语 nral）在苗话中主要指鲤鱼。贾理传说中苗族祖先居住在纽河黑水（Aob Nriub），Nriub 指一种竹类植物，在农历八月生笋，所以称八月竹。河因竹名，意为岸边长满八月竹的一条河。根据苗学研究者对古文献与苗族族源的考证以及苗族民间口碑资料分析，Aob Nriub 应当位于今西北秦岭山脉一带。[①]由此有人分析苗族对鱼的喜好可能与历史上生活在水边有关。鲤鱼的生命力顽强，在含泥沙量大、水位线低的水田中依靠浮游生物、小昆虫、水稻花便能在4个月左右长成筷子一般长的成鱼，插秧时放鱼苗，开田放水时就能捕获。苗族人还会留一块水田冬天蓄水喂养母鱼。

贾理仪式上的鱼对大小、数量无特殊要求，但是制作方法有讲究：必须是用糟辣红酸烹煮的、无猪油、整条不剖的鲤鱼。鲤鱼会提前两天从水田捞回来用清水喂养吐尽泥沙，他们认为献给祖先和神灵的鱼必须是完好无缺的，如果剖开去掉内脏就不算一条完整的鱼了。对于祭品完整性的追求也体现在葬礼“送水”仪式：献祭的公鸡是半熟的整鸡，内脏煮过需完整重新塞回鸡肚，再由巫师逐一将祭品“念”给逝者。

鱼在贾理“开天辟地”中是帮助生山女神冬农妈妈（Dongf Niongl）诞下崇山峻岭的关键因素。“用丫柱去撑，天垮下来砸。有冬农妈妈，府鸳来生山。有

① 王凤刚：《苗族贾理》，39页，贵阳，贵州人民出版社，2015。

鸟名迪嫡，迪嫡来捕鱼，捕鱼送冬农，让府鸳长力，元气渐渐增，好把山岭生。转身向下行，生山一串串，转身朝上走，生岭一重重。”① 由此可见人们认为鱼是得到神青睐的食物，而且还具有恢复元气的神力。同时，鱼对苗族祖先来说也有特殊含义，在贾理“创世”中明确叙述了为何用鱼祭祀祖先的缘由：“群鱼在水中，群鱼也来说：‘咱也来祭父，咱也来祀母，祭父佑生育，祀母佑繁殖，儿女如鱼多，子孙如鱼众，人人都漂亮，个个都俊秀。’”② 由于鱼具有多子易活的旺盛繁殖力，很容易成为苗族崇拜的对象，于是“鱼—多子”之间形成符号与象征意义关系。鱼贯穿苗族信仰的原始神“生山女神冬农妈妈”—祭祖—多子崇拜全过程，实现了从物的鱼到精神层面的鱼的升华过程。

3. 构树叶

构树叶（苗语 daot naox red）在祭尤仪式上用来盛放鲤鱼，需要强调的是构树叶只在祭尤仪式上出现。对于为何用构树叶子，贾师龙永超如此解释：“以前蚩尤被追杀，躲在构树上逃过一劫。”构树叶大，隐蔽性好，这种解释也有一定的合理性。但是如果因为偶然一次躲避就选择构树叶显然是难以形成特定传统，在贾理中还有构树的渊源。“冥冥在纽河，神灵在黑水。白水拿洗脸，黑水拿浴头。有嘎达爸爸，有嘎拉妈妈，起自构树下，生宝育妈妈。”构树是苗族祖先最初居住地就存在的树，而且传说中的神都是在构树下创生出来的。贾理仪式中物的符号与苗族的信仰世界和祖先崇拜密切相关，蚩尤与黄帝、炎帝并称中华三大人文始祖，在祭尤仪式中苗族以“祖宗”称呼蚩尤。

gid dlef naib nongx seib，迎来祭祖月，
gid dlef mongt nongx yul. 迎来祭尤日。
deek nongd gheb mongl ghab，今天就去请，
ghab dal ghab hsaib lieeb，去请祖宗来，
giol dal bongs niongs vut，去请祖宗到，
ghab hsaib ghaot wangx，去请祖宗大王公，
bongs niongs ghaot yul. 去邀祖宗老尤公。③

① 王凤刚：《苗族贾理》，34—35 页，贵阳，贵州人民出版社，2015。
② 王凤刚：《苗族贾理》，134 页，贵阳，贵州人民出版社，2015。
③ 源自田野考察“祭尤”仪式。

所以，通过分析具有代表性的构树叶、糯米和鱼发现，这些物化的符号与祖先崇拜和神话传说密切相关，从而被苗族人赋予许多本土化阐释，这些阐释多保存在贾理之中。人们通过构树叶、糯米和鱼等特殊祭品的文化构想，打通了与祖先、神灵的时空阻隔，创生出一个苗族祖先和神灵皆在场的特殊文化场域，在这种“场”中苗族人们得到心灵慰藉、精神满足。

（二）衣：蚕丝布、麻

前文所述糯米等祭品是仪式上献给祖先和神灵的祭品，蚕丝布、麻则是在贾理仪式中为人所用的器物，它们共同构成了祖先、神灵与人的现实关系符号网。

1. 蚕丝布

蚕丝布苗话称 bub gib nik，音“布给尼”，“gib”意为虫子，“nik”是丝绸的意思，汉语“蚕虫”在苗话中直译的意思为“能吐丝绸的虫子”。蚕丝布除了可以制作苗族的精美服饰[①]外，还有一项更重要的用途：作为葬单垫在逝者身下或垫在鞋底，葬礼上贾师将蚕丝布“念”给逝者。苗族传说人死后灵魂要回到东方老家，途中会经历一段危险的路程，蚕丝布可保周全，当地人如此解释：

> 人死后走阴间，路过一个地方，毛虫、老蛇、老虎在垭口上要吃人，这个地方在三都洋湖。苗族用的这个就是从三都、榕江迁来的路线，柳州上榕江再来丹寨。那里老蛇卷起来像锅盖一样大，毛虫大像小狗。贾师要佩戴大刀。必须用蚕丝布保护人，它们就怕了。这是苗族古老文化。[②]

所以在很多苗族人家里都有为老人提前备好的蚕丝布，田野调查发现贾理传承人龙永超的父亲就自己保存了一张 30 多年前妻子做的蚕丝布，该蚕丝布长约 1.7 米，宽约 0.7 米（见图 4–3）。

① 精美服饰如丹寨雅灰地区的百鸟衣皆由蚕丝布制作。
② 受访者：丹寨苗学会成员杨明学。

图 4-3　龙永超贾师家的蚕丝布（未完全展开）

图 4-4　笔者在帮养蚕大姐擦拭平板丝

丹寨苗族掌握的是“平板丝”技艺，即将吐丝的蚕置于一块干净的木板之上（见图 4-4），木板的宽窄决定蚕丝布的大小，厚薄则根据蚕的多少而定。吐完一张普通厚度的蚕丝布需要 4 天左右，其间不分昼夜及时用纸擦拭蚕宝宝的排泄物。[①] 养蚕还有非常多的细节需要注意：不能负面评价蚕宝宝，必须说其可爱；外出回来洗手之后才能喂蚕；养蚕的人不能参加别人家的葬礼；[②] 家中不能使用任何驱虫药物；蚕宝宝吐完丝快要成蛹时不能说“死”，要说“回家了”；每个阶段喂养的桑叶类型也有不同……由于养蚕辛苦，一张蚕丝布也从 10 多年前的 60 元一张涨到现在五六百元一张。八寨苗支系的蚕丝布主要用来送老人，除了传说中可以避免蛇虫伤害外也还源于蚕丝布本身不易腐烂、坚韧的特性，符合人们对“永垂不朽”生死观的追求。由于当下养蚕的人不多，蚕丝布又贵，很多人家也用普通绸缎代替蚕丝布了。

对于排调雅灰一带的白领苗支系来说，养蚕比八寨苗支系更普遍，因为他们的盛装是用蚕丝布染色后在上面刺绣、裁剪、制作而来。每个苗族女子都有

① 笔者亲自参与此过程，如果同时在吐几块蚕丝布，就得一直弓着腰不停擦拭。如果蚕的排泄物被其他蚕吐丝裹起来，就要撕开处理干净，蚕丝布便会留下不美观的痕迹。加上蚕宝宝不喜光亮，因此它们在木板上一直是朝屋内方向活动，为了蚕丝布的厚薄均匀，还需要不断地将拥挤到一头的蚕宝宝轻柔地抓回木板另一头。

② 笔者经历一家养蚕时老人过世，后来只好把蚕宝宝全部搬到邻村姐姐家喂养。

至少一套蚕丝布做的服饰，除了活着时作为盛装，人走后也要身穿盛装，当地人认为只有穿着自己的盛装，回到祖先那里他们才认得自己。

苗族是我国较早掌握饲养桑蚕和织造丝绸的民族，唐代“卉服鸟章”惊动长安。苗族养蚕有明确文字记载较早的文献如《黔南识略》：“习耕种，勤纺织，养家蚕，织板丝绢及花布锦以为业。”[1]此处“板丝绢”应为传承至今的平板丝技艺。《黔书》也有关于苗族养蚕制帛的记载：“男子耕作贸易，女子……养蚕织锦。”蚕丝布既可以制作成苗族服饰，在苗族精神信仰层面又是可以保护亡灵回到东方老家的“利器”。当地人认为蚕丝布可以“让人永垂不朽”，一是蚕丝布本身历久不腐的特性符合人们对肉身完好的追求，二是蚕虫变异生长从“蚕卵—蚁蚕—熟蚕—蚕茧—蚕蛾”过程象征着苗族人对人死后轮回重生的希冀。我国古代以农桑立国，关于蚕的文字记载此处不再赘述。生活在西南山区的苗族亦将此传统文化“活态”传承至今，研究蚕丝布在贾理仪式中的使用或许可以窥见、再现中原古代礼仪用丝的文化现象。

2. 麻

麻（苗话 Jil）是苗族人做鞋子的必备材料，用家麻树皮制作而成的细麻绳缝合“千层底”布鞋比棉线做的格外经久耐用、抗磨损。麻也是贾理仪式中常见的器物符号，仪式所需的绳子一般都用麻现搓捻而成，因为苗族认为麻具有驱邪的作用。例如在鼓藏节中贾师们诵贾时会在脖子上系一根麻线，每念一家都会加一根麻线；保家仪式上的麻绳用在 6 种特定植物构成的“法器”中；葬礼上麻绳用于需要捆、系的地方，贾师的大马刀上也系有麻绳；甚至在大众化的，如二月二祭桥仪式上人们除了染红蛋，还会将麻线也染成红色，捆在自家所敬的桥、大树、石头上。可以说麻的适用范围远远大于蚕丝布，一是麻比蚕丝更容易获得，二是两者都具有相近的制作苗族服饰实用功能外，蚕丝布偏向用于保佑人死后的魂灵，而麻则更关注对现世活着人的庇佑。排调贾师王启荣解释自己大马刀上系满的麻（见图 4–5）：

① 杜文铎等：《黔南识略》，171 页，贵阳，贵州人民出版社，1992。

图 4–5　王启荣贾师的刀柄系满了麻线和红毛线

王启荣：我们这个（刀）比较古老了，一家捆一根。这把刀有一两百年时间了。刀把里面是杨梅树，我自己买布包裹起来了。

笔者：捆一根就是做一家。每次做贾都要这个刀吗？

王启荣：是的，鬼最怕的就是刀。

笔者：用麻线是什么意思？

王启荣：抵麻嘛，逮不断，说明这个人的命抵嘛，去不了。

笔者：原来是这个意思。

苗族将“麻”也称作“抵麻”，“抵”是“耐”“承受”“扛”的意思，麻的坚韧品质寄托了人们对生命力顽强、长寿的追求。麻除了具有象征意义外还有驱邪作用，在贾理中有明确讲述，“谁人的嘴乱说，谁人的舌尖利；八月竹去打，长杆子去拍，刺条去杵，椒刺去锥，刺棹去刺。泡桐树去堵塞，穗韧插进嘴巴，麻绳勒着舌根”①。麻是组成保家“法器”的六种植物之一，对于污蔑诽谤主家的人可以“勒着其舌根”，这一捆“法器”在仪式结束后挂在大门上方，

① 李天云：《丹寨苗族习俗礼仪理词选编》，117 页，2013。

共同形成为主人家驱邪避难的“利器”。

总的来说，贾理仪式上物化的文化符号一方面具有与物特性相关的象征意义，另一方面还是苗族将现实场景与祖先、族群记忆联系起来的媒介。一个族群往往通过定期或不定期的仪式强化集体记忆，民族国家则以历史教育来制度化地传递集体记忆。[①] 对于没有原生文字的少数民族来说，口头文化和仪式相结合的形式构成了这些族群传递历史记忆、实现文化认同的主要途径。

三、精神文化认同教育

器物是构成文化的基础，但单纯物质化没有精神相配的器物是“死”的，作为物化的文化符号还承载了该族群精神层面的内容。精神文化可以理解为第二层次的社会生活，即道德、教育、科学、艺术等方面的价值总和，它们构成社会的精神财富，促进个人和社会的精神发展。[②] 马林诺夫斯基认为习惯或风俗是精神文化的最基本要素，和器物形成了文化的两大方面——精神的和物质的，二者不能缺一、相互形成。[③]

贾理是通过口头语言表达的苗族文化核心，是苗族精神文化的直接呈现。文化的核心、道德的基础皆在于价值观，价值观主要涉及义利、理等问题。[④] 分析发现贾理融通了丰富的儒家文化精神与价值观：“《贾》拿在手中，理存在胸内，眼力如针利，心智似灯明，明如日出山，亮似月出云，耳能听四面，眼能观四方。”“榔严食无虞，法厉财无忧。巧人缝给笨人穿，壮人做给弱人吃。天不护兽行，地不护盗窃。”“共生才繁荣，共存才美好。”“人类住村寨，野牲栖山野，共同建地方，一起立村寨，大家修道路，共同管地方，各地一个样，寨寨都相同。”“脚劳脚有吃，手动手有穿。脚劳是辛苦，手动是费力。脚劳才足食，手动才丰衣。勤劳肚子饱，懒惰眼皮泡。不要做狗盗，不要做贼行。”……每一则贾都依托具体实施说明相应道理，俗话说“人管不如神管”，由于讲述这些贾理的都是苗族人精神信仰中的神或著名贾师，文化上的原生认同让人更

① 王明珂：《华夏边缘历史记忆与族群认同》，29 页，杭州，浙江人民出版社，2013。
② 安德鲁先科：《精神文化与人》，罗长海、陈爱容译，51 页，上海，华东师范大学出版社，1989。
③ 马林诺夫斯基：《文化论》，费孝通译，6 页，北京，中国民间文艺出版社，1987。
④ 张岱年：《文化与价值》，8 页，北京，新华出版社，2004。

容易遵从贾理的教诲，因此贾师才能在解决地方纠纷时信服众人。通过两年多的田野考察，笔者发现贾师身上无私奉献、勤劳善良、公正守法、热心参与当地事务等品格，贾理提倡的这些为人处世原则是苗族宝贵的精神财富，与社会主义核心价值观息息相通。

综上所述，文化认同是人类对于文化的倾向性共识与认可，并形成支配人类行为的思维准则与价值取向，表现为对其文化的归属意识。[①] 苗族创生了“贾理”文化符号，反过来贾理在传承的过程中也濡化了苗族，增强了该族群的文化认同。文化都是在不断吸收其他文化精华基础上发展起来，我国传统地方官学体系虽没有在“生苗”区得到健全发展普及，但西南民族文化与中原文化同源异流属于一个文化共同体不可否认，“贾理化”的传统儒家思想就是典型案例，因此传承贾理同时具有双重意义上的文化认同教育功能。一方面促进了人们对苗族文化的认同，另一方面也增进了对我国传统文化的共识与认可。地处西南地区的人们从春秋战国时期起就与中原地区交往频繁，各民族共同缔造了灿烂的中华文化。加强中华民族的团结，从长远和根本来看是增强文化认同，建设各民族共有精神家园。苗族对贾理的认同，表层是对自我民族文化的情感倾向性认同，深层次更是对贾理融通的我国优秀传统文化的认同。所以，贾理传承具有文化认同教育的功能。

① 郑晓云:《文化认同论》，4 页，北京，中国社会科学出版社，1992。

第五章　苗族贾理的传承之忧与优化策略

在现代化进程中，苗族贾理与其他民族文化一样面临着相似的传承困境，回答贾理的应对策略对其他民族文化当代传承具有借鉴价值。

贾理是我国优秀传统文化的有机组成部分，是苗族人在民族发展历史基础上，于特殊自然人文系统中创生的独特文化系统，通过口头形式世代传承。在苗族传统社会“鼓社—议榔—理老 / 贾师”结构中，贾师凭借其精神领袖的社会地位，运用相关贾理经典开导、善诱人们进行地方社会治理。同时，苗族人生老病死、重大节庆等仪式上也需要贾师主持，前文分析得知贾理内容庞杂，可视作“苗化”了的儒家思想，又包含族群的历史记忆，总之对苗族的个人发展和族群治理具有不可替代的功能。再将贾理置于历史的时间维度考虑，在地方官学或制度化教育体系完全健全之前，贾理还承担了苗族社会的“官学”角色，尤其贾师办班授贾的形式是私塾教育的“雏形”。

然而，近年来随着民族地区城镇化进程飞速发展，苗族人生产生活环境发生变化，贾理的生存环境也在发生悄然改变，当下年长贾师口中的“当年人人学贾”的社会风气日渐淡薄。虽然苗族贾理在 2008 年被选入国家级非物质文化遗产名录后得到外界的高度关注重视，也激发了苗族的文化自觉意识，为贾理的传承发展提供了新机遇，但是通过田野考察发现贾理在当下传承过程中客观存在一些隐忧。

第一节　贾理传承之忧

一、贾师身份之忧

苗族传统社会中的贾师因其为苗族文化的“集大成者”，且具备一定地方社区管理能力而受到世人尊敬，当地传说中的大贾师都是名震四方的“偶像”。当下仍传唱的苗族山歌里都还保留有昔日贾师的人格魅力：“姑娘嫁得真如意，去居虎踞龙盘地，得个丈夫掌贾理，好比戴个顶子有威仪。”[①] 不过，随着当下社会急速发展，曾经助推贾师成为苗族精神领袖的因素也发生了变迁，贾师的身份、地位皆因此动摇，现从地域上的“差序格局”对此进行分析。

第一，在苗族社区中，贾师成为会“做好事”的“大师”。“做好事”是指贾师经常解决纠纷主持祈禳等仪式，例如扫寨、保家、栽花树等，“大师”主要源自贾师能主持葬礼、祭尤等重大仪式。本地苗族文化圈中的贾师还具有一定地位，但更多的是作为一种苗族特有、特需的职业，也受人尊重，但已远不及口碑资料中20世纪贾师的社会地位。过去人人学贾、人人以懂贾为荣，贾师即使在世俗社会中作为教育者也是苗族人们生活的核心。笔者在田野跟踪仪式时访谈过许多家长，问他们是否愿意自己的小孩拜贾师为师？答案大多是否定的。其中存在一条悖论：当下的苗族社会仍然存在众多需要贾师的场合，但就是鲜有人愿意学贾，可以说当下处于需要贾理却不愿成为贾师的矛盾境地，本质上是传统和现代之间的张力显现。例如2020年春节，笔者跟着贾师在一天内快速“奔走”了三场仪式，最后一场结束时已经晚上10时。苗族社区虽然对贾师有需求，但是贾理的传承力度远不及当下贾师学贾的20世纪，还是说明人们对贾师身份的认同出现了弱化。

第二，贾师对当地县城的人来说是“鬼师”。县城是一个不同于农村、不等于城市之处，也是外来文化与当地文化交织的重要场域。贾师主要活动在

① 王凤刚：《幸福的时刻：丹寨苗族情歌选》，125页，昆明，云南人民出版社，2019。

乡村苗族社区，县城里虽然也有苗族，但是懂得苗语和苗族文化的人并不多。2018 年 11 月笔者首先到丹寨县城，当跟朋友说是来研究贾理、贾师的，他的第一反应是惊诧地反问：“你来研究鬼师？”后来这位朋友和笔者一起去拜访了几位贾师后，他才恍然大悟：“哦！贾师不是鬼师，贾师是解决纠纷，搞‘好事’的！”但现实是其他人对贾师身份的误解并没有那么多机会去解开，从平常交谈中发现，县城人对贾师身份的误解屡见不鲜，这部分人对贾师已然形成“搞鬼”“迷信”“愚昧”等污名刻板印象。也因为如此，在“民族文化进校园”系列互动中，歌师、蜡染师、芦笙手等苗族经典文化传承人都到学校开展教学传承活动，却鲜有贾师进入校园为大家讲解贾理。

第三，在外来旅游者看来，贾师是古老神秘苗族文化的象征。在以丹寨某小镇为例，贾师及贾理仪式皆被冠以“古老”“神秘”的标签。例如，2019 年祭尤仪式的现场解说词：

> 尊敬的各位嘉宾、亲爱的游客朋友们，欢迎大家来到“云上丹寨、×× 小镇”参加今年祭尤文化活动。祭尤节是苗族一个古老的传统节日，苗语叫“浓尤”。“浓”意为“祭”或“吃”，“尤”为人名、族名，用古老的传统仪式祭奠苗族先祖蚩尤，以祈祷来年风调雨顺、五谷丰登。据考证，这一节日传承了千年以上并延续至今。祭尤节 2007 年入选贵州省第二批非物质文化遗产名录，与此同时，祭尤节从远古而来，从苗族贾理和祭尤词的记载来看，节日和祭祀礼仪的主体经千年几乎未有更改，火、乐、卜、诵、献、舞、分祚等古礼历历俱在，是研究远古文化、人类学、宗教史的活化石。苗族祭尤节是中国唯一一个祭奠蚩尤的传统节日，蚩尤是中国三大人文始祖之一，是我国汉、苗、瑶、羌等民族共同遵从的祖先。因此，苗族祭尤节在民族团结上具有特别重大的意义。如今，小镇每年举行祭尤文化节，展现丹寨“非遗”民族文化，将此习俗进行传承、延续。①

在主持人简短、循环的介绍中，“古老”“千年”“远古”“古礼”“活化石”

① 根据现场录音整理。

等词语将苗族祭尤节浓墨重彩渲染成传承历史悠久、神秘且具有研究价值的古老节日，加上现场庄重的音乐更是创设出一种仿佛“穿越千年”的错觉，此时贾师及其助手们身着苗族男性古装登上祭坛，当诵贾开始，游客们即使听不懂苗语，但仍为这种现场感受震撼，“感觉他们就像电视上非洲部落的首领，好有神秘感，没想到在贵州也可以看到”①。这种感觉通过游客们的自媒体再次发酵，助推贾师“首领”“神秘”标签的宣传。在商业化的民族文化展演过程中，虽然贾理确有其历史渊源的一面，但是在仪式现场情境的塑造中这些特点被过于放大，甚至成为文化旅游销售的标签。

二、做贾仪式之忧

做贾仪式之忧主要源自旅游展演淡化了祭祀的神圣性。为了方便游客，丹寨重大旅游活动都安排在周末或节假日，没有遵循苗族传统节庆应该举行的时间。苗族节日多以生肖 / 地支（苗历“嘎进”）历法为时间轴，以下统计 2019—2020 年部分旅游活动开展时间与苗族实际过节时间，见表 5–1。

表 5–1　丹寨某小镇节庆时间与苗族实际过节时间表

节庆名	旅游活动时间	苗族实际过节时间
春耕仪式	2019 年 3 月 30 日 2021 年 3 月 20 日	苗族人称“开秧门”，每个村都有自己固定的时间，例如小排甲在猪场天
丰收大典	2019 年 9 月 28 日 2020 年 9 月 19 日	（“吃新节”演变而来）
吃新节	2020 年 10 月 18 日	也称“吃卯”，农历七月底到八月初各寨自定日期
祭尤节	2019 年 12 月 7 日	每年农历十月第二个牛场天
苗年	2020 年 11 月 21 日	农历十一月，各地苗族不统一

“节日”的“节”指重要时间节点，苗族节日以苗族传统历法“嘎进”为时间轴，世代传承至今，每个节日时间都有自己的阐释依据，体现苗族文化特色。

① 现场游客采访。

但是当下的旅游开发并不考虑时间因素，每年的节庆、仪式时间都在发生变化，苗族传统节日已经成为可以从时间到地点上任意“挪动”的展演活动。面对此种境况，贾师们并没有放弃传统节日时间，所以他们经常一年过两轮：一次在家过“正宗”的，一次在小镇的安排下“表演”仪式过节。虽然开发商以如此形式吸引更多的游客，满足他们的时间安排，但是也不能否认，这些原本严肃的仪式在经济因素影响下成为单纯的“祭坛表演”与游客文化猎奇的对象。这种专业的旅游展演不过五六年时间，长期下去无疑会影响到苗族贾理仪式的传承。

三、贾理传承“土壤”之忧

贾理是苗族传统社会孕育出来的一朵奇葩，苗族人创造了贾理，反过来又被贾理塑造。文化满足人生存的需要，贾理在苗族的信仰与世俗生活中都发挥着重要功能。随着城镇化的发展，贾理赖以生存的苗族传统社会结构“鼓社—议榔—贾师/理老”正在发生变迁，人们的生产生活方式也与过去大为不同，曾经主要的山地农耕生计方式逐渐向进城务工、参与现代化生产转变，留在乡村仍从事农事耕种的人以老人为主，而且生产的粮食以自给自足为主，苗族人的经济收入结构正在发生变化，当下贾理处于一个传统到现代的“过渡期”：长者身上更多体现苗族传统思想，后起的年轻人则同时具备传统与现代的双重文化行为。例如一位大学毕业的八零后男子，他会为自己刚买的二手车请贾师做“洗车”仪式，虽然已经接受现代化教育，但是心中对民族传统的仪式行为仍抱虔诚之心。“文化总是在传统与现代之间的张力之中发展前行的，传统文化是在不断创造中形成的，又是在不断创造中突破和创新而走向现代的。”[①]相比传统与现代在年轻人身上的交织，贾理也在传统与现代的张力中谋求发展。传统贾理仪式中不存在现代工业产物——车，“洗车”表意指把车“洗白”“洗干净”，当下的贾理变通地把传统需要“洗”的对象换成了当下的“车”以适应苗族人现代生活方式。但通过访谈得知，这部分年轻人虽然需要贾理，但是他们并不愿意学习、传承贾理，当下在真实学习贾理的人都是长者或退休人员。

① 邹广文:《文化前行：在传统与现代之间》，载《求是学刊》，2007（6），12—16页。

贾理处于比较尴尬的境地：有需求，但传承力度跟不上。倘若一直没有年轻人加入传承队伍，若干年后老者们人亡贾歇，那时苗族贾理就真正面临失承危机了。

苗族贾理传承“土壤”之忧还体现在贾理的社会治理功能弱化。通过文献和口碑资料得知贾师过去处理民间纠纷案例比比皆是，贾理传承人潘玉祥在20世纪末还解决过村里一桩离婚纠纷，结局是二人和平离婚后又与当地人再婚，虽然都居住在本地，但是后续没有再发生过纠纷。贾理也是苗族人的“法典”，有专门的案例部分，贾师依靠自己的社会地位、用记诵的贾理经典案例说服产生矛盾的双方。不过由于现代基层法治建设的逐渐完善，越来越多的人选择利用法律手段解决问题，只有“家丑不可外扬”的小事可能会找贾师解决。所以，贾理社会治理功能衰退，传承也受到直接影响。

总之，苗族贾理的当代传承已经远不及曾经的“官学”，现代化发展、苗族传统社会结构变迁、贾理社会治理功能日渐萎缩等各种因素造成了目前贾理传承的忧患。一方面，虽然每年都有新的传承人诞生，但是就年龄来说整体偏大，而且学员们的贾理记忆量也鲜有比得上师父的，曾经贾师学习贾理都是多方拜师、集优而成，现在传承一个师父的贾理都成为难事。加上贾理不像其他艺术类非遗，如芦笙、蜡染等可更好地在学校传承推广，所以贾理“进校园”仅能在部分小学开展试点。另一方面，根据贾理目前在苗语中部方言区的传承现状，除了丹寨为核心区域外，在雷公山偏北的黄平、清水江上游的麻江和都柳江流域的榕江从江一带都还有贾理传承，这种点状分布的现实提示我们贾理在过去某个时段应该是比较普遍通行的苗族文化。所以，我们不难发现贾理传承的范围以及个体传承的丰富性都在渐行退化。

第二节　贾理传承困境的成因分析

贾理在当下社会传承中面临的种种困境，根本原因是现代与传统碰撞过程中导致的苗族社会变迁，生计方式的变化改变了传统文化赖以生存的土壤，不仅是贾理，所有民族的传统文化都面临着同样的问题。而思想、精神文化的变迁相对外在物质来说稍显滞后，因此在传统文化自我调适过程中难免出现造成诸多传承的忧患。现代化步伐如此之快，引用苗族女性对苗族服饰变化的感叹“今天一天相当于过去十年”，这些外在关于衣食等物质文化的变迁给人以新鲜感，容易成为年轻一代追求的对象。贾理作为苗族社会从古世代传承至今的口头经典文化，虽然在口授过程中也会发生细节内容变化，但是不会发生类似苗族服饰的变迁速度。本节以社会变迁为基点，从贾师、贾理、学校、社会四个方面分析导致贾理传承困境的原因。

一、苗族社会变迁削弱了贾师地位

社会变迁是人类社会普遍、永恒的现象，任何族群、任何时候都不可避免。在现代化、城镇化冲击下，苗族与其他族群一样以前所未有的速度发生着变迁。当下的贾师们则经历了贾理从“官学”到“喊来学都不来”的传承困境。笔者采访贾师龙永超的对话如下：

笔者：为何现在年轻人不爱学贾理？

龙永超：徒弟们以“抓钱”为主，不是以这个贾理为主，喊来学都不来。以前不好找钱，全部在家，就可以学，现在都在广东打工；以前没有事，可以找老人摆话，现在可以看电视玩手机，不腻；现在摆给他听，他眼睛盯手机，搞什么都在手机上搞。

笔者：如果徒弟学不会你的贾理，岂不是很可惜啊？

龙永超：没得法，没有人接受（传承），只有死了埋去山了事。

田野考察发现，所有贾师对于当下学贾之风不可与往日相提并论的现实表现了深重忧虑，但他们也非常理解为何现在的年轻人不爱学贾。原因有二：一是生存需要找更多的钱；二是当下消遣娱乐方式多种多样，难以再现当年以学贾为乐事的情境。究其根源，社会变迁是导致贾理传承困境的主要原因。

（一）社会变迁

自有人类社会以来就无时无刻发生着或快或慢的变迁。社会变迁简单地说就是社会现象在不同时间上发生失其本相的变动，世间现象可分为物质的、生物的和文化的三类。[①]

有关社会变迁的研究可以追溯自19世纪斯宾塞（Herbert Spencer）的社会进化研究，他在1852年发表论文《进化的假说》中提出社会进化思想，认为进化是一个普遍规律，受达尔文生物进化论启发，将物竞天择的原则移植到人类社会发展中，认为社会的进化过程同生物一样适者生存。乌格朋（William F. Ogburn）1922年出版《社会变迁》正式建立社会变迁研究的理论基础，探讨了社会遗产、社会进化、文化传统等论题。[②]20世纪60年代，莫尔（Wilbert E. Moore）提出现代社会变迁的特征：任何社会或文化，迅速变迁是不断发生的；变迁是连锁发生的；可发生于任何地方，影响可及于任何地方；现代变迁的规模都比以前大；变迁的正常出现对个人的经验及现代社会的功能有广泛影响。[③]

事实也充分证明当下社会变迁普遍存在、无可避免的特征。传统社会的变迁相对缓慢，而在现代化"催化"下的社会变迁则以前所未有的速度改变着世界每个角落。贾师们都经历了苗族社会里"以前"和"现在"的巨大区别，他们当年学贾的热情与目前贾理被冷落形成鲜明对比。所以，社会变迁直接影响到了传承贾理的重要主体：贾师。

（二）从管理者到普通人

从世俗生活来说，贾师在传统苗族社会也称为"理老"，即懂得贾理之人，同时贾师可能集寨老、祭师等多种角色于一身。所以在世俗社会管理中，贾理包含苗族习惯法，贾师要经常处理村寨上的纠纷矛盾。苗族"鼓社—议榔—贾师 / 理老"社会结构中，贾师处于管理者地位，具有一定的权力和威望，自然吸引着年轻人前来学习。贾理成就了贾师，贾师重要的社会地位反过来激发了贾理传承。当下贾理传承人在年轻学贾时，他们的师父仍然处于这种地位，但

---

① 孙本文：《社会变迁》，10页，上海，世界书局，1929。

② ［美］乌格朋：《社会变迁》，费孝通、王同惠译，4页，上海，上海社会科学院出版社，2016。

③ ［美］莫尔：《社会变迁》，俞景蘧译，10—11页，台北，巨流图书公司，1988。

他们现在作为贾师时已不再是昔日的“管理者”，而是一位普通人，虽也受世人尊敬，却远不及过去贾师的地位。过去人们在家务农，生活物资自给自足，贾师也并非官方指定的管理者，更像是凭个人威望的自然领袖，而威望的根源就在于懂得贾理，是苗族伦理道德、价值判断、社会共同记忆等精神文化的直接持有者。但自从社会工业化、可外出务工“找钱”打破这种平衡后，相较“无偿”、服务性质的贾师难以再具往日吸引力，愿意学贾的年轻人随之骤减。

（三）从“精神领袖”到师父

在精神领域，贾师不仅掌握着关于苗族信仰的系统知识，而且还是联通人与“神”的“中间人”，也正是因为这一点，过错方在贾师解决纠纷过程中畏于此而承认自己的过失。苗族人生老病死、节庆祭典都离不开贾师，所以贾师可称为苗族人精神世界的“导师”。但这种精神上的地位随着外来思想影响也岌岌可危，通过田野考察发现当下的苗族年轻人正处于传统信仰和现代思想都接受的交织状态，既向往最新的现代化思想，又同时存在对传统文化的依赖。客观地说这两种思想确有冲突之处，从他们表现的行为来看更像是现代化的苗族人：买车后要做“洗车”仪式才觉得开车顺利、“有如神助”①；进新房也会请贾师搞“保家”仪式；在婚礼上还会请贾师念贾词……用他们自己的话来说，只有经过这些仪式，才觉得得到了“神”、祖宗的保佑，心里才踏实。对习俗礼仪的认同一方面是文化濡化的表现，传统本身具备生命力；另一方面也存在矛盾问题：他们认同贾理，但不愿意以学贾的形式系统传承贾理。从某种意义上来说，这一代八零、九零后年轻人是传统到现代、乡村到城市“过渡”的群体，所以从思想上也同样存在双重性。当下苗族这种双重认同特征直接体现在他们对待贾师的态度：贾师是某种特殊职业的师父，通过其“专业技术”达成祈禳目的。从苗族人精神信仰的“领袖”到当下人们眼中“难以维持生计”的师父，贾师的社会地位已严重被削弱。

---

① 据买车的小伙子在“洗车”仪式后如此表达。

二、贾理缺乏商品交换价值

当前，贾理和其他“非遗”项目相比，最大的“短板”是没有商品交换价值，无法为当地人带来直接的经济收入，留不住当地年轻人外出务工的脚步，导致“打工那么多年，回来学贾还是那几段，没什么进步”。但同样作为非遗项目的蜡染、苗绣、鸟笼制作技艺等就可以直接创收。例如 2020 年 10 月 17 日在丹寨举办的“中国丹寨非遗周”，来自全省的众多非遗传承人相聚在小镇非遗展示馆，现场集中展示各级非物质文化遗产制作技艺及展品。例如国家级非遗“水族马尾绣”、国家级非遗“安顺地戏”面具、国家级非遗“黄平泥哨”及省级非遗“鸟笼制作技艺”等，最后创下了“迎客 26 万人次创收 1.87 亿元”的成绩。[①]类似非遗创收的新闻不胜枚举，尤其是“非遗 + 旅游”文旅模式为曾经的贫困地区攻坚脱贫注入了经济动力，同时也有很多年轻的相应技艺传承人留在家乡创业致富。最具代表性的莫过于 1993 年出生的张义苹，2014 年她从浙江回到家乡成立蜡染合作社，创立了丹寨县蓝锦染艺有限责任公司，不仅实现个人理想，还带领着村里的画娘们一起致富。相比之下，贾理在这方面显得“相形见绌”，由于它是精神的、无形的口头文化，不能作为商品，难以形成交换价值，诵唱曲调单一，也不具备类似苗族古歌的音乐旋律，加上懂苗语的人很少，并且有些贾理不能随意诵唱。所以既不属于审美艺术，也不是技艺的贾理难以和其他非遗在经济贡献上作比较。田野考察中听说 ×× 小镇请国家级传承人李会堂进行诵贾表演，后来他自己主动辞去了这份差事，因为“在那里光是坐着念贾，别个又听不懂，太腻了。不像他们搞手上活路的，做一个得一个，还可以和游客说说话”。所以，贾理在旅游中发挥主要作用就是展演仪式，营造苗族古老神秘的气氛。

客观地说，关于精神信仰的口头文化无法转化成商品进行交换，同时也不能用价格来衡量。但就是这种“无价”的特性，在当下难以吸引正承担家庭经济重任的年轻人青睐，这也是许多民族口传文化难以在当代传承的重要原因。

---

① 腾讯网：《首届中国丹寨非遗周闭幕　迎客 26 万人次　创收 1.87 亿元》，https://new.qq.com/rain/a/20201030V05AAC00，访问时间：2022 年 3 月 1 日。

三、学校没有定位好“贾理进校园”的目的

缺乏商品交换价值的贾理在当下社会传承艰难，又由于其非艺术、非技艺特点而在“民族文化进校园”中难占一席之地。同时，田野考察发现一些教育部门对贾理同样存在偏见，认为贾理是“搞鬼”“迷信”，基于教育与宗教相分离原则，无法接受贾理进入校园。贾理还好有“国家级非遗”头衔以及当地人皆知王凤刚搜集整理《苗族贾理》之成果，所以部分了解贾理的苗族老师以此申报课题、编撰校本教材，虽取得一定成绩，但没有实现可持续地在学校传承。当其他民族文化进校园开展得如火如荼时，贾理却少有人问津，主要原因是无人去做或者是做得不够好的学校没有定位好“贾理进校园”的目的。

大家误以为“贾理进校园”的目的就是培养未来的贾师，定位不明确导致遭来非议，同时又限制了贾理课程的参与度。艺术类、技艺型民族文化进校园除了丰富学校课程资源外，学生通过学习直接达到传承非遗的目的。但贾理属于精神信仰的口传经典，脱离苗族原生文化场域后很难生存，所以在选入学校课程体系时选取积极的、正面的内容是基本原则，同时在教学活动过程中降低学习目标，重点在于让学生了解苗族贾理，激发他们的文化自觉意识，利用学科相关内容开发课程资源。定好贾理在学校的位置后，在此基础上还需进行分层教学：根据师生会说苗话的程度确定教学语言，学生不懂苗话则可以教翻译的汉语，因为主要是让学生知道苗族有这样一项精神文化成果，而非传习。教学材料可采用王凤刚整理的《苗族贾理》，具体节选片段可以由当地教育部门请专家和一线教师共同决定。

已开展过“苗族贾理进校园”的学校没有形成长效的教学机制，其原因也是对贾理的定位过高，主要作为语文课程的拓展资源，“会苗话的语文老师”为其重要条件。定位高并非不好，而是这样限制了参与的教师和课程，降低了贾理在学校的活力。如果定位是学生了解贾理，可以教翻译的汉语，不会说苗话的老师也可以向其他老师学习部分苗文原文来教，就像侗族大歌也可以写成汉字代音进行歌词教学，重点在促进学生了解、发展学生兴趣。与此同时，贾理还可以转化为诸如“道德与法治”的课程内容，贾理在如何做人做事方面有丰

富内容，前文已涉及，此处不再赘述。所以，要增强贾理在学校的生命力，需要“抛弃”它在原生语境中的某些特质，如何适应学校教育的需求，创新地将贾理融入各学科，降低“门槛”让更多人参与进来，当下的目标是使学生懂得苗族文化中还有贾理这一项，增强对本民族文化的理解与热爱。

四、当地社会缺乏辩证看待苗族传统文化与现代化关系的环境

文化是在特定自然环境下，基于一定生计方式形成的关于人生活方式的总和，生计方式决定了文化样式的形成。贾理是苗族先民在特定自然人文生态系统中创生出来、根植传统的口头文化经典，由于其涉及苗族世俗生活与精神信仰各个方面，因此贾理位于苗族文化中的核心地位，对苗族文化具有“提纲挈领”价值。随着民族地区现代化进程加快，苗族贾理面临因社会变迁带来前所未有的挑战，由于当地社会缺乏辩证眼光看待苗族传统文化与现代化关系的环境，很多人将其视为落后、消极的事物，导致对贾理的污名化、标签化，影响了贾理在当代社会传承。

传统文化对人之所以重要，是因为每代人创造的文化不是空中楼阁，而是基于既定存在的文化方式和理论框架。甚至可以说整个文化积淀构成了人类新感知的广阔背景，人的现实需求唤醒了文化传统的某个部分，这使传统价值在当下的意识视野中凸显出来，进而成为参与现实文化生成的有机组成部分。[①]过去的一切都是传统的重要组成部分，现代化也是立足于传统才能得到发展，传统文化与现代化都是实然存在于人的生存活动之中，二者相互交织不可舍一。所以我们必须在传统与现代、民族性与时代性的张力之前考量民族文化的发展创新问题。失去对民族文化传统的关照，文化创新就失去文化价值维度，如果缺乏现代性视野，文化则丧失了可比照的时代精神。文化变迁是所有族群都无法规避的现实，任何文化都在现代与传统的张力中前行，传统文化同样是在过去不断创新中形成，又在与其他文化不断融合中突破创新走向现代。文化在传承过程中有两个维度：传统作为文化活动的结果，现代作为对传统文化进行修正更新，二者是文化的一体两面，共时构成了人生存活动本身。[②]所以，把握好

① 邹广文:《文化前行：在传统与现代之间》，载《求是学刊》，2017（6），12—16页。
② 邹广文:《文化前行：在传统与现代之间》，载《求是学刊》，2017（6），12—16页。

传统与现代的有机张力，才是我们当下应持有的文化实践态度。福柯谈对现代性的态度，认为人们常把现代性当做前现代性与“后现代性”之间的时期，其实更应该把现代性作为一种态度而非历史的一个时期。“我说的态度是指对于现时性的一种关系方式：一些人所作的自愿选择，一种思考和感觉的方式，一种行动、行为的方式。”[①]这种对待传统和现代的态度不是惯用的人为时间划分界限而导致认知上的系列问题，因为用时间衡量传统和现代，暗含着从过去到当下的进化论思维。如果将传统和现代当成一种看待事物的态度和方式，这样就打破了传统与现代之间看似不可逾越的时间障碍，人拥有了处理传统和现代关系的主动权，促进人与传统、现代之间的关系和谐。

贾理作为苗族传统文化的中轴，与苗族传统社会的生产生活、伦理道德、风俗信仰密切相关，具有高度整合性。在现代社会，随着生产力水平提高与生产方式的改变，苗族的生活方式也随之发生变化，传统社会结构也相应发生变迁。贾理中部分地方性知识由于现代科技发展而失去了实用价值，但是作为精神层面的风俗习惯、伦理道德等并不会立即随着生产方式的变化而发生改变，它们具有相对稳定性，仍然指导着苗族的生活，发挥着传统文化促进人发展的功能。贾理中包含的优良传统是宝贵的精神财富，通过家庭教育、社会教育等非制度化教育形式让后人了解苗族文化。尤其是其融通丰富传统儒家文化部分，更是我们当下铸牢中华民族共同体意识的重要资源，从这个意义上来说，传承贾理是铸牢中华民族共同体的有效实践路径。所以，辩证地看待传统和现代的关系可以更加因地制宜地实现民族的现代化发展。

第三节　优化贾理传承策略的思考

贾理是苗族口头文化经典，由于精神层面文化发展相较物质发展有一定的“迟滞性”[②]，所以贾理传承在这一“慢”一“快”的张力之间引发各种难以避免

① ［法］福柯：《福柯集》，顾嘉琛译，534 页，上海，上海远东出版社，2003。

② ［美］乌格朋：《社会变迁》，费孝通、王同惠译，117 页，上海，上海社会科学院出版社，2016。

的忧患。非物质文化遗产保护不同于以往强调文化原貌的保护，而重点在于对文化项目的“活态”传承。因此，非物质文化遗产保护必须把传承人与文化结合起来，使之在历史洪流中得以传承创新、获得更强生命力。[①] 我国从 2007 年开始通过设置文化生态保护区，将民族民间文化遗产原状地保存在其所属的区域及环境中，使之保持“活态”特征，对包括非物质文化遗产在内的各类资源进行整体保护。贾理流传的黔东南苗族侗族自治州也属于民族文化生态保护实验区，我们可以基于造成贾理传承困难的原因，依托实验区平台多维度提出优化贾理传承的策略，促进贾理整体的“活态”传承。

一、运用多种技术手段保护、传承贾理

2008 年贾理入选第二批国家级非物质文化遗产名录，自此掀起了保护贾理的热潮，创办传习所、推荐各级别传承人等。在此过程中遵循 2003 年联合国教科文组织《保护非物质文化遗产公约》以及我国颁布的《中华人民共和国非物质文化遗产法》等相关法律规定，对非物质文化遗产实施“保护为主，抢救第一，合理利用，传承发展”方针。就目前贾理“有师少徒、青黄不接”传承现状来看，首要任务是进行抢救性记录搜集整理，适度降低这一批老贾师“人走贾歇”带来的文化损失。

（一）建立苗族贾理数据库

数字化保护是目前非物质文化遗产保护工作的主流方向，当下最迫切的贾理保护工作是建立专项数据库，对贾理尽可能进行全面的收集整理，利用现代技术手段保存贾理。对于苗族这个无原生文字的民族来说，系统全面深入地记录保存传统文化资料显得尤其重要。随着社会发展，自然人文生态系统也在发生变化，活态传承的口传文化亦随之产生变迁。贾理作为苗族传统文化系统中的核心，对此展开持续深入的记录，还可以据其文化整合功能同时呈现其他苗族文化元素。据非物质文化遗产相关管理部门反映，目前还没有用多媒体形式

① 高丙中、宋红娟:《文化生态保护区建设与城镇化进程中的非遗保护：机制梳理与政策思考》，载《西北民族研究》，2016（2），198—204 页。

保存贾理的专项数据库，官方有零星的贾理演述视频，但一般都是在公众表演场合录制，缺乏仪式原生语境，不利于后来者学习、研究贾理。通过田野考察也发现，贾理传承的内容也发生了变迁，同一主题与20世纪王凤刚搜集到的版本相比已经开始走向简单化，他当年采集数据的贾师大部分都已经去世。所以，把当下贾师还持有的贾理全方位保存下来就是“抢救”保护贾理的第一步。

贾理资料保存目前还停留在纸媒技术层面，主要有搜集整理出版的相关图书及在当地苗学会组织下采风记录的民间文学资料，偶有学者如王凤刚等人早年搜集贾理用的是磁带录音，其音质效果已然不能满足当下要求。所以当下要建立的贾理数据库，在原有纸质资料基础上，通过影像形式，全息记录有关贾理的各种仪式、情境。记录的内容除了贾师外，还需要对当地情况、主人家请贾师做仪式的前因后果进行跟踪拍摄，而不是只孤立拍贾理演述过程。这样才能更好地展示贾理在苗族社会发挥的功能。为了便于他人理解、学习、研究，应该为贾师每一句贾理同时配上汉字和苗文。如果条件允许，数据库对于贾理的展示还可以建立数字博物馆，利用VR技术再现贾理演述过程，通过三维虚拟场景的漫游交互达到情境再现逼真演示，给人以身临其境之感，感受贾理的神圣性。

贾理数据库的建设涉及入库目录编撰审定、项目实施机构、人员构成建立；资源数据管理系统和展示系统的购买或设计论证；入库数据标准拟定，文字、图片、视频音频等数据资源采集等各项工作，关系到政府非遗保护机构、专业技术人员、基层官员以及研究者等，需要协调人力财力物力各方面因素。但是如果能建立起集权威性、知识性、民族性、可观可读可感受性的贾理数据库，对于保护传承、弘扬苗族文化，推进各民族文化交流交融具有深远意义，尤其是在民族地区教育现代化背景下，通过信息技术手段与教学活动的融合，可以更好地促进贾理在学校传承。

（二）拓宽贾理学习途径

通过田野考察得出贾理传承途径主要有贾师办班授贾、拜师学贾和家族传承三种途径，在做贾仪式情境中的社会传承也是一种方式，但这只能视为学习贾理的基础。纵观贾理传承途径与历史，由于其口耳相授特点，要求贾师与学徒必须处于同一时空、同一情境，对于某些忌讳的内容还必须到具体仪式中才能学，平时不能乱念。但是当下面临的重要问题在于徒弟们年后外出务工，过年期间学习时间较短，一旦师徒分开后就基本没有再进行贾理传授活动。

面对传统单一的学习方式，我们可以利用当下人人皆有的智能手机拓宽学习途径。田野考察发现许多贾师都有两个手机：一个老人机用来打电话，一个智能手机用来给孙子和外出务工的孩子发微信视频。疫情期间线上教学模式给我们很大启示，学习贾理也完全可以凭借手机实现“线上教学”，打破时空隔阂。既可以在仪式中实时传授，也可以录制好发到微信群进行反复学习。例如兴仁镇台辰村，当地的贾理学徒和爱好贾理的人自觉组成一个微信群，时常在群里分享师父潘玉祥的做贾视频，讨论贾理吟诵。如果今后建成贾理数据库，还可以向更多贾师学习，通过智能终端促进“集大成”的贾师成长。

（三）多渠道宣传贾理

虽然贾理已经是国家级非遗，但是了解贾理的人仍在少数，其中还不乏前文所述对贾理持偏见、误解的人。因此，利用现代科技多渠道宣传贾理重点有两个目的：一是扩大贾理知晓度，二是为贾理正名。目前贾理宣传主要体现在旅游展演贾师主持的仪式，除此之外便少有贾师出现在大众媒体场合。对于贾理、贾师更多是出于仪式需要，而非出于宣传。所以，首先需要增加对贾理的宣传意识，让贾理多出现在公众视野。第二届“中国丹寨非遗周”2021 年 5 月 15 日再次在丹寨举办，仍然由于贾理无商品交换价值及开幕式环节不需贾理仪式，所以贾理再次缺席“非遗周”。一方面对贾理来说错失大好宣传机会，另一方面对于外来游客来说也失去了感受苗族口传文化经典的契机。仅仅以物质文化形式体现“非遗”，无疑忽略了非遗中口头的、精神层面文化内涵。其实完全可以在“非遗周”加入贾理，做一些背景介绍，例如传统苗族社会利用贾理解决纠纷、贾理教为人处世等正面积极的、外来游客易理解的部分。还可以再现贾师办班授贾的场景，用苗语教授具有代表性的贾理节选，游客也可以手持贾签参与其中，用身体体会苗族传统社会中的“私塾”。非遗周不是“买买买”的盛会，更应该让外来游客体会民族地区少为人知的优秀传统文化，“文旅”之“文”才能立得住脚。

充分利用自媒体平台宣传贾理。由于智能终端设备的普及，催生了自媒体平台的繁荣，尤其是近几年以抖音、快手为代表的APP让每个人从接受新闻的人转变成产生新闻资讯的人。自媒体特点在于平民化、参与度高、传播快、交互性强，而且自媒体运营要求简单、成本低。得益于网络科技的快速发展，自媒体不受时空限制，可快速传播信息，受众也能直接给予反馈，这是传统媒体无法企及的。我们应该充分利用现代技术优势助力让更多人了解贾理，当地非物质文化遗产保护相关部门亦可注册自媒体平台，扩展宣传渠道，同时还能与网友互动，提升宣传效果。

二、挖掘贾理的乡村治理功能，提高贾师地位

党的十九大报告指出实施乡村振兴战略，加强农村基层基础工作，健全自治、法治、德治相结合的乡村治理体系。我们可以通过挖掘贾理蕴含的思想观念、人文精神、道德规范等再次发扬其乡村治理功能，提高贾师地位，促进贾理传承。在苗族传统社会中通过习惯法维度体现了贾理对世俗社会领域的治理功能，贾师是习惯法内容的主要持有者，在古代苗族社会事务管理中具有类似当代法律体系中的“法官”角色。“做雾罩山冲，做理老护地方，不让船底翻，不让碓窝偏。”因此，贾师在“鼓社—议榔—贾师”社会结构中处于较高地位，这直接激发了人们学习贾理的积极性。但是随着改土归流、官方治理体系逐渐渗入苗族地区，形成了习惯法“苗例”与“官法”共治局面。从整体发展趋势来说，习惯法在苗族社会中的管理功能日渐走向衰落。新中国成立后在丹寨兴仁还有过贾师在当地法庭辅助办案的佳话。随着我国法制体系不断完善，民族地区社会越来越开放，基层政权已经取代了习惯法的许多职能，贾理中的习惯法部分实用空间锐减，贾师社会地位也随之降低。

在现代法律普及的社会背景下，我们仍需要思考：法律的对象永远是普遍性的，不考虑地方及个别的行为。[①]国家法律具有普适性和统一性，但我国是统一的多民族国家，不同的民族文化蕴涵着多样化的纠纷解决机制。贾理便是传统苗族村寨习惯法纠纷解决的规范体系，其众多功能虽已被国家法律代替，但乡村基层工作人员也是从村寨内部产生，从一定程度而言，习惯法仍然在约束

① ［法］卢梭：《社会契约论》，何兆武译，70页，北京，商务印书馆，2003。

着苗族人的行为。典型代表是贾理国家级传承人李会堂，他曾连续做过15年村干部，刚退休不久，但村里有什么大事还是喜欢请他出面主持。还有县级传承人陈炳才也是现任村干部，田野考察发现懂得贾理之人在乡村社会治理方面更得心应手，苗族群众比较信服，因为他们在运用国家法律时还能有效结合习惯法对群众进行心理疏导、说服。这是将贾理解决纠纷的社会功能迁移到基层组织中，使得习惯法与基层治理体系得到有效整合。习惯法能够弥补国家法律普适性特点下基层治理的多样化需求，灵活贴近当地民族文化，可操作性强。习惯法追求“无讼”理念，强调人情。受传统思想观念影响，不到万不得已，发生纠纷的双方才会诉诸司法途径。在这之前便有一个留给习惯法解决的缓冲地带，这样的调解方式有利于维护熟人社会的人际关系。

我国2021年1月1日起施行的《中华人民共和国民法典》第十条规定：“处理民事纠纷，应当依照法律；法律没有规定的，可适用习惯，但不得违背公序良俗。”该条明确规定了习惯法为我们民法的法源，为制定法之后的第二位法源，补充了制定法的局限和不足，为解决民事纠纷、保障民众权益提供了更多元的法律根据。由此可见在纠纷解决中，国家法律和习惯法之间完全可以实现互补。现代法律治理是一种“硬法”，习惯法是软法治理，能够较好地平衡人情与法理的关系。苗族贾理传承的宽容、和解、谦让的文化精神，降低了民族地区法律实施的成本，其倡导的诚信、团结和互助精神为民法实施提供契合性资源、弥补性规范。

实施乡村振兴战略“可以视为社会主义新农村建设思想的升级，是党在新时代为农村发展设定的新目标、提出的更高要求。从管理民主到治理有效，强调了乡村振兴必须以农村社会的良治为保障。”[①] 如何实现“良治”？通过前文分析得出的最优途径是现代法律与传统习惯法的互补结合，既符合国家层面法制体系建设，又能兼顾民族地区个性化的调解需求。事实已证明，懂得贾理的基层工作人员在乡村治理中有明显优势，这启发我们可以“重启”贾师的社会治理功能，动员他们积极参与到家乡基层社会治理中来，提升他们的社会影响力。挖掘本土法治资源，认可、激发、合理利用贾理的习惯法职能，当人们重

① 王亚华、苏毅清：《乡村振兴——中国农村发展新战略》，载《中央社会主义学院学报》，2017（6），49—55页。

新体会到传统文化的价值时，贾理的传承之忧也可消解几分。

三、开发贾理的呈现形式，推动贾理的创造性转化

传统并非能随意丢弃、摒除的东西，它的意义更多地取决于我们在实践中如何诠释利用及如何创造性地传达其内涵。[①]不同时代基于不同需求对传统文化会做出不同的评价。费孝通就认为："很妙的现象在于，一时认为没有用的文化，沉默一个时候又会出现，发扬起来，还能解决问题。因此，任何过于武断的结论，都不适宜于文化问题的讨论。"[②]传统文化是肩上的包袱，同时更是现代化前进路上必不可少的食粮，没有人可以简单地与传统划清界限，更理性的态度是仔细甄别传统文化中的精华为我所用。文化必须在代际传递中吸收养分，通过创造性转化和创新性发展才能得到发展。通过田野考察发现在非遗保护中还有一种受以往文化保护理念的影响，强调"非遗"项目的"原汁原味"，追求原生语境中的文化本真样态。但是面临生活方式、社会结构的变迁，一成不变的传承变得举步维艰。我们应该在保持"非遗"原生样态、满足当地人需求的基础上再对此进行创新转化，让更多的外来者都能参与到"文创"的过程中来，激发传统文化活力。

（一）基于"双创"开发贾理的呈现形式

"双创"指中华优秀传统文化的创造性转化和创新性发展。党的十八大以来，为进一步发挥中华优秀传统文化在中国特色社会主义建设中的作用，习近平总书记多次阐述了中华传统文化的历史地位与现实意义，并明确提出中华传统文化"双创"。从 2013 年 12 月提出的"努力实现中华传统美德的创造性转化、创新性发展"[③]"要推动中华文明创造性转化、创新性发展"，到党的十九大再次强调对中华优秀传统文化"坚持创造性转化、创新性发展""深入挖掘中华优秀传统文化蕴含的思想观念、人文精神、道德规范，结合时代要求继承创

① 陈来：《守望传统的价值——陈来二十年访谈录》，217 页，北京，中华书局，2018。

② 费孝通：《中国文化的重建》，59 页，上海，华东师范大学出版社，2013。

③ 习近平：《习近平谈治国理政》，160 页，北京，外文出版社，2014。

新，让中华文化展现出永久魅力和时代风采。”①“双创”理论指出了对待传统文化的正确态度，再结合国家对非物质文化遗产“适度开发”原则，我们可通过创造性转化贾理以丰富其呈现的形式。当下贾理主要以仪式上口头演述形态存在于苗族人们原生态的文化生活中，如何让贾理突破原有语境进入更广泛的人群生活是创新需要解决的首要问题。缘于贾理口头性、叙事性，又包含伦理道德、习惯法等特点，我们可以尝试这些途径开发贾理：首先，通过舞台形式再现贾理中蕴含的族群历史，尤其比如不断迁徙的部分，通过舞台能够向观众更直观地传达族群史诗般的迁徙历程。同时，贾理还包含了大量的习惯法案例，可以通过舞台或者是拍摄短片的形式向普通民众进行通俗易懂的普法教育。其次，针对受众不同，可以对贾理中生动的“动物案件”转化成儿童易接受的形式，制作成系列绘本或者是动画片形式的演绎。最后，以贾理为基础进行文学创作，将贾理从民间文学转化性地带入正统文学领域。总之我们可以结合贾理的特点进行多样化的开发。值得期待的是，2021 年教育部公布《列入普通高等学校本科专业目录的新专业名单（2021 年）》，非物质文化遗产保护成为本科专业，非物质文化遗产保护工作者、研究者的培养进入高等教育体系，从实质上推进了非物质文化遗产保护的全民化、专业化。

（二）将贾理转化为学校课程资源

由于人们对贾理存在一定的误解，导致贾理不能像其他艺术、技艺形式的民族文化顺利进入校园，即使有些学校引进了贾理，也因为课程设定目标较高——需要会苗语或苗文的老师而使得参与降低。加上贾理不能直接“搬进”课堂，需要进行教学资源的教育转化，操作起来有难度。贾理具有鲜明的民族特性，也很容易受到管理者个人因素影响，当相关管理者是苗族且热爱本民族文化，那么在推动贾理传承时更加热情，如果是不熟悉贾理的人做教育管理者，对传承贾理就缺失了因民族情怀产生的传承积极性。在教育内容选择上，受应试教育思想影响往往以传统课程为基本内容，一方面忽视了少数民族地区学生所特有的文化背景及由此带来的差异；另一方面脱离了少数民族地区的民族生

① 习近平：《决胜全面建成小康社会　夺取新时代中国特色社会主义伟大胜利——在中国共产党第十九次全国代表大会上的报告》，载《人民日报》，2017-10-28。

活、民族文化，使民族教育丧失了传承、创新本民族文化的功能。[①] 文化作为学生生活空间的基础组成部分，对学生所处的民族社会具有潜在影响，学校课程实施的效果在很大程度上受制于学生的文化背景。民族文化的传承必须以教育为载体，教育与文化的联动能通过教育有效传承西南少数民族长期生存生活中形成的具有独特民族性质的传统文化，这些丰富的传统文化资源又可以充实民族地区的教育内容，提升和延续少数民族特殊的人力资本和生存方式。[②] 因此，必须找到学生已有文化体验与学校教育资源之间的最佳着力点。我国当下实行国家、地方、学校三级课程管理体系，为丰富课程内容、衔接儿童生活经验提供了政策保障，尤其是由当地教师主持开发的地方或学校课程内容对于促进民族学生的文化认同感与人才培养具有现实意义。基于贾理的教育价值，当下亟需在教育管理部门的指导下进一步积极推进贾理“进校园”，大力开发转换贾理的课程资源，构建贾理的隐性课程环境设计和对多学科的渗透，让“非遗进校园”落在实处，建立非物质文化遗产与青年一代的密切联系，利用学校培养更多的传承主体，建立学生对于本地区文化的自豪感和认同感。[③]

当然，并不是所有的民族文化都适合进入学校教育系统，需要注意两个方面：一是正确认识民族文化中既有精华又有糟粕，学校应引入民族传统文化中的积极正面因素，发挥育人作用，摒弃消极、不符合时代精神的文化内容；二是对可进入学校的民族文化通过符合儿童身心发展特征的教育学心理学加工，使其成为适合不同学段儿童的学习内容。对于贾理来说，万物有灵的原生宗教思想对在学校接受科学教育的儿童无疑是消极的，但瑕不掩瑜，且消极部分可以通过知识筛选来规避，学校可以通过地方课程或与国家课程相融合，发扬传承贾理与人为善、公平公正、无私奉献、以和为贵等中华优秀传统文化基因，传递苗族人在劳动中创造出来的文化成果，诸如苗历“嘎进”、观察物候等生存智慧，这些都可以作为儿童学习新知识的起点与“脚手架”。这些举措对于

① 么加利、郝少平:《西南少数民族地区基础教育问题分析》，载《当代教育与文化》，2009（4），6—10 页。

② 张学敏、史利平:《文化—教育—经济共生机制：西南民族地区教育反贫困战略选择》，载《西南大学学报》（社会科学版），2012（6），48—53 页。

③ 高丙中、宋红娟:《文化生态保护区建设与城镇化进程中的非遗保护：机制梳理与政策思考》，载《西北民族研究》，2016（2），198—204 页。

落实立德树人根本任务、“五育”并举促进学生全面发展具有实践价值。“乡村地域文化中长期积淀而形成的地域、民俗文化传统，以及乡村生活现实中原本就存在着许多合理的文化因素，有着对于乡村生活以及乡村生活秩序建构弥足珍贵的价值成分，换言之，乡村地域文化中原来就潜藏着丰富的教育资源。”[①]学校在积极引进贾理时还需要特别注意：不是简单把原生语境中的贾理搬进课堂，而是传授关于贾理知识性的内容，促进学生认知自己的民族文化。这一点和其他如蜡染、刺绣、侗族大歌等非物质文化遗产不同，艺术性、技艺型的文化可以直接作为教学内容进入课堂，对于精神层面、口头化的贾理，还需要区别“活态”贾理与贾理知识，进入课堂的仅是后者。

学校教育中传承贾理知识的具体路径主要有三：第一，编制贾理地方课程教材，开设“贾理”课程。丹寨县教育和科技局在2017年主编了地方教材《苗族贾理选编教材》，印刷了样书。选编该教材的人许多都是当地苗族人中的精英，受过良好教育，对苗族文化有一定认知高度。也许是编者中缺少教育教学的专家，没有针对不同层次学生进行个性化编撰，知识性较强，有些内容不太适合小学生阅读，例如“第二篇　苗族的世界观”，该内容对小学生存在理解难度。所以应该在已有教材基础之上进行优化，根据教学对象拆分成册，在讲解贾理知识时注重趣味性、可读性。当地教育部门要整合苗学、教育学专家和当地教师，共同编制地方教材，建立贾理地方课程的长期实施机制，保障“贾理”从师资、教材、教学活动到课程评价的全环节落实。第二，在其他课程中融入贾理知识。贾理整合呈现了苗族人的生存智慧，在已有过的学校贾理教学中主要体现在语文课中渗透贾理知识，对相近课文内容的拓展、朗诵、背诵等形式，其实还有很多课程都可以融入贾理知识。例如三年级教学讲解历法“年、月、日”时，可以告诉学生苗族人的特色历法“嘎进”，“嘎进”由二十八宿和十二生肖组成，学生可以提前了解到我国传统文化“十二生肖”，培养他们的文化自信。在科学课讲天文知识时，也可以对比讲解曾经的苗族人对天体的初步认识，等等。这种教学内容的对比讲解，可以突出知识的多样性，尤其是突出本土社会对相关问题的思考，从而使学生有更广阔的认知视野和对知识进

① 黄旭、张文质：《乡村教育的问题与出路》，15页，福州，福建教育出版社，2002。

行比较的经验，增强他们领悟不同知识体系在分析和解决问题时的独特价值。[①] 第三，创设丰富的贾理校园文化。学校可以在宣传栏、走廊两侧、教室等各种区域充分展示贾理知识与经典名句。例如在金钟一小的教学楼走廊就挂了一些贾理经典句子，汉字与苗文相结合，访谈得知学生虽然不懂苗文，但是知道这是他们苗族祖先说过的话，他们觉得很亲切。但是利用贾理进行环境创设的形式过于单调，仅有经典句子展示牌。其实除了展示经典句子外，还可以用学生易懂的文字简单介绍贾理的来源，贾理里包含的故事性段落可以通过儿童画形式做墙体展示，既美化校园，又让学生从中获得关于贾理的知识。概言之，学校可以通过各种形式传授给学生贾理知识，打造具有民族文化特色的校园文化，这也是民族地区基础教育的应有之意。

四、正确看待传统文化，增强民族文化认同

人们对传承民族文化存在的偏见与误区，从根本上来说是没有认清传统与现代之间相互依存、辩证统一的关系，往往认为民族传统文化是封闭的、落后的文化形态而应该被时代淘汰。民族传统文化是在过去的生产方式基础上形成，社会变迁导致部分文化不再适应当下社会需求。但整体来说，传统文化中饱含了大量文化精髓，同时传统文化也在进行现代转化。我们应该正确看待传统文化，通过传承优秀传统文化增强民族文化认同。

（一）正确认识苗族传统文化

传统和现代是当代社会不可分割的“一体两面”，我们必须在二者之间找到一个平衡点，才能在创新中得到长足发展，不然就容易陷入失去自我、虚无混乱的“失根”状态之中。因此要慎重对待自己的民族文化传统，这对于每个人、每个民族都是一种无法拒绝的存在，我们不可能超越民族传统的观念意识，不管意识到与否，文化传统总是影响并形塑我们。[②] 当下民族地区由于受到功利主义思想影响，发展经济是固然要求，相关管理办法也允许对“非遗”以保

① 石中英:《本土知识与教学改革》，载《教育研究》，2001（8），13—18 页。

② 邹广文:《文化前行：在传统与现代之间》，载《求是学刊》，2007（6），12—16 页。

护传承为目的基础上适度开发。但是“文化搭台，经济唱戏”旅游发展模式的实行没有平衡好文化与经济的关系，最终造成文化的重要功能是为经济服务的不良取向。为了迎合市场，许多不具备观赏性、艺术性的文化得不到外界关注，也难以进入地方教育体系，这部分失去话语权的“非遗”要得到真正的保护传承非常艰难。发展经济固然重要，物质的现代化改善人居生活条件，但同时也不能缺少精神文明建设，我们需要用长远的战略眼光处理“经济”与“文化”关系，对后者的关注至少应该不能弱于前者。当下我们社会的主要矛盾已经转化为人民日益增长的美好生活需求和不平衡不充分的发展之间的矛盾，其中美好生活既指物质生活的丰富，也指精神生活的不断提升。2021 年我国脱贫攻坚战取得全面胜利，说明我们在物质文明的建设方面已经取得阶段性突破，人们逐渐从短缺经济时代对物质需求的高度依赖转向对精神领域的需求和提高，物质让我们衣食住行更美好，但精神则决定我们能不能走得更远。

基于社会发展趋势要求，我们更应该珍视类似贾理这种口头传承的、精神层面的文化，这些文化一方面贴近不同地域族群现实生活，具有个性化特征；另一方面这些属于不同族群的文化又不断地处于与主流文化交流融合之中，二者属于同一个文化共同体，“礼失而求诸野”，它们“活态”传承着众多宝贵的传统文化，是进行精神文明建设的巨大资源库。因此，我们需要正确认识苗族传统文化，取其精华去其糟粕，以“拿来主义”的眼光为我所用。

（二）传承优秀民族文化是铸牢中华民族共同体意识的实践路径

“从世界范围来看，强调国家认同的公民教育已发展为当前全球多元文化社会治理的核心主题。”① 2014 年 9 月，习近平总书记在中央民族工作会议上提出“积极培养中华民族共同体意识”；2017 年 10 月党的十九大报告强调“铸牢中华民族共同体意识”；2019 年 10 月党的十九届四中全会明确指出要“打牢中华民族共同体思想基础”。铸牢中华民族共同体意识是习近平总书记新时代民族工作重要论述的理论精髓，也是学界近年研究的热点话题。关于中华民族共同体意识的相关研究是对 20 世纪 80 年代末以费孝通为首提出“中华民族多元一体格局”

① 王鉴、胡红杏：《打牢中华民族共同体意识的思想基础研究》，载《民族教育研究》，2020（2），11—16 页。

理论在新时期的延续，学者们梳理了中华民族共同体意识的理论渊源、基本内涵、要素分析与实践路径等。“中华民族共同体意识，就是中华人民共和国国民在体认彼此生存发展的共性条件与历史基础上，秉持共善价值规范与能动维护意愿的复兴凝聚心态。”[①]中华民族共同体的基本内涵是中华各民族在历史演进和现实发展中结成的相互依存、共担共享的亲缘体和有机统一体，多元一体是中华民族共同体的内在结构，命运共同体是中华民族共同的本质属性。[②]关于铸牢中华民族共同体意识的实践路径，有学者从坚持和完善民族区域自治制度、建设共享繁荣发展的经济体和嵌入式社会结构、增强中华文化认同[③]或从强化顶层设计、加强国家战略布局、民族团结等层面提出构建中华民族共同体。[④]

铸牢中华民族共同体意识是为了增强中华民族认同感，只有当认知体验、价值信念和行为意愿三者统一时，我们才能发挥出各民族智慧之合力，获得不断前行的动力。习近平总书记多次提出：“文化认同是最深层次的认同，是民族团结之根、民族和睦之魂。”[⑤]道明了我国各民族文化的同源根基，说明传统文化是中华民族精神源泉，也是建设各民族共有精神家园的文化基础。但是在已有研究中，缺少从个体层面探讨中华民族共同体仪式的社会心理机制及其建构策略问题，缺乏教育路径的熔铸，大都从宏观的文化、经济、政治、社会四大层面宏观阐述中华民族共同体意识。[⑥]宏观层面的研究固然重要，但从各民族具体如何落实的微观层面探索也必不可少，理论最终服务于实践，通过实践再丰富宏观的理论，最终还是需要通过各民族的实践以铸牢中华民族共同体意识。

历史事实证明，我国优秀传统文化是各民族在不断交往交流交融中共同创造，这需要我们深入挖掘各民族传统文化中优秀的、具有共性的文化资源强化民族文化认同感。换句话说，传承优秀民族文化是铸牢中华民族共同体意识的

---

① 青觉、徐欣顺：《中华民族共同体意识：概念内涵、要素分析与实践逻辑》，载《民族研究》，2018（6），1—14 页。

② 孔亭、毛大龙：《论中华民族共同体的基本内涵》，载《社会主义研究》，2019（6），51—57 页。

③ 高承海：《中华民族共同体意识：内涵、意义与铸牢策略》，载《西南民族大学学报》（人文社会科学版），2019（12），24—30 页。

④ 王鉴：《中华民族共同体意识的内涵及其构建路径》，载《中国民族教育》，2018（4），17—20 页。

⑤ 陈凌：《“文化认同是最深层次的认同”》，载《人民日报》，2021-03-07（4）。

⑥ 高承海：《中华民族共同体意识：内涵、意义与铸牢策略》，载《西南民族大学学报》（人文社会科学版），2019（12），24—30 页。

实践路径。以苗族为例，贾理作为苗族文化系统中的核心，传承贾理是强化民族文化认同，是建设“共有精神家园”的实践路径。

首先，贾理从精神文化层面蕴含了丰富的传统儒家思想，是传统主流文化在苗族地区的本土化。其次，从我国各少数民族的族源来说，苗族“都是一家人”观念直接凸显其中华民族共同体意识。该观念主要来自于两个方面：一是贾理叙述洪水滔天之后兄妹成亲诞下人类，因此“我们都是一家人”；二是贾理“迁徙篇”讲述生活在纽河黑水边的十二群人分散各处繁衍生存，“兄弟散去五水，姐妹散去三山，显人去显人地，西人去西人地，固人去固人地，亚人去亚人地，嘎斗去嘎斗地，尤人去尤人地”[①]。由于迁徙到各地，后来才发展为今天的各个民族。最后，从苗族信仰角度来说，他们的信仰对象包含在中华传统文化中。例如，贾理叙述的司万艺万物之神“定拉”用汉语来说是“孔子”，有些苗家人的神龛贴“孔子之位”。“苗族人对孔子的崇拜实际上是以孔子的形象，实现了中华文化认同，用苗族的形式，背后实为孔子的内涵，通过长期潜移默化实现对苗族的‘化’。”[②] 至今在每年农历十月第二个牛场天举行隆重的祭祀仪式，有固定的贾师负责仪式，祭词也是世代流传至今，这一文化现象是目前我国“活态”传承下来的、少有的蚩尤祭祀仪式，这也直接说明了苗族人们对本民族文化的归属原点。

总之，贾理蕴含丰富的、宝贵的传统文化资源，传承贾理可以从苗族这个具体的族群实践角度铸牢中华民族共同体意识。同时还要强调的是，各民族文化都潜藏着建设“共有精神家园”的财富资源，我们需要用心挖掘、提炼，找到适合不同民族的实践路径。这也是对苗族贾理进行深入研究的典型性价值体现之一：通过探究一个民族，寻找增强中华文化认同的可行性路径。

---

① 王凤刚：《苗族贾理》，533 页，贵阳，贵州人民出版社，2015。

② 张诗亚教授语。

结 语

文化是民族的血脉，在我国五千年文明发展历程中，各族人民紧密团结、自强不息，共同创造出源远流长、博大精深的中华文化。建设优秀传统文化传承体系，加强对优秀传统文化思想价值的挖掘，抓好非物质文化遗产保护传承，是铸牢中华民族共同体意识的重要途径。贾理是我国优秀传统文化的代表之一，然而随着现代化步伐加快，民族文化赖以生存的传统社会结构正发生变迁，贾理与其他民族口头文化同样面临着前所未有的挑战。我们可以通过人类学方法对贾理及其教育功能进行研究，挖掘民族文化“活态”传承的时代价值。

一、研究回顾

从根本意义上讲，教育现象是任何社会任何民族客观存在于一切具有文化意义的递接之中，教育的本质是人类传递文化的社会活动，文化传承过程即为教育过程。对于较长时间处于“化外”的“生苗区”，制度化的官学体系建立亦晚，即使在基础教育体制已发展完善的今天，我们仍然有必要去探究历史上弥补官学教育存在的，以及当下对人产生重要影响、学校围墙之外民族文化传承的教育价值，深究文化传承中“以文化人”的内部机制与功能，挖掘传统文化于当下社会对促进人与社会发展的动能。

本书以苗族贾理流传核心区丹寨县为田野考察点，运用人类学研究范式，以结构功能主义为分析框架，经过两个多农业周期系统全面的考察，全程跟踪了 24 场与贾理有关的仪式和情境，在翔实的田野考察基础上对贾理传承展开深入研究，进入他们的生活并与之同吃同住，且对具有代表性的贾师及其徒弟保持着长期联系。文化是人与生存环境相互作用的适应形势，不同的生存环境创生出不同的适应方式，即不同的文化形态。丹寨特殊的自然人文生态系统创生出贾理，贾理作为苗族文化的核心从精神到物质参与苗族人们生产生活的全环节，它也反过来影响了苗族的存在方式。

本书首先从历史沿革、自然环境、社会环境和精神环境阐述了贾理流传的核心区——丹寨，在此背景下，结合田野考察总结出孕育贾理的苗族传统社会结构“鼓社—议榔—贾师”，贾理就是贾师持有的重要社会资本，由于懂得贾理才获得社会管理与苗族人们精神“导师”的地位。其次，本书呈现了当下传承贾理的必要性。贾理贯穿苗族的物质生活到精神信仰，可以视作苗族的“文化核心”，时刻影响着苗族人与自然以及人与人之间的关系相处。贾理蕴含万物有灵思想，体现人与自然之间处于平等共生状态，引导人与自然和谐相处；贾师在苗族社会中承担着解决纠纷、主持各种重大仪式等重要职责功能，不论在世俗生活还是精神信仰领域，贾师都不可被取代，是苗族社会运转的核心人物；贾理蕴含苗族的宗教信仰、价值观念、哲学观念、社会思想、伦理道德、风俗习惯、思维方式等方面，是苗族精神文化的集中展现，更是历史上与其他民族文化交往交流交融的结果。将贾理置入官方历史话语体系中分析发现，贵州官学教育发展起步较晚，此地各少数民族文化对补充官学教育的不足发挥了重要的“自我教育”功能，贾理就相当于苗族传统社会内部的“官学”教育。传承贾理也是我们当下保护口头文化多样性的必然选择；更重要的是贾理现代传承有助于铸牢中华民族共同体意识。再次，本书全面呈现了田野考察内容，从贾理传承人的整体概况、“八寨苗之贾”“短裙苗之贾”两个流派以及传承现状、途径、机制等方面全息展示了贾理。贾理口耳相传的表现形式背后蕴藏着整个苗族文化系统的传承机制。传承贾理满足了苗族人的文化需求，驱动力主要来源于苗族的精神信仰体系，这些精神层面的因素反过来又影响了人的实践活动。较完整地系统持有贾理的贾师用仪式勾勒苗族的信仰图式，通过习惯法协调治理大家的现实生活。贾师在苗族传统的现实生活中成为苗族社会运转的核心人物，从精神信仰到物质世界，再到“入仕”式社会管理的自我实现，形成了贾理传承机制的驱动环，最终以贾师社会职能为核心推动贾理形成了自在与自觉的两种贾理传承模式。为了更好地呈现原生语境中的贾理，本书还选取了具有典型代表性的扫寨、葬礼、保家和祭尤仪式进行贾词苗汉翻译与仪式深描。通过长期田野考察发现贾理在传承中对人产生的影响，同时切身感受到了当下贾理传承的困境，最后，本书提出了相应的优化传承策略。

田野考察证明，作为苗族文化核心的贾理在传承中发挥的教育功能补充了学校教育的某些不足。然而在传统与现代交织的社会背景下，贾理也面临着贾师身份、做贾仪式等方面的传承之忧。究其原因，根本因素是苗族社会变迁削弱了贾师的地位，而与其他艺术类、手工类非遗相比，贾理缺少舞台表演和商品交换价值，无法为当地人带来直接的经济收入。同时，在“民族文化进校园”中又对贾理定位不当导致“进校难”。从社会层面来说，人们缺乏辩证眼光看待苗族传统文化与现代化之间的关系，往往将其视为落后、消极的事物，影响了贾理在当代社会传承。基于此分析，文章提出相应的优化策略，最急迫的是建立苗族贾理数据库，运用多种技术手段保护、传承贾理；从贾理的习惯法角度可以重新激发贾理的乡村治理功能，提高贾师地位；同时开发贾理的多样化呈现形式，推动贾理的创造性转化。总的来说，我们需要处理好传统与现代的关系，正确认识传统文化。

二、主要研究结论

结构功能主义理论强调从整体视角理解文化，采用实地田野考察的方法，从文化内部结构及其功能进行深入分析。本书主要基于该理论探索了贾理在传承过程中形成的立体多维的教育功能：从个人层面促进了个体发展，贾理对个人的性别角色形成、学习能力提升以及社会化都发挥了重要作用；从群体或社会的角度来看，贾理的传承也是一种伦理道德教育，教授做人的道理，引导人们正确处理人与人、人与自然之间的关系，其中有大量的伦理道德规范与儒家思想有相通之处，这是基层官学体系尚未健全时，贾理可以作为苗族社会教育补充的重要基础；贾理还传承了地方性知识，比如万物起源、天文历法、族源迁徙、农事生产知识、习惯法等；从文化传承的宏观层面分析，西南与中原属于一个文化共同体，贾理作为苗族传统文化的“集大成者”融通转化了儒家思想，活态传承历史上中原与西南文化交流的结晶。因此，当代贾理传承对于新时代中华文化认同教育、铸牢中华民族共同体意识具有重要实践意义。

田野考察证明，作为苗族文化核心的贾理在传承中发挥的教育功能补充了学校教育的某些不足。然而在传统与现代交织的社会背景下，贾理也面临着贾师身份、做贾仪式等方面的传承之忧。究其原因，根本因素是苗族社会变迁削弱了贾师的地位，而与其他艺术类、手工类非物质文化遗产相比，贾理缺少舞台表演和商品交换价值，无法为当地人带来直接的经济收入。同时，在“民族文化进校园”中又对贾理定位不当导致“进校难”。从社会层面来说，人们缺乏辩证眼光看待苗族传统文化与现代化之间的关系，将其视为落后、消极的事物，影响了贾理在当代社会传承。基于此分析，本书提出相应的优化策略，最急迫的是建立苗族贾理数据库，运用多种技术手段保护、传承贾理；从贾理的习惯法角度可以重新激发贾理的乡村治理功能，提高贾师地位；同时开发贾理的多样化呈现形式，推动贾理的创造性转化。总的来说，我们需要处理好传统与现代的关系，正确认识传统文化。贾理属于中华优秀传统文化的组成部分，其“活态”传承了历史上中原与西南文化交流的结晶，当代贾理传承对于新时代增强文化认同、铸牢中华民族共同体意识具有重要实践意义。

本书研究对象虽然仅是苗族贾理及其传承的现状、教育功能及其于当代传承遇到的困境，但涉及的问题也是其他少数民族文化在现代化进程中面临的共同问题，具有一定的典型性。尤其是对于大多数无本民族文字的少数民族，心口相授是其文化传承的主要途径，这些不同民族的口头文化和贾理同样面临着相同的问题。因此，对苗族贾理传承的研究具有窥斑见豹的意义，启发我们在传统与现代交织背景下，如何冷静思考传统文化的教育价值和时代意义，如何让现代在扎根传统的基础上更好地服务于人的发展。同时，民族地区制度化的学校教育也应进一步发挥其传承传统文化的功能，整合民族传统文化中的生存智慧为教学所用。

三、研究不足与展望

苗族贾理及其传承是一个复杂的有机系统，覆盖了苗族精神信仰世界和世俗生活，仅仅通过两个多农业周期的田野考察和一段时间的同吃同住是难以对其进行全面研究和深入系统探索的。所以，本书存在许多不足之处，也为笔者的进一步努力指明方向。一是由于本书对苗族贾理的教育意蕴进行阐释时，是基于结构功能主义的理论视角，从客观上难以避免地窄化了贾理在苗族社会中“活态”传承的价值。同时，当下的苗族传统社会结构处于正在变迁中，可能使用强调静态稳定的结构功能主义理论对此进行分析则难以呈现社会变迁的动态面。关于贾理的整体分析还涉及法学、社会学等学科，仪式细节还需要加强符号学、阐释学等理论进行系统深入探讨。所以，笔者需要在今后不断提升自身理论素养以便去深度地研究贾理。二是由于时间、精力和资金限制，本书对贾理传承的田野考察主要集中在流传的核心区丹寨，还未能对黄平县、麻江县，尤其是月亮山区即从江县的苗族贾理进行更加全面的横向研究，这也是未来拓宽贾理田野考察的主要方向。三是因为笔者学力有限，没有将苗族贾理与其他国内外具有代表性的口头文化进行横向比较研究，这些都是未来努力奋斗的方向。

参考文献

一、中文著作

［1］许慎．说文解字．北京：中华书局，2013.

［2］朱熹．四书集注・论语．长沙：岳麓书社，1985.

［3］陈澔．礼记・礼运．上海：上海古籍出版社，2016.

［4］巴登尼玛．文明的困惑：藏族教育之路．成都：四川民族出版社，2000.

［5］蔡家麒．论原始宗教．昆明：云南民族出版社，1988.

［6］车文博．弗洛伊德主义原著选辑：上卷．沈阳：辽宁人民出版社，1988.

［7］陈来．守望传统的价值：陈来二十年访谈录．北京：中华书局，2018.

［8］范宏贵．少数民族习惯法．长春：吉林教育出版社，1990.

［9］傅维利．教育功能论．沈阳：辽宁教育出版社，1990.

［10］方刚，罗蔚．社会性别与生态研究．北京：中央编译出版社，2009.

［11］方刚．性别心理学．合肥：安徽教育出版社，2010.

［12］费孝通．社会学概论．天津：天津人民出版社，1984.

［13］费孝通．中国文化的重建．上海：华东师范大学出版社，2013.

［14］冯增俊．教育人类学．南京：江苏教育出版社，2001.

［15］冯增俊．教育人类学教程．北京：人民教育出版社，2005.

［16］顾明远，黄济．教育学．北京：人民教育出版社，1982.

［17］顾明远．教育大辞典．上海：上海教育出版社，1998.

［18］郭凤鸣．秩序中的生长：少数民族习惯法的教育人类学解读．成都：四川大学出版社，2011.

[19] 黄华新，陈宗明 . 符号学导论 . 郑州：河南人民出版社，2004.

[20] 黄旭，张文质 . 乡村教育的问题与出路 . 福州：福建教育出版社，2002.

[21] 金志远 . 民族文化传承与民族基础教育课程改革 . 北京：民族出版社，2008.

[22] 李明善 . 教师专业发展论纲 . 长春：吉林大学出版社，2011.

[23] 李泽厚 . 伦理学新说述要 . 北京：世界图书出版公司，2019.

[24] 李泽厚 . 哲学纲要 . 北京：中华书局，2015.

[25] 李建中 . 中国文化概论 . 武汉：武汉大学出版社，2005.

[26] 林崇德 . 发展心理学 . 北京：人民教育出版社，1995.

[27] 刘豪兴 . 人的社会化 . 上海：上海人民出版社，1993.

[28] 刘仕海 . 苗族语文读本 . 贵阳：贵州大学出版社 ,2016.

[29] 龙仙艳 . 文本与唱本：苗族古歌的文学人类学研究 . 北京：社会科学文献出版社，2018.

[30] 陆谷孙 . 英汉大词典 . 上海：上海译文出版社，2007.

[31] 吕养正 . 湘西苗族鬼神崇拜探幽 . 北京：中国文联出版社，2001.

[32] 麻勇斌 . 贵州苗族建筑文化活体解析 . 贵阳：贵州人民出版社，2005.

[33] 普丽春 . 少数民族非物质文化遗产的教育传承研究：以云南省为例 . 北京：民族出版社，2010.

[34] 乔朝新，李文彬，贺明辉 . 融水苗族埋岩古规 . 南宁：广西民族出版社，1994.

[35] 乔馨 . 教育人类学视野下的岩洞嘎老文化传承研究 . 北京：中央民族大学出版社，2011.

[36] 覃东平，吴一文 . 蝴蝶妈妈的祭仪：苗族鼓社文化研究 . 贵阳：贵州人民出版社，2006

[37] 申茂平 . 贵州非物质文化遗产研究 . 北京：知识产权出版社，2009.

[38] 沈福煦 . 中国古代建筑文化史 . 上海：上海古籍出版社，2001.

[39] 石朝江 . 世界苗族迁徙史 . 贵阳：贵州人民出版社，2006.

[40] 石朝江，石莉 . 中国苗族哲学社会思想史 . 贵阳：贵州人民出版社，

2005.

［41］世界环境与发展委员会．我们共同的未来．长沙：湖南教育出版社，2009.

［42］孙本文．社会变迁．上海：世界书局，1929.

［43］田兵．苗族古歌．贵阳：贵州人民出版社，1979.

［44］童恩正．文化人类学．上海：上海人民出版社，1989.

［45］汪宁生．铜鼓与南方民族．长春：吉林教育出版社，1989.

［46］王道俊，等．教育学．北京：人民教育出版社，2009.

［47］王道正．易经全本详·易传．成都：四川大学出版社，2014.

［48］王德胜．科学史．沈阳：沈阳出版社，1992.

［49］王凤刚．苗族贾理．贵阳：贵州人民出版社，2015.

［50］王凤刚．苗族贾师的故事：苗人圣经《贾理》的传承．台北：台北甯文创事业有限公司，2012.

［51］王凤刚．幸福的时刻·丹寨苗族情歌选．昆明：云南人民出版社，2019.

［52］王明珂．华夏边缘历史记忆与族群认同．杭州：浙江人民出版社，2013.

［53］王荣生．语文科课程论基础．上海：上海教育出版社，2003.

［54］王道俊，郭文安．教育学．北京：人民教育出版社，2016.

［55］王道俊，扈中平．教育学原理．福州：福建教育出版社，2013.

［56］王耀希．民族文化遗产数字化．北京：人民出版社，2009.

［57］魏英敏．当代中国伦理与道德．北京：昆仑出版社，2001.

［58］文远荣．雷公山苗族巫词贾理嘎别福．北京：中央民族大学出版社，2010.

［59］吴大华．民族法律文化散论．北京：民族出版社，2004.

［60］吴大华．黔法探源．贵阳：贵州人民出版社，2013.

［61］吴德坤，等．苗族理辞．贵阳：贵州民族出版社，2002.

［62］吴佺新，肖其凤．贾师传．贵阳：贵州民族出版社，2013.

［63］吴晓蓉．仪式中的教育：摩梭人成年礼的教育人类学研究．北京：人

民出版社，2018.
［64］伍新福，龙伯亚．苗族史．成都：四川民族出版社，1992.
［65］伍新福．苗族文化史．成都：四川民族出版社，2000.
［66］习近平．习近平谈治国理政．北京：外文出版社，2014.
［67］徐稳．民主视域：文化多样性研究．济南：山东人民出版社，2010.
［68］徐晓光．苗族习惯法的遗留、传承及其现代转型研究．贵阳：贵州人民出版社，2005.
［69］徐晓光．黔湘桂边区山地民族习惯法的民间文学表达．桂林：广西师范大学出版社，2016.
［70］徐中舒．甲骨文字典．成都：四川辞书出版社，2014.
［71］叶澜．教育概论．北京：人民教育出版社，2006.
［72］杨庭硕，潘盛之．百苗图抄本汇编．贵阳：贵州人民出版社，2004.
［73］杨庭硕，等．民族文化与生境．贵阳：贵州人民出版社，1992.
［74］杨文瑞．贾．贵阳：贵州民族出版社，2012.
［75］郎樱．玛纳斯论析．呼和浩特：内蒙古大学出版社，1991.
［76］岳纯之．唐律疏议．上海：上海古籍出版社，2013.
［77］张岱年．文化与价值．北京：新华出版社，2004.
［78］张亮采．中国风俗史．上海：上海文艺出版社，1988.
［79］张诗亚．祭坛与讲坛：西南民族宗教教育比较研究．昆明：云南教育出版社，1992.
［80］张诗亚．强化民族认同：数码时代的文化选择．北京：现代教育出版社，2005.
［81］张诗亚．西南教育文化溯源．上海：上海教育出版，1994.
［82］张羽琼．贵州古代教育史．贵阳：贵州教育出版社，2003.
［83］张岱年，方克立．中国文化概论．北京：北京师范大学出版社，2004.
［84］张云霞．教育功能的社会学研究．武汉：武汉大学出版社，2011.
［85］郑晓云．文化认同论．北京：中国社会科学出版社，1992.
［86］中华人民共和国教育部．义务教育语文课程标准：2011 年版．北京：北京师范大学出版社，2012.

[87] 朱从书 . 心理学 . 杭州：浙江大学出版社，2015.
[88] 庄孔韶 . 教育人类学 . 哈尔滨：黑龙江教育出版社，1989.
[89] 庄锡昌，等 . 多维视野中的文化理论 . 杭州：浙江人民出版社，1987.

二、中文译著

[1] 博尔诺夫 . 教育人类学 . 李其龙，等译 . 上海：华东师范大学出版社，1999.

[2] 恩斯特・卡西尔 . 人论 . 甘阳，译 . 上海：上海译文出版社，2004.

[3] 斐迪南・滕尼斯 . 共同体与社会 . 林荣远，译 . 北京：商务印书馆，1999.

[4] 雅思贝尔斯 . 什么是教育 . 邹进，译 . 上海：生活・读书・新知三联书店，1991.

[5] 爱弥儿・涂尔干 . 宗教生活的基本形式 . 渠东，汲喆，译 . 北京：商务印书馆，2011.

[6] 福柯 . 福柯集・何为启蒙 . 顾嘉琛，译 . 上海：上海远东出版社，2003.

[7] 卢梭 . 社会契约论 . 何兆武，译 . 北京：商务印书馆，2003.

[8] 涂尔干 . 宗教生活的基本形式 . 渠东，等译 . 上海：上海人民出版社，1999.

[9] 埃里克・H. 埃里克森 . 同一性：青少年认同机制 . 孙名之，译 . 北京：中央编译出版社，2018.

[10] 安德森 . 想象的共同体 . 吴叡人，译 . 上海：上海人民出版社，2005.

[11] 格尔茨 . 文化的解释 . 韩莉，译 . 南京：译林出版社，2014.

[12] 格尔茨 . 地方知识：阐释人类学论文集 . 杨德睿，译 . 北京：商务印书馆，2014.

[13] 吉尔兹 . 地方性知识：阐释人类学论文集 . 王海龙，张家瑄，译 . 北京：中央编译出版社，2000.

[14] 理查德・鲍曼 . 作为表演的口头艺术 . 杨利慧，安德明，译 . 桂林：广西师范大学出版社，2008.

[15] 露丝・本尼迪克特 . 文化模式 . 王炜，等译 . 北京：生活・读书・新

知三联书店，1988.

［16］玛格丽特·米德．文化与承诺：一项有关代沟问题的研究．周晓虹，周怡，译．石家庄：河北人民出版社，1987.

［17］米德著．三个原始部落的性别与气质．宋践，等译．杭州：浙江人民出版社，1988.

［18］莫尔．社会变迁．俞景蘧，译．台北：巨流图书公司，1988.

［19］萨缪尔·亨廷顿．文明的冲突与世界秩序的重建．周琪，等译．北京：新华出版社，2010.

［20］史徒华．文化变迁的理论．张恭启，译．台北：远流出版社，1989.

［21］乌格朋．社会变迁．费孝通，王同惠，译．上海：上海社会科学院出版社，2016.

［22］伊恩·罗伯逊．社会学．黄育馥，译．北京：商务印书馆，1990.

［23］约翰·迈尔斯·弗里．过去的声音 口头诗学：帕里——洛德理论．朝戈金，译．北京：社会科学文献出版社，2000.

［24］塔尔科特·帕森斯．社会行动的结构．张明德，等译．南京：译林出版社，2012.

［25］费特曼．民族志·步步深入．龚建华，译．重庆：重庆大学出版社，2013.

［26］欧文·拉兹洛．多种文化的星球．戴侃，辛未，译．北京：社会科学文献出版社，2004.

［27］巴特，等．人类学的四大传统：英国、德国、法国和美国的人类学．高丙中，等译．北京：商务印书馆，2008.

［28］古川安．科学的社会史从文艺复兴到20世纪．杨舰，梁波，译．北京：科学出版社，2011.

［29］鸟居龙藏．苗族调查报告．国立编译馆，译．贵阳：贵州人民出版社，2019.

［30］费尔迪南·德·索绪尔．普通语言学教程．刘丽，译．北京：九州出版社，2007.

［31］安德鲁先科．精神文化与人．罗长海，陈爱容，译．上海：华东师范

大学出版社，1989.

［32］斯大林．斯大林全集（第2卷）．中共中央马克思恩格斯列宁斯大林著作编译局，译．北京：人民出版社，1953.

［33］A.R拉德克利夫·布朗．原始社会的结构与功能．潘蛟，等译．北京：中央民族大学出版，1999.

［34］W.C.丹皮尔．科学史及其与哲学和宗教的关系．李珩，译．北京：商务印书馆，1975.

［35］安东尼·吉登斯．现代性与自我认同．赵旭东，译．北京：生活·读书·新知三联书店，1998.

［36］安东尼·吉登斯．社会学．赵旭东，等译．北京：北京大学出版社，2003.

［37］安东尼·吉登斯．现代性的后果．田禾，译．南京：译林出版社，2011.

［38］鲍曼．共同体．欧阳景根，译．南京：江苏人民出版社，2003.

［39］拉德克利夫·布朗．安达曼岛人．梁粤，译．桂林：广西师范大学出版社，2005.

［40］拉德克里夫－布朗．原始社会结构与功能．丁国勇，译．南昌：江西教育出版社，2014.

［41］雷蒙·威廉斯．关键词．刘建基，译．北京：生活·读书·新知三联书店，2005.

［42］马林诺夫斯基．文化论．费孝通，译．北京：中国民间文艺出版社，1987.

［43］马林诺夫斯基．科学的文化理论．黄建波，等译．北京：中央民族大学出版社，1999.

［44］马林诺夫斯基．西太平洋的航海者．梁永佳，李绍明，译．北京：华夏出版社，2001.

［45］泰勒．原始文化．蔡江浓，译．杭州：浙江人民出版社，1988.

［46］特里·伊格尔顿．文化论．张舒语，译．北京：中信出版社，2018.

［47］约翰·尤瑞．游客凝视．杨慧，等译．桂林：广西师范大学出版社，

2009.

［48］杰西·洛佩兹，约翰·斯科特.社会结构.允春喜，译.长春：吉林人民出版社，2007.

三、地方史志

［1］左丘明.国语·郑语.上海：上海古籍出版社，2015.

［2］司马迁.史记：五帝本纪.北京：线装书局，2006.

［3］田汝成.炎徼纪闻.台北：台湾“商务印书馆”，1979.

［4］郭子章，赵平略.黔记.成都：西南交通大学出版社，2016.

［5］沈庠.弘治贵州图经新志·中国地方志集成：贵州府县志辑（第1册）.成都：巴蜀书社，2006.

［6］沈庠.贵州图经新志.贵阳：贵州人民出版社，2015.

［7］田汝成.行边纪闻.台北：台湾华文书局，1968.

［8］谢东山，张道.贵州通志：卷之三.成都：西南交通大学出版社，2018.

［9］爱必达.黔南识略.台北：成文出版社，1968.

［10］靖道谟，等.贵州通志·卷七 苗蛮.台北：京华书局，1968.

［11］罗绕典.黔南职方纪略·卷九 苗蛮.台北：成文出版社，1974.

［12］徐家干，吴一文.苗族聚居区闻见录.贵阳：贵州人民出版社，1997.

［13］苗族聚居区屯仿实录.长沙：岳麓书社，2012.

［14］郭辅相，等.八寨县志稿卷二：沿革.台北：成文出版社，1931.

［15］杜文铎，等.黔南识略·黔南职方纪略.贵阳：贵州人民出版社，1992.

［16］贵州省丹寨县地方志编纂委员会.丹寨县志：1991—2015.北京：方志出版社，2016.

［17］贵州省文史研究馆.贵州通志·学校·选举志.贵阳：贵州人民出版社，2008.

四、学位论文

[1] 陈雪英 . 西江苗族“换装”礼仪的教育诠释 . 重庆：西南大学博士学位论文，2009.

[2] 胡朝君 . 功能等值理论下“苗族理辞”的英译研究 . 贵阳：贵州民族大学硕士学位论文，2019.

[3] 贾雪玲 . 月亮山苗族鼓藏仪式的个体社会化功能研究 . 重庆：西南大学博士论文，2013.

[4] 李姗泽 . 生育文化的田野调查与教育内涵分析：对炎方苗族生育文化的教育人类学解读 . 重庆：西南大学博士学位论文，2003.

[5] 李依霖 . 少数民族非物质文化遗产的法律保护研究 . 北京：中央民族大学博士学位论文，2013.

[6] 龙滢 . 民族文化传承中的京族教育特色研究 . 北京：中央民族大学博士学位论文，2012.

[7] 罗丹阳 . 苗族古歌传承的田野民族志：以黔东南双井村“瑟岗奈”（Seib Gangx Neel）为个案 . 北京：中央民族大学博士学位论文，2011.

[8] 任胜洪 . 现代性与民族性：侗族歌班的教育人类学考察与分析 . 重庆：西南大学博士学位论文，2008.

[9] 宋燕金 . 西南边疆多民族聚居地大学生主流文化认同教育研究 . 桂林：广西师范大学博士学位论文，2014.

[10] 杨俊 . 滇北花苗社区“唱诗文化”伦理教育研究：以富民小水井苗村为例 . 重庆：西南大学博士学位论文，2015.

[11] 杨毅 . 歌与生活：人类学视阈下的侗族大歌研究 . 武汉：武汉大学博士学位论文，2015.

[12] 张晓松 . 历史文化视角下的贵州地方性知识考察 . 长春：东北师范大学博士学位论文，2011.

[13] 胥奇 . 苗族理辞语体特征研究：以吴德坤、吴德杰《苗族理辞》为研究文本 . 贵阳：贵州民族大学硕士学位论文，2013.

五、期刊论文

[1] 安福海.论地方性知识的价值.当代教育与文化，2010（2）.

[2] 安永新.封建教育制度在贵州的形成和发展.贵州文史丛刊，1991（3）.

[3] 巴莫曲布嫫.口头传统·书写文化·电子传媒：兼谈文化多样性讨论中的民俗学视界.广西民族研究，2004（2）.

[4] 曾祥慧，等.以兄弟之情面对自然：从苗族《贾》透析苗族自然观.原生态民族文化学刊，2014（4）.

[5] 曾雪飞.清水江流域苗族古歌的伦理观与社会规约.贵州大学学报（社会科学版），2013（4）.

[6] 朝戈金.非物质文化遗产：从学理到实践.西北民族大学学报（哲学社会科学版），2015（2）.

[7] 朝戈金.民俗学视角下的口头传统.广西民族学院学报（哲学社会科学版），2003（3）.

[8] 朝戈金.口头传统概说.民族艺术，2013（6）.

[9] 陈芳，杨茂锐.田野视角下“苗族贾理”的教育思想试论.贵州社会科学，2016（2）.

[10] 陈立浩.苗族理词试论.贵州民族研究，1988（1）.

[11] 崔新建.文化认同及其根源.北京师范大学学报（社会科学版），2004（4）.

[12] 范生姣，等.苗族村落社区中的消防预警机制研究：以黔东南苗族“扫寨”习俗调查为例.凯里学院学报，2012（5）.

[13] 费孝通.反思·对话·文化自觉.北京大学学报（哲学社会科学版），1997（3）.

[14] 费孝通.我为什么主张“文化自觉”.北京日报，2003-08-25.

[15] 盖媛瑾，等.苗族村寨“扫寨”仪式与社会秩序建构：对黔东南朗德上寨“扫寨”仪式的文化人类学考察.黑龙江民族丛刊，2019（6）.

[16] 高丙中，宋红娟.文化生态保护区建设与城镇化进程中的非遗保护：机制梳理与政策思考.西北民族研究.2016（2）.

[17] 高鉴国.社区的理论概念与研究视角.学习与实践，2006（10）.

[18] 高亚芹 . "共同体" 概念的学术演进与社区共同体的重构，文化学刊，2013（3）.

[19] 龚露，周真刚 . 木房与砖房：传统村落场域中的文化变迁——以黔东南州为例 . 贵州民族研究，2016（8）.

[20] 郭元祥 . 关于地方课程开发的几点思考 . 课程・教材・教法，2000（1）.

[21] 韩雪屏 . 发掘语文课程的传统文化教育因素：兼谈语文教材中的传统文化建构 . 语文建设，2015（16）.

[22] 韩振 . 论国家认同、民族认同及文化认同 . 北京师范大学学报（社会科学版），2010（1）.

[23] 何博 . 认同的本质及其层次性 . 大理学院学报，2011（1）.

[24] 何星亮 . 可持续发展与文化多样性教育 . 中南民族大学学报（人文社会科学版），2008（4）.

[25] 何星亮 . "文化自信" 理念的形成及其意义：学习十九届五中全会精神的体会 . 民族研究，2021（2）.

[26] 贺学君 . 关于非物质文化遗产保护的理论思考 . 江西社会科学，2005（2）.

[27] 胡娟 . 论环境及其创设对儿童发展和教育的价值 . 教育科学，2002（2）.

[28] 胡晓东，胡廷夺 . "理辞" 与 "苗例" . 贵州社会科学，2011（10）.

[29] 胡德海 . 论教育的功能问题 . 西北师大学报（社会科学版），1999（2）.

[30] 黄育馥 . 20 世纪兴起的跨学科研究领域：文化生态学 . 国外社会科学，1999（6）.

[31] 黄金兰，黄文霞 . 苗族习惯法的典型存在样态及其功能 . 原生态民族文化学刊，2010（3）.

[32] 蒋立松 . 苗族 "鼓社祭" 中的族群认同整合：以黔东南 J 村为例 . 原生态民族文化学刊，2015（2）.

[33] 蒋立松 . 清前期贵州少数民族地区社学、义学发展述略 . 贵州民族研究，1998（4）.

[34] 井祥贵 . 疏离与融合：学校教育视野下的民族文化传承研究 . 民族教育研究，2011（5）.

［35］孔亭，毛大龙．论中华民族共同体的基本内涵．社会主义研究，2019（6）．

［36］孔亭．新时代铸牢中华民族共同体意识的重要意义．辽宁省社会主义学院学报，2018（3）．

［37］李斌．失序与再造：咸同兵燹与清水江流域地方社会秩序的重建．贵州大学学报（社会科学版），2018（4）．

［38］李建军．苗族理词文化与功能．中央民族大学学报（哲学社会科学版），2007（6）．

［39］李素华．对认同概念的理论述评．兰州学刊，2005（4）．

［40］李廷贵，果酒素．苗族鼓社研究．民族学研究：第五辑，1983（9）．

［41］李廷贵．苗族哲学思想述略．贵州民族研究，1987（3）．

［42］李雄华．文化多样性与可持续发展．求索，2003（1）．

［43］林桂榛．论古人的社会治理思想：以先秦儒家为中心．孔子研究，2015（3）．

［44］刘湘溶．论生态意识．求索，1994（2）．

［45］刘魁立．非物质文化遗产及其保护的整体性原则．广西师范学院学报，2004（4）．

［46］龙文勇．苗族理词生态伦理法治思想之管窥．怀化学院学报，2015（7）．

［47］鲁子问．民族文化学校传承实然与应然模式分析．兴义民族师范学院学报，2016（4）．

［48］罗丹阳．非物质文化遗产保护工作中面临的问题及对策：以苗族贾理的保护和传承为例．内蒙古艺术，2010（2）．

［49］缪锌，敖惠．贵州苗族理词的习惯法效力探析．四川理工学院学报（社会科学版），2008（6）．

［50］么加利，郝少平．西南少数民族地区基础教育问题分析．当代教育与文化，2009（4）．

［51］么加利．西南民族地区校内外教育系统功能研究．西南大学学报（社会科学版），2007（3）．

［52］孟立军，吴斐．生态学视阈下学校民族文化传承的生境及优化．贵州

民族研究，2014（2）.

［53］潘定智 . 苗族古歌三议 . 思想战线，1987（6）.

［54］祁庆富 . 论非物质文化遗产保护中的传承及传承人 . 西北民族研究，2006（3）.

［55］祁庆富 . 论非物质文化遗产保护中的传承及传承人 . 西北民族研究，2006（3）.

［56］青觉，徐欣顺 . 中华民族共同体意识：概念内涵、要素分析与实践逻辑 . 民族研究，2018（6）.

［57］青觉，赵超 . 中华民族共同体意识的形成机理、功能与嬗变：一个系统论的分析框架 . 民族教育研究，2018（4）.

［58］冉红芳 . 教育传承场域下少数民族文化传承机制探究：基于鄂西南职业技术学校的调查分析 . 湖北民族学院学报（哲学社会科学版），2015（3）.

［59］任晓冬，等 . 贵州丹寨苗族蜡染文化产业化发展现状及特点 . 原生态民族文化学刊，2014（1）.

［60］石朝江 . 苗族传统社会组织及功能 . 中南民族学院学报（哲学社会科学版），1993（3）.

［61］石玉昌，张诗亚 ."学在野"之"化"：兼论民族教育田野调查法 . 民族教育研究，2015（6）.

［62］石中英 . 本土知识与教学改革 . 教育研究，2001（8）.

［63］苏晓红，胡晓东 . 苗族婚姻理辞女性形象社会地位探析 . 贵州师范大学学报（社会科学版），2012（3）.

［64］宋汉瑞，黑洁锋 . 苗族"贾理"的社会思想及其现代意义 . 贵州师范学院学报 .2017（1）.

［65］唐皓，杨茂锐 . 重视苗族贾理社会管理思想，弘扬民族传统文化 . 中共贵州省委党校学报，2012（5）.

［66］谭志满 . 乡村振兴背景下非遗传承人与新乡贤的互构机制：以"撒叶儿嗬"传承现状为中心的考察 . 中央民族大学学报（哲学社会科学版），2021（4）.

［67］廷贵，酒素 . 略论苗族古代社会结构的"三根支柱"：鼓社、议榔、

理老 . 贵州民族研究，1981（4）.

［68］王凤刚 .《贾》的传承探秘 . 杉乡文学，2011（4）.

［69］王凤刚 . 苗族古籍经典《贾》散论 . 苗侗文坛，2005.

［70］王微，等 . 教育人类学视角下的施洞苗族服饰图腾研究 . 民族艺术研究，2016（5）.

［71］王慧琴 . 关于苗族的族源问题 . 思想战线，1982（6）.

［72］王鉴，胡红杏 . 打牢中华民族共同体意识的思想基础研究 . 民族教育研究，2020（2）.

［73］王鉴 . 中华民族共同体意识的内涵及其构建路径 . 中国民族教育，2018（4）.

［74］王铭铭 . 功能主义人类学的重新评估 . 北京大学学报（哲学社会科学版），1996（2）.

［75］王沛，胡发稳 . 民族文化认同：内涵与结构 . 上海师范大学学报（哲学社会科学版），2011（1）.

［76］王宪昭 . 论少数民族民间口传文化的功能 . 理论学刊，2009（2）.

［77］王亚华，苏毅清 . 乡村振兴：中国农村发展新战略 . 中央社会主义学院学报，2017（6）.

［78］王亚南 . 口承文化：文明的渊薮 . 民族文学研究，2001（1）.

［79］王亚南 . 口承文化蜕变论 . 民族文学研究，1997（3）.

［80］王永伦 . 苗族贾理文献搜集与整理概述 . 四川戏剧，2017（12）.

［81］王永伦 . 苗族《贾理》研究综述 . 贵州民族研究，2018（6）.

［82］王锡宏 . 论少数民族教育双重性 . 民族研究，1999（3）.

［83］韦启光 . 也谈苗族鼓社、议榔的起源问题 . 贵州民族研究，1983（2）.

［84］翁家烈 . 从《山海经》窥索苗族族源 . 贵州民族研究，1985（3）.

［85］吴小花，等 . 贵州丹寨八寨苗祭祀中的说理研究——以请神环节为例 . 逻辑学研究，2020（1）.

［86］吴晓萍，何彪 . 浅谈《议榔词》《理词》的社会思想 . 贵州民族学院学报（社会科学版），1989（4）.

［87］吴晓蓉，张诗亚 . 贵州省民族文化进校园的教育人类学考察 . 民族教

育研究，2011（3）.

［88］伍新福．论苗族的宗教信仰和崇拜．中南民族学院学报（哲学社会科学版），1988（2）.

［89］吴一文．从苗族古歌看苗族的天文历法．常州工业技术学院学报（自然科学版），1999（2）.

［90］肖远平，王伟杰．非物质文化遗产助力乡村振兴的“西江模式”研究．文化遗产，2019（3）.

［91］徐晓光．芭茅草与草标：苗族口承习惯法中的文化符号．贵州民族研究，2008（3）.

［92］徐晓光．黔桂边区侗族火灾防范习惯法研究．原生态民族文化学刊，2016（1）.

［93］徐晓光．歌唱与纠纷的解决：黔东南苗族口承习惯法中的诉讼与裁定．贵州民族研究，2006（2）.

［94］薛丽娥．论学校教育传承少数民族文化机制的建构．贵州民族学院学报（哲学社会科学版），2010（5）.

［95］苑利．非物质文化遗产传承人保护之忧．探索与争鸣，2007（7）.

［96］杨德．黄平苗族理词刍论．苗侗文坛，1991（2）.

［97］杨茂锐，宋汉瑞．苗族“贾理”与社会主义核心价值观建设研究．贵州师范学院学报，2016（4）.

［98］杨茂锐．叙“贾”说“理”：论“贾理”在苗学中的地位和作用．中国人类学民族学 2011 年年会，2011.

［99］杨茂锐，唐皓．“苗族贾理”的社会管理思想试论．贵州民族学院学报（哲学社会科学版），2012（5）.

［100］杨庭硕．论地方性知识的生态价值．吉首大学学报（社会科学版），2004（3）.

［101］杨维文．苗族理词浅谈．中央民族大学学报（哲学社会科学版），1992（6）.

［102］杨蕴希．对话视域中的贵州民族文化进校园试论．贵州民族研究，2016（12）.

[103] 杨长泉. 论民族法中的道德与强制力元素的平衡关系：以黔东南苗族理词为研究途径. 原生态民族文化学刊，2009（4）.

[104] 尧新瑜."伦理"与"道德"概念的三重比较. 伦理学研究，2006(4).

[105] 叶舒宪."地方性知识". 读书，2001（5）.

[106] 叶舒宪. 孔子《论语》与口传文化传统. 兰州大学学报（社会科学版），2006（2）.

[107] 余谋昌. 生态意识及其主要特点. 生态学杂志，1991（4）.

[108] 余未人. 苗族贾理传承小记. 当代贵州，2010（6）.

[109] 张斌. 诗性智慧、民族记忆与共同体秩序：作为社会控制工程的苗族贾理. 甘肃政法学院学报，2016（6）.

[110] 张永国. 试论苗族的来源和形成. 思想战线，1980（6）.

[111] 张学敏，史利平. 文化—教育—经济共生机制：西南民族地区教育反贫困战略选择. 西南大学学报（社会科学版），2012（6）.

[112] 赵世林. 论民族文化传承的本质. 北京大学学报（哲学社会科学版），2002（3）.

[113] 周勇. 初民社会纷争调处的法则：黔东南苗族"佳"歌的法律分析. 比较法研究，1993（2）.

[114] 邹广文. 文化前行：在传统与现代之间. 求是学刊，2007（6）.

[115] 候天庆，田穗. 民间文学视角下的苗族贾理. 中国民族博览，2018（7）.

[116] 王永伦. 苗族贾理篇章结构和故事情节差异比较. 名家名作，2021（4）.

[117] 约翰·迈尔斯·弗里. 口头程式理论：口头传统研究概述. 民族文学研究，1997（1）.

六、外文文献

[1] BAIRD I G, VUE P. The ties that bind: the role of hmong social networks in developing small-scale rubber cultivation in laos. Mobilities, 2017(1).

[2] CORBETT C A, CALLISTER L C, GETTYS J P, et al. The meaning of

giving birth: voices of hmong women living in Vietnam. J Perinat Neonatal Nurs, 2017(3).

［3］DOWNING B, OLNEY D. The Hmong in the West: observations and reports. Papers of the Hmong Research Conference (Minneapolis, Minnesota, October 2–3, 1981). Center for Urban and Regional Affairs, University of Minnesota, 1985.

［4］FINNEGAN R. Oral literature in Africa.Oxford: Oxford University Press, 1976.

［5］HEDRICKS G L,BRUCE T D. The hmong in transition. Southeast Asian Refugee Studies, 1986.

［6］KATZ J T. Oral tradition in linguistics. Oral Tradition, 2003(2).

［7］QUINCY K. Hmong: history of a people. Washington University Of Washington Press, 1997.

［8］KOHLBERG L K, ULLIAN D Z. Stages in the development of psychosexual concepts and attitudes.// FREIDMAN R C, RICHART R M, WIEDE R L V. Sex differences in behavior. New York: Wiley, 1974.

［9］LORD A B. The singer of tales. Cambridge: Harvard University Press, 1960.

［10］ABRAMS M H. A glossary of literary terms. Beijing: Foreign Language Teaching and Research Press, 2004.

［11］MAPINDANI A. Oral literature as carrier of education and aesthetics: examples from diop's tales of amadou koumba and knappert's myths and legends of the congo. Imbizo International Journal of African Literary & Comparative Studies, 2015(1).

［12］OGUAMANAM C. Indigenous peoples' rights at the intersection of human rights and intellectual property rights. Marquette Intellectual Property Law Review, 2014(18).

［13］SABINE. Sui generis laws for the protection of indigenous expressions of culture and traditional knowledge. University of Queensland Law Journal, 1999(2).

［14］SUPPLE A J, DUNBAR A S, KIANG L, et al. Parental influences on hmong American adolescents' ethnic–racial identity. Asian American Journal of Psychology, 2018(3).

附　录

田野考察访谈提纲

一、贾师访谈

1. 个人信息（汉名、苗名，年龄，居住地，受教育程度，贾师资历）。
2. 成为贾师的条件、学习贾理的时间、师父以及学习方式。
3. 贾理的由来、内容及其历史渊源。
4. 擅长的贾理内容。
5. 居住自然村会贾理的人的人数与年龄，每个人的贾理有无区别。
6. 做贾的条件、禁忌和报酬。
7. 做贾的各个仪式环节的含义。
8. 利用贾理解决纷争的案例。
9. 如何教徒弟学习贾理，与自己当年学贾理有何异同。
10. 学会贾理与不会贾理的人是否有不同？
11. 旅游经济发展对贾理带来的影响。
12. 对贾理未来发展的看法、预测或建议。

二、演述贾理者的访谈

1. 个人信息（姓名，性别，居住地，年龄，民族，职业，学历，学习贾理时间）。

2. 学习贾理的缘由。

3. 学习贾理的师父以及教学方式。

4. 擅长的贾理部分以及原因。

5. 学习贾理后对生活或工作是否产生影响?

6. 是否希望自己的孩子、亲戚朋友都会贾理?

7. 社会经济发展（电视、手机、互联网、微信等现代科技渗入生活各方面）对贾理的影响。

8. 对现有贾理传承的建议、对贾理未来发展的期待。

三、政府工作人员访谈

1. 个人信息（姓名，性别，年龄，民族，学历，工作时间，工作内容）。

2. 官方对于民族文化的总体工作方针、举措（文件）。

3. 对民族文化传承人的挖掘、资助办法（文件）。

4. 对苗族贾理的保护传承工作。

5. 关于民族文化传承的教育、教师培训现状。

6. 改编本《苗族贾理》推行情况。

7. 对贾理与学校教育的看法。

8. 贾师（贾理）对苗族社区管理发挥的作用。

9. 关于苗族贾理的未来工作计划。

四、村民访谈

1. 个人信息（居住地，姓名，性别，民族，学历）。

2. 对贾理的了解（内容、历史、仪式含义等）。

3. 印象中家中的做贾次数、时间和原因。

4. 做贾对某事件产生的作用（具体案例）。

5. 是否喜欢去别人家看做贾?

6. 贾师演述的内容是否能听懂?

7. 是否想学贾理或成为贾师，是否愿意让自己的孩子学习贾？

8. 通过接触是否发现会贾理与不会贾理的人有什么不一样？

五、教师访谈

1. 个人信息（姓名，性别，年龄，民族，学历，职称，工作时间，执教科目）。

2. 对丹寨苗族的了解，对贾理的一般了解。

3. 班上是否有贾师家的孩子，他 / 她的平时表现怎么样？

4. 是否赞同学生阅读《苗族贾理》（改编本）及原因？

5. 贾理与教育（做人）的关系。

6. 对经济快速发展大环境下传统民族文化传承的态度。

六、学生访谈

1. 个人信息（年龄，年级，性别，民族，居住地）。

2. 是否会苗话，是否知道本民族的民族服饰（与其他支系的区别、纹饰的含义）？

3. 是否听过贾理，是否现场见过做贾（家中是否做过贾，是否听懂贾师所述）？

4. 听家人讲过哪些故事（例如：蝴蝶妈妈，十二个蛋……）？

5. 是否想在学校听老师讲关于苗族的故事？

访谈记录（节选）

2018 年 10 月 26 日　星期五　多云转晴

访谈对象：兴仁镇台辰村贾理传承人潘玉祥

潘玉祥是扬武镇余阿道（师承不详）第四代传承人，自幼受叔父影响，在叔父潘有富传授贾理时常在一边旁听。1981 年冬正式入潘有富贾师门下系统学习，出师后也在不断地将贾理教授给下一代，在当地是一位德高望重的贾师。

笔者：请问您是哪年出生的？

潘公：1943 年，今年 75 岁了。

笔者：您好年轻，完全看不出来啊！请问您小时候读书读到多久？

潘公：读完初中。

笔者：当年的话这个算很高的学历了。您最初跟哪个师父学的贾理？

潘公：我们寨子有个老师父。

笔者：是他觉得您合适让您学的？

潘公：不是，是他招，只要你愿意学都可以跟着学，没有基础，只要愿意。贾理从天上、人的发源地、人类的起源，一直讲到人与动物的生生息息，自从大迁徙以后怎样怎样都讲得很清楚。苗族的贾理不是一首歌，是一朵花，开出来越开越大，越开越大。有十二大章：第一章谈人类起源，辟地开天；第二章谈地；第三章谈人；都是有关系的。

笔者：不了解的话就不清楚其中的关系。当时您学习是哪一年的事情？

潘公：1981 年我们去老师家学，学了四年多，我们有 10 个学员，现在已经去世 6 位了。

笔者：当时 10 个学员都学成了吗？

潘公：学成了 3 个。他一个晚上只教一章。我们苗族又没有文字记载，只是口传心记，记熟悉了再教第二章。

笔者：学到什么程度才出师？

潘公：看你的记忆、脑子反应。

笔者：也不一定全部学完，如果别人立房子，你会这部分就可以去。

潘公：是的。

笔者：您的师父又是到哪里学的？

潘公：以前有一个老师父教他的，也是本地人，100 多岁已经去世了。

笔者：刚才的陈公（贾理传承人陈炳才）说他的贾理是雷山学来的。

潘公：他那个不是我们这个。

笔者：你们那么近就不一样了。

潘公：不一样，另外是个师父。

笔者：像前面的洪水滔天、开天辟地那些一样吗？

潘公：前面的差不多。说什么去找这个人，什么动物去找，我们安居在什么地方，他们可能没有。开始第一个叫青蛙，第二个叫老 wa，第三个才叫哪样哪样，我们十二族人的时候，他得什么做什么，怎么争争吵吵，为什么发生矛盾纠纷才分下来。

笔者：王凤刚老师编这个书是综合了你们所有的人？

潘公：是的，2005 年他就来搜集这个材料，我们去他那里住了 7 天。

笔者：以前学的时候，您的老师有没有讲贾理历史有好久？他怎么介绍贾理？

潘公：他说人类起源的时候，定居，怎么样做人，田土纠纷、夫妻纠纷、家庭纠纷、隔壁邻居的纠纷，这些很复杂，必须要用贾理来讲才清楚。这个很经典，有些话我翻译不出来。

笔者：了解，就像古代汉语也很难翻译出来。您现在有多少徒弟？

潘公：现在在家有三四个。

笔者：什么时候来学？

潘公：到冬天农闲，腊月间，十二月初，我们测定好日子，再开班。

笔者：您是怎么教的？

潘公：教一句学一句，和老师教学生一样。

笔者：哦，就和以前您的老师教您一样？

潘公：对，一样的。老师教学生，教一句念一句，精通它、运用它，学会了再教下一章。

笔者：那您这几个徒弟学习的进度一样没？

潘公：没一样，快的快慢的慢，现在用高科技，手机各种各样方式学，没像以前我们那种四五十年代的人，现在用智能手机学，回去还可以继续学。

笔者：那有人出去打工了回来怎么学？

潘公：还要重新复习，过年的时候大部分都回来了，重新复习。

笔者：您有几批学生？

潘公：三批。

笔者：第一批已经学完了没？

潘公：虽然学不完，基本上能力掌握了 60% 左右。

笔者：三批学员第一批从哪一年开始的？

潘公：2011 年，第二批 2014 年，第三批是 2016 年开始。

笔者：他们可不可以同时跟两个老师学贾理？

潘公：可以。

笔者：诵贾的时候是唱出来有调的吗？

潘公：有调子的，一开始先念，念熟了才唱，有高低轻重。

笔者：您教他们一句，会解释一下是什么意思吗？

潘公：会的，他们都会苗话，也懂的。

笔者：一直以来诵贾既然有旋律，没有乐器来配？还是后来遗失了？

潘公：没有乐器，只是一个调子。

笔者：您教别人和以前您的老师教您的方式都是一样的？

潘公：都是这种的，形式是一样的。

笔者：像现在基本上两本贾理内容您全部通吗？

潘公：不是全部通，只能掌握大部分意思，最主要的起房造屋、婚姻嫁娶、隔壁邻居田土纠纷或者土地纠纷，可以用贾理来调解，要掌握这种情况，念贾的时候别人才心服口服，懂得贾理的人比较德高望重就是这个道理。懂得它的意思又念出来。

笔者：您最近还用贾理去解决纠纷没？

潘公：有，前几天还解决了一个田土纠纷，还有贵州民族大学的来拍摄。

笔者：解决纠纷的时候是跟着书上一模一样还是会有变化？

潘公：主要意思、经典的那几句讲了就心服口服，用讲的方式，不用唱。

笔者：解决纠纷、祭祀立房子用贾，还有什么时候要用贾？

潘公：扫寨也要用贾，现在这几年少了，保家最重视，立成新房子需要找贾师来念。

笔者：外界往往对贾理有偏见，其实贾理是一种有正能量的、具有管理效益的地方性知识。

田野考察日志（节选）

2018 年 11 月 1 日　星期四　晴

拜访贾理传承人王启荣

今天天晴，我想趁这好天把最远的排调跑了。

昨天去车站问最早去排调的车是 8 时，我今早按时到车站却是 11 时的车！还需要再等 3 个小时——后来才知道由于去排调的人很少，司机经常临时调班。我这三个小时做点什么呢？先是给教育局杨老师打电话，倘若他有空，我可以利用这三小时对他进行“贾理进校园”的访谈，不巧他在乡下搞扶贫，让我改天提前联系他……等车时间太长，去早餐店安心地吃了个早餐。

听说岔河村离排调镇上还有半小时车程，不是赶场天根本没有车跑。抱着半丝希望联系满芝，因为我打算到达排调以后，现场租个车去岔河。结果便是：我实在太幸运了！他也太贴心了，通过朋友帮我找了顺风车，联系好顺风车大哥，他在排调等我。同时，他还问我要到岔河找谁，他好帮我提前问在哪个寨子。

很多人说排调镇在半山腰，去的公路弯弯绕绕；雷老师昨天反复强调，怕我今天回不到县城，因为那边车太少！早餐店女老板讲，她晕车，去过一次就不想再去第二次，有时候还可能跑两个小时……然后，我就做好晕车难受的准备，果真一走完金钟开发区大道，一个小拐瞬间进入绵绵弯道，开始还想数一数会不会超过 24 道拐？后来直接放弃，因为小弯弯真的不计其数。好比女老板讲的：“这个弯弯还没了[①]，下个弯弯又来了。”公路只是县道，很窄，司机拐弯的时候有三次差点和迎面没有鸣笛的工程车刮擦，会车需要专门减速甚至退到相对宽的地方，还好是柏油路。两旁都是郁郁葱葱的松树，蓝天白云，遇见一只布谷鸟，还有被碾压成纸片的老鼠和小蛇“标本”，这一路没有遇到行人。道路两旁堆砌的松针显示这段路确实人迹罕至，班车仿佛在往神秘森林中开去。越转弯越高，越来越亮，放眼望去，群山绵延，颜色从绿到深蓝到深灰渐变，

① 了：念 liǎo，“结束”的意思。

正午阳光下好一幅千里江山图！每到达一个顶，下降些许，一个小村犹如世外桃源，就这样循环，50 公里左右，硬是开了 100 分钟。其实，对于排调的路况，大家都太夸张，这也可以原谅，因为乘坐班车八个半小时经雷公山过榕江到达从江的真正艰难旅途不是他们都经历过的，所以我并不觉得辛苦就到达了。联系到顺风车大哥，他电话联系到王启荣老人家在侗角寨，150 元，来回，中途等我一小时。我也不讲价了，爽快地走！

这次换成乡村水泥小路，先是下到河谷，再往上爬，王启荣公家还是在半山腰。

王大哥犁田去了，原本王启荣公和奶奶都要去挖红薯，但是他们在家等我们，我的感动无以言表。每次去拜访传承人都要耽搁他们干农活。

（访谈记录略）

访谈中王启荣公还给我们演述了一段贾理。

访谈结束之后，奶奶竟然做好饭了：一锅青椒炒肉，顺风车大哥也被叫来吃，人家做好了不吃不好，盛情难却，我还抿了两口米酒。王启荣公家今年大丰收，新米很好吃，老米也还有很多，堂屋堆满了粮食。

虽是第一次见面，王启荣公和奶奶太热情，没有语言去形容那种感觉，我总有错觉像是在老家和爷爷奶奶过暑假。吃好饭临走，他们站在门口送我们，两位老人扶着门框不断说着“下次再来啊”。我挥挥手作别，不敢再回头……

2019 年 1 月 8 日　星期二　小雨　第一次夜宿

太冷了，我的手快要冻僵，只打算写一点点。

顶着家里各种事情，抽出几天时间来跑一下田野。从家出发，一直赶车、转车，下午 5 时 30 分到达丹寨，全程人浑浑噩噩。龙永超大伯喊我来吃饭，我怕打搅人家，就在县城吃了碗馄饨。

从车上下来，拎着大包小包：一包软面包给公公，一瓶酒给大伯，还有一箱酸奶去明天保家的主人家。天黑无边，只有隆冬细雨中伫立的孤灯。打开手机电筒，按照上次的记忆寻找龙永超贾师家。

他好像听到我走路声，提前开了路灯，屋里铁炉正在烧煤，很暖和。

我不像来搞田野考察的，像是走远房亲戚。

我们聊天、拍了一本书的照片，9 时就上楼睡了。

真的好冷，龙泉山都还是结冰状态，我的房间只有一壁玻璃窗隔开外面的冷气，估计今晚老鼻炎的鼻子要堵塞一晚了。

有点怀念空调和电热毯。

感谢他们为我提供的房间，是他儿子结婚的房间，墙上还有“囍”字，谢谢！

天气虽冷，但心里很温暖。期待明天的保家仪式。

2019 年 1 月 9 日　星期三　阴有小雨　腊尧保家仪式（主持：龙永超贾师）

昨夜开灯睡了一夜，因为如果关灯将漆黑一片，习惯了城市的“光污染”，到陌生纯净的乡野反而无法适应。天确实冷，蜷缩着睡了一夜，头全部埋在被窝里，不然脸很冷、鼻子会更难受。还好不知何时竟然睡得些许暖和才把腿伸直。以为快要天亮了，爬起来看手机才 5 时，又接着睡了一会儿，7 时起来，收拾，龙永超贾师已经烧好了洗脸水，擦擦脸，我们打着伞出发了。

由于下着小雨，给主人家的酸奶纸箱被淋湿，塑料把手很快便断掉，一路都是龙永超贾师帮我抱着酸奶……走了 40 多分钟，到达腊尧自然村。今天的保家仪式在龙永超贾师的堂哥家举行，他家进新房，今天请酒。据龙永超贾师讲述，很久以前他家也住腊尧，是后来搬出去的。腊尧整个村寨以龙姓为主，建在半山腰，山凹处一股很大的泉水顺流而下。村寨两边有山相护，山顶还有些形状俊秀的石山。从扬颂过来穿过一段较窄山口后、高居山腰清一色传统吊脚楼的腊尧便进入眼帘，颇有一番世外桃源景致。水泥公路也在此村画上句号。村子里有两处特意留种了几棵很高大的枫香树，叶虽落尽，高大挺拔的枝干在天空画布底色上看起来像一副遒劲的素描。

到达时 8 时 30 分左右，主人家很热情客气，招呼我去烤火。天下雨不好操办酒席，他们正在院子里搭盖篷布避雨，三个大铁桶灶台安置在下面，那就是今天酒席的开放式厨房。陆陆续续村里有人来帮忙，不过一会儿就闻到楼下传来的肉香，原来是自助式早餐开始了！剖开的葫芦作汤瓢，几瓢水掺肉炖熟，用糟辣椒调味成酸汤系列，人多，虽然做法简单，但是很香。

堂屋大门口圆桌摆了刚出锅的糯米饭，圆圆的装在树栋抠空的木盆里，旁边还有另一个木盆装了7条煮熟的田鱼，花椒大蒜叶泥、4个土碗（没有金属、塑料制品，连陶瓷白碗都不行，必须是土碗）。龙永超贾师开始修整需要挂上大门的“法器”：一共8根，其中4根竹子、1根泡桐、1根花椒、1根刺刺树，还有1根只有苗语。他把竹子修整得差不多一样长（80—90厘米），竹子的一头要用一寸长的竹节撑开。需要一节竹子剖开用来占卜。用糯稻的梗反搓（一般搓绳子顺着搓），一根绳子用以绑“法器”。除此以外还需要四把摘糯。

仪式主要分为三个阶段：

第一阶段，占卜、演述贾理（有唱有念，唱的每一句调子一样）、酹酒、喝酒。在第二轮敬酒时，一只腹部白色的小蜘蛛直奔敬酒处，当时龙永超贾师还在念祭词，主人家和助手都很兴奋。主人说这是吉祥、好的象征，一般这个时候蜘蛛就出现了，但是不会是每家的保家都有。从苗族神话体系中也得知蜘蛛与人的魂、生命息息相关，是人的守护神。在此进新房保家的特殊仪式上于敬酒过程中真的突然出现一只蜘蛛，实乃神奇！按道理新房屋不应该有蜘蛛。而且刚好寻着了酹酒的地方，久久都不离去。人们认为，这种任何人入住新居的期待在苗族的保家仪式上，由一只蜘蛛的出现展示了神对这一家的庇佑，其产生心灵上的快慰无以言述。第一阶段时间很长，接近50分钟，也是整个仪式的主体。

第二阶段，分食糯米。祭祀后的糯米、田鱼先由祭师吃，吃完主人家吃，没想到我也有一块。然后是到来的客人吃。那时已将近11时，客人们越来越多，来者都有份：手捧一团糯米和一块鱼肉，直到分完为止。与祖先、神灵共飨美食。然后开始第二段念祭词、杀狗。

第三阶段，“回熟”。一碗煮熟的狗肉端上桌以后开始第三阶段仪式。后两个阶段念诵祭词时间都不是太长。

仪式中途有较亲的客人来都会抛撒糖果。刚开始我还疑惑怎么反复在抛撒？后来才知道是最亲的客人陆续来了，一共撒了五波左右，每听到尖叫轰动就是又有人开始。大家拿着塑料袋跟着撒糖果的人，规则是不能直接去人家蛇皮袋里拿，凭本事捡撒落的糖果。有撒零食饼干、橘子，还有一位年轻小伙撒的是一元纸币，这是整个抛撒的高潮。我也捡到两块，给了旁边的小朋友。

整个仪式以一捆“法器”由助手挂上大门上方为句点。

仪式结束，准备开饭！时间将近一点，刚好吃午饭。

菜谱：白酒一瓶、饮料一瓶、油炸花生、凉拌粉丝海带、皮蛋（无任何佐料）、白切鸡、一炭炉火锅（糟辣椒、白菜、肉类拼盘）宴席就在新房子里吃，20桌左右，所有客人，午饭一次性搞完。我很快吃好，在一边烤火。龙永超大伯真的很会为我考虑，他过来说自己还要喝酒，如果我想回去就先回。大伯和他的堂哥送我出大门，运气很好赶到来吃酒的客人面包车，坐到县城。

这是一次具体关于贾理的田野考察，竟丝毫没有陌生感，真的就像去吃一场酒！太美好！这些神圣的仪式，放在我们家那边可能有些人会觉得太“表演”“不好意思”，但是在这个苗族聚居的场域中，一切都是那么顺其自然，大家从出生到离开，无时无刻不在承载贾理的仪式中受到熏陶，感知自我民族的身份、认同，确认自己与神之间的关系，他们的存在不是孤立的，还有祖灵的庇佑。这样的生存或许不会太寂寞，应该属于一种“诗意栖居”。大人小孩年复一年听着这些熟悉的贾理，并且认为贾理“有用”，这就是贾理的价值。有些改变很容易，有些改变是很难的。经过未来更多的贾理考察和日志反思，我相信我能够有更深刻的领悟！

后 记

距2018年10月24日正式开启苗族贾理田野考察的时间已经过去5年多，这五年来历经无数次山重水复、柳暗花明。2021年12月博士顺利毕业，是苗族贾理赋予我的人生大礼。承蒙凯里学院厚爱，同意资助毕业论文作为“民族学与原生态文化”丛书出版。如今拙稿即将付梓，仿佛博士再次毕业，胸中激荡不亚于2021年冬天。

首先要感谢恩师张诗亚教授。至今仍常暗自庆幸，上辈子必定是拯救了银河系，今生才得有幸做张老师的学生。回首过往，感谢他包容我那些数不胜数“胡编乱造”的想法，一次次把我从“邪门歪道”上拉回来。直到入学第三年寻觅到“贾理”，“你现在做的事还算是踩到点子上”。那天下午走出说乎斋，天色阴沉，但内心无比澄明通透！老师的教诲不仅萦绕在说乎斋天台教室，还存在于广阔的田野之间：兴义晴隆“二十四道拐”、刘氏庄园、何应钦故居、重庆三峡博物馆，等等，都留下了他传道解惑的身影，“学在野”理念逐渐融进我们脑海并成为求学之路上的力量源泉。每次田野考察出发前、回来后都向老师汇报，调研过程中存疑时老师会发长文提示如何解决，本书全得益于老师指点。他曾讲看书就要像野马一样在辽阔的草原上信马由缰，做研究要找到特色的切入点，采用“文字—器物—田野考察”三足鼎立法……老师教授的学问是以毕业为起点，可惜学生愚钝，至今也只能略悟浅表。高山仰止，景行行止。能成为如此良师的弟子，文字实难表达内心感激！

感谢读博期间给予我教导的张学敏教授、罗江华教授、蒋立松教授、倪胜利教授、孙振东教授、吴晓蓉教授、廖伯琴教授、么加利教授、陈恩伦教授、余亮教授、田晓伟教授、张健副教授、上海教育科学研究院翁伟斌研究员、华中师范大学王学教授、四川师范大学巴登尼玛教授、中央民族大学常永才教授等，你们的教诲和指点拓展了我的研究视野、及时修正了研究思路。

感激田野考察中所有帮助过我的人。谢谢雷泰凯老师在我尚未熟悉丹寨时充当向导、司机；还有帮我联络传承人的丹寨县非遗办主任韦士勇及工作人员吴安梅、韦文杰，以及黔东南州文化研究所所长吴佺新和工作人员向同明、黄嫱，丹寨县金钟一小“苗族贾理进校园”课题组，等等，你们不仅从精神上支持贾理研究，还提供了大量相关资料；感谢已经成为一家人的丹寨县苗学会成员王启团大伯，当您向儿媳介绍“这是大姐”时我心间涌起阵阵暖流；感谢同样都是大伯的贾理传承人们：龙永超、潘玉祥、李会堂、李会龙、王启荣、陈炳才、陈玉益等，因为有你们的鼎力支持，田野考察才得以顺利进行。还要感谢做贾理仪式主人家们的热情款待，你们一次次让我感受到丹寨人的热情好客、淳朴善良。

感谢读博期间的学友们，我们相互做伴、彼此鼓励，是朋友更是战友；感谢我的家人，你们的支持是我前进的不竭动力，此生全力回报你们无私的爱！

由衷感谢凯里学院副院长李斌教授为本书出版提供的帮助与支持。科研处、民族研究院、教育科学学院等部门的领导和同事也给本书提出过宝贵建议，在此一并致谢！

未毕业时，苗族贾理是田野考察的全部，以为搞清楚贾理何以对人产生教育影响就抵达自己学习范畴的边缘。再后来，在贾理调研的同时还接触到苗族古歌、嘎百福、仰阿莎、侗族大歌、侗款等，意识到对贾理的研究只是开始，真切感受作为一个民族的口头传统代表具备的文化价值。口头传统是中华优秀传统文化的有机组成部分，与书面传统共同构成文化传承的关键路径。对于许多无原生文字的民族而言，地方性知识、历史记忆、精神信仰等文化要素依赖并保存在口头传承之中，口头文化长期扮演着重要的信息传递角色。与有文字记录的历史相比，人类通过口头传承文化的历史实在是太漫长，我们不可低估口头传统对当下社会发展的现实意义。通过近几年田野考察，贾理为我重塑了一扇理解不同文化的窗口，也初步体验到一点文化多样性带来的惊奇、欣喜和震撼。可惜笔者学力有限，对苗族的贾理及其社会文化仍处于感性描述水平，拙稿中必然存在诸多不足，恳请专家学者批评指正。

龚 露

癸卯年大寒于凯里学院开元湖畔

图书在版编目（CIP）数据

教育人类学视阈下的苗族贾理传承研究 / 龚露著 . -- 北京 : 民族出版社 , 2024.4
（民族学与原生态文化丛书）
ISBN 978-7-105-17239-9

Ⅰ . ①教… Ⅱ . ①龚… Ⅲ . ①苗族—习惯法—研究—中国—古代 Ⅳ . ① D922.154

中国国家版本馆 CIP 数据核字 (2024) 第 084571 号

教育人类学视阈下的苗族贾理传承研究

著　　者：龚　露
策划编辑：张义军
责任编辑：马少楠　杨蜀艳
出版发行：民族出版社
网　　址：http://www.mzpub.com
地　　址：北京市和平里北街 14 号
邮　　编：100013
印　　刷：北京中石油彩色印刷有限责任公司
版　　次：2024 年 4 月第 1 版
印　　次：2024 年 4 月第 1 次印刷
开　　本：787 毫米 ×1092 毫米　1/16
印　　张：20.5
字　　数：320 千字
书　　号：ISBN 978-7-105-17239-9/D · 3443（汉 557）
定　　价：80.00 元

（投稿热线：010-58130111　1092781806@qq.com；发行部：010-64211734）